助理项目管理专业人士（CAPM）®

认证考试指南

［美］维杰·卡纳巴尔（Vijay Kanabar）

［美］亚瑟·P. 托马斯（Arthur P. Thomas）◎著

［美］托马斯·莱克勒（Thomas Lechler）

潘颉阳◎译

CAPM®

Certified Associate in Project Management
(CAPM)® Exam Official Cert Guide

人民邮电出版社

北京

图书在版编目（CIP）数据

助理项目管理专业人士（CAPM）®认证考试指南 / （美）维杰·卡纳巴尔（Vijay Kanabar），（美）亚瑟·P. 托马斯（Arthur P. Thomas），（美）托马斯·莱克勒（Thomas Lechler）著；潘颉阳译. -- 北京 ：人民邮电出版社，2025. -- ISBN 978-7-115-67888-1

Ⅰ. F224.5

中国国家版本馆 CIP 数据核字第 20255CR713 号

版 权 声 明

- ◆ 著　　　[美] 维杰·卡纳巴尔（Vijay Kanabar）
　　　　　　亚瑟·P. 托马斯（Arthur P. Thomas）
　　　　　　托马斯·莱克勒（Thomas Lechler）
　　译　　　潘颉阳
　　责任编辑　陈灿然
　　责任印制　王　郁　胡　南
- ◆ 人民邮电出版社出版发行　　北京市丰台区成寿寺路 11 号
　　邮编　100164　电子邮件　315@ptpress.com.cn
　　网址　https://www.ptpress.com.cn
　　涿州市京南印刷厂印刷
- ◆ 开本：800×1000　1/16
　　印张：26.75　　　　　　　　　　2025 年 9 月第 1 版
　　字数：556 千字　　　　　　　　2025 年 9 月河北第 1 次印刷
　　著作权合同登记号　图字：01-2024-2727 号

定价：149.90 元
读者服务热线：**(010)81055410**　印装质量热线：**(010)81055316**
反盗版热线：**(010)81055315**

内容提要

本书是 PMI®官方授权的 CAPM®认证考试指南，旨在帮助读者掌握该考试的所有主题，为顺利通过考试打下基础。

本书分为 4 个部分，共 12 章，包含项目和项目管理、组织项目绩效、开发方法和生命周期绩效域、预测型方法、适应型方法、商业分析框架、商业分析领域、裁剪和最终准备等内容。为了帮助广大读者更好地掌握各章所学知识，除第 1 章外，每章开头都设置了"我是否已经理解这个了？"测试，每章末尾也设置了"回顾所有关键主题"，还帮助读者定义了关键术语，方便读者参考和复习。

本书是参加 CAPM®认证考试人员的官方参考书，也非常适合项目管理人员在实践应用中进行参考。

作者简介

维杰·卡纳巴尔（Vijay Kanabar），博士，波士顿大学大都会学院的项目管理学科主任与副教授。他是最早从美国项目管理协会获得 PMP 认证的人之一。他在三十年前就参与打造了最早的 PMP 考试企业培训材料，并且让数以千计的学生和从业者了解了 CAPM® 与 PMP® 考试的核心思想。维杰同样也是一名敏捷从业者，并且已经获得了 PMI-ACP 证书。他在 IT 和项目管理领域已经撰写了多本书籍，并且发表了超过 75 篇研究文章。2017 年，他因孜孜不倦地在高等教育领域教授和提升项目管理方法，而获得了相关奖项（PMI Linn Stuckenbruck Teaching Excellence Award）。

亚瑟·P. 托马斯（Arthur P.Thomas），教育学硕士，博士，雪城大学专业研究学院（College of Professional Studies）职业加速和微认证办公室（Office of Professional Acceleration and Microcredentials）执行主任，同时也是项目管理专业硕士项目的主任。他自 2001 年开始就在雪城大学任教，并且从 2009 年开始担任实践教授。他的学术工作专注于提升和管理项目管理的课程和学位项目。他同时还是雪城大学 iConsult Collaborative 项目的主任。该项目是由他在 2012 年开始负责的，可以让学校学生接触客户组织中各种不同的信息相关项目。亚瑟之前还是职业服务和体验学习（Career Services and Experiential Learning）的副院长，以及两个 IT 硕士项目的主任，均在雪城大学的信息学院（School of Information Studies, the iSchool）。而在企业管理领域，他曾担任过的职位包括从程序员到首席信息官（Chief Information Officer, CIO），从教练到首席学习官（Chief Learning Officer）。在超过 30 年的咨询经历中，他的客户遍及美国和欧洲。他还曾在中东领导了阿曼的两个教育部项目。

托马斯·莱克勒（Thomas Lechler），博士，新泽西州霍博肯市的斯蒂文斯理工学院商学院副教授。他在德国的卡尔斯鲁厄理工学院获得博士学位。他授课的内容包括项目管理和企业家能力。他的研究关注项目在风险和不确定性下的价值创造。托马斯已经在多个领先的国际研究期刊上发表了自己的研究，包括 *Research Policy*、*R&D Management*、IEEE 工程管理学报、*Small Business Economics*、*International Journal of Project Management* 以及 *Project Management Journal*。他同样在项目管理和企业家能力方面撰写了多本著作。他曾获得 *Project Management Journal* 的"年度论文"（Paper of the Year）奖项，并且从 PMI 获得多笔研究经费，同时也是 NASA 的研究员。

技术编辑介绍

　　罗杰·沃伯顿（Roger Warburto）在波士顿大学大都会学院教授项目管理课程超过十年。他同时给本科生和硕士生进行线上和线下的授课。他设计并教授硕士生的项目管理核心课程。该课程是所有硕士学位的必修课。大都会学院的学生一般都是在事业中期寻求进一步职业发展的从业人员，或者期望转行进入项目管理职业的人。罗杰的课程是大都会学院被学生评分最高的课程之一，其线上版本更是因其创新的内容而获奖。罗杰还被委任教授线上和线下的"项目管理成本与风险"硕士课程。

献辞

我想将这本书献给正在追求像 CAPM®这类额外证书的从业者。这本书无论是从学术上，还是从专业上，都给我带来了不同的东西，而我也有信心认为，对那些从业者也一样。我也想将这本书献给我的妻子金娜（Dina）、我的父亲卡里亚南达斯（Kalyandas）以及我的岳父普拉布达斯（Prabhudas）——他最近去世了，但是他在精神上一定会为这本书的成功完成而感到激动。

——维杰·卡纳巴尔

这本书献给那些这些年来给我项目工作带来影响的人们：我优秀的学生们，他们帮助我提升了我的教学水平，然后他们自己也成为项目方面的专业人员；我的教职工同事们，他们是最早影响我，使我把这个课题作为个人的特长去发展的一群人；还有我的妻子海伦（Helen），她给我自信，从而让一切都能够实现。

——亚瑟·P. 托马斯

这本书献给所有我现在和未来准备将事业放在项目管理中的学生。我希望这会给他们带来不同的东西，并且帮助他们更好地理解和解决在带领团队与管理项目中的许多挑战。我还想将这本书献给我的妻子乌尔丽克（Ulrike），以及在这本书快完成时刚过世的我的母亲。

——托马斯·莱克勒

致谢

这本书得以完成，要感谢执行编辑劳拉·诺曼（Laura Norman）。她每周花费大量时间与我们一起赶工，以确保项目按计划进行，并且不知疲倦地消除了所有出现的行政障碍。我们对编辑团队的埃利·布鲁（Ellie Bru）、托尼娅·辛普森（Tonya Simpson）和姬蒂·威尔逊（Kitty Wilson）致以高度的赞扬，他们无论何时都坚持、耐心且专业。

罗杰·沃伯顿（Roger Warburton）基于他在项目管理方面的丰富经验提供了观点，我们衷心感谢他的许多建议和贡献。

PMI的编辑团队在PMI官方标准与我们作为作者对这本书的愿景之间起到了极好的桥梁作用。我们不仅感激他们始终如一的推动，还感激他们在我们找到如何愿景变为现实的最佳方法中提供的帮助。

前言

非常感谢你选择了这本书。助理项目管理专业人士（Certified Associate in Project Management, CAPM®）是由项目管理协会（Project Management Institute, PMI）提供的专业认证。CAPM®考试旨在实现那些想要理解有效项目管理的基础知识、专业术语和实践的从业人员的需求。CAPM®的候选人需要熟悉以下三个领域的专业知识。

- 传统项目管理基础，包括计划、组织和执行项目的项目团队成员角色。
- 项目生命周期以及使用适应型方法、预测型方法和混合型开发方法交付项目价值的方法。
- 商业分析在项目管理中的角色，尤其在需求定义和实施方面。

CAPM®证书和本指南要求项目管理学生和从业者有 3 年的项目工作经验。注意，项目工作经验包含了多种背景，包括从传统项目的项目负责人或者团队成员，到在变革管理和运营管理的工作经验。

高等学院的学生正在越来越多地选择项目管理课程。你可能需要一个证书，从而在你进入职场的时候能够脱颖而出。CAPM®对你就是一个不错的选择，因为它提供了全面的项目管理知识体系。完全掌握本指南中的内容会让你回答一些困难的面试问题，比如"我们需要实施一个新项目，你认为哪种项目管理方式适合这个项目？敏捷？瀑布？为什么？"或者"我们需要一个团队成员在这个项目上展现出领导力，如果是你的话会如何带队？你会带来哪些竞争力？"。在阅读完本书后，你就能够自如地应对这些问题。你能够对比预测型方法和适应型方法，你也能够解释识别干系人并让他们参与、激励团队成员以及有效进行项目团队沟通的重要性，你还能够描述如何用多种工具和方法来实现这些目标。

另外，这本书还能作为基础项目管理的参考材料，包括敏捷实践和商业分析。你还能将在这里学到的知识应用到实际工作中，并且增强你的竞争力。对于那些渴望探索项目管理领域并且获取更高级证书的专业人士，这个认证指南也是了解所有 PMI 相关证书的入口。在通过 CAPM®认证并获取 3 年工作经验后，PMI 还有以下三个额外的相关专业认证。

- 项目管理专业人士（Project Management Professional，PMP®）认证是一个在项目管理领域被广泛认可和受到重视的认证。PMP®相当自然地延续了 CAPM®，用于评估项目管理专业人员的知识和技能。要通过 PMP 认证的个人必须完成一定时间的项目管理教育和训练，同样也需要一定的领导和指导项目的经验。
- PMI 敏捷管理专业人士（Project Management Institute Agile Certified Practitioner，PMI-ACP®）用于认证那些在项目中使用敏捷方法的专业人士的知识和技能。
- PMI 商业分析专业人士（Project Management Institute Business Analysis，PMI-BA®）用于测试商业分析师的知识和技能，包括识别商业需求以及决定商业问题的解决方案。

这些认证能够验证你在项目管理领域的高阶技能。另外，它们还能提供一个深入像敏捷方法和商业分析等特定领域的机会。

本书特点

为了帮助你基于自己的学习节奏使用这本书，本书的核心章节有多个特点从而帮助你更好地规划自己的时间。

- 基础主题：这些都是每章的核心部分，它们解释了该章主题的概念。
- 备考任务：在每一章结束后，列出了你需要做的一系列学习行为。
- 回顾所有关键主题："关键主题"图标会出现在"基础主题"部分最重要的项目旁边。"回顾所有关键主题"会列出该章的关键主题。尽管每一章的所有内容都可能出现在考试中，但你需要完全记住每个关键主题中的信息。
- 定义关键术语：列出该章最重要的术语，让你写出简短的定义，并且和本书最后的术语表进行对比。

目录

本章涵盖主题

- 理解项目管理：该节介绍了"项目"的概念以及考试相关的项目管理内容。

- 助理项目管理专业人士：该节提供了项目管理协会（Project Management Institute，PMI）的背景、CAPM®认证和考试的一般性质。

- CAPM®考试范围：该节包括了考试内容大纲的四个领域，并且提供了新的大纲总览以及领域任务目标、考试的结构变化。

- 本书结构：该节将考试目标和本书每一章进行匹配，从而更方便读者找到考试内容在书中的位置。

- CAPM®认证流程：该节提供了和 PMI 交互的方式以及预约考试的流程、PMI 成员的类型和优势。

- 学习与备考策略：该节提供了你为了考试而应该采取的方法，以及考试期间可以使用的策略。

- 阅读与其他资源建议：该节提供了全书最常用的引用资源的列表。这些都会是你为认证考试准备的关键。

第 1 章

成为 CAPM®

本章介绍了项目、项目管理、CAPM®认证、认证要求以及考试的详细信息。另外，本章还提供了帮助你通过考试的指导。

本章是本书其他章的入口，因此本章的结构会和其他章有一些区别。你应该将本章作为对后续章节内容的准备。你会了解本书的组成架构，以及如何最有效地使用这本书和其他资源，帮助你通过认证。

不同于本书的其他章，本章并没有"我是否已经理解这个了？"小测试。本章并没有专门需要去学习的关键概念。本章讨论的一些与项目管理或者商业分析相关的概念在本书的其他章中都会详细说明。另外，书末还有术语表。

> 注意：本章包含的项目管理信息、模板、工具和技术仅仅用于你的学习。在将这些知识应用于工作中的项目时，请谨慎使用。另外，尽管我们很仔细地将内容和 PMI 的考试内容大纲（Exam Content Outline，ECO）保持一致，但是并不保证成功读完整本书后学生会顺利通过 CAPM®考试。

基础主题

1.1 理解项目管理

很多时候，你都会在某些场合听到"项目"这个词被提及，比如在家或者在工作的时候。

那么什么是一个"项目"？它是指一种个体或团队协作的努力，项目个人或组织为了实现特定目标而必须计划、组织和管理这种努力来实现特定的目标。各行各业的组织，无论规模大小，都意识到项目导向带来的价值——尤其是利用已经被证明的项目管理方法和流程的时候。举例而言，在航天、国防、建筑和 IT 领域的大型复杂项目都有其共性。另外，像剧院、慈善机构、艺术团体等小型非营利性组织也能用项目的方式进行募捐。项目管理协会（The Project Management Institute，PMI）是一个全球认可的非营利性专业组织，目标是服务和解决项目管理从业者的需求。在《项目管理标准（第七版）》（The Standard for Project Management – Seventh Edition）的 1.2 节中，

PMI 将项目定义为"为创造独特的产品、服务或结果而进行的临时性工作"。

项目管理是指导项目工作交付预期成果的艺术和科学。项目管理的工具和技术可以被定制，从而用于所有的组织，无论规模大小。在《项目管理标准（第七版）》的 1.2 节中，PMI 将项目管理定义为"将知识、技能、工具与技术应用于项目活动，以满足项目的需求"。

1.2　助理项目管理专业人士

PMI 在 2003 年引入助理项目管理专业人士（Certified Associate in Project Management，CAPM®）证书，从而帮助个人有能力承担更多责任或者在项目管理中展现竞争力。它旨在为那些将要入门项目管理的从业者提供全球认可的证书。被 CAPM®认证后可以获得项目管理入门角色的就业机会，比如项目协调员或者项目副经理。获得 CAPM®的认证意味着已经能够理解管理项目和领导团队的基础规范与实践。

你可以将本书中介绍的知识和词汇应用到工作当中，然后逐步成为一名经验丰富的专业人员。即使你还不确定你期望在项目管理中承担何种角色，掌握本书中提供的核心概念也可以帮到你。除了了解预测型方法，如果你经验不足，或者没有掌握适应型方法和商业分析的概念，了解它们也能使你受益。

CAPM®考试由 150 道选择题组成。在 150 道题目中，15 题是预测题（Pretest Questions）。预测题不会影响分数，只是作为一种合理且有说服力的方式，在考试中用于测试未来考题的有效性。考试中的题目顺序随机，考生无法分辨出哪些题目会影响最终成绩。该信息在图 1-1 中呈现，该图来源于 PMI Certified Associate in Project Management (CAPM)®ECO，2022 年 10 月的考试更新。

考试时间
3小时

计分题数量	预测题（不计分）数量	全部测试题数量
135	15	150

图 1-1　CAPM®考试结构

考试之前会有考试教程，考后会有一个调研。两者都是可选项，一般需要在 5～15 分钟内完成。教程和调研的用时不包含于考试时间的 3 个小时中。

如果第一次考试失败了，你可以在 1 年时间里最多重考 2 次（总数为 3 次）。在 3 次之后，需要从你最后一次考试日期开始，为期 1 年的等待期过后，你才能进行下一次考试。

1.3　CAPM®考试范围

CAPM®考试内容大纲记录了考试的范围。考试有四个领域，详细信息如表 1-1～表 1-4 所示。

- 领域一：项目管理基础和核心概念。
- 领域二：基于计划的预测型方法。
- 领域三：敏捷框架和方法。
- 领域四：商业分析框架。

表 1-1～表 1-4 展示了每个领域的任务，以及每个领域的题目占比。注意，某些主题会在多个部分中出现。一个和商业分析有关的问题也很有可能和预测型或者适应型方法有关。因此，你需要小心领会题目的占比分布。

表 1-1　　　　CAPM®考试领域一：项目管理基础和核心概念

领域一：项目管理基础和核心概念——36%	
任务 1-1	展示对不同项目生命周期和过程的理解。 ■ 区分项目、项目集和项目组合。 ■ 区分项目和运营。 ■ 区分预测型和适应型方法。 ■ 区分问题、风险、假设和制约。 ■ 审查/评价项目范围。 ■ 在项目管理场景下应用道德规范（比如《PMI 道德与专业行为规范》）。 ■ 解释项目为何能成为变革的工具
任务 1-2	展示对项目管理计划的理解。 ■ 描述成本、质量、风险、进度等的目的和重要性。 ■ 区分项目管理计划的可交付物和产品管理计划的可交付物。 ■ 区分里程碑和项目持续时间。 ■ 确定项目中资源的数量和类型。 ■ 在给定情况下使用风险登记册。 ■ 在给定情况下使用干系人登记册。 ■ 解释项目收尾和过渡
任务 1-3	展示对项目角色和责任的理解。 ■ 比较和对比项目经理与项目发起人的角色与责任。 ■ 比较和对比项目团队和项目发起人的角色与责任。 ■ 解释项目经理这个角色的重要性（比如启动者、谈判者、倾听者、教练、工作成员或者引导者）。 ■ 解释领导力和管理的区别。 ■ 解释什么是情商（Emotional Intelligence，EI），以及其对项目管理的影响
任务 1-4	确定如何遵循并执行已计划的策略或者框架（比如沟通、风险等）。 ■ 举例说明如何适当地反馈已计划的策略或者框架（比如沟通、风险等）。 ■ 解释项目发起和收益计划

续表

领域一：项目管理基础和核心概念——36%	
任务 1-5	展示对常见问题解决工具技术的理解。 ■ 评估会议的有效性。 ■ 解释焦点小组、站会、头脑风暴等的目的

表 1-2　　　　　　　　CAPM®考试领域二：基于计划的预测型方法

领域二：基于计划的预测型方法——17%	
任务 2-1	解释什么时候适合用基于计划的预测型方法。 ■ 针对特定的组织结构（比如虚拟办公、集中办公、矩阵结构、层级）判断基于计划的预测型方法是否适用。 ■ 确定在每个过程中的活动。 ■ 对每个过程中典型的活动进行举例。 ■ 区分不同的项目组件
任务 2-2	展示对项目管理计划进度的理解。 ■ 应用关键路径法。 ■ 计算进度偏差。 ■ 解释工作分解结构（Work Breakdown Structure，WBS）。 ■ 解释工作包。 ■ 应用质量管理计划。 ■ 应用整合管理管理计划
任务 2-3	确定如何记录基于计划的预测型项目的项目控制。 ■ 识别用于基于计划的预测型项目中使用的工件。 ■ 计算成本和进度偏差

表 1-3　　　　　　　　CAPM®考试领域三：敏捷框架和方法

领域三：敏捷框架和方法——20%	
任务 3-1	解释什么时候适合使用适应型方法。 ■ 对比适应型方法和基于计划的预测型项目的优缺点。 ■ 根据组织结构，识别适应型方法的适合性（比如虚拟办公、集中办公、矩阵结构、层级）。 ■ 识别能够促进使用适应型方法的组织过程资产和企业环境因素
任务 3-2	决定如何计划项目的迭代。 ■ 区分迭代的逻辑单元。 ■ 说明迭代的优缺点。 ■ 将一个 WBS 转化为适应型迭代。 ■ 确定范围的输入。 ■ 解释适应型项目追踪的重要性，并和基于计划的预测型项目追踪进行对比
任务 3-3	决定如何记录适应型项目的项目控制。 ■ 识别用于适应型项目的工件

续表

领域三：敏捷框架和方法——20%	
任务 3-4	解释适应型计划的组成。 ■ 区分不同适应型方法的组成〔比如 Scrum、极限编程（Extreme Programming，XP）、大规模敏捷框架（ Scaled Adaptive Framework，SAFe®）、看板等〕
任务 3-5	确定如何准备和执行任务管理的步骤。 ■ 说明一个适应型项目管理任务的成功标准。 ■ 在适应型项目管理中进行任务优先级排序

表 1-4 　　　　　　　　　　CAPM®考试领域四：商业分析框架

领域四：商业分析框架——27%	
任务 4-1	展示对商业分析（Business Analysis, BA）角色和责任的理解。 ■ 区分干系人角色（比如，过程负责人、过程经理、产品经理、产品负责人）。 ■ 概述角色和职责的需求（比如，你为什么需要一开始就识别干系人？） ■ 区分内部和外部的角色
任务 4-2	展示如何进行干系人沟通。 ■ 推荐最合适的沟通频度或工具（比如汇报、演示等）。 ■ 展示为什么对一个商业分析师而言，在不同团队中进行沟通是重要的（功能、需求等）
任务 4-3	决定如何采集需求。 ■ 根据场景匹配工具（比如用户故事、用例等）。 ■ 识别在某个情况下的需求收集方法（比如进行干系人访谈、调研、研讨会、经验教训等）。 ■ 解释需求跟踪矩阵和产品待办事项列表
任务 4-4	展示对产品路线图的理解。 ■ 解释产品路线图的应用。 ■ 确定各个组件分别在哪个版本发布
任务 4-5	确定项目方法会如何影响商业分析过程。 ■ 决定商业分析师在适应型或者基于计划的预测型方法中的角色。
任务 4-6	通过产品交付验证需求。 ■ 定义验收标准（根据情况定义变更的行为）。 ■ 基于需求跟踪矩阵和产品待办事项列表决定一个项目或者产品是否可以交付

　　需要注意的是，表 1-1～1-4 的内容自从 CAPM®考试在 2003 年第一次出现开始，已经发生了巨大的变化。早期的考试主要基于对基于过程方法的理解，以及直到第六版的《项目管理知识体系指南》(A Guide to the Project Management Body of Knowledge, PMBOK® Guide)。当前的 CAPM®考试依然还会测试项目管理的标准的实践和基础，包括对过程组和关键过程的理解。另外，它还进行了扩展，结合了传统模式、商业分析、敏捷章程的内容，确保从业人员知道如何使用不同的项目方法。

　　PMI 会进行全球实践分析（Global Practice Analysis，GPA），包括广泛的市场研究和工作任务分析（Job Task Analysis，JTA）。GPA 可以识别多个专业趋势，并对 CAPM® 的变化提出建议。当前的考试在学习大纲中引入了这些重要建议，如表 1-1~1-4 所示。尽管 JTA 在当前标准发布之前就已经完成了，但是考试大纲依然和《PMBOK®指南（第七版）》保持一致。

1.4　本书结构

本书提供了项目管理的基础信息。你会同时学习引导预测型项目的基于过程的项目管理方法，以及有机会进行调整和匹配的适应型管理方法。在最后的部分，你会看到商业分析实践的概览。所有的章节都基于以下架构。

- 学习目标。
- "我是否已经理解这个了？"测试。
- 基础主题。
- 总结。
- 回顾所有关键主题。
- 定义关键名词。

表 1-5 提供了考试内容大纲和对应的章节。

表 1-5　　　　　　　　　　　考试内容大纲和对应章节

考试内容大纲	对应章节
领域一：项目管理基础和核心概念	第 2 章、第 3 章、第 4 章
领域二：基于计划的预测型方法	第 5 章、第 6 章
领域三：敏捷框架和方法	第 7 章、第 8 章、第 9 章
领域四：商业分析框架	第 10 章、第 11 章
CAPM®应考准备	第 1 章、第 12 章

注意，表 1-5 并非是严格的领域和章节划分。比如，在第 9 章中介绍的大部分概念正在越来越多地被从业者用在预测型方法中。另外，商业分析中的概念也会应用在预测型和适应型方法中。最后，第 12 章讲了如何进行裁剪，而这个主题和所有领域都相关且适用。

尽管你可以直接一页一页阅读本书，但你也可以从某个领域开始。如果那样的话，你最好连续读完该领域的章节。以下描述各章的内容以及结构。

第一部分：项目管理基础

这部分由三章组成，介绍项目管理概念的基础以及项目管理的一些用语。

- 第 2 章　项目和项目管理。第 2 章会定义一些关键的名词，比如项目、项目集、项目组合。本章区分项目和运营工作，并且展示项目管理如何实现项目的期望价值。项目经理为了执行项目所需要的不同技能和知识，和多个项目管理过程组相结合。本章就管理项目中面临的挑战和影响项目管理的趋势进行讨论后结束。

- 第 3 章　组织项目绩效。第 3 章介绍了《PMBOK®指南（第七版）》中描述的八个绩效域。本章通过讨论如何识别和让干系人参与，来具体讲述干系人绩效域。本章还通过引入团队领导力的基础概念，深入说明了团队绩效域。另外，本章细致分析了项目经理的角色，描述了一个成功的项目执行中必要的各种 PMI 人才三角®（PMI Talent Triangle®）技能。本章描述了在不同的项目组织形态（功能型、矩阵型、项目型）和项目管理办公室（Project Management Office，PMO）的支持结构下，项目经理的责任以及区别。本章的结尾介绍了项目经理的道德准则，并且讨论了项目经理如何在管理项目的时候确保做出符合道德标准的选择。

- 第 4 章　开发方法和生命周期绩效域。第 4 章介绍了项目和产品生命周期的基础概念，并且解释了它们是如何运作的。本章讨论了典型的生命周期绩效域和开发方法。本章用不同场景和应用的例子，从实践的角度讲述了生命周期。本章解释了选择合适开发方法的关键因素，并且讨论了活动、可交付物和里程碑。

第二部分：预测型方法

这部分由两章组成，讨论了预测型方法的基础。

- 第 5 章　规划、项目工作和交付：预测型方法。第 5 章从预测型方法的角度讨论了几个绩效域。本章讨论了选择预测型方法的标准。本章还提供了案例，以说明项目计划和控制的基础活动与产出。本章介绍了团队发展的基础以及项目经理和项目团队的角色。本章通过案例分析加上挣值分析解释了测量绩效域。

- 第 6 章　项目工作和交付。第 6 章详细介绍了项目工作绩效域并讨论了采购管理、项目沟通和干系人参与。交付绩效域包括了项目经理为了确保项目的交付能够满足预期的价值和质量，需要做出的决策和采取的措施。不同用例突出了不同的质量管理工具。本章从项目经理的角度讨论了项目整合，项目经理需要负责将所有不同的项目管理过程进行整合，创造一个完整的整体最终成果。

第三部分：适应型方法

这部分由三章组成，讨论适应型方法的基础。

- 第 7 章　规划、项目工作和交付：适应型方法。第 7 章从适应型方法的角度讨论了计划、项目工作和交付绩效域。本章引入了选择使用适应型方法管理项目的关键因素。本章还讨论了项目团队结构以及营造高效项目工作环境所涉及的因素。
- 第 8 章　适应型框架概览。第 8 章提供了最常见的适应型项目管理方法的概述。本章用现实案例解释了精益管理的概念、Scrum、看板、极限编程、功能驱动开发（Feature-Driven Development，FDD）、动态系统开发方法（Dynamic Systems Development Method，DSDM）和水晶。本章还讨论了如何将各种适应型方法扩展，从而满足更大、更复杂的项目。
- 第 9 章　测量、跟踪和管理不确定性。第 9 章讲解了测量绩效域，并且着重于理解如何识别问题、如何跟踪优先级以及如何管理不确定性，通过问题检测和解决的方法，展示如何分析和解决会威胁项目成功的问题。本章讨论了在不同情况下，如何用关键绩效指标（Key Performance Indicators，KPI）来测量和跟踪项目的绩效。本章详细阐述了管理项目风险和项目不确定性的技术，以及应对重复风险的策略。

第四部分：商业分析

最后部分由三章组成，讨论了商业分析的基础以及其对管理项目的不同应用、项目管理的裁剪方法、以及考试准备的建议。

- 第 10 章　商业分析框架。第 10 章阐明了商业分析在管理项目中的重要性。它呈现了基础的规划活动，如需求启发与分析和解决方案评价。本章还讨论了识别、归类、管理不同类型干系人的步骤。本章解释了需求的构建和维护、评估变化的影响以及管理更新。最后，本章还展示了商业分析在不同项目管理方法中的区别。
- 第 11 章　商业分析领域。第 11 章通过审查需要评估、商业分析计划、需求启发和分析、跟踪和监督以及解决方案评估来阐述商业分析的基本领域。
- 第 12 章　裁剪和最终准备。第 12 章用现实案例探索多种调整项目管理的方法，从而匹配每个项目的独特情况。本章用以对第 2 章到第 12 章"裁剪"一节的回顾，总结全书，从而将所有内容整合到一起，规划最后的考试准备。

1.5　CAPM®认证流程

要获得 CAPM®的资格，你首先需要有高中学历或者全球相对应的学历，而且必须满足有 23 个学时的项目管理学习时间的条件。在这条规定下正式的教育证明必须包含一份能够证明你完成项目管理基础教育并通过考试的成绩单。大部分高等院校有关项目管理的课程都可以满足该需求，而其他诸如 PMI 的授权培训合作伙伴（Authorized Training Partners，ATP）也能满足该要求。

　　材料申请一般会在一个工作日内完成。如果一个申请被选中时要进行审查，则会花费更多时间，这一部分可以参考 PMI 认证手册（PMI Certification Handbook）中的"PMI 审查流程（PMI Audit Process）"部分获取更多详细信息。准确地说，会有一些随机的审查来验证申请人是否确实有满足条件的正式教育，并且成功地完成了课程。然后，你会被赋予一年的考试资格有效期时间以通过考试。在考试资格有效期内，如果第一次没有通过，你能有最多三次的考试机会。如果在考试资格有效期内，你选择进行重考，重考费用会根据所在地区和会员情况有一定的折扣。另外，一旦确定并预约了考试日期，你就需要承担取消的费用或者未参加的费用。

　　CAPM®考试并不是只有 PMI 会员才能参加。在支付认证费用的时候，如果你是 PMI 会员并且有良好的记录，则能享受一定的折扣。成为 PMI 会员还有其他的好处：多个在本章提到的作为有用的学习参考材料的 PMI 练习指南和标准，对 PMI 会员而言，可以获得免费的个人使用的电子版本。

　　在申请审核通过后，你需要支付考试费用。下一步是预约考试时间；你同样也需要决定在哪里参加考试。候选人可以前往 Pearson VUE 测试中心进行考试，也可以选择在家通过 Pearson 的在线监考系统 OnVue 参加考试。①

　　当你点击"预约考试（Schedule Exam）"时，你会看到除英语之外的考试语言选项。订单上会有你的名字、电子邮件信箱地址、考试位置和时间。你必须在指定时间前 30 分钟到达考试中心。居家进行的考试会有其他准备注意事项，比如计算机的安全性，以及计算机是否和考试软件相适配。隐私拦截工具也需要被禁用。

　　考试时长为 3 小时，共 150 题。PMI 在考试中途（完成 75 题后）会给 10 分钟的休息时间。注意，你可以在休息时检查前 75 题。

1.6　学习与备考策略

　　尽管本书提供了通过考试所需要的信息和学习案例，但是我们认为最佳的考生还应该具备以下条件。

- 有参与项目团队工作的经验。比如，如果你没有其他项目团队经验，则可以考虑作为志愿者参与募捐或慈善活动。
- 你在阅读这本书的时候，反思包括志愿者经历在内的之前的工作。

---

① 译者注：该流程为国外考试流程。在国内考试时需要额外在中国国际人才交流基金会网站进行中文笔试注册和缴费。

■ 用项目进度工具进行练习。

这些建议一般都会在 CAPM®需要完成的学习课程中被提到。

在准备 CAPM®考试的时候，你还应该考虑以下步骤。

1．回顾 CAPM®考试内容大纲，其中会标出考试中覆盖的内容范围和任务。这会帮助你理解考试的范围，并且识别那些你需要专注的学习领域。

2．要获得 CAPM®考试资格，你必须完成 23 小时的正规课程。确保你在申请表格中，表现出满足了 PMI 的这个要求。

3．学习各章内容。书中还附有各种学习辅助材料，帮助你准备考试。选择最适合你的学习方法，并制订一个计划以保持学习进度。

4．进行训练测试。那样可以帮助你熟悉 CAPM®考试的安排和风格，然后识别那些你需要专注的学习领域。

5．注意常见的"术语"区别。即使像"项目"或者"项目集"这样的基础词汇，在不同组织当中的用法和理解也不同。你需要摒弃你在其他地方听到的某个词的意义，而专注于本书中对该词的定义。

通过以上的步骤，并且投入足够的精力，你就能够提升你通过 CAPM®考试的概率。

1.7 阅读与其他资源建议

这部分列出了本书中最常见的引用资源，它们对你在考试中的学习都有着关键的作用。注意，PMI 并未要求你阅读所有的内容，但是你会觉得阅读它们是有帮助的。

■ PMI 人才三角（The PMI Talent Triangle®）。

■ Project Management Institute. *A Guide to the Project Management Body of Knowledge (PMBOK® Guide)*, Seventh Edition, 2021.

■ Project Management Institute. *Agile Practice Guide*, 2017.

■ Project Management Institute. 商业分析实践指南, 2015.

■ Project Management Institute. *Requirements Management: A Practice Guide*, 2016.

■ Project Management Institute. *The PMI Guide to Business Analysis*, 2017.

■ Project Management Institute. *Process Groups: A Practice Guide*, 2023.

■ Task Force on PM Curricula, Project Management Institute. *PM Curriculum and Resources*, 2015.

■ Project Management Institute. *PMI Code of Ethics and Professional Conduct*, 2006.

本章涵盖主题

- **什么是项目**：该节介绍了项目的概念，并且定义了项目与其他组织内活动不同的地方。
- **理解项目管理**：该节概述了项目管理的概念和其他管理的对比。
- **项目和运营工作的对比**：该节区分了项目和企业内标准的运营活动，从而让你知道何时最适合应用项目管理方法。
- **项目集和项目组合**：该节介绍了将项目组合到一起以实现特定目标的方法。对项目进行组合的原因可能出于战略性，或者因为可以充分利用资源或者方法来实现更好的结果。
- **通过项目管理创造价值**：该节聚焦于项目的成果，以及合理的项目管理如何能够将项目的预期价值进一步提升。
- **项目管理过程组**：该节描述了项目管理过程的标准概念，项目过程一般在项目管理的各个阶段被组合到一起。
- **项目管理面临的挑战**：该节展示了不确定性会如何影响一个项目，从而需要通过特定的方法更妥善地管理挑战。
- **项目管理趋势**：该节介绍了三个项目管理的关键发展，它们对未来的标准和项目经理的实践有着不小的影响。这三者分别是商业分析、适应型项目管理以及项目管理原则。

第 2 章

项目和项目管理

这一章讨论了许多项目管理的基础：什么是项目？什么是项目管理？这些都是你在试着计划、组织和安排项目进度前，需要完全明白的内容。

本章介绍的项目管理原则适用于各个行业领域的所有项目。本章会说明这些核心概念，并且介绍项目管理、组织战略、项目价值和优先级以及项目的组织协调。

> 注意：本章包含的项目管理信息、模板、工具和技术仅仅用于你的学习。在将这些知识应用于工作中的项目时，请谨慎使用。另外，尽管我们很仔细地将内容和 PMI 的考试内容大纲（Exam Content Outline，ECO）保持一致，但是并不保证成功读完整本书后学生会顺利通过 CAPM® 考试。

在完成本章后，在以下领域和任务中，你应该能够有所提升。

■ 领域一：项目管理基础和核心概念

　o 任务 1-1：展示对不同项目生命周期和过程的理解。

　　区分项目、项目集和项目组合。

　　区分项目和运营。

　　区分问题、风险、假设和制约。

　　解释项目为何能成为变革的工具。

　o 任务 1-2：展示对项目管理计划的理解。

　　描述成本、质量、风险、进度等的目的和重要性。

　o 任务 1-4：决定如何遵循并执行已计划的策略或者框架（比如沟通、风险等）。

　　解释项目发起和收益计划。

2.1 "我是否已经理解这个了？"测试

"我是否已经理解这个了？"测试可以让你评估自己是否需要完整阅读这一章，还是可以直接跳到"备考任务"小节。如果你对自己就这些问题的回答或者对这些主题的知识评估有疑问时，请完整阅读整章。表 2-1 列出了本章的主题，以及它们对应的测试题目题号。你可以在附录 A 找到答案。

表 2-1 "我是否已经理解这个了？"主题与题号对应表

基础主题	题号
什么是项目？	9
理解项目管理	3
项目和运营工作的对比	4
项目集和项目组合	7,8
通过项目管理创造价值	1,10
项目管理过程组	11
项目管理面临的挑战	2,5,6
项目管理趋势	12

注意： 自测的目标是评判你对本章主题的掌握程度。如果你不知道某题的答案，或者对答案不确定，你应该将该题标为错题，从而更好地进行自测。将自己猜对的题认为是正确的，这种做法会影响你自测的结果，并且可能会给你带来错误的自我评估。

1. 以下选项中的问题，哪个问题是通常会被延后或者甚至不会被问及，即使该问题和项目成败的某个最关键因素相关，所以对发起人、干系人、项目经理而言，应该是首要考虑的因素之一？
   a. 能获得哪些收益，并且这些收益在哪些限度上不仅有高优先级，而且还确实可测量并且可实现？
   b. 哪些干系人有能力并且有意愿去影响项目，这些干系人如何能够正面地支持项目？
   c. 项目能否在给定的成本和时间制约内实现？
   d. 变更需要在某个特定日期前多久进行，从而这些变更不会再被讨论，或者这些变更被允许对时间线产生影响？

2. 你的发起人刚刚告诉你，他们被财务部门告知，如果成本超过 14 475 200 美元，项目在本财年将不会获取更多资金。这是以下哪种情况的例子？
   a. 风险
   b. 问题
   c. 制约
   d. 假设

3. "将知识、技能、工具与技术应用于项目活动，以满足项目的需求"是_____的定义。
   a. 变更管理
   b. 风险管理
   c. 项目管理
   d. 运营管理

4. 在组织中重复发生，并且会生成相似，甚至完全一致的可交付物的活动被称为_____。
   a. 项目
   b. 项目集
   c. 项目组合
   d. 运营

5. 在状态会议中，你的工程经理告诉团队，工人在为新的艺术博物馆挖地基的时候，遇到了非常坚硬的物质。他们不确定该物质是什么，但在进一步的测试中，他们在整个地基范围内同样的深度，发现了相似的物质。这是_____的例子。
   a. 风险
   b. 问题
   c. 制约
   d. 假设

6. 以下_____的意思是建立可替代的计划以防项目时间、成本或者范围受到可能的影响。
   a. 变更管理
   b. 风险管理
   c. 项目管理
   d. 运营管理

7. 组织中，一起合作以实现某些优先度高或者战略价值的活动，最适合被称为_____。
   a. 项目
   b. 项目集
   c. 项目组合
   d. 运营

8. 以下_____是最贴切形容"组织中作为相关线程被一起管理，从而实现共同的可交付物的活动"。
   a. 项目
   b. 项目集
   c. 项目组合
   d. 运营

9. 以下_____是最贴切形容"组织中暂时的，有明确开始和结束时间，并且会产出独特可交付物的活动"。
   a. 项目
   b. 项目集
   c. 项目组合
   d. 运营

10. 以下_____是对"正确管理的项目会成为变革的工具"的最佳形容。

    a. 项目经理建立了项目实现的计划，并且确保项目在预算内基于计划完成

    b. 项目经理是一个临时的角色，可能在任何时候被分配到项目组合中的其他项目中去

    c. 项目经理会尝试最小化风险，用循序渐进的方式执行任务，适应组织的需要并且让干系人参与可交付物和过程的定义中

    d. 项目经理决定组织在哪些层面最能从项目中受益，并且只将那些部分包含在启动、规划、执行和项目控制中

11. 如果你正在尝试确定项目的范围、完善目标，并且定义需要实现目标所需的行动，那么你正在试图管理以下_____管理过程组。

    a. 启动

    b. 规划

    c. 执行

    d. 监控

    e. 收尾

12. 以下_____方式中，团队可以持续和干系人沟通，从而决定之后可以开始解决哪些需求，然后快速演示可用的功能。

    a. 适应型项目管理

    b. 交互型项目管理

    c. 预测型项目管理

    d. 瀑布项目管理

基础主题

2.2　什么是项目

全球项目的数量正在指数级增长。没有一个组织能有一天不会在某些语境下蹦出"项目"这个词。举个例子，"我们是不是应该把约尔分配到'去运动'这个项目上？"，这很有可能是一个经理和一个高级员工在试图安排一个新实习生进入他们游戏公司时的开场问题。作为训练的一部分，新员工会频繁地在大组织中进行调岗，通过参加大量的项目以及与其他员工的互动增加经验。

无论你是在策划聚会、造桥、开新餐馆或者慈善募捐，都会参与一个项目中。所有的项目都从一些想法开始。如果项目管理指南和最佳实践得到使用，那么这个项目的想法就能很快被规划、执行和实现。

项目管理标准（the Standard for Project Management）是一群专家根据从项目经理和研究人员获得的经验提炼而成的。

2.2.1 项目

项目管理标准将"项目"定义为：

为创造独特的产品、服务或结果而进行的临时性工作。项目的临时性表明项目工作或项目工作的某一阶段会有开始，也会有结束。

以图 2-1 为例，让我们来看一下这个定义当中一些词的意思。

- **工作。**"工作"往往是和一个大的任务相关的项目。在这个例子中，建造一座新的桥是临时性的。比如在桥梁建设完成后，和这个工作相关的资源就会被解除。
- **独特的产品、服务或结果。**我们可以认为这座桥是独特的，之前并不存在。在某种限度上，即使桥的风格和另一座在其他位置的桥完全一样，但是在这个时间、这个位置建造这座桥会使得建造的行为成为一个独特的项目。
- **临时性。**桥的建设被安排在特定的开始和结束时间。

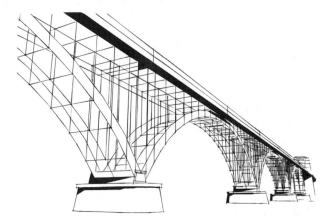

图 2-1 桥作为独特的产品以及临时项目

2.2.2 项目经理

"由执行组织委派，领导项目团队实现项目目标的个人"被称为**项目经理**。你能在第 3 章"组织项目绩效"中找到更多关于项目经理的信息。该章会讨论许多重要的职能，从促进项目团队到管理过程，以交付项目目标。

2.3 理解项目管理

许多公司最近才意识到以项目为导向的好处。举个例子，像剧院、慈善机构、艺术团体等非营利性组织用项目的形式进行募捐活动。项目管理的工具和技术能够应用于所有小型组织，甚至大型组织也能有小型项目。项目管理的原则可以轻松地适用于这些组织的小型项目中。你很快就能发现，项目的规模能从小型到巨型。

在项目管理标准中，"项目管理"的定义为：

将知识、技能、工具与技术应用于项目活动，以满足项目的需求。项目管理指的是指导项目工作以交付预期成果。项目团队可以使用多种方法（如预测型、混合型和适应型）实现成果。

我们来进一步看一下"项目管理"的定义。

- **将知识、技能、工具与技术应用于项目活动，以满足项目的需求。** 相关的例子包括进行商业分析，从而从干系人处启发需求，估算项目成本以及沟通并激励项目团队。
- **指导项目工作以交付预期成果。** 这包括了项目规划、组织、控制，从而交付目标产物。
- **多种方法。** 这是指项目生命周期。像前面提到的建桥项目，过去通常使用预测型生命周期的方法。但是，像适应型和混合型的替代方法（你很快就会从之后的内容中了解）也可以作为参考。

就像你猜想的一样，项目管理的原则会和一般的管理原则有所重叠。对于新手而言，项目和商业都注重交付价值。项目和运营会有些区别，但是专注于价值的底层原则对双方都适用。一些在《项目管理标准（第七版）》中详述的项目管理原则包括：

- 成为勤勉、尊重和关心他人的管家；
- 营造协作的项目团队环境；
- 有效的干系人参与；
- 聚焦于价值。

2.4 项目和运营工作的对比

我们刚刚提到商业的核心是运营。在本节中，我们会聚焦于运营工作。

拿在面包房中烤面包为例。因为烤面包这件事是一件每天发生且持续、重复的过程，并没有一个明确的开始或结束时间，所以我们能将烤面包视为运营工作。另外，面包师可能在某个时候决定给面包店开发一种新的面包产品。这个尝试会涉及建立实验过程，包括收集新的原料，完善新的食谱，对焦点小组测试以及之后确定最佳的批量烘焙方式并进行推广，这些都是项目的组成部分（如果你还记得的话，项目就是为创造独特的产品、服务或结果而进行的临时性工作）。当项目完成的时候，面包师可以基于修正后的日常运营模式来售卖新的产品。

另一个相似的概念则是汽车制造。制造商会在流水线上将所有必要的零件组合成一辆接一辆的完整的汽车，从而每年批量生产成千上万辆汽车——这是典型的运营例子。另外，汽车制造商通常还有一个研发部门，专注于打造新的车型。每个想法都需要进行适当的评估，判断是否能够制造出可行的产品，而这往往以项目的方式进行。

一旦完成对该想法进行评估和设计的项目，就需要着手准备批量生产。之后就会成立另一个项目，用于建设生产成千上万辆新车型的流水线。再之后的阶段就是运营阶段，会持续数年来生产这些汽车。

和运营相对的，项目的目的是实现它的预期目标，然后结束项目。这两者的管理方式是必然会有区别的，因为需要创造独特的成果，大概率要将独特的资源以不同的方式进行应用。因此，项目管理是关于如何对大量的变量进行考量，从而最小化失败的风险并最大化成功实现目标的一种方式。表 2-2 总结了这些不同之处。

表 2-2　　　　　　　　　　　　　项目和运营的对比

属性	项目	项目化运营	运营
时间	有开始和结束	对每个项目/服务和重复周期都有确定的开始和结束时间	持续且重复
成果	独特的产品或服务	一个熟悉的产品或服务但有独特的功能（定制化）	熟悉的产品或服务
人和资源	暂时	由永久资源执行的临时任务	永久
职权	项目经理，但职权有强有弱	项目经理负责定制化任务；职能经理负责资源	职能经理对人和过程有正式并直接的权限
主要生命周期	项目生命周期	定制化的任务执行	产品生命周期

2.4.1　项目在运营中的角色

就像在表 2-2 中显示的，运营和项目之间有非常密切的关系。比如如果由运营生产的微波炉产品遭到了大量投诉，那就需要一个永久的解决方案或者修复工作。这个时候，就有了新项目。制造商通过生产数据、质量评估和其他资源，成立一个解决缺陷的项目。修复的范围、资源和预计时间都会被固定。当通过这个项目解决问题后，该修复工作会被引入流水线，从而让生产系统持续地将其应用于所有生产的产品中。

这种密切的关系对于 IT 行业中有承包服务的组织也很常见。IT 行业的咨询/承包公司经常做重复性的项目。几个项目同时进行是咨询公司的日常工作，几个团队分别给数个客户交付产出。组织会有自己的持续运营团队来支持这些项目团队，包括人力资源、销售、会计、广告、信息系统等。这类工作的本质包括面向客户的活动——这需要确实基于项目管理原则进行，以及组织的职能支持类角色，以确保客户项目能够有效实施的资源。

2.4.2　项目化运营

在表 2-2 中提到的一个关键概念，是将标准的运营转变成专注于将每个生产的可交付物的过程作为项目的方法。这其实是一种在需要为每个顾客定制化产品或服务时的运营方法。举个例子，如果伦敦的一家汽车经销商有一个需要为某个顾客特定组装的新车订单，这个订单就会被认为是现有功能的独特结合品，比如颜色、选项、引擎、内设、轮胎等。这是某个顾客对这个经销商的要求。通过将这个要求作为项目处理，制造商会分派一个独特的订单辨识信息，然后将订单下发到流水线，在那里专门为特定的顾客组装特定的汽车。组装这辆车的步骤和组装其他车的步骤一样。然而，这名顾客订购的这辆车的组装步骤组合会被区别对待。这个项目是由顾客发起的，也会在顾客签收项目可交付物——他们的定制汽车后，结束。通过这样做，所有项目管理的益处都可以应用到过程中。顾客有办法追踪组装、交付和新车准备的进程；制造商明确知道哪些部分是需要的，哪些人会被指派对车进行组装以及何时这辆车会被组装、测试和交付。

　　项目化运营现在被频繁运用。在某种意义上，这个方法将运营分散成多个可管理的模块或者任务，每一个都被单独排序、追踪和测量，从而为某个顾客交付可靠的成果。这就贴合了项目的最初定义：有着明确开始和结束的独特成果，包含了实现它的特别任务。从这个角度来看待运营，相比单纯的日常运营，可以提升效率和质量——而这对项目管理而言，是个常见的事情。

2.5　项目集和项目组合

　　除了"项目"这个概念，"项目集"和"项目组合"的概念也经常被使用。这两个词表达了相关的概念，但是需要不同的管理视角、工具和角色。项目本身可以单独成立，或者作为项目集或项目组合的一部分。

项目管理标准对"项目集"和"项目组合"的定义如下。

- 项目集：相互关联且被协调管理的项目、子项目集和项目集活动，以便获得单独管理所无法获得的收益。

这是一个在项目管理领域日益重要的领域。项目集是相关项目的集合，被一起协调管理，来获取每个项目被单独管理时无法获得的时间、成本和资源管理的收益。一个项目集往往会有一系列相关的项目任务。举个例子，如果一个组织致力于可持续发展方向的工作，那么它很有可能有多名项目和项目集经理负责组织中所有的可持续发展计划。

- 项目组合：为进行有效管理，从而实现战略目标而组合在一起管理的项目、项目集组合①。

这里的重点是构建、维系并推动组织的发展。项目组合为了实现战略目标而

策划和实施。它们的实施依赖于共享项目组合中的项目和项目集的财务或人力资源。从项目组合的视角，项目组合经理可以从项目组合中的项目和项目集的全局角度，管理风险并优化资源配置。项目组合同样也能让组织追踪实现战略目标的进度，以及终止或者改变项目和项目集的优先级，从而让这些决策为组织带来最大的利益。

图 2-2 中说明了项目、项目集和项目组合之间的关系。让我们假设在可持续发展的提案中，组织正在考虑两个不同的项目组合：一个是针对"零废弃"的计划，另一个是针对减少能源消耗的计划。尽管两个项目组合都很重要，但组织可能因为资源的约束，这一年要选择项目组合 B 进行实施。这里，组织会选择实施项目 5、6 和 7。项目 5 和 6 在范围上类似，会由同一个经理管理。

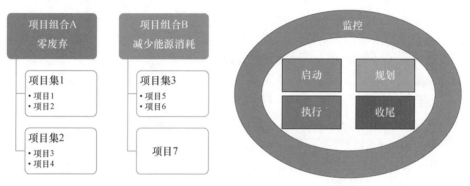

图 2-2　项目组合、项目集和项目之间的关系

2.6　通过项目管理创造价值

本节介绍了项目的结果和价值，但首先我们需要理解项目管理的优势。

这些问题会在求职面试中不可避免地被问到，而且它们应该在所有项目被定义的时候被问一遍："项目管理准则的价值在哪儿？企业为什么应该在项目管理人员、训练、工具和技术上投入？你如何判断一个特定的项目是否会在未来带来价值？"

许多项目管理的文献都提到了部分失败的项目和彻底失败的项目。因此，项目管理的首要好处就是确保能够全部收回组织在项目上的投入。通过在项目的整个过程中执行项目风险管理原则，项目管理能够在问题发生前预先解决问题。经验、教训会被吸取并且被记录，从而确保在下一次类似的项目中不会犯相同的错误。

关键主题

项目管理的收益包括以下几条。

- 提升项目成功的概率，并交付项目的预期收益。
- 增加干系人满意度。

- 以可接受的质量在预算内按时完成项目。
- 最有效地使用组织资源。
- 实现客户关注，并引入质量关注。
- 降低非预期的事件和项目失败的风险。

世界正在越发全球化和竞争化。从商业的角度来看，项目管理和它的流程提供了在这样全球化和变化的市场情况下一个可控的应对方式。由新冠肺炎疫情导致的经济冲击需要一个结构化的方式来管理风险或者机会。项目会涉及独特的组织结构，比如说，跨职能的资源能够更好地跨部门利用专家和人才资源。

项目带来的变化正越来越被干系人所接受。关键信息会显示给干系人，同时会有更好的度量指标辅助进行更为明智的决策。

《项目管理标准（第七版）》中的一个主要关注领域是项目结果和交付价值的重要地位。组织有多种方法创造价值。在该标准中，"价值"的定义如下。

某种事物的作用、重要性或可用性。不同的干系人以不同的方式看待价值。客户可以将价值定义为使用产品的特定特性或功能的能力。组织可以聚焦于使用财务度量指标确定的商业价值，例如收益减去实现这些收益的成本。

项目创造价值的方式的示例包括（但不限于）：

- 创造满足客户或最终用户需要的新产品、服务或结果；
- 做出积极的社会或环境贡献；
- 提高效率、生产力、效果或响应能力；
- 推动必要的变革，以促进组织向理想的未来状态过渡；
- 维持以前的项目集、项目或业务运营所带来的收益。

项目组合、项目集、项目、产品和运营都是组织**创造价值**系统中的一部分。这里的系统是指旨在建立、维持和/或使组织得到发展的一系列战略业务活动。

图 2-3 是《项目管理标准（第七版）》的图 2-1，显示了一个价值交付系统的示例，由两个项目组合组成，同时包含了项目集和项目。它还显示了一个包含项目的独立项目集以及与项目组合或项目集无关的多个独立项目。任何项目或项目集都可能包括产品。运营可以直接支持和影响项目组合、项目集和项目以及其他业务职能，例如工资名单、供应链管理等。项目组合、项目集和项目会相互影响，也会影响运营。

就和任何新课题一样，要想更好地理解项目管理领域，你必须学会使用相关的术语。在上一节，你学到了一些基础的关键名词和概念。这些基础概念都是跨行业、位置、规模和交付方式的。为了帮助你理解这些概念，下一节会展示一个 AHA 槭树农场的案例分析。这个案例，以及其他案例会贯穿本书，用实践案例来说明概念。

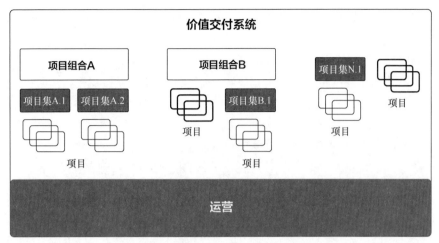

图 2-3　价值交付系统样本的组成部分①

案例学习 2-1　AHA 槭树农场

　　北美洲东北地区的当地人知道，某种特定的枫树——糖槭树的内部树液尝起来非常甜。事实上，这些人还知道，如果他们把树液煮一段时间，树液就能凝结成一种非常甜的糖浆，进一步熬煮并搅动就能获得白砂糖。糖槭树中的树液因此成为膳食糖的来源，被用于多种食物中。糖槭树只生长在北美洲的东北地区，在美国和加拿大的五大湖区。在 17 世纪的时候，当地人将收集和熬煮树液的技术教给了从欧洲迁移来北美的人。如今，这项传统已经发展成了生产更甜的产品——纯天然的枫糖浆。

　　尽管现在的最终成品和 17 世纪的成品相差无几，但是在那么多年里，一些标准和最佳实践被引入生产纯枫糖浆和纯枫糖的过程中。从树上采集到的原树液含有 1%～2%的糖分，而标准的成品枫糖浆含有 67%的糖分。这就意味着需要将大量的水分从树液中移除，从而将树液浓缩成枫糖浆。有两种技术可以移除多余的水分。

- 通过熬煮树液，将水分以蒸汽的方式提出。
- 用逆渗透（Reverse Osmosis，RO）过滤的物理流程，分离水分子，留下更为浓缩的树液。浓缩后的树液会被熬煮，去除剩余的水分，直到达到 67%的糖分标准。

　　从战略上来看，我们可能根据去除树液中水分的方法，将枫糖浆的生产过程视为一种比较昂贵的运营。加热煮沸的过程要求有燃料，比如木材、燃气或者石油。那就会将燃料的成本加入其他生产枫糖浆的成本中。另外，RO 过滤的方法需要一

① 来源：《项目管理标准（第七版）》图 2-1。

个复杂的 RO 过滤系统、电力以及昂贵的设备。在那之后，依然需要通过煮沸的过程来完成枫糖浆的制备。从生产的角度来看，需要让花在浓缩过程上每一个单位的成本都实现对枫糖浆的最大浓缩效果。

另一个因素是从树上获取树液的效率。采集树液的方式是在树上钻一个小洞，然后在洞里插入一根硬管（水龙头），让树液通过水龙头被抽出。这个操作最好是在冬末的时候进行。在那个时间段，气温会在白天上升到冰点以上，然后在晚上回到冰点。因此，生产者必须确保在采集季快开始的时候插入水龙头。其中的物理原理比较复杂，但是重要的是，这种从树上采集树液的操作只能在几周里完成。当气温在一天中的大部分时间上升到冰点以上，糖槭树开始长叶子的时候，树干上的小洞会自然地开始愈合，进行自我修复，阻止树液被采集。到那个时候，水龙头会被移除，等到来年重新插入距离原洞有一定距离的新钻的洞，以防伤害树木。

在正确的时间安装和移除水龙头是一项极其消耗劳动力的过程。大型的生产商需要一次性安装和移除几千个水龙头，以配合采集季。如果要最大化树液采集的效率，生产商就必须确保每次安装的水龙头在有限的采集季里，都能采出最大量的树液。尽管最早的树液是被引流到各个单独的桶装容器中，但在过去的几十年里，最高效的技术是将水龙头用塑料管连到一起，通向单独的收集池里。另外，如果在管道里有一定的真空压力，就能采集到更多的树液。大部分大型生产商会在管道网络上安装一个真空泵来增加真空压力。图 2-4 展示了一个典型的将钻入糖槭树的水龙头用管道连成网络的例子。图 2-5 展示了树液通过管道被采集并流入收集池中。就像你在这些图中看到的一样，生树液有一定的水分——事实上，当树液被初始采集的时候，几乎都是水。

图 2-4　典型的糖槭树树液采集管道网络　　图 2-5　糖槭树树液从管道流进收集池

树液被采集后，需要在树液中的糖分被损坏前，马上被煮沸。即使使用 RO 流程移除部分水分，最终还是需要通过煮沸的方式达到糖浆的最终形态。大约需要 40 份树液才能生产 1 份枫糖浆。图 2-6 显示了一个大型的蒸发装置，通过加热含有树液的炼锅，从而蒸发掉部分水分以浓缩到合适的糖分浓度。如果一切都顺利，最终产品是图 2-7 显示的被装罐销售的枫糖浆。

图 2-6　用于煮沸糖槭树树液的蒸发装置

图 2-7　待售的最终枫糖浆成品

枫糖浆的生产过程无论是在劳力、原料还是能源上都非常昂贵。事实上，一桶枫糖浆可能比一桶原油都要贵出 20 倍！因此，必须采取一些策略以从所有采集到的原树液中产出最高产量的成品糖浆。生产商有许多方法在每一步流程中获取最大收益的同时，还能最小化风险、适应变化的情况以及最大化产出。这就表示，这样的流程可以通过应用项目管理原则来提升。

管理 AHA 槭树农场的枫糖浆生产过程

AHA 槭树农场在纽约州的西北角，美国的东北部。该公司在 2004 年由艾丽斯（Alice）、希瑟（Heather）和安（Ann）成立。三姐妹在有数千棵枫树的农场里一起长大。从每年的 1 月开始，AHA 槭树农场的员工会用三周时间亲手把塑料水龙头插进每一棵树。尽管 AHA 槭树农场规模较小，但依然需要在 300 英亩的土地上安装 5 000 个水龙头。土地面积的 1/3 是树林，大部分都是糖槭树。

AHA 槭树农场的采集季通常在每年的 1 月中旬到 1 月末开始，然后持续到 3 月中旬到 3 月末。有时候，遇到较冷的春季时，采集季会延长到 4 月。其他时候，比如暖冬，则会压缩采集季，使采集季更早结束。该公司没有固定预测采集季持续时间的方法。一个农场可能觉得采集季可以结束了，而另一个不同位置的农场可能觉得还能延长。AHA 槭树农场在一个海拔比较高的地方，这可以延长采集季，因为在更高的海拔位置温度会更低。

树液在进行循环的时候，可能是一天在循环，也可能持续一周，也有暂停两天，甚至三周的情况。这完全基于天气情况，无法进行预测。然而，当情况表明任务可以且应该开始的时候，还是需要一系列可预测的步骤。几百英里的塑料管道会将树液从树运输到收集池里。树液必须每天用卡车从大型收集池运输到糖厂。在那里，树液会用 RO 过滤掉一部分，然后一部分用高温蒸发。有时候，AHA 槭树农场的工作人员会一天内连续工作 18 小时，因为树液被采集后必须被尽快制成枫糖浆并保存在密封的桶中，防止成分被破坏。

可持续性是 AHA 槭树农场的核心战略任务目标，将重心放在尽可能的重复利用上。同样的管道和水龙头会在数年中被清洗和消毒，然后再回收。太阳能电板收集太阳能后，为运行管道、RO 设备和蒸发设备供电。枫糖浆用玻璃装瓶进行销售。在消费者使用完枫糖浆后，AHA 槭树农场可以对瓶子进行回收。树林被仔细地看护，同时农场有有机认证，这意味着无论是树林的养护还是在枫糖浆的生产过程中，都没使用有害的化学物质。

在每一年的循环周期中，需要考虑许多问题。

- 逆渗透元件可以减少加热蒸发设备需要的石油量，但它必须被周期性地清洗，并且最终过滤器都需要替换。
- 连接树的管道必须过一段时间就检查其真空密封性，包括在采集季。动物的破坏、暴风、气温的起伏都能对管道网络造成损害，导致其泄露。为了最完美地完成检查，电力的真空传感器会被安装在管道线上以测量真空压。每个传感器的气压值会通过手机信号传输到中央监测系统，从而在某个传感器的真空压降到一定限度的时候进行告警。这是非常关键的问题，因为一旦真空压下降，树液的产出量就会下降，枫糖浆的最终产量和销售量也会下降。
- 管道线需要非常紧固，并且几乎没有下凹，一般还会有金属线缠在大的管道线上进行加固。这些线的安装最好是在非采集的月份完成，其间可以对管道网络进行重配置或者修复。
- 在每次树液采集季的前后管道和水龙头都要进行消毒。消毒需特别的流程，有效期持续几个季度。但是最终，塑料的管道和水龙头需要被替换，而老旧的则会被回收。这些都必须在换季时进行，一般在比较温暖的季节，彼时进出树林会比较方便。

- 树林需要被经常检查和管理，确保糖槭树能够获得充足的日照，并且没有其他树木在糖槭树的区域里生长。另外，新的糖槭树也会被种植和培育，以替代老的或者受损的糖槭树。这种管理同样是在较为暖和的月份进行。

- 在安装水龙头的时候，速度要快。工人们必须在树上适当的位置钻洞，以最娴熟的技术，将水龙头插入合适的深度。为了保证树液的最大采集量，这些工作都需要在树液在树内部开始循环前完成。雇佣多个工人就意味着配备多个钻头，还需要维护钻头，确保其尖锐度，然后需要记录水龙头的放置情况和数量，从而分析每个季度的生产数据。

- 在树液被采集并被煮沸成为最终成品后，会被储存在不锈钢桶里，放进冷却室，放置一年以上。在那段时间，枫糖浆会被基于颜色而进行评估，从而确定它的标准等级。每个桶的等级和装桶日期都会被记录并保存。

- 在一年之中，当有各种枫糖浆订单的时候，不锈钢桶会被一个接一个地清空，并进入特殊的装瓶处理机。这个设备会重新加热糖浆并仔细测量，确保准确的糖度，并提供装罐要求的最终温度。装罐容器在加热的时候就被密封，等到冷却后，采用真空密封的方式防止枫糖浆被污染。密封得当的容器可以在室温下保存一年以上，但是它们必须在开瓶后放入冰箱，抑制枫糖浆中霉菌和细菌的生长。

案例学习 2-1 的分析

许多人都会先入为主地认为农业组织天然就是运营型的，因为每天都会有固定的流程。上述的案例则给出一些相反的观点，表明农业领域可以成为项目管理原则的良好应用场景。评估一下案例 2-1，思考以下项目管理方法的概念如何在这种情况下被应用。

- 案例中哪些方面最适合进行项目管理？为什么？
- 案例中描述的哪些具体活动，相对项目而言，是作为运营的最好例子？你这么选择的理由是什么？
- 基于你现在知道的内容，如果你要创建一个项目，对枫糖浆的采集季进行准备，你的项目计划中需要涉及哪些步骤？假设你有过去几个采集季的记录，你会如何预测时间要求、需要的材料、劳力和材料的成本？
- 在这种情况下，有哪些明显的制约或者风险？你在哪些限度上可以应用项目管理原则对这些制约或风险进行规划？有哪些方法可以降低风险，或者让项目在制约范围内实现？

- 如果你已经发现这个案例中适合应用项目方法的领域，你会表明哪些是项目的贡献价值？
- 你需要哪些资源，并且这些资源在什么限度上能够基于项目管理原则被预测、分配和监督？
- 在这个例子中，需要对哪些地方进行监控？
- 在这个例子中哪些策略是非常明显的？这些策略如何给例子中的情况的管理、资源分配和监督带来影响？有人认为 AHA 槭树农场是以一个整体的项目组合在运作，你怎么看？

2.7 项目管理过程组

《过程组：实践指南》的线上库列举了 49 个项目管理过程，构成输入、工具/技术以及输出的逻辑分组。比如在考虑风险管理的时候，《过程组：实践指南》会提供数个处理风险的过程的详细描述，包括规划风险管理、识别风险、实施定性风险分析、实施定量风险分析、规划风险应对以及监督风险。每个流程都会和输入、工具/技术以及输出进行关联。以识别风险过程为例，它会创建一个名为"风险登记册"的输出。

在《过程组：实践指南》提供的方法中，过程被分成五个不同的项目管理过程组：启动、规划、执行、监控以及收尾（见图 2-8）。需要清楚的是，这些过程组不是项目阶段。在一个阶段或生命周期内，各个过程可能会迭代发生。过程迭代的次数和过程间的相互作用因具体项目的需要而有所不同。

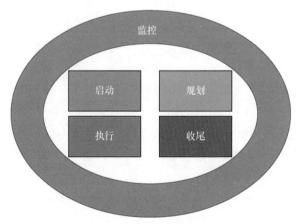

图 2-8　项目管理过程组

让我们来看一下给奥林匹克运动会创建一个项目章程的例子。该文件是"创建章程"过程的输出，而这个过程属于启动过程组。给奥林匹克运动会创建一个完整的项目章程可以单独成为一个项目，然后和规划、执行、监控项目过程组有关。如果这样，你就需要裁剪过程，从而满足干系人的需要，并且创建奥林匹克运动会项目章程。

如上文所提到的，《过程组：实践指南》分出了以下过程组。

关键主题

- **启动**：定义一个新项目或现有项目的一个新阶段，授权开始该项目或阶段的一组过程。
- **规划**：明确项目范围，优化目标，为实现目标制定行动方案的一组过程。
- **执行**：完成项目管理计划中确定的工作，以满足项目需求的一组过程。
- **监控**：跟踪、审查和调整项目进展与绩效的一组过程，该过程识别任何计划需要变更的领域，并启动变更响应。
- **收尾**：正式完成或结束项目、阶段或合同时所执行的过程。

你能在《过程组：实践指南》中找到更多关于这些过程组的信息。你还能从那里找到除了可交付物之外的其他项目输出。

这些过程组在广泛的行业中被应用，从航空航天和建筑到电信领域。而过程组也被应用于大量的应用领域，包括市场营销、信息服务和会计领域。

注意，尽管被提及过程组独立于交付方式，但它们很容易适用于预测型和混合型开发方法。尤其在软件开发领域，在实践中总是会考虑可替代的方法。但是，为了通过 CAPM® 考试，要牢记标准情况："过程组与交付方法相互独立（见《PMBOK® 指南（第七版）》4.2.7.4 节）"。

注意：你会在第 4 章开发方法和生命周期绩效域、第 5 章规划、项目工作和交付：预测型方法、以及《过程组：实践指南》中了解到更多关于过程组的内容。

2.8　项目管理面临的挑战

项目管理面临的挑战甚至可以从"项目"这个词中就能发现。项目是对未知领域的冒险，所以原本就应具有挑战性。想象一下载人登月的章程。肯尼迪总统在 1962 年 9 月 12 日，面对在莱斯大学大约四万人的演讲中，表示这个目标非常具有挑战。

我们决定在这十年间登上月球并实现更多梦想，并非由于它们轻而易举，而正是因为它们面对的困难重重。因为这个目标将促进我们实现最佳的组织并测试我们顶尖的技术和力量，因为这个挑战我们乐于接受，因为这个挑战我们不愿推迟，因为这个挑战我们志在必得。其他的挑战也是如此。

伴随着问题、风险、假设和制约的挑战

"问题""风险""假设""制约"这几个词都很常用，但它们在项目管理里有明确的意思，并且有时候会引起混淆。事实上，管理这些概念可以被认为是项目管理原则

最重要的方面之一。

- 问题。**问题**是在项目实施过程中，被提出来需要进行一些研究和解决的事情。问题一般都会在会议中被记录。项目经理需要维护所有被提出的问题的列表，这个列表被称为问题日志。问题日志会包含关于一个事情或发现的信息，比如谁首次提到了这个问题，谁（也就是问题负责人）对此进行了研究，问题会给项目带来何种影响以及下一次对问题的更新或者解决方案/建议的时间是什么时候。举个例子，当发现某个供应商无法提供准确的产品模型时，这是个需要去研究解决的问题。还有哪些模型可以用？这些模型的成本和可用性如何？当团队知道可能会发生这样变化的时候，会对项目时间线或者预算产生什么影响？问题日志用于防止这些问题被遗忘，并且让它们在被解决前，反复引起项目团队的注意。

- 风险。**风险**是可能对项目进度、质量或者预算产生影响的情况，并且往往是负面的影响。举个例子，风险可以是供应商的新闻，表示供应商被另一家公司收购了。如果该供应商是组织产品或者服务的唯一供应源，那就会对依赖该供应商的项目带来风险。风险基于影响、严重性和可能的提前预警进行评估，然后进行优先级管理，从而让项目经理能够提前进行风险规划。潜在风险的归档被保存在风险登记册中，从而能够让项目团队随时进行审阅。

- 假设。**假设**是关于项目的一些事实，或者是围绕项目必须被规划和执行的特殊情况进而定义的需求。举个例子，假设可以是："汉穆德·哈利夫博士会监督飞机雷达系统的设计。"这个假设意味着项目中任何和飞机雷达系统相关的问题都需要和哈利夫博士与他的团队进行沟通。这为项目创建了一组需要纳入规划、预算和执行步骤的运营条件。

- 制约。**制约**最好被看作是项目的界限，或者在时间、成本或范围上的限制。如果一个项目不能延后超过 7 月 23 日，那这就是一个时间制约。如果你的总预算限制在 4 000 万美元，那这就是个成本制约。如果必须确保礼堂不能超过 200 个座位，并且必须位于一楼，那这就是个范围制约。

  制约也可能会变化，因此项目经理必须在项目的进行中平衡竞争性制约因素。举个例子，一个新的干系人需求可能会需要延长进度和增加成本。降低成本可能会需要降低质量需求或者减少项目范围。平衡这些不断变化的制约隐私是一个持续的项目活动。有时候，这可能包括与客户、发起人或产品负责人开会，以提出备选方案并说明其含义。然而，相关变化可能在项目团队的职权范围内，由他们权衡利弊，交付最终结果（参考《项目管理标准（第七版）》2.5.2 节）。

有时候要说明白这四个概念的区别是很困难的。举个例子，你可能认为将预算限制在 100 万美元会给项目带来风险——但是预算限制并不是风险，它是一个成本制约。这个制约可能意味着项目范围中原本的需求现在有无法完全实现的风险，但是成本限制自身并不是一个风险——无法完成要求范围的可能性才是风险。有时候，人们还会认为预算限制是一个假设："我们假设成本限制是 100 万美元。"然而，根据预算限制的定义，这实际上不是假设，因为它限制了项目的成本。因此，它是一个制约。

同样的混淆也会发生在"问题"的概念上："我们认为一个潜在的问题是，IBM 可能会拒绝在项目上竞标，因此我们可能需要寻找另一家服务商。"而事实上，这不是一个问题，这是一个风险，需要提前规划以避免这件事发生后给项目带来的影响。

因此，分清问题、制约、风险和假设之间的区别是非常重要的课题。每一个都是项目管理中特指的概念，而且可能需要一些练习来习惯在不同项目方法中采用这些词的方式。

案例学习 2-2　吉都公司的假日庆祝派对

吉都公司是一家位于墨西哥洛斯阿尔达马斯的中等规模的工资管理公司。在一个成功的财年后，该公司的 CEO，葆拉·苏亚雷斯想为客户和员工举办一个假日庆祝派对，来一起庆祝他们的成功（见图 2-9）。

图 2-9　假日庆祝派对

葆拉当然希望能为这样的活动提供一些适当的服务，但是她也知道最好的方案是让一个高级员工监督整个项目规划过程。意识到最好的庆祝会都是由那些喜欢参加庆祝会的人组织的，葆拉指派朱利奥·马丁内斯成为这个活动的项目经理。朱利奥本是客户账户管理业务领域的项目经理。在该位置上，他定期监督为新客户建立工资单处理的项目。朱利奥对"项目管理"的概念很熟悉，然而，他承认，尽管他很享受参与派对的过程，甚至自己曾主办过一些不错的派对，但他从没有负责过策划这种高端商务庆祝会。

朱利奥决定用他的项目管理技巧来成功策划和执行这项活动。他知道遵循项目管理的方法还能让他学习这个活动的管理过程，而项目经理也经常需要负责管理新的事物。

朱利奥的第一步是开始整理他和葆拉讨论过的假设和制约，如表 2-3 所示。

表 2-3　　　　　　　　　　　　　　假日庆祝派对的假设和制约

假设	
范围	在 12 月末会有参与大型假日派对的意向
参与人员	我们会有经验丰富的项目组织者和志愿者
物理资源	我们会获得宴会厅的使用许可
制约	
成本	在 100 万墨西哥比索（约 5 万美元）的成本内完成活动
质量	基础需求：只有食物、限量的酒水。 高级需求：食物、现场演奏、无限酒水
进度	我们必须在 12 月 22 日前策划、组织和执行派对

朱利奥知道，如果能够让项目的发起人根据优先级对制约进行排序，他就能更好地洞察发起人的优先级考量。所以，他返回去找葆拉讨论制约的问题。在会议中，他们基于优先级列出了一系列制约，如表 2-4 所示。

表 2-4　　　　　　　　　　　假日庆祝派对的制约因素的优先级

第一位：成本	第二位：进度	第三位：质量
零成本灵活性：必须限制在 100 万墨西哥比索内	有限的进度灵活性：12 月 7 日—22 日	派对的范围很灵活（基础或者高级均可）

即使只有在表 2-3、表 2-4 中的信息，朱利奥也能根据他的项目管理经验，准备开始策划活动。很显然，随着后续步骤的执行，会有更多的信息。即使只有这些有限的起始信息，依然可以形成一个初步的分析和工作分解结构。朱利奥发现在那个时间段大部分最理想的派对举办位置已经被预订了。他之前并没有意识到那么多地方都被提前那么久就被预订了。

价格的差异非常大，而食物的选择也很受地点选择的影响。这个时候出现另一种可能性，就是朱利奥可能需要将场地和食物的供应商分开，单独雇佣一家餐饮公司进行食物管理，从而让派对的举办地点有更多的选择。这就意味着朱利奥现在需要寻找更多这些分开选项的信息，而他知道这会花更多的时间。

案例学习 2-2 的分析

活动管理是一个应用项目管理原则的典型机会。活动是一个复杂的可交付物，需要多个线程平行且恰当地执行，才能给来客无缝的体验。评估案例学习 2-2，思考在这种情况下，以下对项目管理方法概念的应用：

在这个案例中，哪些方面最适合进行项目管理？为什么？

基于你现在知道的知识，如果让你创建一个项目来准备这样的活动，你会在你的项目计划中涉及哪些步骤？如果你像朱利奥一样，是操作这个流程的新手，你能采取哪些行动从而更好地预测时间需求、所需资源和成本？

在这种情况下，哪些是明显的风险？你在哪种限度上可以应用项目管理原则来提前规划这些风险的应对措施？哪些方法能够在一定的制约因素下，可以同时缓解这些风险？

在本案例中，你能否识别到一个似乎已经成为问题的风险，从而需要一个正式的变更申请？

在这个例子中，哪些地方可能需要监控？

在这个例子中，有哪些明显的策略？这些策略如何影响这种情况的管理、资源分配和监督？

沟通挑战

项目会涉及多个干系人，从而危害项目。如果这个时候有竞争性要求，情况就会变得更为复杂。

新技术

项目会涉及新的技术工具，这就会引入风险。在许多案例中，一些未知风险会在执行过程中发生。

变革管理

项目会引入新的产品和服务，并替代以前的产品和服务。即使一个项目被成功地实现了，如果在部署中不管理变革，那么依然会抹消项目原本的成功产出。

2.9　项目管理趋势

本节提到了三个在项目管理中的重要发展，并且它们同样是 CAPM®考试的核心关注领域：商业分析、适应型项目管理和项目管理原则。

2.9.1 商业分析

　　商业分析作为一门学科的诞生，是为了解决项目失败中的一个关键原因：业务干系人和项目团队之间的沟通不畅导致需求的采集不足，这是项目失败的主要原因。《PMI 商业分析指南》中提到，组织总是会经历项目失败，是源于在需求采集中面临的挑战。无论是什么职位或者行业，如果你做了可靠的商业分析，并且获得了良好的需求反馈，你自然会满足客户的期望并交付能驱动商业价值的的解决方案。

　　对于刚刚进入项目管理领域的初级助理而言,掌握商业分析——尤其是需求发现、创建以及沟通管理——是非常重要的竞争力。基于这点，本书专门为商业分析和其与项目管理的关系在第 11 章商业分析领域进行了展开，就这些主题相关的 CAPM®考试问题提供帮助。

2.9.2 适应型项目管理

　　适应型项目管理提供了一个框架。该框架能够持续地和干系人，就对客户而言重要的关键需求待办事项进行沟通，然后快速演示能实现这些需求的有效功能。

> 注意：商业分析和适应型开发有着平行的历史。两者都在 20 世纪 90 年代中期以及 21 世纪初期开始发展——发展的原因也类似。两者的发展都暗示了这样一个事实：项目的失败是源于来自干系人的需求采集和需求实现的不足。两种方法似乎都成功地解决了根本问题。

2.9.3 项目管理原则

　　《项目管理标准（第七版)》第三部分列出了 12 条应用于所有项目的原则，无论是哪个行业领域，无论交付方式是预测型或是适应型，均适用。原则是基础的真理或者规范。在项目管理的环境下，12 个原则包括"有效的干系人参与""聚焦于价值""优化风险应对""拥抱适应性和韧性"等。本书第 12 章裁剪和最终准备会就每个原则提供更多的细节，以及它们和实践的关联性。

2.10　总结

　　所有的项目都有哪些共同点？所有的项目都有以下三个共同特性。

- 项目是暂时的，每个项目都有明确的开始和结束。
- 项目的进行是为了提供名为可交付物的独特结果或服务。
- 项目通过被分为更小的步骤或者阶段进行开发——这个过程被称为渐进明细。

备考任务

正如在第 1 章中提到的，你会有多种备考方式：本章的练习以及第 12 章。

2.11　回顾所有关键主题

本节会回顾本章所有重要的主题，这些主题在书中都会在页面的外边距以"关键主题"的图标表示。表 2-5 列出了这些关键主题，以及它们所在的页码。

关键主题

表 2-5　　　　　　　　　　第 2 章关键主题

关键主题类型	描述
段落	项目的定义
段落	项目经理的定义
段落	项目管理的定义
段落和表 2-2	项目和运营的区别
段落	项目集的定义
段落	项目组合的定义
列表	项目管理的收益（价值）
列表	项目管理过程组
段落	商业分析
段落	适应型项目管理
段落	项目管理原则

2.12　定义关键术语

定义本章中以下名词，并将你的答案和术语表进行校对：

项目、项目经理、项目管理、运营、项目化运营、项目集、项目组合、创造价值、项目管理流程组、问题、风险、假设、制约、商业分析、适应型管理。

本章涵盖主题

- **项目绩效域**：该节介绍了八个对成功的项目绩效和交付至关重要的项目绩效域。

- **干系人绩效域**：该节探讨了如何识别在某些方面会被项目影响的相关人员，并且如何与他们一同合作。

- **项目经理的角色**：该节分析了项目经理的角色性质，以及项目经理为了让项目成功所需的被称为 PMI 人才三角 (PMI Talent Triangle®) 的技能。

- **项目的组织结构**：该节探讨了人员组织的可选结构，并且展示了特定组织模式对运营和项目输出的潜在影响。

- **项目管理办公室和指导委员会**：该节定义了除了项目经理，组织结构中其他能进行项目管理角色的部分。

- **团队绩效域**：该节特别聚焦在项目团队，该绩效域负责项目的实现。

- **应用《PMI 道德与专业行为规范》**：该节讨论了项目经理如何确保他们在自己的角色上，在各个方面都做出正确的选择。

第 3 章

组织项目绩效

本章介绍了八个项目绩效域中的两个。这两个绩效域——干系人绩效域和团队绩效域，对成功的项目绩效和交付都非常重要。《PMBOK®指南（第七版）》中将这两个要素作为项目绩效域框架的一部分。

此外，本章还探讨了项目中天然存在的角色和责任，包括干系人、发起人、项目经理和项目团队——这些都是可以引导项目成功或失败的关键角色。

本章还讨论了项目组织如何让项目经理有不同的权限，并且和组织中的职能经理进行了对比。

最后，本章介绍了项目管理中的道德概念，并且就项目运营和成功中不同维度的道德标准和所扮演的角色，进行了讨论。

> **注意**：本章包含的项目管理信息、模板、工具和技术仅仅用于你的学习。在将这些知识应用于工作中的项目时，请谨慎使用。另外，尽管我们很仔细地将内容和 PMI 的考试内容大纲（Exam Content Outline，ECO）保持一致，但是并不保证成功读完整本书后学生会顺利通过 CAPM®考试。

当你完成本章后，针对以下的领域和任务，你应该能够有所提升。

■ **领域一：项目管理基础和核心概念**

　　o **任务 1-1：展示对不同项目生命周期和过程的理解。**

　　　　在项目管理场景下应用道德规范（比如《PMI 道德与专业行为规范》）。

　　o **任务 1-3：展示对项目角色和责任的理解。**

　　　　比较和对比项目经理和项目发起人的角色与责任。

　　　　比较和对比项目团队和项目发起人的角色与责任。

　　解释项目经理这个角色的重要性（比如启动者、谈判者、倾听者、教练、工作成员或者引导者）。

　　解释领导力和管理的区别。

　　解释什么是情商（Emotional Intelligence，EI），以及其对项目管理的影响。

　　o **任务 1-5：展示对常见问题解决工具和技术的理解。**

　　　　评估会议的有效性。

3.1 "我是否已经理解这个了？"测试

"我是否已经理解这个了？"测试可以让你评估自己是否需要完整阅读这一章，还是可以直接跳到"备考任务"小节。如果你对自己就这些问题的回答或者对这些主题的知识评估有疑问，请完整阅读整章。表 3-1 列出了本章的主题，以及它们对应的测试题目题号。你可以在附录 A 找到答案。

表 3-1 "我是否已经理解这个了？"主题与题号对应表

基础主题	题号
项目绩效域	2,19, 20
干系人绩效域	4,9,13
项目经理的角色	1,6,11
项目的组织结构	7,10,17
项目管理办公室（Project Management Office，PMO）和指导委员会	8,12,15
团队绩效域	3,14,16
应用《PMI 道德与专业行为规范》	5,18,21

注意：自测的目标是评判你对本章主题的掌握程度。如果你不知道某题的答案，或者对答案不确定，你应该将该题标为错题，从而更好地进行自测。将自己猜对的题认为是正确的，这种做法会影响你自测的结果，并且可能会给你带来错误的自我评估。

1. 你被要求和项目发起人、一个团队和一个领域专家一起开发一个合适的项目交付策略，并且以项目对组织价值最大化的方式实施这个项目。你被要求应用以下哪个 PMI 人才三角的技能？
   a. 工作方式
   b. 影响力技能
   c. 商业敏锐度
   d. 效率技能

2. 以下哪个绩效域和"为交付项目可交付物和项目成果所需的与初始、持续进行和演变的组织与协调相关的活动和功能"相关？
   a. 规划
   b. 项目工作
   c. 交付
   d. 测量

3. 以下哪种会议用于在考虑所有项目的制约因素和范围需求的情况下，确立项目的最终进程？
   a. 规划会议
   b. 问题解决会议
   c. 研发会议
   d. 信息介绍会

4. 任何会因为项目的潜在结果受到正面或者负面影响的人被称为＿＿＿＿。
   a. 发起人
   b. 干系人
   c. 客户
   d. 产品负责人

5. 道德规范指出："为公正和客观的态度做出决定和采取行动是我们的责任。我们的行为不得涉及自我利益、偏见和偏袒。"这个概念是项目管理道德规范的哪一种？
   a. 责任
   b. 尊重
   c. 公平
   d. 诚信

6. 你被要求花时间进行彻底的规划，并且认真确定优先级顺序以及管理项目的要素，包括你的日程安排、成本、资源和风险。你还需要识别和分配项目必要的资源。你被要求应用哪个 PMI 人才三角的技能？
   a. 工作方式
   b. 影响力技能
   c. 商业敏锐度
   d. 效率技能

7. 你是一家专业视频制作公司的特效项目经理。你的项目团队承包了其他制作公司产品中的特效工作。每一个请求都会有一个独特的项目编号，而你的团队一般同时处理 8～10 个这样的项目。每个请求都会在完成前经历所有典型的项目阶段。每个请求都是由你和客户直接对接，同时你也会在特定情况下雇佣专家。你最有可能处于以下哪种项目组织结构？
   a. 强矩阵
   b. 职能型
   c. 弱矩阵
   d. 项目型

8. 以下哪一个是组织中的中央团队，该团队会发布标准的文档模板、监督使用的项目管理软件并且经常审阅提交的项目文档，以确保项目遵循组织中标准的内部项目管理方式？
   a. 测试单元

b．质量保证委员会

c．指导委员会

d．PMO

9. 干系人分析可以识别特定干系人能够在什么限度上对项目有决定权。这个维度的干系人
   分析与干系人的_____有关。

   a．影响

   b．邻近性

   c．期望

   d．权力

10. 你是你们大学负责数字营销的项目经理。你的项目团队由来自该大学的各个学院的数字营
    销专家组成。他们每一个人都需要给自己学院的院长进行汇报，但是这些专家会向你报告
    所有的数字营销工作；他们需要你的授权才能参与他们学院的数字营销项目。你为学校所有
    的数字品牌和数字营销工作设定标准，同时你向营销和传播的副总进行汇报。你会和他一起
    根据学校的战略目标，对项目进行优先级处理。你最有可能身处以下哪种项目组织结构？

    a．强矩阵

    b．职能型

    c．弱矩阵

    d．项目型

11. 你把你的新项目团队叫到一起开了个会，并解释了项目。然后，你告诉你的团队成员他
    们每个人都对团队有多大的价值、他们每个人所拥有的特别有帮助的特质，并且你渴望
    通过这个项目帮助他们在职场中成长和发展。具体来说，你告诉他们，他们现在是精英
    团队的一员，这个团队能够达成非常优异的成就，而你是帮助他们做到这点的人。你在
    使用哪个PMI人才三角的技能？

    a．工作方式

    b．影响力技能

    c．商业敏锐度

    d．效率技能

12. 在你的组织中，所有的项目经理都必须被内部的中央小组进行认证。该中央小组能够在企
    业所有部门中，授权并指派项目经理到特定的项目。这个中央小组会在初级项目经理被指
    派到他们的第一个项目前提供培训。在这个结构中，该中央小组一般被认为是_____。

    a．测试单元

    b．质量保证委员会

    c．指导委员会

    d．PMO

13. **干系人分析**可以识别某个干系人的角色会在何种限度对项目的产生直接联系，或者他们的角色在项目的定义或者执行中并不会有深入参与。这个维度的干系人分析与干系人的_____有关。

    a. 影响

    b. 邻近性

    c. 期望

    d. 权力

14. 这是一个项目经理使用的工具。该网格会在上层的列显示资源，在每行的旁边显示任务。在每个单元格中，会有代号表示谁有何种责任，谁应该知晓任务，去谁那里确认任务是否被完成以及谁可以就特定的主题提供专家意见。这种工具的名称是什么？

    a. ROM

    b. RAM

    c. RACI

    d. RACF

15. 在你的组织中，代表组织所有职能领域的高管会检查所有待办的提议，并且决定哪些提议已经备齐资源并可以启动了。这个小组定期开会，会对指定的项目或者现有项目的重大改变进行评估，判断其是否会为组织带来优先价值。在这个结构中，这个小组一般被认为是_____。

    a. 测试单元

    b. 质量保证委员会

    c. 指导委员会

    d. PMO

16. 此人是你项目团队中的一员，和你一起工作并指导项目。这个人基本上"负责"项目，并且就项目对组织的价值担责。这个人从项目最初的想法开始，就负责确保项目能获得其所需的资源。这个人是_____。

    a. 项目负责人

    b. 项目发起人

    c. 主席

    d. 项目经理

17. 你组织的制造部门已经指派你担任新的能源生产产品制造线建设的项目经理。你向制造部门的副总汇报。你最有可能在哪种项目组织结构中？

    a. 强矩阵

    b. 职能型

    c. 弱矩阵

    d. 项目型

18. 道德规范中提到："我们的决定需要基于事实，而且对我们决定基于的事实保持透明。" 这个概念是项目管理道德的哪个部分？

    a. 责任

    b. 尊重

    c. 公平

    d. 诚信

19. 以下哪个不是绩效域之一？

    a. 测量

    b. 开发方式和生命周期

    c. 项目工作

    d. 风险

20. 以下哪个项目绩效域涉及与开展项目意在实现的范围和质量相关的活动与功能？

    a. 规划

    b. 项目工作

    c. 交付

    d. 测量

21. 道德准则提到："我们的责任是为我们做出或者未做出的决定，以及我们采取或者未采取的行为负责。我们应该只承诺自己可以交付的，并且我们也应该交付所承诺的。" 这个概念是项目管理道德的哪个部分？

    a. 责任

    b. 尊重

    c. 公平

    d. 诚信

基础主题

3.2 项目绩效域

项目绩效域是一组对有效地交付项目成果至关重要的相关活动。正在准备 CAPM® 考试的学生应该理解《PMBOK®指南（第七版）》中的八个领域。

- 领域一：干系人。干系人绩效域涉及与干系人相关的活动和功能。
- 领域二：团队。团队绩效域涉及与负责生成项目可交付物相关的人员活动和功能。
- 领域三：开发方法和生命周期。开发方法和生命周期绩效域涉及与项目的开发方法、节奏和生命周期阶段相关的活动和功能。

- **领域四：规划**。规划绩效域涉及为交付项目可交付物和项目成果所需的与初始、持续进行和演变的组织与协调相关的活动和功能。
- **领域五：项目工作**。项目工作绩效域涉及与建立项目过程、管理实物资源和营造学习环境相关的活动和功能。
- **领域六：交付**。交付绩效域涉及与开展项目意在实现的范围和质量相关的活动与功能。
- **领域七：测量**。测量绩效域涉及与评估项目绩效和采取适当行动维持可接受绩效相关的活动与功能。
- **领域八：不确定性**。不确定性绩效域涉及与风险和不确定性相关的活动与功能。

这八个领域都是相互关联且相互依赖的。它们之间会有重合部分，并且都一致聚焦于项目工作，如图 3-1 所示。

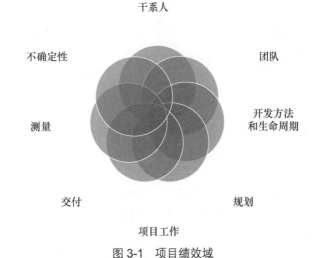

图 3-1　项目绩效域

项目绩效域和期望的项目成果息息相关。这是非常重要的一点，并且区别于先前版本的《PMBOK 指南》的知识领域中介绍的项目领域。

3.3　干系人绩效域

对项目的规划和执行最重要的要素之一，就是项目对其他人的影响，以及那些受影响的人在何种限度上愿意将他们需要经历的变化作为项目的结果，因此，需要在识别这些受影响的人时投入大量的精力，并且计划如何和他们产生互动。干系人绩效域就是聚焦于管理所有类型的干系人的方法以及最佳实践。

　　政府希望用土地进行定居、挖矿、耕种或者进行其他用途时，通常会有一系列的流程，给民众提出申请的机会。这点在北美州尤甚，无论这片土地会被用于耕种还是开矿。美国早期的士兵甚至有时候会收到一定量的土地作为酬劳，称为"土地权协议"。

　　这种申请的流程至今依然在使用。图 3-2 展示了人们可以对声称自己拥有或者有权使用的土地进行边界标记的方法的例子。把带着标志信息的特定尺寸的桩（stake）放在土地的每个角，以标记自己的所有权。桩上的所有权信息和政府文件的官方记录关联。另外，可以通过被该土地所有人在土地边缘标记的桩上的信息，查到该土地的所有人。这就是团队干系人（stakeholder）的起源。一个干系人在这种情况下，拥有对他们所有的打桩（staked）的区域的官方权利，因为他们拥有从政府办事处合法授权的所有权。

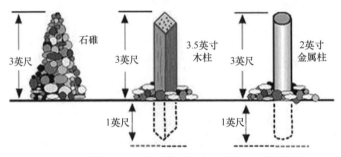

图 3-2　在美国标记采矿权的官方方法（美国土地管理局）

3.3.1　识别干系人

　　有时候人们会尝试使用他们其实无权使用的土地，这就会导致和那些有权使用这块土地的人之间的纠纷。在这种情况下，有特定的程序会介入，来决定哪一方对土地有特定的使用权。

　　你现在能在全球看到大量的干系人权益的实例。比如当政府想要在特定区域建一条高速公路，位于该区域的人和组织或者对那块区域有权益的人（干系人）必须被告知相关规划，并且，他们必须在项目实施前有资格提出他们的顾虑和疑问。在一般情况下，高速公路的计划都会被调整以满足不同的群体的要求。

　　第 2 章讨论了项目如何带来变革，并且产生一些新的或者独特的东西。因此，一个项目可以影响干系人——那些已经"有权"按他们现在的方法做事的人或者组织。如果你想让变革产生正面的影响，也就是说，如果你希望变革能被变革所针对的人接受，你必须以一种尊重的方式让干系人参与项目过程的多个部分。从历史上来看，官方对土地所有权纠纷的处理流程在很大限度上都会在干系人之间进行。现在的项目管理流程从最开始就将这些沟通融入项目中，从而可以减少干系人对项目带来的风险，或者采取行为以阻止这些风险。

《PMBOK®指南（第七版）》对**项目干系人**的定义如下（2.1 节）。

 能影响项目、项目集或项目组合的决策、活动或成果的个人、群体或组织，以及会受或自认为会受它们的决策、活动或成果影响的个人、群体或组织。

3.3.2　项目中干系人的类型

图 3-3 选自《PMBOK®指南（第七版）》的图 2-2，展示了项目中许多干系人类型。在最中心，关键的干系人是项目经理、项目管理团队和项目团队。作为项目管理团队的一部分，项目负责人或者项目发起人也包括在这个核心层中。周围层则是治理机构、PMO 或者指导委员会。外围层包括了几类项目的外部人员，但是依然在传统上被认为是干系人的关键人员。有许多个体和组织都会被认为是干系人，而项目经理一般聚焦于那些最容易受到项目影响的的人，或者能够为项目带来实质性指导的人。

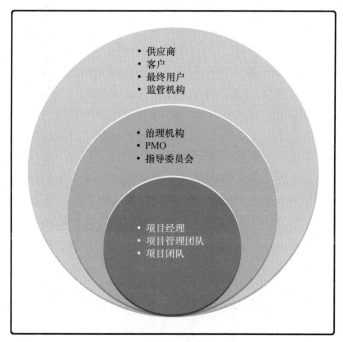

图 3-3　一个典型项目中的干系人分层①

如果政府团队计划在一块土地上建设新的高速公路，那么项目经理最重要的启动步骤之一，就是识别到底哪些才是真正的干系人。这件事做得越细致，干系人在规划

---

① 来源：《PMBOK®指南（第七版）》图 2-2。

过程中被排除的概率就越低。这个过程就被称为干系人分析。

3.3.3 干系人分析

《PMBOK®指南（第七版）》对**干系人分析**的定义如下（2.1 节）。

通过系统收集和分析各种定量与定性信息，来确定在整个项目中应该考虑哪些人的利益的一种方法。

当项目经理决定把干系人的利益作为思考的方向时，就有必要进行这个系统性的过程，从而让每个干系人都能从同一个角度被评估。否则，就有可能忽略了干系人在某些层面上对项目的影响。

根据《PMBOK®指南（第七版）》，对干系人的分析有以下几个阶段：识别、理解、分析、优先级排序、参与以及监督。这是一个永不结束的周期，会从项目开始，持续到项目交付给目标客户。我们在第 10 章商业分析框架中会提供这几个阶段中更多和干系人的相关信息。

从最有效的角度，干系人分析应该只在机密的文档中被记录，并且只在封闭的谈话中进行讨论。对干系人性格、行为和影响的分析必须被限制在项目的管理团队内部。你需要能够计划和每个干系人进行互动，而不流露你如此做的理由。把干系人分析放到公开的项目报告上的做法很有可能会毁了你和干系人之间的关系，所以这个过程的交付必须保持机密。

根据《PMBOK®指南（第七版）》，需要从以下多个方面分析干系人。

- **权力**。干系人能够影响项目的权力、项目的授权或者其他能对项目产生决定的限度，无论干系人是否真的选择使用该权力。
- **影响**。干系人角色对项目的范围、时间或者成本产生影响的程度。
- **态度**。干系人倾向于展示或者所持的对项目的正面或负面的态度。
- **信念**。干系人倾向于对项目的概念、组织或者执行进行应用的最根本的信念或方法。
- **期望**。从项目的结果、执行或者方法的角度，干系人对项目的愿景。
- **影响力程度**。干系人可以（或者决定）选择使用他们的权力对项目产生某种影响的限度。
- **与项目的邻近性**。干系人的角色和项目的定义或者执行直接相关的程度。
- **在项目中的利益**。干系人拥有权力、影响或者影响力不绝对意味着他们想直接参与项目或者对项目有潜在影响。干系人经常会给项目带来负面影响，仅仅因为他们始终对项目毫无兴趣。然而，他们的观点或者权限对成功的结果是必要的。项目中的利益也会当干系人有极大的权力并过度参与项目的时候带来挑战，甚至有时候会因为他们特有的利益对项目进行微观管理。

3.3.4　干系人沟通类型

《PMBOK®指南（第七版）》在让干系人参与方面，列举了以下几种沟通方式（2.1.1.4 节）。

- **推式沟通**：通过备忘录、电子邮件、状态报告或者语音邮件的方式给干系人发送沟通信息。这种沟通方式很难评估发出的沟通是否能很快被理解。
- **拉式沟通**：通常通过在线存储库或者内网检索信息。拉式信息确保干系人可以一经要求，就能获取状态报告。该方法能确保干系人已经收到沟通信息的方式非常有限。
- **正式口头**：正式口头沟通的例子有，向项目指导委员会或者发起人提供项目演示、启动会议和情况介绍会。
- **正式书面**：提供进度报告和其他项目工件，比如图表、项目计划和质量评估。
- **非正式口头**：参与对话或者临时讨论。项目经理不应该把"饮水机对话"在没有正式书面沟通的情况下作为正式沟通，尤其当这种对话涉及项目范围变更的时候。
- **非正式书面**：发送或者接收社交媒体信息以及即时信息或者短信。项目经理必须保证，如果涉及重大决定或者信息，这样的沟通必须有更为正式的文件跟进。

了解这些干系人和项目关系的方面仅仅是分析过程的一部分。干系人分析真正的收益在于，它有机会去计划如何和干系人互动，甚至影响干系人的状态，使得他们成为项目取得成功的积极力量。虽然并非总能被实现，但是团队和项目经理需要在项目规划中加入必要的沟通、报告、接触、会议以及其他对已识别的每种干系人合适的参与方式。如果你规划了这些方式，就需要为这些方式分配资源和预估的成本与时间，并为了方法的成功进行监督或者适应。这样，你就有了让干系人积极参与的最佳机会，或者至少和你的干系人有建立良好关系的最佳机会，从而使你的项目受益。

《PMBOK®指南（第七版）》（2.1.1.2 节）指出，除了对干系人进行单个分析，项目团队还应考虑干系人之间如何互动，因为他们通常结成联盟，而这些联盟会有助于或阻碍项目目标的实现。

3.3.5　干系人绩效域成功成果

就像在本章早些提到的，聚焦项目绩效域的目的是给产出成功的项目成果带来更大的机会。那么如果项目经理成功地识别了干系人，并让干系人进行参与，这个成果会是怎样的？《PMBOK®指南（第七版）》（2.1.1.2 节）阐明，干系人分析的目标和策划的活动需要确保以下内容：

- 在整个项目生命期内维持和干系人富有成效的工作关系。
- 在整个项目生命期内，干系人积极支持项目的目标和目的。
- 对项目的成果有抵触态度或者不感兴趣的干系人不会破坏项目。这些干系人不会用他们所有的权力或者影响给项目带来负面的影响效果。

3.4　项目经理的角色

项目经理是被委派、领导团队并负责实现目标的个人。

项目经理可以是组织里任何拥有管理项目知识和技能，并且被给与必要权限的人。项目经理可以是一名高级经理，甚至或者是一个训练有素的初级经理或普通雇员。项目经理可以来自任何一个业务部门，而组织外的项目经理有时候也会以合同工的形式领导项目。项目经理的主要责任是确保实现项目的商业目标。根据项目的范围，这个角色可以是全职或者兼职。项目经理一般由发起人、PMO、项目集经理、项目组合经理，或者其他和实体相关并有能力给项目指派关键角色的人委派。

因此，项目经理的具体角色和责任基于组织结构与开发方式。你在 CAPM®考试中面对项目经理的角色和权限的问题时，只有在准确地分析了问题中的项目例子后，才能正确作答。你会看到多道测试问题在考察你对项目经理角色以及项目经理在团队中角色相关的活动和职能的理解。这些问题需要联系角色和项目管理方法。

项目经理的角色和职能经理或者运营经理不同。职能经理角色对各个行业领域都是通用的，并且聚焦于为业务部门提供管理和监督。举个例子，运营经理负责确保有效的业务运营。他们和项目经理互动，为项目的定义、整合、执行和测试等他们在项目中涉及的部分提供支持。根据正式定义，项目是一个临时的行为，项目经理也只在项目进行的时候工作一段时间。职能或者运营经理始终对组织持续的业务运营负责。

需要对项目的成功负责的项目经理一般都是在项目的启动阶段即被委派。项目经理的主要责任在于进行与项目启动、规划、组织、执行、控制和报告相关的活动。随着项目经理越来越职业化，以及其价值被越来越多地认可，项目经理也开始逐渐在项目启动阶段之前参与。一些项目经理甚至会参与项目的构思阶段。他们帮助项目发起人理解拟议项目和当前组织业务组合的匹配情况。然而，在 CAPM®考试中，问题主要集中在项目规划、组织、执行和控制等活动。

项目经理需要整合项目，统一项目生命周期中各个方面和过程，比如启动、规划、执行、监控和收尾过程。以下是一些这些活动的例子：

- 开发和协调人力和物质资源；
- 跨组织层级进行沟通，并且和干系人沟通；

- 主动解决问题并管理风险；
- 在整个项目生命周期有效识别和缓解风险；
- 将风险升级给高管和其他干系人。

项目经理必须具备良好的组织和人际关系技巧，比如：

- 有能力通过提供反馈，并教练和激励领导团队成员；
- 有能力和干系人进行有效沟通；
- 有能力和团队成员、干系人、供应商以及不同等级的管理层进行谈判，并对他们产生影响；
- 有能力提供领导力和激励；
- 有解决问题和管理冲突的技巧。

项目经理可能同样会参与项目收尾后的活动，比如确保项目平稳地转交给客户或者运营手中。这些活动都很关键，因为它们会关系到能否实现刚刚实施完的项目的商业价值。

3.4.1 项目经理在项目中的角色

图 3-4 阐述了一个成功项目经理的角色。

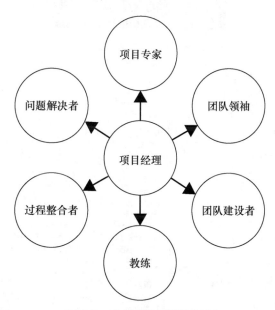

图 3-4 成功项目经理的角色

以下内容会进一步探索这些角色，以及为了成功扮演这些角色所需的技能。

3.4.2 项目经理所需的技能

　　项目经理的角色会被裁剪以满足组织的商业目标和需要。在工作场合，项目经理一般会承担许多责任和期望。在任何数据库里搜索关键词"项目经理"，然后查看相关的职位描述时，都会发现多个不同的被期望的竞争力。尽管看上去对专业的项目经理而言，没有一个标准的职位描述，但是会有一些大致的轮廓。PMI 做了大量的研究，并且将理想的技巧进行了总结，归纳为"人才三角"。在图 3-5 中显示的 PMI 人才三角商标强调了三项技能：工作方式、商业敏锐度、影响力技能。

图 3-5 PMI 人才三角

PMI 人才三角的组成

表 3-2 描述了 PMI 人才三角的三个组成部分。

表 3-2   PMI 人才三角的组成

技能领域	描述
工作方式（前版本为项目管理专业技能）	显然，工作可以用不止一种方式完成。举例而言，可以用预测型方法、敏捷或者设计思维方法，甚至当前还在研究的新型实践。从业者需要尽可能多地掌握工作方式，从而能够在正确的时间用正确的技能交付成功的结果
影响力技能（前版本为领导力）	人际关系技能包括协作领导力、沟通力、创新的思维、目的导向和共情力。拥有这些技能的团队能够对不同的干系人产生影响——这是进行变革的关键组成
商业敏锐度（前版本为战略和商业管理）	拥有商业敏锐度的从业者能够理解组织和行业中宏观与微观的影响，并且根据特定的职能或者领域知识来做出良好的决策。各级从业者都需要培养有效的决策能力，并且理解他们的项目如何与宏大的组织战略和全球趋势保持一致

　　以下部分是从《项目管理标准（第七版）》总结而来的，提供了更多人才三角的细节。

工作方式

工作方式技能指有效地应用项目管理知识来交付项目集或者项目的期望成果。有多种技巧会和工作方式相关。项目经理必须频繁地依靠专家判断来有效推进项目，并且能够向任何完成过类似的项目的人进行咨询从而受益。拥有个人的专业知识，以及知道去哪里寻找有所需专业知识的人，都对项目经理的成功至关重要。根据《项目管理标准（第七版）》，顶级的项目经理会持续地展示多种关键技能。

- 聚焦每个他们管理的项目中核心的项目管理技术要素。这种聚焦可以简单到有随时可用的正确的工件，包括：
  - o 项目成功的关键因素；
  - o 进度表；
  - o 选定的财务报告；
  - o 问题日志。
- 裁剪每个项目的预测型和适应型工具、技巧与方法。
- 留下时间进行完整计划，并且细致地编排优先级。
- 管理项目要素，包括进度、成本、资源和风险。
- 识别所需资源并委派个体人员的责任。
- 创建并执行项目工作计划。
- 准备评审以及质量保证流程。
- 最小化商业和项目风险。

在 2015 年，PMI 组成了一系列的委员会，为本科项目管理教育开发指南。这些被称为"项目管理课程任务组"的委员会由来自全球的项目管理专家组成。他们的工作成果产出了以下和工作方式相关的具体任务列表，可以从 PMI 官方网站的 PM Curriculum and Resources 处下载：

- 识别商业需求，并且分析与定义具体的客户和干系人需求；
- 裁剪生命周期；
- 识别和记录假设与制约；
- 创建项目管理规划；
- 识别和记录风险，创建风险应对计划并且监控风险；
- 实施通过的降低风险行动；
- 创建工作分解结构、识别资源并估算人力投入；
- 创建项目进度并理解关键路径的重要性；
- 用多种工具和技术优化项目进程；
- 执行在项目计划中定义的任务；

- 控制和评估项目；
- 管理和汇报项目进度；
- 整合变更控制并管理配置；
- 管理人力和物质资源；
- 监控质量管理计划；
- 追踪成本；
- 展示沟通技巧的优秀竞争力；
- 理解基础的成本和进程分析；
- 确保可交付物和质量标准保持一致；
- 进行项目信息管理和汇报；
- 获取经验教训，并保存项目记录；
- 进行项目的移交和收尾；
- 沟通并发表经验教训。

> 注意：Scrum 主管和项目经理在很多方面都有相似之处。Scrum 主管在开发流程、去除障碍、辅助团队沟通和与干系人谈判方面有丰富的知识。项目经理的角色是一个多面手，但 Scrum 主管的角色仅限于服务团队——尤其是在适应型方法中。在第 4 章开发方式和生命周期绩效域、第 5 章规划、项目工作和交付：预测型方法以及第 6 章项目工作和交付中，会详细阐述这一方面。

商业敏锐度

商业敏锐度技能包括从更高层级总览组织的能力，以及有效地谈判，并实施支持战略结盟和创新的决策与行动的能力。这种能力包括其他职能的工作知识，比如金融、营销和运营。商业敏锐度还包括开发和应用相关产品和行业专业知识，或者说领域知识。

项目经理应该有能力：

- 向其他人解释项目中必要的商业内容；
- 和项目发起人、团队以及主题专家合作，开发合适的项目交付战略；
- 采用将项目商业价值最大化的方式实施该战略。

以下让我们拓展一些重要的特性以更好地理解这些能力。

- **向其他人解释项目中必要的商业内容**。项目经理应该有足够的知识，向其他人解释以下和组织相关的方面：
  - o 战略；
  - o 任务；
  - o 目的和目标；

o 产品和服务；

o 运营（比如位置、类型和所用技术）；

o 营销和营销情况，比如客户、市场情况（扩张还是收缩）、项目上市所需时长的因素等；

o 竞争力（比如有哪些产品、哪些玩家，在市场上所处的位置）。

■ **和项目发起人以及主题专家合作。** 为了让项目成功交付而做出最佳决策，项目经理应该寻找主题专家（Subject Matter Experts，SMEs），并考量他们的专业知识。举个例子，你的项目会服务于运作业务的运营经理，所以获得他们的主动输入会很有价值。

■ **实施战略。** 商业敏锐度技能能帮助项目经理决定哪些商业因素应该被考虑进项目中，从而使商业价值最大化。项目经理需要确定这些商业因素影响项目的方式，并且需要理解项目和组织之间的内在关系。这些因素包括但不限于：

o 风险和问题；

o 财务影响；

o 成本效益分析（比如净现值和投资回报率），包括各种需要考虑到的选项；

o 商业价值；

o 收益实现期望和策略；

o 范围、预算、进度和质量。

通过应用这些商业知识，项目经理就有能力给项目做出合适的决策和推荐。随着情况的改变，项目经理应该持续地和项目发起人一起工作，保证业务和项目策略的一致性。

项目经理还应该理解项目的商业环境。大部分项目都是在社会、经济和环境的背景下进行规划和实施的。

项目经理需要承担的一些商业敏锐度的责任的例子包括：

■ 理解商业战略，并且让项目团队随时知悉项目商业和战略的变化；

■ 理解交付的项目工作的价值；

■ 确保工作和原本的目标保持一致；

■ 正式确定项目的最终验收；

■ 测量项目的成败以及客户的满意度。

注意，在某些案例中，项目经理必须进行竞争分析，或者对需要交付的项目或服务的行业标准和合规层面进行研究。

影响力技能

影响力技能是让项目经理成功领导一个项目，并且确保团队按需完成任务的人际关系技能。"项目领导力"和"项目管理"这两个词往往被交替使用。这两者确实有重叠部分，但是领导力技能强调以人为本，而管理技能则倾向于任务导向。一些和领导力相关的人际关系技能包括：

- 建立和维持一个愿景；
- 使用批判性思维；
- 激励他人；
- 展示人际关系技能。

将这些人际关系技能应用于项目管理时，我们能发现以下对项目经理而言必要的影响力技能：

- 有效的沟通技巧；
- 能够有效管理干系人的强大人际关系能力；
- 准备并进行谈判的能力；
- 理解组织策略并且进行有效的处理；
- 有效的口头、书面和正式演讲技巧；
- 有效的谈判和冲突管理技巧。

表 3-3 给出了一些相配对的词，将管理技能和领导力技能进行了对比。正如你所看到的，管理技能和领导力技能倾向于处理相似的问题，但是它们分别是在更狭窄或者更广泛的情况下进行的，并且会有不同限度的复杂性。

表 3-3　　　　　　　　　　管理技能和领导力技能的对比

管理技能	领导力技能
任务导向	人员导向
交易型	变革型
基于技巧	态度
理性思考	行为
事件	启发性
过程	愿景
方法	让人们参与
算计	通过他人引导
职权	倾听和激励
告诉对方	询问对方
推式沟通	拉式沟通
维持现状	承担风险

领导力责任包括大量的沟通，比如促进团队和客户会议，主持常规项目团队会议和状态更新会议，向干系人沟通必要的项目信息，进行信息丰富且结构良好的演示以及巧妙地解决并上报困难信息。

必要的影响力技能还包括激励和启发团队成员，并且打造团队精神。为了实现这些责任，项目经理需要：

- 展示领导力技能并且熟悉领导力风格；
- 展示团队建设的知识，并且理解什么是高效团队；
- 展示作为团队的一部分进行高效工作的能力；
- 激励团队成员；
- 解决项目团队内部和干系人之间的冲突。

激励

对团队成员表现的激励可以是内在的，也可以是外在的。内在激励源自个人内心或与工作相关。它关注在工作本身中寻找乐趣，而不是关注奖励。外在激励是因为外部奖励（如奖金）而开展工作。项目的许多工作都与内在激励相一致。

内在激励的因素包括：

- 成就；
- 挑战；
- 对工作的信念；
- 改变现状的渴望；
- 自我知道和自主权；
- 责任；
- 个人成长。

在激励方面，《PMBOK®指南（第七版）》提到了马斯洛的需求层次与赫茨伯格的双因素理论。这两种激励理论解释了如何能实现较高的工作满意度。这两种理论都基于高工作满意度会引向高工作效率的假设。所以，这两种理论都有助于解释如何激励项目中的所有成员去实现项目目标，让我们看一下这两个理论的一些细节。

马斯洛的需求层次是相对较久远的理论，它将人类的需求分为五个类型，并且通常都是以图 3-6 中的金字塔来描述。它的中心思想是，工作满意度可以通过满足金字塔中的个人需求来提升。金字塔中的等级是逐层叠加的，因此工作满意度会随着每个等级而增加。另外，较低层的需求是较高层的先决条件。如果低层需求没有被满足，那么上一层的需求也无法提升工作满意度。

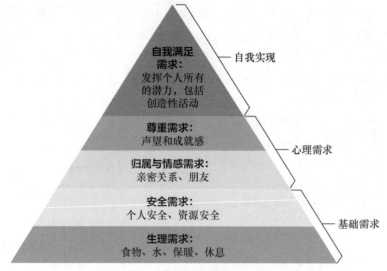

图 3-6　马斯洛的需求金字塔层次

从最底层往上看，需求分别是生理需求（食物和穿衣）、安全需求（工作安全保障）、归属与情感需求、尊重需求和自我满足需求。这五组需求还能分成三类需求：基础需求（生理需求和安全需求）、心理需求（归属与情感需求和尊重需求）以及自我实现。根据马斯洛的需求层次，工作满意度在所有需求都被满足的时候达到最高；而如果只有基础的物质需求被满足，则工作满意度是最低的。

在一些特有的项目环境中，这些需求类型的一部分会很难得到满足。根据项目的情况，一定要确保项目团队成员先决条件的物质需求被满足。在极端情况下，创造一个能给予支持的工作环境非常具有挑战性，比如在极端气候情况下的建筑项目。项目经理需要对确保工作环境能满足项目团队成员和干系人的物理需求保持敏感度。

当干系人会在项目中不断转移，同时工作不那么具有保障性的时候，满足项目环境中的安全需求也会变得有挑战。缺乏安全保障的干系人会因为他们对自己能否继续被雇佣的质疑，而从项目中分心。项目领导人总是会为解决团队成员的工作保障需求而面临困难：如果无法满足这些需求，就会让团队成员对稳定的工作状态产生不安全感。

团队建设是团队领导力的重点，团队协作是执行项目的主要形式。因此，需要直接解决团队环境中团队成员的归属感和情感需求。然而，项目领导人同样会在解决尊重需求来确保工作满意度的时候面临难题，尤其是应对那些临时的团队成员。满足自我实现需求反而因为项目的天然特性而显得不那么有挑战性。

赫茨伯格的双因素理论（见图 3-7）基于马斯洛的需求层次理论。它将需求中的激励和保健因素进行区分，然后提出工作满意度并非和所有被满足需求的线性相关，而是要同时解决这两个因素，因为它们是相互独立的。

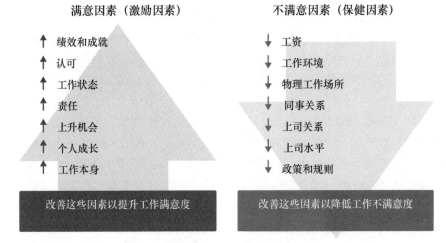

图 3-7　赫茨伯格的激励保健双因素理论

在最初的研究里，赫茨伯格和他的同事调研了 14 个和工作满意度相关的因素，然后将这些因素归为保健因素或者激励因素。激励因素提升工作满意度，而保健因素防止工作不满意度。

工作满意度以满足这些激励因素来提升；同时，工作的不满意度通过满足保健因素来避免。这就意味着工作满意度无法通过单方面解决保健因素或者激励因素来提升。每个因素类型都由七个单独的因素组成。满意因素和不满因素同时满足后，才能实现高工作满意度。要提升工作满意度，就需要满足满意（激励）因素；要避免工作不满意，需要避免不满意（保健）因素，同时需要改善工作环境。

项目经理为实现项目团队成员和其他关键干系人的高工作满意度的目标，会因为特定的项目情景而遭遇挑战。在本章后面的内容中，在项目矩阵组织结构（无论是弱矩阵、平衡矩阵，还是强矩阵）中的项目经理经常没有足够的职权保证晋升（上升机会），或者无法参与项目团队成员或其他关键项目干系人的工作评估（认可）中。因此，项目经理很难通过一些激励因素提高工作满意度，比如工作状态，或者经济上提供认可以及晋升机会。然而，项目工作的本质可以通过裁剪满足项目团队个体成员的需要，从而有可能通过解决这些因素提高工作满意度。

由于在项目中通常存在的临时或者灵活的工作环境，如工资、工作环境和物理工作场所等保健因素会给项目经理带来挑战，在一般情况下，项目经理没有职权或者机会为项目团队去选择和使用理想的工作环境。举个例子，许多研究都显示，团队成员的近距离性对项目绩效至关重要，但是项目经理经常无法选择团队成员的所在位置。另外，在许多场合下，项目经理并没有给他们团队成员设置工资等级的权限，尤其是在临时项目组织结构中。

然而，项目的本质也能为一些保健因素带来正面影响，比如同事关系。项目经理可以积极地影响监督的质量、项目相关的规则和政策等，从而给这些关系带来积极的影响。

总体而言，项目经理有大量的工具，让他们能够直接影响保健因素和激励因素，去提升项目团队成员和关键干系人的工作满意度，从而成功地实施项目。

情商

情商（Emotional Intelligence，EI）是指不仅仅能理解和管理一个人自己的情绪，还能理解和管理他人情绪的能力。鉴于项目中特别的挑战，情商是一个项目经理重要的特质。项目动态变化的本质要求项目经理需要用高情商去让项目成功实现，移除变化和风险之类的障碍，并且帮助项目团队成员在尽可能高效的状态下工作。

情商要求项目经理能够展现他们的个人感受，比如他们对其他人感同身受的同理心能力，以及在考虑到所有因素下如何在特定场合采取最佳行动的能力。这就意味着项目经理一般不能够凭一时冲动去应对压力状况。他们必须仔细地考虑到他们任何行为会产生的所有的可能解释以及影响，而且他们要从长远的角度去考虑，而不是去应对项目中特定的突发事件。

有多种模型来定义和解释情商。所有的模型都倾向于将重点放在四个关键领域。

- **自我意识**。自我意识是进行现实的自我评估的能力。它包括了解我们自己的情绪、目标、动机、优势和劣势。
- **自我管理**。自我管理（也称为"自我调节"）是控制破坏性感受和冲动并使它们改变方向的能力。它是在采取行动之前进行思考以及暂停仓促判断和冲动决策的能力。
- **社交意识**。社交意识涉及体现同理心以及理解并考虑他人的感受。这包括读懂非语言暗示和肢体语言的能力。
- **社交技能**。社交技能是情商的其他维度的巅峰。它涉及管理项目团队等群体，建立社交网络，寻找与各种干系人的共同基础以及建立融洽关系。

自我意识和自我管理是在困难的项目环境中保持冷静和富有成效的必要条件。社交意识和社交技能能够促进和项目团队成员与项目干系人建立更好的联系。情商是各种形式的领导力的基础。

图 3-8 来自《PMBOK®指南（第七版）》的图 2-5，显示了情商四个方面的关键点及其如何关联。上面是与自我有关的方面，下面是与社交有关的方面。左侧是意识，右侧是管理和技能。

决策

项目经理和项目团队要为其项目的成功负责，而且他们要在整个项目中做出大量的决策。他们是如何做出这些决策的？项目经理可能有权力做出决策，但他们应该自己来做决策，还是让他人也参与这个过程中？

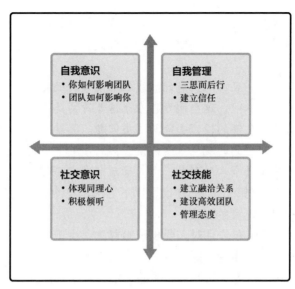

图 3-8　情商的组成部分①

　　单边决定是指仅从一个方面就做出的决定，即由一个人进行的决定。一般而言，这种决定很快就能做出，但是这是否是一个正确的处理问题的方式？单边决定可能会缺失一些其他人的观点，导致无法识别许多先例或者关联信息。另外，干系人或者其他的团队成员如果没有参与决策之中，他们又会做何感想？

　　在某些场合中，让每个人都参与项目的决策之中是一个不错的主意。尽管团队的决定需要涉及每一个人，并且包含了大量的信息输入（且很可能要确保考虑到所有的可能性），但又要花费多少时间才能制定出一个行动方案？基于团队的决策显然能够通过参与的人员，从而获取更多帮助的可能性——这确实是很重要的。然而，一个团队还是需要考虑他们是否有足够多的时间，让多个干系人直接适度地参与决策当中。

　　根据《PMBOK®指南（第七版）》，**项目团队决策**经常遵循发散/汇聚模式。这意味着干系人首先会参与制定一套广泛的备选解决方案或方法。为了减少给其他人时间带来的损失，以及降低更高级别干系人带来的影响程度，这一行为往往让干系人分别参与。潜在的备选方案会从不同的谈话中被记录，然后项目团队一起讨论并建议一个行动计划。这个方式可以节省时间，并且通过输入不同观点来形成最终决策。然而，这要求合适的干系人在合适的时间点进行参与。

　　有些时候项目经理或者项目团队可能无法做决策——可能是因为缺少决定做出某种行动的权限，也可能是因为需要的额外信息是团队或者项目经理无法获取的。在这种情况下，项目经理必须意识到他们需要更高职权人员的介入。事实上，项目管理最

---

① 来源：《PMBOK®指南（第七版）》图 2-5。

重要的因素之一，就是决定你或者你的团队到底是否能够做出决策，或者在决策超出你们的权限范围时，你们是否需要让其他人介入。

冲突管理

项目是服务于人，且由人执行的。我们可以预料的是，每个人对哪些事情要做、由谁做的想法都各有不同。这个问题不在于这些冲突是否会发生，而是何时会发生。一个项目经理必须有足够的情商去降级这类问题。另外，在冲突过程中有时候也能浮现出一些之前未曾考虑到的观点或者想法，因此冲突本身并不总是件坏事。冲突管理的关键在于能否基于每个人的利益，成功管理好冲突事件。

《PMBOK®指南（第七版）》建议用以下方法，在冲突威胁到项目之前将其平息，并将重心转移到更正能量的方面。

- **沟通时要开诚布公且对人要表现出尊重。**由于冲突可能会引起焦虑，因此必须保持安全的环境来探索冲突产生的根源。没有安全的环境，人们就会停止沟通。确保言语、语调和肢体语言不具有威胁性。
- **聚焦于问题，而不是人。**之所以会发生冲突，是因为人们对情况有不同看法。应做到对事不对人。重点是解决问题，而不是指责，
- **聚焦于当前和未来，而不是过去。**保持聚焦于当前的情况，而不是过去的情况。如果以前发生过类似的事情，要意识到旧事重提不会解决当前的问题；事实上，它会加剧当前的冲突情况。
- **一起寻找备选方案。**冲突相关的损害可以通过寻找解决办法和替代方案来加以修复。这种合作能够建立更具建设性的关系，并且将冲突转入更有利于解决问题的空间。人们可以共同努力，形成创造性的替代方案。

3.5 项目组织结构

项目经理经常会直接沿用组织结构。项目经理需要理解一些重要问题，包括项目在组织中的角色、项目中不同类型的结构、每个结构可能带来的挑战等。通过组织结构图向团队成员阐述他们的角色和责任是一种常见的方法。然而，如果要达到最佳效果，组织结构图还需要和责任分配矩阵、项目人力资源计划以及其他对项目中的角色和责任的文字描述等工具一起使用。这样就能够确保所有项目团队成员能够清晰地理解他们的角色。如果缺乏这些理解，就会导致意义不明、延误、分歧、冲突等问题，尤其是在一些角色被理解为有重叠的情况下。下节描述了几个项目相关的组织结构，并且给出了一些对角色和责任进行沟通的例子。

3.5.1 项目结构概念

这一部分就项目和组织结构以及项目经理在不同结构中的权力进行讨论。大部分

组织的组织结构都能通过图来展示组织的分层结构。这种被称为组织结构图的图能够分解展示组织中不同的部门以及其各种关系，比如市场部门、运营部门、人力资源部门和生产部门。

项目的上级组织会极大影响项目经理处理项目的方式。组织一般会采用以下三种方法中的一种来分派项目：

- 职能型（Functional）；
- 矩阵型（Matrix），有不同形态，比如强矩阵或者弱矩阵；
- 项目型（Dedicated Project Teams，或者 Projectized）。

3.5.2　职能型项目组织结构

在职能型项目组织结构中，项目会被委派给组织中现有的职能部门。一般而言，项目会被委派给最有专业性，资源最多，最有能力支持项目的实施以及有最大可能确保项目成功的职能部门。

比如营销部门需要一个新的网站。营销部门可能亲自雇佣属于本部门的网站技能专属资源，然后组成一个团队。营销经理或者总管可以任命现有的职员作为项目协调员，来担任网站项目经理的角色，然后让这个人定义和实施项目（见图 3-9）。团队成员会始终和营销部门关联，依靠来自运营和 IT 部门的专家的协助，他们就能够建成网站并进行运作。

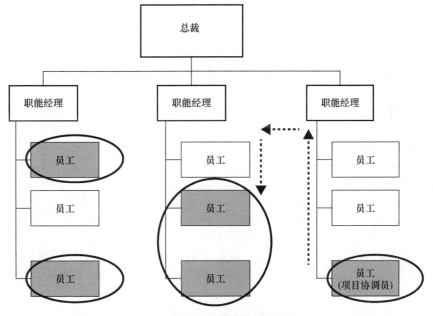

图 3-9　职能项目管理结构

采用职能型项目组织结构运作的项目有以下缺点。

- 弱项目经理。项目经理（或者项目协调员）无法获取资源，并且对现有资源的控制能力有限。沟通很复杂，就像图 3-9 中显示的汇报结构那样。
- 没有直接的资金。不像项目型项目组织结构，职能型项目组织结构对管理和指导项目的预算非常有限。举个例子，一般无法因为进程更快或者项目的成功实施而对团队进行奖励。
- 团队成员忠诚度分裂。如果项目团队成员比起项目而言对他们的部门更忠诚，那么当职能经理有一个临时的请求时，项目就会脱离正轨。

那为什么项目要采用这个结构？职能型项目组织结构比较灵活，不需要组织有太大的改变，而且对不是太大的项目都很有效。同时，这个结构对员工也没有影响：他们可以继续被全职雇佣，而且一般不会在项目完成后被解雇（这种做法在项目型项目组织结构中却有可能出现）。

3.5.3 矩阵型项目组织结构

矩阵型项目组织结构合并了职能型和项目型项目组织结构，从而结合其优点，并且克服其缺点。图 3-10 显示了矩阵型项目组织结构。在横向上，你可以看到组织的项目部分。在一个成熟的项目制组织中，可能有一个由经验丰富的项目经理坐镇的 PMO 随时准备领导项目。在图 3-10 中，注意到网站项目团队有一个专门的领导，头衔为项目经理，这个人带领一个五人项目团队，该团队由其他部门的成员组成。

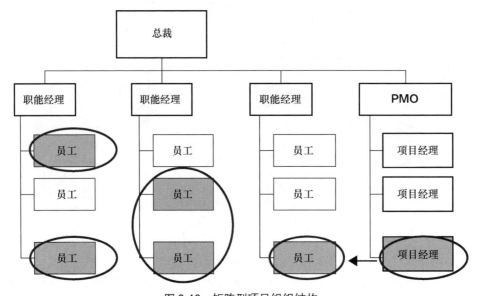

图 3-10 矩阵型项目组织结构

　　项目经理通过直接和职能部门进行沟通，从而在项目设立的时候就能够获得预先分配的资源，以完成项目工作。员工会继续基于行政原因向他们的职能经理汇报工作，包括他们的评估和工作续约。然而，在项目的实行期间，项目团队成员要向项目经理汇报。

　　矩阵型管理的独特性在于人们会有"两个领导"。项目经理负责进度安排和设置里程碑，并且决定要做些什么。职能经理一般控制项目的技术绩效（也就是如何完成工作）。项目经理会和职能经理进行协商，包括员工的委派以及相关活动是否被满意地完成。

　　使用矩阵型组织的一个最大优势在于，责任会由项目经理和职能经理分别承担。双方都会有一定限度的职权、责任和问责能力。矩阵型组织形态比职能型和项目型更具有合作性——也就是说，项目经理和职能经理都要承担责任。然而，这种合作性也会成为压力和冲突的来源，尤其是在沟通失常的时候。在这个时候，团队成员就会左右为难，因为他们必须同时保持对两个领导的忠诚。

　　总结而言，矩阵型管理是一种复杂的安排。因为每个公司都不一样，所以不会有两个组织有同样的矩阵设计。举个例子，职能经理可能比项目经理拥有更大的职权，这被称为弱矩阵结构；反过来，如果项目经理比职能经理拥有更大的职权，那就被称为强矩阵结构。强矩阵和弱矩阵在表 3-4 中被总结。

3.5.4　项目型项目组织结构

　　许多组织（包括建筑公司、制片厂、信息技术公司和政府承包商）从项目中获得其大部分的收入。这种组织的结构往往使每个项目都是分离、独立的单元。在这种"项目化"或者项目型项目组织结构中，会成立专用的项目团队（见图 3-11）。这种结构中的项目经理会被完全赋能，并且一般会有极高的自由度，以及能从上级组织获得专用的行政和财务资源。

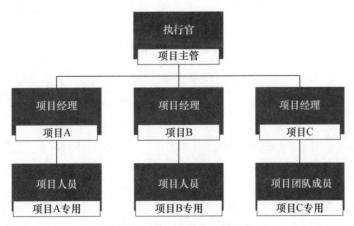

图 3-11　项目型项目组织结构

一些组织会在特殊情况下成立单独的项目结构，来快速应对紧急的市场情况。在这种情况下，项目团队可以选择接受或者反对组织的价值观、信仰或者期望。举个例子，项目经理可能决定让团队成员放假，甚至引入灵活工作时间的制度。项目制的组织也可能成立不同的奖励机制来促进团队成就，而非个人成就。项目制结构常见于大型和超大型项目。项目制结构的一大缺点在于，这种结构需要许多资源，而且大部分团队会在项目完成后难以避免地被抛弃。

3.5.5 项目经理在不同项目组织结构中的权力

项目经理在不同项目组织结构中的权力是 CAPM®考试中的重要课题，所以让我们看一下项目经理在组织职权中的一些关键因素。

- 职能型项目组织结构。项目经理在这个结构中权力很弱，因为项目团队成员直接向职能经理汇报工作。项目经理可能是兼职的，对人员和预算的职权非常小。
- 矩阵型项目组织结构。矩阵型项目组织结构沿用了职能型项目组织结构。项目经理可以跨职能工作，根据技能、专业性和项目的需要，接触不同部门的人员。你可以看到这种结构还能再细分为三个类型：平衡矩阵、强矩阵和弱矩阵。如果一个职能经理和项目经理职权相当，那就是平衡矩阵；如果项目经理相比职能经理，对项目人员和预算有更多的权力，那就是强矩阵；如果情况相反，则是弱矩阵。如在弱矩阵的情况下，项目经理就可能是兼职，并且职权很低。
- 项目型项目组织结构。在这种结构中，项目经理对人员和预算都有实权。专用的项目和人员团队会支持项目的方方面面。大型项目会雇佣专职的职能经理，并且向项目经理汇报。在项目型项目组织结构中，职能经理对人员或预算的职权可能非常有限。

表 3-4 就不同因素对比了项目经理在这几种不同的项目组织结构中的权力。

表 3-4　　　　在不同项目组织结构中项目经理权力的对比

	职能型项目组织结构	矩阵型项目组织结构			项目型项目组织结构
项目特点		弱矩阵	平衡矩阵	强矩阵	
项目经理的职权	极少或没有	有限	低～中等	中等～高	高至几乎所有职权
资源可用性	极少或没有	有限	低～中等	中等～高	高至几乎所有资源
预算控制	职能经理	职能经理	混合	项目经理	项目经理
项目经理角色	兼职	兼职	全职	全职	全职
项目中的行政人员	兼职	兼职	全职	全职	全职

3.6 项目管理办公室和指导委员会

正如本章前面提到的，治理机构——尤其是指导委员会和 PMO，是项目干系人的典型例子。本节会讨论这些实体的角色和责任。

3.6.1 项目管理办公室

组织中的项目经理经常会被关联并归组到 PMO。PMO 会中心化和协调项目的管理。PMO 也可能提供像训练、标准化政策和工具以及信息归档等支持职能。

PMO 有多种形态，可以是正规组织，也可以是非正规的结构，比如英才中心。PMO 很重要的方面之一，是对项目和项目经理或者项目团队进行管理。一些组织会把项目放在组织中各个部门的 PMO 的控制之下。举个例子，所有的销售项目都可能在销售部门的 PMO 的控制下。IT 项目可能有自己在组织中具有 IT 职能的 PMO，那个 PMO 会治理所有的 IT 项目。

然而，PMO 也有可能关注于标准和工具，而非实际管理项目。举个例子，这种类型的 PMO 会形成文档、表格和报告的模板，也会发布各个方面项目都要遵循的标准或者流程。这种关注与标准和工具的 PMO 生成的可交付物的例子，包括随附流程的变更控制表和如何使用表格的训练视频。

PMO 还能够将整个组织的项目经理官方训练包括其中。在这种模式下，PMO 并不需要直接管理项目，但它会提供已经完成训练并做好准备的项目经理，以确保他们会遵循和使用合适的项目流程与工具。这种类型的 PMO 经常会给项目经理、Scrum 主管和商业分析师提供训练和认证，确保项目能够从这些团队的高阶能力和项目领导力中受益。

3.6.2 指导委员会

将关键干系人整合到一起的方法之一就是组建指导委员会。一般而言，这个委员会由高管组成，他们每个人都有职权决定他们管辖领域中绝大部分事情。指导委员会主席会定期召集小组审阅拟建议的项目。在某些情况下，指导委员会会监督整个项目组合中的项目。指导委员会会考虑项目中相关的策略，决定组织能否从某些项目中获得合适的收益，而且，如果相关的话，会决定委员会在何种限度上能够给项目提供合适的资源和时间安排的支持。

这样的组织结构可以帮助项目经理，因为已经将那些为了项目治理而集合到一起的关键干系人形成了一个共同的小组。委员会跨越了组织的界线，并且就优先级和资源提供了统一的权限。

比如在沙特阿拉伯利雅得的塔兹吉连锁大型超市正在为所有的门店实施一个新的门店之间的食品配送系统。这个项目预期会影响到所有的门店，并且会极大提升配送流程。公司成立一个由所有门店的运营经理组成的指导委员会，来治理整个项目。项目经理汇报给委员会。委员会从项目团队收到拟议的项目计划、进度安排、可交付物、资源需求等内容。项目经理定期进行状态报告，并且将问题带到委员会进行解决。有时候，有些冲突会需要优先解决——举个例子，南面城市的塔兹吉大型超市正在翻新交货码头，同样会影响整个店间配送的升级项目。指导委员会会权衡多个问题的优缺点，然后提供委员会的洞察和优先级授权事宜。在这个案例中，项目经理被指示推迟向南面市场的推进工作，直到交货码头完工。这个进度安排的变化意味着某些市场会最后升级。指导委员会为了完成这个变更还必须通过其他进度变化，但事实上因为所有的运营经理都在委员会中，使得这个问题的解决方法可以直接让项目经理去做改变。

  指导委员会和变更控制委员会（Change Control Board，CCB）很相似，甚至在某些组织中两者是相同的。指导委员会和 CCB 的功能相似之处在于，CCB 负责授权过程、系统和流程的变更；而区别在于，CCB 的成员代表了项目组合中典型项目的范围，而指导委员会经常由高级经理或者高级管理人员组成。因此，CCB 一般有各种系统或者流程的专家，从而让任何被提交的变更请求能够在小组中被讨论，或者委派给指定专家进行额外的研究。相比指导委员会，CCB 有更为关注细节的成员，对建议的变更带来的潜在风险和收益提出专家意见；而指导委员会相比让专家成为委员会的一员，更倾向于在需要专家的时候，再让他们加入讨论。

  指导委员会和 CCB 都在制定需求、解决问题、通过规划和进度，甚至为项目分配资源方面扮演重要的角色。它们将关键干系人进行了正式且恰当的分组，并且能够考虑所有的方面，也经常有足够的权限高效地通过提案。这些组织因素也倾向于稳定，成员任期会让特定的人在一定时间内都待在委员会。这样就能促进更稳健的干系人分析和规划，因为成员的利益和观点在一段时间内对项目经理而言都是已知的。

3.7　团队绩效域

  团队绩效域专门处理如何将一组背景多样的人组成一支高绩效的团队，然后协力在项目的制约因素下实现项目的成功。任何类型的团队都通过一些基础因素来管理绩效。

- **所有团队成员的角色和责任都很明确。**每个人都需要详细了解他们负责的事情，其他人一般应该做些什么以及所有角色如何协同合作。
- **团队单元和成员之间的沟通过程。**沟通将团队联系到一起，从而团队能作为一个完整的组织单元，而非一组个体人员。
- **流程和系统**——本质而言，治理团队运营的"规则"。这些流程能被轻松理解，并且和团队成员的角色协同，从而指引并完善成员的工作方式、决策方式等。
- **团队成员之间的相互关联性。**把单元视作整体，依赖于每个人都做好他们自己的角色。项目的最终可交付物要求每个人都做好他们自己的部分。如果每个团队成员都明白这点，他们就会提升对自己高质量工作的肯定，从而为整个团队能实现高质量的工作打下基础。

- **互补的技能。** 每个人都会给团队带来一系列的技能。如果组织得当，每个人的技能和强项都可以填补他人的空缺。比如，如果有一个人有很强的沟通技能，但是缺乏技术知识，就可以和一个非常了解技术的专家但是沟通能力不足的人组队。这两个人在一起就能同时带来沟通和技术的优势，而这种互补关系恰恰是团队成员选择和匹配的终极目标。

- **共同的团队文化。** 当人们拥有共同的观点、共同的行为模式、共同的术语、共同的工作方式和共同的项目环境的概念时，我们就可以认为他们有共同的文化。就和一个国家会有某种文化一样，一组人员也是，这包括了组织和团队。一个共享的文化可以帮助处理故障、解决问题、发展成对过程或者结构的一致理解等，而所有这些都能帮助团队实现共同的成功。

根据行业以及项目的规模与复杂性，项目团队里可能有不同类型的角色。《PMBOK®指南（第七版）》正式定义了以下角色。

- 项目经理：由执行组织委派，领导项目团队实现项目目标的个人。

- 项目管理团队：直接参与项目管理活动的项目团队成员。项目经理和项目发起人被认为是项目管理团队的一部分。这两者区别在于项目的"责任"。项目发起人从根本上对项目的主意或者目标"负责"，经常为项目提供特定的资源，同时当项目成功时，为项目给企业带来的价值担责。尽管为项目的成功负责很重要，但项目经理本身并不像项目发起人那样实际拥有项目的主意或者目标。相反，项目经理要为确保项目的主意或者目标被实现担责。项目经理必须总是保持对项目的细致理解，而项目发起人必须随着项目的展开，时时考虑项目和组织的相互影响。

- 项目团队：执行项目工作，以实现项目目标的一组人员。比如分析师、设计师和建筑师。

要注意项目管理团队和项目团队的定义的微妙区别。项目团队的重点是根据规划执行和交付。项目发起人会在和团队与项目经理讨论后确立期望，然后项目团队需要执行，实现这些期望。

一个项目始于成功组建团队和打造团队合作技能。图 3-12 定义并列举了几个项目团队绩效域的结果。

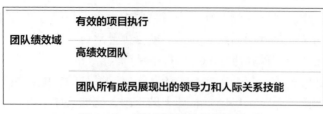

团队绩效域	**有效的项目执行**
	高绩效团队
	团队所有成员展现出的领导力和人际关系技能

图 3-12 项目团队绩效域的结果

3.7.1 有效的项目执行

项目团队的主要角色是在项目的制约因素下，按时制定和生产项目期望的可交付物。优秀的项目经理知道如何帮助他们的团队顺利合作。他们知道如何创建和领导高效的团队。这个主题会在之后引入。

3.7.2 高绩效团队

根据《PMBOK®指南（第七版）》，高效的项目团队有以下特点（2.2.3 节）。

- 开放式沟通：在可促进开诚布公而安全沟通的环境中，人们可以举行富有成效的会议，解决问题，开展头脑风暴等活动。
- 共识：团队成员知道项目的目的及其将带来的收益。
- 共享责任：项目团队成员对成果的主人翁意识越强，他们表现得就越好。
- 信任：成员相互信任的团队愿意付出努力来取得成功。
- 协作：相互协作与合作，而非单打独斗或处于竞争环境的项目团队，会获得更好的成果。
- 赋能：项目团队成员觉得自己有权就工作方式做出决策，其绩效优于那些受到微观密切管理的项目团队成员。
- 认可：项目团队因开展的工作和所取得的绩效而获得认可，更有可能继续取得出色绩效。

3.7.3 影响所有团队成员的领导力和人际关系技能

项目经理是领导者，而因为他们需要领导人们，所以他们必须展现合适的人际交往技能来实现项目的成功。人际关系技能需要在团队发展、沟通、建设积极的团队文化等方面进行描述。因此，后面会介绍以下重要主题：

- 项目团队发展工具；
- 举行会议；
- 责任分配矩阵；
- 冲突管理；

■　项目文化。

3.7.4　项目团队发展模型

团队发展模型就团队的动态变化给项目经理进行指导。新团队一般会经历五个阶段：形成阶段、震荡阶段、规范阶段、成熟阶段和解散或者衰退阶段。这个模型最初由布鲁斯·特克曼提出。下面的部分会描述每个阶段的特征，以及项目经理作为团队建设者所扮演的角色（根据《PMBOK®指南（第七版）》4.2.6.1 节）。

形成阶段

项目团队成员首先聚到一起。成员可以相互了解对方的姓名、在项目团队中的地位、技能组合以及其他相关背景的信息。这可能发生在开工会议上。

项目经理的角色：明确目的、角色和责任，并且要求团队建立团队协作的基础规则。

震荡阶段

项目团队成员会运用各种方法谋取在团队中的地位。在这个阶段，人们的个性、优点和弱点开始显现出来。当人们试图弄明白如何共事时，可能出现一些冲突或斗争。震荡可能持续一段时间，也可能相对较快地结束。

项目经理的角色：基于经验进行训导，并且鼓励团队去解决问题。

规范阶段

项目团队开始作为一个集体运行。此时，项目团队成员知道他们在团队中的位置，以及他们与所有其他成员的关系和互动方式。他们开始合作。随着工作的进展，可能出现一些挑战，但这些问题会很快得到解决，项目团队也会采取行动。

项目经理的角色：激励团队。

成熟阶段

项目团队高效运行。这是成熟的项目团队阶段。合作一段时间的项目团队能够产生协同效应。通过合作，项目团队成员可以完成更多工作，并进行高水平的产出。

项目经理的角色：不要添乱并持续提供所需的支持。

解散阶段

项目团队完成工作，然后解散，去处理其他事务。如果项目团队建立了良好的关系，一些成员可能对离开项目团队感到难过。

项目经理的角色：抚慰并帮助团队成员转向之前的工作或者新的工作。

> 注意：尽管此模型显示了一个线性进展的过程，但项目团队可能在这些阶段之间来回反复。此外，并非所有项目团队都能达到成熟阶段，有些甚至无法达到规范阶段。《PMBOK®指南（第七版）》（4.2.6.2 节）同样提到了其他模型，比如 Drexler/Sibbet 团队绩效模型。该模型有七个步骤：确定方向、建立信任、澄清目标、承诺、实施、高绩效和重新开始。

3.7.5 举行会议

新手项目经理经常会犯的错误之一，就是将所有的会议都采用同一种方式进行。然而，对于不同的目的，所需的会议类型也是不同的。根据目的和情况匹配正确的会议类型是非常重要的事。如果无法做到，则会导致会议的结果不如预期有效；甚至在最差的情况下，会议会起到完全相反的结果。这部分可以帮助你确保将每次会议的价值都最大化。

会议计划

对每一次会议进行规划。

- 决定会议的类型。
- 决定会议的目的并识别可交付物。
- 找到会议的最佳时间并明确需要哪些空间。
- 决定你的角色，比如：
  - o 主席；
  - o 引导者；
  - o 专家。
- 为会议的执行和维护做计划。
- 只选择合适的参与者。其他人会觉得无聊或者被分散注意力。
- 建立会议前和会议后的沟通（比如会议安排和会议纪要），确保各方都理解会议的目的和组织工作，以及记录会议中做出的重要决策。

会议类型

项目中可能有多种会议类型。

- 规划会议：为了制订计划、工作分解结构（Work Breakdown Structure，WBS）、进度安排等。
- 研发会议：在团队背景下解决问题。
- Scrum/每日更新：项目的一种适应型方法。
- 冲刺审查或者经验教训：用于反映项目管理的过程以及哪些方面可以做得更好。
- 每周/月状态会议：收集进展信息并且检查问题、变更、风险或者问题，来获取团队视角的观点并确认进展。
- 信息演示：为特定干系人分组提供特殊的项目总览，告知他们项目的组织、进度、设计、可交付物等。
- 高管演示：向执行发起人、关键干系人、董事会等阐述更高层级的项目总览。
- 问题管理会议：作为解决可能威胁到项目成功问题的全体会议。

会议议程

会议议程是在会议前，提前分发给参与者以告知会发生哪些讨论的活动流程。议程对于状态会议或者必须涉及正式决策的报告会议都尤为重要。这些会议经常定期反复举办，所以先前开放的项目会在后续的会议中被反复审阅，直到它们被解决为止。以下是这类会议议程可能包括的一些内容的例子。

1. 议程的审查/调整。
2. 通过先前的会议纪要。
3. 通告。
4. 先前的问题——当前状态。
5. 新问题——讨论。
6. 信息演示。
7. 其他项目（按需）。
8. 设定下次会议日期。

其他会议类型也有最适合其会议目标的议程格式。要记住的重点在于，议程是帮助组织会议的——毕竟，一个有组织的会议才是一个有效率的会议。

提前计划会议的考虑因素

一个项目经理需要为会议的正常执行担责。根据会议的本质、重要性和参与人，在设立会议环境的时候需要考虑以下因素（线下见面会议或者虚拟会议）。

- 物理：考虑到像时区和所需的影音技术之类的物理因素。
- 模式：不是所有的参与人都会用计算机技术。你有备选方案（比如纯音频会议）提供给那些无法通过计算机的连接参与的人吗？
- 与参与人的直接视觉接触和演示进行对比：确保你会对自己的演示进行演练。即使在虚拟会议中，也可能有参与人无法看到幻灯片或者共享屏幕（比如那些只用音频接入的人）——你如何协调这些人？另外，在线下的会议中，每个人都能看到你在演示的内容吗？
- 语音会议礼仪：除非参与人需要发言，否则他们应该保持静音。
- 讲义：提前按需分发文档，从而让参与人能够线下查阅。
- 参与人：提前指定演示人和演讲人，并且让他们知道你期望他们多久讲完他们的观点。
- 休息：在合理的位置插入休息，比如每 90 分钟。
- 和参与者的互动：追踪互动情况，并且做好在参与者的情绪转向负面的时候进行干涉的准备。
- 会议随访：应该将会后记录和需要行动的项目发送给所有的参与人，并且抄送给合适的干系人。

需要反复举行的会议的典型会议内容

确保在最后分发的信息中包含以下项目。

1. 会议的目的、日期、时间和地点（这样让每个人都知道记录所指的会议是哪一次）。

2. 会议纪要分布表（哪些人做了记录）。

3. 参与人名单。

4. 公告摘要。

5. 决策、活动项目和下一步的记录。

6. 需要解决的问题和责任的记录。

7. 演示记录。

8. 下一次会议的日期、地点和时间。

注意，第5~7点并不适用于复制冗长的讨论叙述。相反，会议纪要应该捕捉做出的决策，从而其他人可以就这些决策的结果决定自己能做的事情。

管理会议中的偏题情况

记住以下关于在会议中偏题情况的内容。

- 偏题并非总是坏事。有时候会引入一些重要的新概念。然而，即使是这些内容，也不能让会议完全偏离它原有的目标。
- 做好礼貌地维护自己权威性的准备。如果有需要，就重新获得会议的控制权。
- 聚焦于团队和项目的利益。这是项目经理角色要做的事。
- 认识到什么时候需要一个专门的或者额外的会议。记住会议的类型和目的。如果确实需要一个不同类型的会议，应将其提上日程。

有效会议的建议总结

记住以下有效意义的基础建议。

- 选择正确的会议类型。
- 做好议程规划并记录出席情况。
- 考虑到参与人在参会中的多任务处理情况（比如在计算机和手机上工作），会产生干扰还是会带来帮助。
- 管理好时间、情绪和环境。
- 维护秩序并保持聚焦。
- 记录、审阅并发布行动项目。
- 总结、确认和记录决策。
- 记住，主持人越正式，会议本身也越正式。

第11章商业分析领域会在深入启发技巧的时候讨论会议。这部分的信息和与干系人进行商业分析活动时相关。

3.7.6 责任分配矩阵

　　责任分配矩阵（Responsibility Assignment Matrix，RAM）是常用的展示团队中角色和责任的机制。你可以用 RAM 显示哪个团队成员在项目上有哪个角色的责任。通常而言，会用文档或者电子表格生成一个表格，每行列出必须完成的项目任务（一般来源于 WBS 或者其他项目任务的清单），而每列列出项目关联的人力资源（包括团队或者部门），包括关键干系人。在表格的单元格中，你可以插入代号描述所选资源在每个特定任务中的参与性质——通常用独特的字母显示该资源的角色或者关于任务的责任。

RACI 矩阵是简略版的 RAM。RACI 是责任（responsible）、负责（accountable）、咨询（consulted）和知情（informed）的缩写。RACI 矩阵是一个显示项目资源以及这些资源如何分配到每个任务的网格。它还正式规定了领导力以及干系人被告知情况的方法，从而让他们保持在项目中的参与度与进度的知情度。

表 3-5 显示了一个做消费者级照相机产品的公众调研的 RACI 矩阵。在这个案例中，项目中资源的可能角色如下。

- 责任：被委派执行该任务的团队成员。
- 负责：确保任务完成但未必是亲自执行的那个人。这个角色和职权密切相关，所以一个任务只能让一个资源负责；否则，会发生职权间的冲突或者混淆。
- 咨询：能够为任务提供信息的主题专家。
- 知情：需要对任务保持更新的人，比如干系人、项目经理或者其他个体。

在表 3-5 中，注意随着任务发生的角色变化。

表 3-5　　　　　　　　　　　公众调研的 RACI 矩阵

任务	研究团队	营销团队	产品负责人	UX 分析师	IT 团队
识别目标人群	A	R	I	I	R
设计调研	R, A	R	I	C	
选择调研工具	C	C	I	R	A
将调研转换成工具格式	R	A	I	C	C
调研测试	R, A	C	R	I	C
修改/编辑	R, A	C	R	R	C
进行调研	I	R	R, A	C	C
进行静态分析	R, A	R	I	C	C
指定建议	R	R, A	I	C	C
向产品部门演示发现	R	R	A	C	I

3.7.7　项目团队文化

正如本章之前提到的那样，当人们有共同的观点、共同的术语、共同的行为模式、共同的工作方法和对项目环境的共同概念的时候，我们可以说这些人有共同的文化。

文化是任何组织的"性格"，而每个项目团队都会发展出自己的团队文化。这可以通过有目的性地指定一系列被期望的行为、共用的流程、庆祝方式甚至标志或者团队名称和品牌口号来实现。另外，这些行为也会随着时间不知不觉地发生，比如习惯性的行为或者交互成为预期行为。当然，项目团队所在的整个组织也有自己的文化，所以一个项目团队的文化除了自身独特的项目文化，也很可能反映出整个组织文化的一部分。

《PMBOK®指南（第七版）》（2.2.2 节）中提到项目经理在建立和维持合适的项目团队文化的关键角色，从而让团队同时符合组织的文化，并且发展出能够展现团队最优秀一面的独特文化。项目经理实现这个目标的方式之一，是将他们希望在团队中所期望看见的行为树为典范。一部分被树为典范的行为在《PMBOK®指南（第七版）》的 2.2.2 节中被列出。

- **透明**。在思考、做出选择和处理信息的方式上保持透明，有助于他人识别和分享自己的过程。这也可以延伸适用于对偏见保持透明。

- **诚信**。诚信由职业道德行为和诚实组成。个人表现出诚实的例子：揭示风险；说明自己的假设和估算依据；尽早发布坏消息；确保状态报告准确描述项目状态等。职业道德行为可以包括在产品设计中揭示潜在缺陷或负面影响，披露潜在利益冲突，确保公平以及根据环境、干系人和财务影响做出决策。

- **尊重**。要尊重每个人及其思维方式、技能以及他们为项目团队带来的观点和专业知识，这可为所有项目团队成员采取这种行为奠定基础。

- **积极的讨论**。在整个项目期间，团队成员会提出各种各样的意见，采取不同方式应对情况并且经历误解。这些是展开项目的正常组成部分，并且提供了一个对话而非辩论的机会。对话需要与他人合作解决分歧意见。对话旨在达成一项各方都能接受的决议。另外，辩论是一种关于赢—输的情景。与开诚布公地接收问题的替代方案相比，人们对自己获胜更感兴趣。

- **支持**。从技术挑战、环境影响和人际互动的角度来看，项目可能具有挑战性。通过解决问题和消除障碍因素来向项目团队成员提供支持，这样可以建立一种支持性的文化，并形成一个信任和协作的环境。支持也可以通过提供鼓励、体现同理心和参与积极倾听来加以实现。

- **勇气**。推荐采用新的问题解决方法或工作方式可能令人望而生畏。同样，与主题专家或拥有更大职权的人意见相左也可能是一个挑战。然而，勇于提出建议、表达异议或尝试新事物有助于形成一种实验文化，并可向他人传递出勇气与尝试新方法是安全的信息。

- 庆祝成功。聚焦于项目目标、挑战和问题时，通常会忽视这样一个事实：单个项目团队成员和项目团队作为一个整体正在朝着这些目标稳步前进。由于优先考虑了工作，项目团队成员可能延缓认可有创新、适应、服务他人和学习活动的展示。然而，实时认可这些贡献可以让项目团队和个人保持被激励。

3.7.8　团队绩效域预期成果

表 3-6 基于《PMBOK®指南（第七版）》给出了有效应用团队绩效域（左侧）后的期望成果，以及检查这些结果的方式（右侧）。

表 3-6　　团队绩效域有效应用的成果

成果	检查
共享责任	所有项目团队成员都了解愿景和目标。项目团队对项目的可交付物和项目成果承担全责
高绩效团队	项目团队彼此信任，相互协作。项目团队适应不断变化的情况，并在面对挑战时有承受力。项目团队感到被赋能，同时对项目团队成员赋能并认可
所有项目团队成员都展现出相关领导力和其他人际关系技能	项目团队成员运用批判性思维和人际关系技能。项目团队成员的领导风格适合项目的背景和环境

3.8　应用《PMI 道德与专业行为规范》

CAPM®考试的申请人必须签字同意并遵守《PMI 道德与专业行为规范》。当前版本的文档可以在 PMI 官网获取。

根据 PMI，该守则阐述了项目管理从业者的理想，以及作为专业人员和义工必须遵守的行为规范。这对本职业而言是重要的课题。我们频繁地看到判断失误和完全不道德的行为导致的严重经济损失甚至生命损失（举个例子，为了节省成本，分包商可能混合和使用低于标准的混凝土，导致楼房坍塌）。大部分案例会进行调查以确认原因。

在某些情况下，当和人交往的时候，会缺乏对正确与错误的认知。这就是《PMI 道德与专业行为规范》能够给新人项目经理，甚至是一个经验丰富的从业者正面引导的地方。

本守则中提出的原则涉及个人诚信和专业性，包括遵守法律要求、道德标准和社会规范。一个可以作为原则的例子就是可持续性，要保护社区并创造一个健康的工作环境。

《PMI 道德与专业行为规范》涉及四个宗旨：责任、尊重、公平和诚信（见表 3-7）。

表 3-7   项目管理的四个道德宗旨

宗旨	描述
责任	责任是我们对做出的或未做出的决定、采取或未采取的行动以及因此导致的后果承担责任。我们应该只承诺我们能够交付的，而且我们应该交付我们所承诺的
尊重	尊重是我们显示高度尊重自己、他人以及托付给我们的资源的责任。托付给我们的资源可能包括人员、资金、声誉、他人的安全以及自然或环境资源。人们在尊重的环境中可通过培养相互合作关系建立信任、信心和创造优异业绩，这种环境鼓励和尊重不同的观点与看法
公平	公平是我们以公正和客观的态度做出决定和采取行动的责任。我们的行为不得涉及自我利益、偏见和偏袒。实际上，我们甚至应该避免利益冲突的出现
诚信	诚信是在我们的交流和行动中理解事实并以诚实的方式行事的责任。基于事实做决策，并且对决策所基于的事实保持透明

《PMI 道德与专业行为规范》的目标是通过增加和应用知识、改进项目管理服务、以尊重个人和文化的差异来礼貌地促进团队成员和其他干系人的交互，提升个人的职业竞争力。下面是一些项目经理可能面临道德困境的例子。

> 注意：这些都是作者真实生活的例子。随着你在阅读这些例子的时候，考虑以下问题。
>
> 这些情况都分别涉及哪些道德宗旨？
>
> 怎么做才是正确的？
>
> 如何采用展示出领导力和道德行为的专业方式处理这些情况？

- 你的非营利性客户要求你在他们的计算机上安装未经授权的软件副本供员工使用，他们表示："软件是为了一个好的目的使用的。组织无法承担购买成本，何况安装数量少到没人会在意，不是吗？"
- 你的 CEO 希望通过裁员节省成本。她建议你将你 10%的员工绩效汇报为低绩效，这样他们就能最终被解雇，而公司不需要考虑成本或者在不得不解雇他们的时候担心法律问题。你被告知如果你那么做了，你的工资会得到极大提升，并且作为经理被高绩效评级。
- 你发现你的两个拥有接入组织中所有系统权限的高级工程师分享了一些员工电子邮件的内容，来影响其他职员，以针对公司中某个经理。
- 你为你的项目负责人发出了采购建筑服务的建议邀请书。你有一个朋友在意向供应商处工作。他们有一天邀请你共进午餐，然后开始询问你对招标流程的期望，包括还有哪些人提交了这类建议信息。
- 你在监督一个有关收集环境保护的科学研究数据的项目。结果指出，你的公司未满足业务所在国家要求的标准。产品开发部门的副总建议你去调整测试团队的测量仪器，让仪器对有害化学物质的反应没有它们正常运作时那样敏感，从而使得公司能够将产品注册在政府的"合规"分类中。

3.9　总结

本章覆盖了以下几个重要主题。

- 介绍了项目绩效域的概念，并深度探讨了干系人绩效域和团队绩效域。
- 阐述了在各种背景和情况下项目经理的角色，聚焦在 PMI 人才三角中定义的项目成功所需技能。
- 本章探讨了多个项目组织结构，并且展示了特定结构会如何影响运营和项目的成果。
- 本章审查了 PMO 和指导委员会的特定组织结构，以及这些结构和项目经理如何在项目管理中扮演所需的角色。
- 本章介绍了项目管理中的道德概念，包括项目经理如何应用《PMI 道德与专业行为规范》。

本章还介绍了沟通相关的重要内容。项目经理会投入 75%～90% 的时间进行正式和非正式的沟通。项目的成败取决于沟通力。因此，所有的项目经理都需要掌握这里提到的核心概念。

备考任务

正如在第 1 章中提到的，你会有多种备考方式：本章的练习以及第 12 章。

3.10　回顾所有关键主题

本节会回顾本章所有重要的主题，这些主题在书中都会在页面的外边距以"关键主题"的图标表示。表 3-8 列出了这些关键主题以及它们所在的页码。

表 3-8　　　　　　　　　　第 3 章关键主题

关键主题类型	描述
列表	项目绩效域列表
段落	项目干系人的定义
列表	干系人在项目中的影响
段落	项目经理的主要责任
表 3-2	PMI 人才三角的组成
列表	《项目管理标准》中成功项目经理的关键技能
列表	商业敏锐度技能
列表	影响力技能
图 3-6	马斯洛需求层次金字塔

续表

关键主题类型	描述
图 3-7	赫茨伯格激励和保健双因素理论
图 3-8	情商的组成
段落	项目团队决策
列表	缓解项目中冲突的方法
列表	在各种项目组织结构中项目经理权力的对比
表 3-4	在不同组织结构中项目经理权力的对比
段落	PMO 类型
段落	指导委员会的定义
段落	变更控制委员会的定义以及和指导委员会的对比
列表	典型的常见团队的概念
列表	项目团队中的角色类型
列表	高绩效团队的特征
段落	塔克曼团队发展阶段的 PMI 修改版
列表	有效会议的建议总结
段落	RAM 的定义和范围
列表	项目经理帮助树立正面项目团队文化典范的行为
表 3-7	项目管理的四个道德宗旨

3.11　定义关键术语

定义本章中以下名词，并将你的答案和术语表进行校对：

项目绩效域、干系人绩效域、团队绩效域、项目干系人、干系人分析、项目经理、PMI 人才三角、内在动机、外在动机、马斯洛需求层次、赫茨伯格双因素理论、情商（EI）、项目团队决策、职能型项目组织结构、矩阵型项目组织结构、项目型项目组织结构、项目管理办公室（PMO）、指导委员会、项目管理团队、项目团队、责任分配矩阵（RAM）、RACI 矩阵、项目团队文化、《PMI 道德与专业行为规范》。

本章涵盖主题

- **项目生命周期基础**：该节覆盖基础的生命周期的概念并提供生命周期如何运作的介绍。
- **项目生命周期对比产品生命周期**：该节描述如何管理产品，以及对比产品市场生命周期的多个组成部分和产品生命周期的组成部分的相似性。
- **开发方法和生命周期绩效域的概念**：该节覆盖了与开发方法和生命周期绩效域相关的典型活动。
- **生命周期实践**：该节提供了从业者在不同情况下对生命周期的看法。
- **选择开发方法的考虑因素**：该节描述了在决定使用何种开发方法时的关键因素。
- **项目活动、可交付物和里程碑**：该节描述了多种类型的生命周期中的一些活动，定义了什么是可交付物和里程碑，并且解释了为什么在项目中定义可交付物是很重要的。

第 4 章

开发方法和生命周期绩效域

这一章介绍了与开发方法和生命周期绩效域相关的基础概念。该绩效域涉及项目经理就具体的订单所需要做出的决策，包括需要做哪些特定的任务、团队在何种限度上在有要求的步骤中发展出不同的路径以及这些因素会如何影响项目的生命周期。本章会描述多种类型的项目周期，包括在特定的情况和项目背景下，选择生命周期类型时常见的考虑因素。最后，本章还覆盖了像可交付物和里程碑这样的重要概念，确保你知道如何对它们进行定义，并且应用于项目的规划和执行。

> **注意：**本章包含的项目管理信息、模板、工具和技术仅仅用于你的学习。在将这些知识应用于工作中的项目时，请谨慎使用。另外，尽管我们很仔细地将内容和 PMI 的考试内容大纲（Exam Content Outline，ECO）保持一致，但是并不保证成功读完整本书后学生会顺利通过 CAPM® 考试。

在你完成本章后，对于以下的领域和任务，你应该能够有所提升。

- **领域一：项目管理基础和核心概念**
  - o **任务 1-1：展示对不同项目生命周期和过程的理解。**
    区分预测型和适应型方法。
  - o **任务 1-2：展示对项目管理计划的理解。**
    区分项目管理计划的可交付物和产品管理计划的可交付物。
    区分里程碑和项目持续时间。
  - o **任务 1-4：决定如何遵循并执行已计划的策略或者框架（比如沟通、风险等）。**
    对如何适当地反馈已计划的策略或者框架（比如沟通、风险等）进行举例。
- **领域二：预测型基于计划的方法**
  - o **任务 2-1：解释什么时候适合使用预测型基于计划的方法。**
    对特定的组织结构（比如虚拟办公、集中办公、矩阵结构、层级）判断预测型基于计划的方法是否适用。
    确定在每个过程中的活动。
    对每个过程中的典型活动进行举例。
    区分不同的项目组件。
- **领域三：适应型框架/方法**

o **任务 3-1：解释什么时候适合使用适应型方法。**

对比适应型和基于计划的预测型项目之间的优劣。

识别能够促进适应型方法的组织过程资产和环境因素。

4.1 "我是否已经理解这个了？"测试

"我是否已经理解这个了？"测试可以让你评估自己是否需要完整阅读这一章，还是可以直接跳到"备考任务"小节。如果你对自己就这些问题的回答或者对这些主题的知识评估有疑问时，请完整阅读整章。表 4-1 列出了本章的主题，以及它们对应的测试题目题号。你可以在附录 A 找到答案。

表 4-1 　　　　"我是否已经理解这个了？"主题与题号对应表

基础主题	题号
项目生命周期基础	2,13
项目生命周期对比产品生命周期	5
开发方法和生命周期绩效域的概念	3,8,10
生命周期实践	1,7,12
选择开发方法的考虑因素	9,11,14
项目活动、可交付付物和里程碑	4,6,15

注意：自测的目标是评判你对本章主题的掌握程度。如果你不知道某题的答案，或者对答案不确定，你应该将该题标为错题，从而更好地进行自测。将自己猜对的题认为是正确的，这种做法会影响你自测的结果，并且可能会给你带来错误的自我评估。

1. 如果因为客户的反馈或者测试失败让软件的需求做了次要的改动，项目团队则可以通过重新设计、编码和测试重温这些次要改动。这么做的意义在于尽早发现这些问题，因为对系统改变导致的成本会随着项目生命周期的推进而增加。当你持有这种观点的时候，你在以哪种方式看待软件开发？

a. 预测型方法

b. 产品型方法

c. 适应型方法

d. 混合型开发方法

2. 以下哪个词的意思是：通过一系列相关的步骤，从而从初始概念到完成状态开发一个独特成果的临时行为？

a. 阶段

b. 产品生命周期

    c. 活动

    d. 项目生命周期

3. 你的运营经理给你委派了一个任务，让你定义建造一个在制造工厂旁的工具棚的开发方法。在项目生命周期的早期阶段，就要完整定义范围、进度、成本、所需资源和风险，而且这些信息都需要相对稳定。在这种情况下，你应该选择哪种开发方法？

    a. 预测型

    b. 产品型

    c. 适应型

    d. 混合型

4. 以下哪个词的意思是：在项目规划中的一个预定步骤，具有明确的开始和结束，且可能有数个子步骤？

    a. 阶段

    b. 可交付物

    c. 活动

    d. 里程碑

5. ABC 公司认为其生产的 Widget 452 型号相比前两年，已经没有那么容易卖出去。该公司的高层决定是时候让 Widget 452 下线，把 Widget 673 投入生产和销售。通过这些因素，你相信高层正在讨论_____。

    a. 阶段

    b. 产品生命周期

    c. 活动

    d. 项目生命周期

6. 以下哪个是一个或多个项目活动的可测量的有形或者无形输出？

    a. 里程碑

    b. 可交付物

    c. 阶段

    d. 目标

7. 你在管理一个软件开发项目，然后计划会通过原型、试点、测试和部署这几个逐渐细化的阶段交付最终可交付物。在这种情况下，你将软件开发方法视为_____。

    a. 预测型方法

    b. 适应型方法

    c. 混合型开发方法

    d. 产品型方法

8. 一个衣服制造商/零售商的产品负责人交给你一个任务，让你为一条新的童装生产线定义开发方法。该组织从未销售过童装，而且团队中没有人对这种产品有任何经验。一个硬性的考虑因素是，这家公司需要一个在市面上独一无二的童装产线，所以，你无法单纯地从其他公司引入一条产线后重新包装。在这个案例中，你应该使用哪种开发方法？

a. 预测型

b. 产品型

c. 适应型

d. 混合型

9. 进度制约、资金可用情况和干系人参与的本质，是以下哪个选择开发方法时作为考虑因素的一部分？

a. 产品、服务或结果

b. 项目

c. 组织

d. 竞争

10. 你是一个主流银行的信息系统项目经理。这家公司尚未拥有自己的手机应用。运营的高级副总要求你和其他 IT 与运营小组的人定义一个产出初始移动应用的项目。副总尤其关注一点，这个应用必须能够满足客户使用中的所有合规需求。除此以外，你的团队拥有对应用设计和运营的一切自由。这些因素表明，你可能想采用以下哪种开发方法？

a. 预测型

b. 产品型

c. 适应型

d. 混合型

11. 项目团队规模和位置、总体文化和能力是以下哪个选择开发方法时作为考虑因素的一部分？

a. 产品、服务或结果

b. 项目

c. 组织

d. 竞争

12. 你的零售店的某些方面能够让你规划零售店所在地的建设成果。其他像市场发展和产品测试等方面在早期就没那么稳定，因为你需要给零售店构建一个更独特的方法。为了选择零售店的建设位置并进行运营，你可能需要应用以下哪种开发方法？

a. 预测型

b. 适应型

c. 混合型

d. 产品型

13. ＿＿＿是一组具有逻辑关系的项目活动的集合，通常以一个或多个可交付物的完成为结束。
    a. 阶段
    b. 产品生命周期
    c. 活动
    d. 项目生命周期

14. 创新程度、变更的难易度、需求和法规是以下哪个选择开发方法时作为考虑因素的一部分?
    a. 产品、服务或结果
    b. 项目
    c. 组织
    d. 竞争

15. 尽管＿＿＿已经安排在项目规划中，但它并没有预估的持续时间，并且通过主要的分段提供项目进度的信息。
    a. 里程碑
    b. 可交付物
    c. 阶段
    d. 活动

基础主题

4.2　项目生命周期基础

我们用"生命周期"这个词描述某件东西存续的总体时间。我们知道像太阳这样的恒星会有一个特定且可预测的生命周期——从它们形成的时间到它们存在的最后一刻。树也有生命周期，从一颗种子到参天大树，再到森林中一棵倒下的树干。事实上，如果你观察森林，你通常能够发现许多树分别处于它们各自的生命周期阶段。实际上，对于不同种类的树来说，这些阶段也如此相像，所以可以认为从广泛的，或者说从更高层次来看，几乎所有我们能归类为树的存在，都有其生命周期的各个阶段。因此，如果我们能够认清一棵树处在它生命周期的哪个阶段,我们就能预测之后会发生什么。

事实上，恰恰是一片典型的森林使宇航员意识到，他们在宇宙中通过望远镜看到的所有物体都并非是完全不同的物体；相反，他们开始认识到，它们中的大多数都是相似的物体，只是处于个体生命周期的不同阶段。

4.2.1　项目生命周期的概念

像星星和树木一样，所有的项目都随着它们从最初的想法到最终完成的演化，会有更高层级的阶段。人们认为项目也是按顺序进行演化的，但是我们知道项目需求的变化或者其他问题会导致重复之前的步骤以涵盖变更。一般而言，当提到从起始状态到完成状态的高层级演进的过程时，我们会把它称为项目生命周期。我们会看到许多类型的项目经历这样的发展历程，即使它们的最终目标、可交付物甚至项目的应用领域（比如建筑、软件甚至活动管理）可能都各不相同。

人们会用各种词来讨论整个项目的生命周期，包括时期、步骤和阶段。项目生命周期中的不同时间点会用如原型和最终发布等词汇进行描述。在《PMBOK®指南（第七版）》中，PMI 正式定义了本章两个重要的基础概念。

- **项目阶段**：一组具有逻辑关系的项目活动的集合，通常以一个或多个可交付物的完成为结束。
- **项目生命周期**：项目从开始到结束所经历的一系列阶段。

你可以将项目阶段认为是项目的"组块"：一种包含逻辑上关联的活动和特定（类型）可交付物的低层级概念。这些组块组成了通用的项目生命周期，整体的生命周期往往呈弧状出现，并且随着从开始到完成的演化而形成不同的形状。

4.2.2　将项目周期可视化

图 4-1 显示了项目生命周期经历的六个阶段。

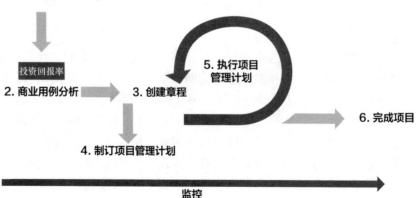

图 4-1　一个典型的项目生命周期

1．**激励**：这是项目的激励和构思阶段，是项目的起源。该阶段会创建项目组合以处理组织中的问题或者机会。在这个项目前期的阶段，你需要确保所有提出的项目想法都和组织的使命保持一致。

2．**商业用例分析**：被提出的项目想法需要通过证据和细节进行验证，这时候就需要商业论证。商业论证的目的是评估被提出项目能给干系人带来的收益和价值。这个生命周期阶段包括记录投资损益分析在内的文档。

3. **创建章程**：项目发起人在权衡完商业论证和组织需要后，正式授权项目的成立。项目章程是一个官方文档，用于任命项目经理，并且授权组织的资源给项目活动。

4. **制订项目管理计划**：这个阶段会关注需要成功交付项目所需的活动。它会同时考虑到项目和产品相关的活动，从产品经理的角度，这是一个非常重要的阶段，会需要投入许多精力到计划上，并且具体组织项目。

5. **执行项目管理计划**：在这个阶段会执行项目管理计划。项目经理需要激励项目团队，并且成功带领他们产出项目可交付物。在执行阶段还有管控方面的内容，需要在指定的项目进程、成本和质量制约内实现里程碑。

6. **完成项目**：在这个阶段，项目完成并收尾。项目经理处理行政收尾工作，总结经验教训并且沟通项目结果。

激励和商业用例分析阶段经常被认为是项目前期阶段。大部分项目管理实践和基础的项目管理标准都聚焦在剩下的几个阶段——从制定章程到项目收尾。

聚焦在后四个阶段的原因之一在于，不同的供应商和组织会对项目前期阶段——激励和商业用例分析阶段，有自己独特的活动。

举个例子，一个生命周期可以只有分析、设计、开发、验收和部署阶段。这五个阶段描述了对任何项目的有条不紊、循序渐进的过程。在这种方法下，在分析之前的阶段被认为是前项目活动；任何在部署后的阶段被认为是后部署阶段。部署后的工作可能包括像项目收益追踪这样的活动，可以对商业论证的最初概念进行测量，然后验证其是否被实现。这些组织根据部署前后将阶段分开的原因，有时候可能是有除了"执行组织"（也就是项目团队）的团队来负责这些前期和后期的阶段。相对而言，项目团队只关注于中间五个阶段的工作。

4.2.3　阶段关口

渐进明细发生在项目从一个阶段过渡到另一个阶段的时候。随着项目的发展，越来越多的细节信息会提供不少机会，以审查是否继续有投资该项目的价值。如图 4-2 所示，**阶段关口**是决定一个项目是继续还是终止的时间点。尽早结束一个项目可以节省大量成本。指导委员会成员会审查项目的进度、价值和商业环境，然后决定继续、暂停还是完全取消项目。换句话说，阶段关口是一个直到在某些高职权的人在审查完到目前为止的进度并允许项目进一步推进前，将项目进程阻断的关口。阶段关口又被称为阶段审查点或者验收站。

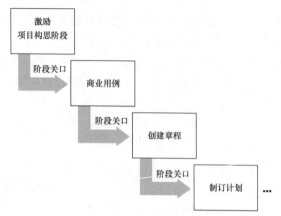

图 4-2　有阶段关口检查点的生命周期阶段

4.2.4　项目生命周期对比项目管理过程组

项目管理过程组，这个《PMBOK®指南》之前版本的特点内容，和项目生命周期有什么样的关系？这是个甚至即使在有经验的从业者中，都很常见的问题和顾虑。PMIstandards+™的线上指南定义了 49 个和项目管理过程组相关的过程。虽然过程组能够在当前版本中被直接找到，项目过程的细节却在《过程组：实践指南》中。我们同样在附录 B PMI 项目管理过程组和过程中将它们重新总结了一下。

图 4-3 展示了五个项目管理过程组：启动、规划、执行、监控和收尾。项目生命周期和项目管理过程组有一定的对称性。启动过程组由识别干系人、制定项目章程等组成；规划过程组由采集需求、定义范围、创建 WBS 等组成。类似的过程也会出现在执行、监控和收尾过程组。我们会在第 5 章规划、项目工作和交付：预测型方法中提供这些过程的细节。

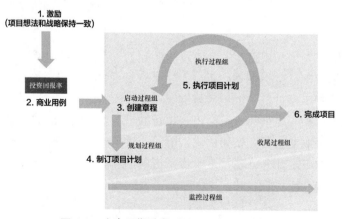

图 4-3　生命周期阶段对比 PMBOK®过程组

生命周期更像是一个线性的工作流，而项目管理过程组则会在每个生命周期阶段中迭代。举个例子，如图 4-4 所示，思考一下一个需要为奥林匹克运动会创建章程文档的项目。奥林匹克运动会是一个如此巨大的项目，以至于创建章程并让所有干系人参与是一项巨大的工作。这个单独而复杂的项目会包括所有五个过程组。

图 4-4　PMBOK 过程组可以应用在生命周期的每个阶段

图 4-5 说明项目管理过程组如何在大型项目的每个阶段进行迭代。注意，在项目的每次迭代中，可能应用一部分过程，也可能应用所有的过程。

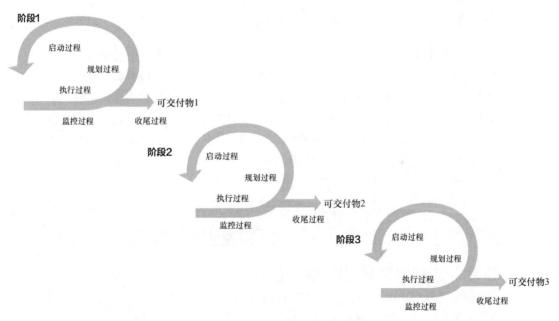

图 4-5　在项目中重复项目过程组

4.3　项目生命周期对比产品生命周期

《项目管理标准（第七版）》将"产品"定义为，可以量化的生产出的工件，既可以是最终制品，也可以是组件制品。一个产品的生命周期从产品的构想和开发开始，之后产品会被投入市场；在这之后会有销售增长、销售顶峰，然后销量会逐步减少，接着产品一般会退出市场。在这个时候，会在另一个产品周期中有一个新版本的产品，或者完全崭新的产品概念。图 4-6 呈现了一个典型的生命周期。在开发后，一个产品通常会经历引入期、成长期、成熟期和下降/衰退期。

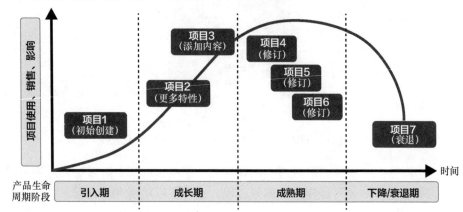

图 4-6 产品管理生命周期

  利润会呈不同的弧线。产品在开发的时候会有早期投资，因此利润不会在刚开始销售的时候就产生；只有产品在市场上存在足够长的时间来填补开发的投资，同时销售规模化到产品足以盈利的时候，利润才会产生。如果产品很成功，那么在产品的成熟阶段会有相当一段时间的盈利期。不可避免的，产品的销售和收益最终都会下降，而且会被更新、更好的产品版本所取代，或者它们直接在市场上退出。以智能手机为例，在版本 1 之后，会有版本 2 作为更新的产品版本出现。如果你将每一次的发布都视为项目，你就会像图 4-6 中展示的一样，有多个项目。

> **注意：** 当一个产品或者服务被引入市场的时候，它就不再是一个项目了。产品管理是一个复杂的学科，但是本章对产品管理的介绍应该给你足够通过 CAPM®考试的相关知识。

4.4 开发方法和生命周期绩效域的概念

  部署可以有不同的方式，这需要根据项目的目标和所期望的结果，以及和项目环境相关的风险或不确定性决定。

  《PMBOK®指南（第七版）》认为这是一个重要的课题，并且在 2.3 节的图 2-6 中阐述了这个绩效域。图 4-7 显示了成功执行该绩效域的关键成果。

开发方法和生命周期绩效域

| 开发方法和生命周期绩效域涉及与项目的开发方法、节奏和生命周期阶段相关的活动与功能 | 有效执行此绩效域将产生以下预期成果：
▶ 与项目可交付物相符的开发方法。
▶ 由从项目开始到结束各个阶段组成的项目生命周期，这些阶段将业务交付与干系人价值联系起来。
▶ 由促进生成项目可交付物所需的交付节奏和开发方法的阶段组成的项目生命周期 |

图 4-7　开发方法和生命周期绩效域[①]

4.4.1　与开发方法和生命周期绩效域相关的概念

除了项目阶段和项目生命周期这两个概念，这个绩效域还关注以下一些关键概念：

■ **可交付物**：为完成某一过程、阶段或项目而必须产出的任何独特并可核实的产品、结果或服务能力。

■ **开发方法**：在项目生命周期内用于创建并改进产品、服务或结果的方法，例如预测、迭代、增量、敏捷或混合型开发方法。开发方法可以展示特定的特征，比如迭代或者增量。

开发方法就目标和实施而言，被广泛地分为两个极端。图 4-8 显示了预测型和适应型的两个极端，以及混合了两种方法的开发方法——被称为混合型开发方法。

预测型　混合型　适应型

图 4-8　开发方法的类型

混合型开发方法结合了两种或以上的预测型和适应型要素。举例而言，在一个几乎是循序渐进的项目流中，你可能会有一个步骤要求开发移动应用。这一步在它完成之前可能都会用适应型方法，因为你需要仔细地迭代用户的输入，直到交付最终成品应用。在该应用完成后，剩下的线性步骤依然会继续使用预测型方法，直到项目完成。因此，混合型开发方法被视为是合并应用两种极端方法的最优点，根据具体项目成果的需要选择的最适合的行动。

[①] 来源：《PMBOK®指南（第七版）》图 2-6。

形容这些方法的词汇在过去几年中一直在变化，表 4-2 展示了一些在文献和实践中，预测型方法和适应型方法不同的表达方式。

表 4-2　　　　　　　　　　用于表示预测型方法和适应型方法的词汇

开发方法	备选词
预测型	瀑布、线性、结构化、基于计划、稳定、传统
适应型	敏捷、迭代、增量、螺旋、演化

4.4.2　选择预测型方法

当项目开始时就可以定义、收集和分析项目与产品的需求时，就可以考虑使用预测型方法。这种方法在项目管理中，被广泛称为"瀑布式"或者"传统"方法。在预测型方法下，你会从最初的概念化和可行性阶段，到最终产品或服务的部署阶段，按项目生命周期中的顺序设计和实施项目。预测型方法相比适应型方法，更为结构化、可预测和稳定。下面，我们会看一下预测型方法的其他方面。你会在 CAPM®考试中遇到许多这个主题的内容。

在《PMBOK®指南（第七版）》的 2.3.3 节中，提出预测型方法最适用于以下情况。

- 当涉及重大投资和高风险，可能需要频繁审查以及在开发阶段之间重新规划时。
- 当范围、进度、成本、资源需要和风险可以在项目生命周期的早期阶段明确定义，并且它们相对稳定时。
- 当项目团队希望在项目早期降低不确定性的程度，并提前完成大部分规划工作时。
- 当项目工作都遵循临近项目开始时制订的计划时。
- 当可借鉴以前类似项目的模板时。

4.4.3　选择适应型方法

当需求面临高度的不确定性和易变性的影响，并且可能在整个项目期间发生变化时，适应型方法非常有用。在这种环境下，你可以在项目实施时使用适应型生命周期。该生命周期是为了重复项目阶段的迭代而设计的。项目只有在获得客户或者干系人的反馈后，才能进入下一个阶段。因为这意味着开发的某个阶段已经到了适合进入下一步的时候。文献当中能发现不同有关适应型方法的表达，但是最常见的词是迭代、增量和敏捷。

在《PMBOK®指南（第七版）》的 2.3.3 节中，提出适应型方法最适用于以下情况。

- 当在项目开始就确立了明确的愿景，但是实现最终形态的需求细节却知之甚少时。

- 当有完善、更改和替换需求的灵活性时。
- 当有机会频繁获得用户和产品负责人的反馈时。
- 当项目或者商业环境有不确定性或高风险时（换句话说，最终可交付物必须是正确的，但是所有因素不一定会被提前阐明）。
- 当一个被赋能的团队已经有了包含预期可交付物的优先级确定的待办事项列表以及决定在一个迭代中可实现的范围的自由，并且直到需求被完全满足前，整个团队都被允许通过多次迭代来处理待办事项时。

4.4.4　选择混合型开发方法

　　混合型开发方法是适应型方法和预测型方法的结合体。这就意味着会有一些预测型方法的要素和一些适应型方法的要素一起使用。项目专家必须决定哪些要素最适用于项目的特定方面，并且如何将不同要素混合进整个活动计划中。

　　在《PMBOK®指南（第七版）》的 2.3.3 节中，提出混合型开发方法最适用于以下情况。

- 当组织同时有平衡适应型方法和预测型方法优势的机会与需要时（举个例子，对一个产品或者服务知之甚少时，就可能需要一个前期的适应型方法来收集需求并通过解决方案的原型来获得反馈。之后，当通过迭代原型的步骤知晓了主要要求并且明确了最终的解决方案时，一个已知的项目模板可能更为合适，那项目就可以用预测型模型来交付解决方案）。
- 当合规需求表明可交付物的某些方面必须以预测性很高的方法实现，但是解决方案的本质可能需要在模拟环境下通过迭代才能完全决定时。
- 当组织中的项目管理能力相当成熟，并且项目团队同时熟悉这两种方法，从而能够在符合组织需要的情况下，融合两种方法来开发一种新的项目交付模型时。

4.5　生命周期实践

　　总结一下目前为止的相关定义。

- **预测型生命周期**：按线性的顺序执行进行构建的项目生命周期。
- **适应型生命周期**：一种迭代或者增量的生命周期，它会通过一系列重复的步骤来证明不怎么被理解的概念或需求。
- **混合型生命周期**：一种同时有预测型方法和适应型方法要素的项目生命周期，用于实现单一的预测型方法或者适应型方法所无法达到的总体效果。

　　项目管理开发方法和交付节奏能够影响项目生命周期的各个阶段。如果一个项目团队使用了预测型生命周期，那么项目生命周期很有可能是传统瀑布似的线性阶段。然而，如果团队选择了适应型方法，那么项目生命周期就会由循环的回路组成。这些回路会逐步产出所需的项目成果，因为每个回路的可交付物都是基于干系人的反馈。

为了帮助理解这些经常看上去很微妙的区别，最好是通过一些行业的应用实践来看一些生命周期样本。

4.5.1 行业应用：预测型生命周期

预测型生命周期和明确的阶段相关。项目被要求在早期就制定需求，并且要一直遵循项目之初的原本需求和设计计划。《PMBOK®指南（第六版）》，现在也是PMIstandards+™线上指南的一部分，其附录X-3中进行了如下说明。

- 需求在开发前预先确定。
- 针对最终可交付成果制订交付计划，然后在项目终了时一次交付最终产品。
- 尽量限制变更。
- 关键相关方②在特定里程碑时点参与。
- 通过对基本可知情况编制详细计划而控制风险和成本。

每个细分行业都自己的预测型生命周期的典型版本。因为相关术语和可交付物的重要性在不同领域都不一样，每个行业自然地演化出其独有的具体方法。

预测型生命周期例子 1

在这个例子中，我们选用了建筑行业。这个例子如图 4-9 所示，使用了预测型生命周期。

图 4-9　以建筑行业为例使用的预测型生命周期

建筑行业生命周期的关键阶段如下。

- **可行性**：评估建筑项目的可行性。
- **设计**：建筑师参与并设计项目的原理性定义。
- **许可**：视情况而定，确保项目在施工前或者施工后获得相关部门的批准。
- **场地工程**：清理土地，安装并检查临时的电力设备和其他生活设施。
- **基础**：挖掘，浇灌水泥，建造地下室墙体，进行防水措施并保温隔热。
- **结构和设施**：安装托梁、框架墙、管道、电力设备和空调。
- **覆面**：安装屋顶板、木瓦和门窗。
- **完工**：安装隔热材料，石膏板，刷油漆和贴壁纸，安装橱柜，贴瓷砖以及安装电器。

---

② 译者注：在《PMBOK®（第六版）》中，stakeholder 被翻译为"相关方"，而在《PMBOK®（第七版）》中，又改回了"干系人"。因此，本书中的"相关方"和"干系人"表达的都是同一个意思，只是根据引用的原书基于《PMBOK®（第六版）》或者《PMBOK®（第七版）》的区别，导致的不同译名。

■ **验收**：进行走查和检查，制定并完成最终清单，通过最终验收以及获得当地政府的最终入住批准。

预测型生命周期例子 2

现在软件开发越来越多和适应型方法相关联，因为软件的交付模式经常是以不同模组的代码组合来实现一个特定的任务。然而，并非所有的软件都能够或者应该用这种方式交付。从历史上来看，许多知名的系统开发生命周期采用的是遵循顺序的阶段方法来交付软件。因此，有必要展示一个软件项目如何使用预测型生命周期。

代表性的软件开发生命周期（同样被称为系统开发生命周期）的关键阶段，包含以下内容，如图 4-10 所示。

■ **可行性**：在这一阶段，需要定义客户的问题，并且商业分析师需要启发出高层级的需求。可行性和项目的初步范围完成。

■ **分析**：商业分析师会和软件开发团队一起合作，为客户设计一个可接受的解决方案。可交付物是设计文档。另外，项目经理要决定最终的基本成本和进度安排，确保资源并且估算需要时间和预算。

■ **收集需求**：商业或者系统分析师进行仔细的需要分析，并且记录软件和功能的特定要求。

■ **设计**：软件设计师用文档创建一个初步的系统架构概念，包括不同模组之间以及某些功能实现的界面。

■ **详细设计**：技术团队会创建一个完整的详细设计来满足所有的需求，然后获得批准，并将文档交给程序员进行编码。

■ **编码**：程序员编写程序并且进行一些单元测试。他们会将软件交给质量保证部门进行测试。

■ **测试**：质量保证人员进行完整的单元测试。

■ **系统集成**：团队会把所有的模组组装到一起，从而测试它们是如何协同的，然后将它们集成到其他相关的系统中。

■ **验收测试**：团队在一个尽可能和产品环境接近的环境中，对完整的系统进行最终测试。客户会分析验收结果，如果满意，就会签署并通过验收。

■ **部署**：在客户验收后就会开始运营阶段。项目经理和合适的团队成员会决定采用哪种部署策略，完善文档，训练员工并且部署软件。

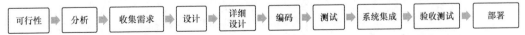

图 4-10　使用预测型生命周期的软件/系统开发生命周期（Software/System Development Life Cycle，SDLC）的例子

图 4-10 中显示的流程被认为是预测型生命周期，因为完成的步骤一般不会再重新进行。举个例子，当确定了需求时，则需求就不会在详细设计、编码和测试步骤中再进行修改。如果需要让图 4-10 中所示的软件开发生命周期能够以预测型生命周期的方式成功，商业/系统分析师必须有完整的需求。同样，代码团队必须在软件建设开始之前，有最终的软件架构图和详细设计文档。这一预测型生命周期会涉及大量的专业人员。

SDLC 方法的顺序性本质并不排斥一定限度的迭代。如果需求根据客户的反馈或者测试的失败有次要的变更，项目团队当然能够通过修改设计、编码和测试重新处理这些次要变更。但是，需要尽早地发现这些问题，因为随着项目生命周期的推动，对系统进行变更的成本也会增加。

然而，如果频繁发生重大需求变更，或者甚至在项目晚期还有新的需求插入，那就会对之前的设计或者编码阶段带来极大的影响，导致有必要重温这几个阶段。在这种情况下，预测型生命周期就不合适了。因为现代软件开发项目倾向于适应频繁出现的有巨大影响的变更，软件开发项目团队如今面对许多此类项目，更有可能考虑适应型生命周期。

4.5.2　行业应用：适应型生命周期

适应型生命周期会和迭代以及逐步在多次迭代中交付有效组件的活动相关，所以，项目不那么受到限制，不会被要求在早期就制定需求，因此，适应型生命周期允许可交付物在最终审查时依然进行修改。这就导致最终产品经常和在项目刚开始时候的阐述区别很大。在《PMBOK®指南（第六版）》，现在也是 PMIstandards+™线上指南的一部分，其附录 X-3 中进行了如下说明。

- 需求在交付期间逐渐细化。
- 关键用户或者相关方持续参与，使项目获得更好的质量。
- 相关方的输入经常要求上一个阶段进行重复。

而根据《PMBOK®指南（第七版）》，适应型生命周期有一些独特的特征。

- 迭代型生命周期：开发通过在项目中不断完善的一种适应型生命周期。
- 增量型生命周期：开发通过一个个小的增量，以多个分段的形式逐步形成最终可交付物的适应型生命周期。
- 节奏：在整个项目期间所开展活动的节律。
- 交付节奏：项目可交付物的时间安排和频率。

适应型生命周期例子：适应型软件开发

图 4-11 展示了一个适应型生命周期的软件生命周期。它包含了一些在迭代型的适应型软件开发生命周期中的典型要素。当商业分析步骤完成且需求收集完（一般以书

面形式呈现）后，会开发一个原型，向最终用户展示产品的整体功能。这个原型不一定需要功能齐全，但它需要让干系人理解最终产品如何能满足需求。你会看到，在编码步骤的最后，会有一个功能齐全的试点版本展示给干系人。每一个步骤的目标是收集相关意见，并且修改生命周期中前一个步骤的成果。

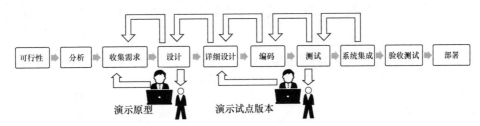

图 4-11　迭代型的适应型软件开发生命周期

这种生命周期受益于干系人的反馈和整个团队的洞察。这种方式能够缓解一些重大风险。需求在开始的时候可能没那么清晰，但是原型可以澄清需求。当复杂度足够高的时候，你就能发现，一个功能齐全的试点版本基本上可以确保成功的部署。适应型生命周期的重要一环是节奏，即原型、试点或者可交付物能够被审查的频率。在适应型软件开发中，项目需要频繁地让干系人参与，并尽早获得他们的反馈，因此，图 4-11 显示的最终可交付物会在原型、试点、测试和部署等连续的细化阶段后完成。

4.5.3　行业应用：混合型生命周期

正如本章先前所提到的，在混合型开发方法中，会有一些预测型方法中的要素和适应型方法中的要素一起使用。可以参考以下混合型生命周期的特点。

- 同时有机会和需要去权衡两种方法的优点。
- 当合规需求表明可交付物的某些方面必须以预测性很高的方法实现，但是解决方案的本质可能需要在模拟环境下通过迭代才能完全决定时。
- 当组织中的项目管理能力相当成熟，并且项目团队同时熟悉这两种方法，从而能够在符合组织需要的情况下，融合两种方法来开发一种新的项目交付模型时。

在这个时候，我们需要看一下实施混合型生命周期的行业例子。

混合型生命周期例子：小型餐饮业务

山姆和玛丽·乌德瓦都是有才华的厨师。近来餐饮业务环境的变化和他们的职业规划促使他们考虑自己开一家餐厅。他们和自己懂技术的女儿迈拉一起合作，聚焦在一个两步的流程上：首先，他们需要创建一个虚拟的餐厅来更好地理解他们的顾客并改良他们的菜单；其次，他们想把实体餐馆搬到家乡附近。

由于相对稳定的技术以及外卖的灵活选项，山姆和玛丽相信他们很快能步入正轨。当地的银行顺利地批准了他们的商业计划，并提供资金，使它们能够开始虚拟餐馆业务，并且他们从当地政府处获得了许可。

山姆和玛丽将他们业务的推进可视化成了三个阶段，并且为每个阶段创建了为期一个月的进度（见图4-12）。

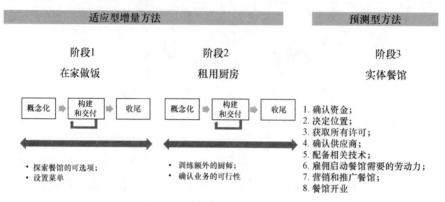

图 4-12　小型餐馆的混合型项目

在适应型生命周期中，这类短暂的、重复的时间线会被称为"冲刺"。每个冲刺一般都会持续1~4周。山姆和玛丽将以下阶段作为餐馆最终开业的增量方法：

1. 在家做饭；
2. 在他们家附近租用厨房；
3. 在一个位置开实体餐馆。

山姆和玛丽同样意识到，虽然他们在前两个阶段可以非常灵活地处理，但第三阶段却需要一个更为详细的计划，而且实体餐馆在开业时可以全面运作。因此，尽管他们可以在前两个阶段（包括每个阶段的概念化、构建/交付和收尾步骤）使用适应型方法，但他们需要制订一个按部就班的计划来成功打造最终的实体餐馆。食品菜单和客户声誉可以通过适应阶段的迭代和积累，因此在实施阶段3的时候，这两者应该都已经准备就绪。然而，实体餐馆依然需要采用循序渐进的开发方法才能被用于服务顾客。

意识到第三阶段很可能比前两个阶段花费更多的时间，并且第三阶段会有非常明确的依赖关系，山姆和玛丽在进行前两个适应型阶段的同时进行预测型的第三阶段。这就使得他们能够在家完善菜单并用租用厨房的设备服务第一批顾客的同时，还能选择地点，获得许可，设计装修，签订建筑合同并且采购必要的设备和家具。当这些初步步骤都完成的时候，他们就能很快搬到新位置，并为餐馆的盛大开业做好准备。

这个餐饮业务的开发例子展示了适应型方法和混合型方法结合的特点，也就是混合型生命周期。

4.6 选择开发方法的考虑因素

有数个因素会影响开发方法的选择。如图 4-13 所示，《PMBOK®指南（第七版）》的 2.3.4 节列出了这些因素。这些标准可以分为三个类别：产品、服务或结果；项目；组织。我们有必要先看一下这些组成部分的具体内容。

产品、服务或结果	项目	组织
• 创新程度； • 需求确定性； • 范围稳定性； • 变更的难易程度； • 交付选项方案和节奏； • 风险； • 安全需求和法规	• 干系人； • 进度制约因素； • 资金可用性	• 组织结构； • 文化； • 组织能力； • 项目团队的规模和所处位置

图 4-13 选择开发方法的考虑因素

4.6.1 产品、服务或结果

这些考虑因素影响产品、服务或结果。这些考虑因素都和项目成果的性质有关，无论项目的成果是产品、服务，还是其他类型的结果。

创新程度

在充分了解范围和需求的情况下，如果项目团队以前曾合作完成过工作，并且能够提前规划可交付物，那就非常适合采用预测型方法。创新程度高或项目团队没有做过可交付物时更适合采用适应型方法。

需求确定性

当需求变得众所周知且易于定义时，预测型方法非常有效。而当需求不确定、易变或复杂且预期在整个项目期间会发生演变时，具有适应型特征的方法可能更合适。

范围稳定性

如果可交付物的范围稳定且不可能发生变化，则预测型方法是可行的。如果范围预期会进行许多变更，开发方法频谱图上适应型侧会很有用。

变更的难易程度

这与需求确定性和范围稳定性相关。如果可交付物的性质会给管理和合并带来挑战，那么预测型方法就是最佳的。对于容易适应变更的可交付物，则可以采用适应型方法。

交付选项方案和节奏

可交付物的性质，比如它是否能以组件形式交付的方式将影响开发方法。分组块开发和/或交付的产品、服务或结果选用增量方法、迭代方法或适应型方法皆可。

风险

你可以采用模块化构建方法，并根据认知调整设计与开发来把握新机会或降低风险。适应型方法通过先评估可行性从而频繁地减少高风险需求。

安全需求和法规

有非常严格安全需求的产品经常会采用预测型方法，因为需要大量的提前规划来确保对所有的安全需求进行识别、计划、创建、集成和测试。类似地，受到严格法规监管的环境由于有流程、文档和演示的需求，可能需要采用预测型方法。

4.6.2 项目

在项目考虑因素那一列的内容都和项目的相关方面有关，比如项目的构建、制约和资金情况。

干系人

特定干系人（例如产品负责人）在确定来自客户的需求及优先级方面发挥着重要作用。如果有这样一个项目团队成员可以支持项目工作，那么最好使用适应型方法。

进度制约因素

如果需要尽早交付某种产品，即使不是成品，适应型方法也是有益的。

资金可用性

在资金不确定的环境中运行的项目可以从适应型方法中受益。与精心审计的产品相比，发布最小可行产品时所需投资较少。这使得只需极少的投资就能进行市场测试或占领市场。

4.6.3 组织

组织考虑因素这一列里的内容都和项目的组织环境有关，包括文化、结构和复杂性。

组织结构

有多个层级、严格的汇报结构，官僚作风浓厚的组织更有可能使用预测型方法。相对而言，使用适应型方法的项目往往和扁平式结构相关。

文化

预测型方法更适合于拥有管理和指导文化的组织。这种组织会制订周密的工作计划，并根据相关基准测量进展情况。适应型方法则更适合于强调项目团队自我管理的组织。

组织能力

如果组织的政策有拥抱支持敏捷理念的态度和信仰，那么适应型方法很有可能成功。

项目团队的规模和所处位置

适应型方法（特别是敏捷方法）通常更适用于拥有 5~9 名成员的项目团队。适应型方法对位于同一物理空间的项目团队也非常有效。大型项目团队和主要通过虚拟方式工作的项目团队，采用更靠近开发方法频谱上预测型一端的方法效果更好。然而，有些方法扩展了适应型方法，从而在关系到大型或者分布式项目团队的时候，依然获得了成功。

4.7　项目活动、可交付物和里程碑

既然你已经理解了项目阶段和生命周期，那你就可以理解一些在所有类型的方法中都会存在的共同要素。在本章最后部分，我们会介绍项目活动、可交付物（包括它们的测量方法）以及里程碑。

4.7.1　项目活动

一个项目活动，无论是任务、故事、工作包还是用例，都是项目计划中一个预定步骤，并且有明确的开始和结束。一个项目活动通常会包含几个子步骤，当这些子步骤都完成的时候，整个项目活动就被认为完成了。数个关联活动可以合并成总结活动。

我们来看一个有食物、游戏和娱乐的派对计划的例子。我们可能列出数个活动，比如以下内容：

- 为派对和预算做建议书；
- 选出可能的场地；
- 获得场地许可；
- 安排后勤，并通知保安和保管人员；
- 确定食品供应商和菜单；
- 确定音乐娱乐供应商；
- 和供应商确定最终合同；
- 创建派对活动委员会；
- 设计邀请函；
- 以电子邮件形式发送邀请函并亲自邀请干系人；
- 活动前进行预演；
- 举行派对；
- 管理收尾并列出经验教训；

■ 发送调查问卷。

4.7.2 可交付物

可交付物是活动的可测量输出。它们可以是有形的，也可以是无形的。你可以想象在活动的结尾将某些东西交付给项目发起人或干系人。以派对项目为例，以下是和每个活动相关的可交付物的样品列表。

■ 为派对和预算做建议书：工作说明书或者章程。

■ 派对规划并选择派对的最终地点：地点、日期和时间的批准许可或者预约。

■ 选择食品供应商：和食品供应商签订合同。

■ 收集调查反馈：发布从参与者处获得的调查结果。

需要重点意识到，整个项目自身也和可交付物相关。项目交付的整个产品或服务作为整体，也能被视作一个最终可交付物。

同样存在中间可交付物，比如多个项目组件的设计和交付。项目管理过程会产出特定的过程可交付物，比如文档和管理报告。一些中间可交付物包括以下内容。

■ 范围：这由在项目推进过程中的多个单独的可交付物组成，包括初步需求、概念设计和细节设计。

■ 成本和进度评估：这些需要在主要里程碑处，用于汇报项目的情况。

■ 中间的项目组件：这可能包括了早期的原型或者项目的部分可交付物。

■ 项目管理报告：这包括了月度报告，包含成本和进度数据、项目状态、风险更新、干系人问题等。

4.7.3 测量可交付物

每个可交付物都需要进行检查，确保符合范围、进度与预算。成果取决于评估或者测量可交付物的质量和可接受性。因此，当提交一个可交付物时，项目经理必须考虑到它们能够如何被评估和测量：这是定义一个可交付物的必要步骤。可测量的可交付物的例子包括完成的道路里程数、完成的文件页数、粉刷的墙面面积。即使像软件这样的可交付物，也能够在它们功能进行准确描述（举个例子，"一个新的用户可以通过使用用户注册功能成功注册新账户"）的前提下进行测量。

我们更深入一点。比如当你提交某个文档作为可交付物时，某些了解可交付物的人应该能够提供一个预期的大纲，甚至预期的页数。除了能够帮助更好地描述可交付物外，这些测量由于能够提供对成本和进度的评估，是非常有必要的——尤其是在组织很清楚一个典型的员工每小时、每天或者每周能进行多少单位的产出的时候。如果一个施工人员每天可以铺 3 千米的公路，所有人员每天会被支付某个量级的工资，那么知道最终可交付物定义的道路长度，就可以帮助产品经理估算需要完成的时间，以及该可交付物的总体劳力成本。

　　当一个可交付物被定义了，然后被分配了特定资源，那么这些测量方法就可以分析预期所需的投入力度。在任何一个给定的过去时间点，你都可以按照预期，根据已经过去的时间来评估进度。举个例子，如果实际的可交付物只有预期的一半，那么你马上就能知道有了一个麻烦，并且应该进行调查，决定如何能让进度重回正轨。

4.7.4　里程碑

　　里程碑是项目的重要时点或事件。这个起源于古罗马帝国。罗马人以铺设数千英里的道路而闻名，并且许多道路至今依然可见。图 4-14 展示了一个罗马的里程碑——一个放在路边的由石头组成的标记，并且刻有与罗马帝国的具体距离。这些里程碑使罗马军队的将军能够计算将部队从帝国的一个区域转移到另一个区域所需的时长。商人和旅行者也会用这些里程碑对应地图，来确定自己在哪条路上。换句话说，里程碑是提供能够预测从一个地点到另一个地点所需时间和成本的具体地理位置信息。高速公路建筑工程师如今也会用类似的标记，尽管这些标记不再由石头组成。它们通常是沿着高速公路定期设置的小路标，每一个都会有距高速公路起点距离的编码。

图 4-14　古罗马帝国的里程碑

就像里程碑用于告知古罗马人，并且现在依然在告知徒步旅行者一样，里程碑在项目管理中用于让项目经理在项目的时间线上追踪项目的进度。里程碑可以用于指定项目特定部分的完成或者项目的可交付物。复杂的项目可能在时间线上有许多里程碑，而它们有助于确定完成了多少工作，并且还有多少工作需要去完成。

关键主题

像古罗马时期的石头标记一样，项目的里程碑是标记活动的开始或者结束的事件。里程碑并没有持续时间，也没有分配到的资源，它只是一个作为参考的标志。项目软件工具一般显示里程碑的完成情况、实际进度和估计进度的对比等。

在项目规划和预估的时间点上，每个里程碑都应该有一个目标日期进行关联，并且显示在期望的时间点上，哪些里程碑前的活动需要全部完成。在项目规划时，里程碑相关的日期是里程碑完成的计划日期；在成功执行后，它就成为实际完成日期。

举个例子，完成项目范围的定义一般是项目的重要里程碑。完成项目规划是另一个重要里程碑——它标志着完成了项目管理计划可交付物，并且客户接受了该计划。这种类型的里程碑可能被称为"项目规划完成"，并且会先给一个预期的完成日期。在客户接受计划后，会给一个实际日期。

在这个最后的部分，我们介绍了用项目活动作为定义项目完成所需步骤的方法，可交付物（包括它们的测量方式）作为我们决定项目是否满足其预期范围的方法，以及里程碑，用于在项目时间上提供标记以测量预估和实际的进度。这些概念对任何项目方法都是一样的：无论选择了哪种开发方法，它们都对帮助项目经理确保项目的成功完成至关重要。

4.8　总结

本章讲述了项目生命周期和项目阶段的基础。本章对比了项目生命周期和产品生命周期，展示了两种生命周期共有的概念以及管理上的区别。本章还探讨了预测型方法、适应型方法和混合型开发方法的基础概念，并且对行业生命周期的样例进行举例。最后，本章讲解了项目活动、可交付物和里程碑的本质，这几个概念会在任何类型的项目生命周期中出现。本章的目的是给你一些基础的信息，从而为你在后面几章进一步探索这些方法的细节时提供帮助。

备考任务

正如在第 1 章中提到的，你会有多种备考方式：本章的练习以及第 12 章。

4.9　回顾所有关键主题

本节会回顾本章所有重要的主题，这些主题在书中都会在页面的外边距以"关键主题”的图标表示。表 4-3 列出了这些关键主题，以及它们的描述。

表 4-3　　　　　　　　　　　第 4 章关键主题

关键主题类型	描述
图 4-1	典型的项目生命周期
段落	阶段关口
段落	生命周期阶段对比过程组
图 4-6	产品管理生命周期
图 4-7	开发方法和生命周期绩效域
段落	混合型开发方法
列表	选择预测型方法
列表	选择适应型方法
列表	选择混合型开发方法
图 4-13	选择开发方法的考虑因素
段落	项目活动
段落	可交付物
段落	测量可交付物
段落	里程碑

4.10　定义关键术语

定义本章中以下名词，并将你的答案和术语表进行校对：

项目阶段、项目生命周期、渐进明细、阶段关口、产品、可交付物、开发方法、预测型方法、适应型方法、混合型开发方法、迭代、增量、里程碑。

本章涵盖主题

- **选择基于计划的预测型方法**：该节审查了为项目选择预测型方法的基本原理。

- **基于计划的预测型方法的过程组**：该节将项目的预测型方法和 PMI 过程组各部分的关系进行了联系。

- **制定项目章程**：该节详细讲述了制定项目章程的基本原理以及章程中一般应该存在的组成部分。

- **组建项目团队**：该节展示了项目团队的组建在一个典型的预测型项目活动顺序中的位置。

- **制订项目管理计划**：该节完整描述了预测型项目计划中，各个方面相关的考虑因素。

- **指导和管理项目工作**：该节详细描述了在项目进行时，项目经理和项目团队的常见活动。

- **监控项目工作**：该节规定了项目经理在预测型项目中的监控职能，并且详细描述了评估进度的常见方法。

- **项目收尾或者阶段收尾**：该节阐明了项目收尾的相关活动。

- **挣值分析基础**：该节介绍了使用挣值分析的关键要素来确定项目的真实状态的基础知识，从而将真实状态和计划进行对比后发现偏差。如果估算及时，项目经理就能采取合适的行动。

- **规划绩效域**：该节展现了最新的项目管理标准方法，以及有效规划项目的最佳实践。

第 **5** 章

规划、项目工作和交付：预测型方法

预测型方法已经在很长的一段时间内被用于项目管理。本章探讨了预测型方法是如何运作的、它们的关键组成以及这些组成如何排序以妥善地交付结果。我们会探讨预测型方法为什么在特定情况和组织环境中是适用的。我们会提供一套完整的建立预测型方法的流程，而你可以了解该方法中的关键阶段，包括设计并创建章程、建立团队、创建规划、执行规划、管理和衡量执行情况以及在交付所有干系人都认为满意的成果后的项目收尾。有些人把这种方法称为"经典"项目管理。然而，我们认为，预测型方法只要情况得当，就是一种非常合适的方法。任何一个项目经理都应该能够领导这种类型的项目，而本章则覆盖了能确保成功的的关键概念和方法。

注意：本章包含的项目管理信息、模板、工具和技术仅仅用于你的学习。在将这些知识应用于工作中的项目时，请谨慎使用。另外，尽管我们很仔细地将内容和 PMI 的考试内容大纲（Exam Content Outline，ECO）保持一致，但是并不保证成功读完整本书后学生会顺利通过 CAPM®考试。

在你完成本章后，对于以下的领域和任务，你应该能够有所提升。

- 领域一：项目管理基础和核心概念
  o 任务 1-1：展示对不同项目生命周期和过程的理解。
  审查/ 评价项目范围。
  o 任务 1-2 ：展示对项目管理计划的理解。
  解释项目收尾和过渡。
- 领域二：基于计划的预测型方法
  o 任务 2-1：解释什么时候适合使用基于计划的预测型方法。
  对特定的组织结构（比如虚拟办公、集中办公、矩阵结构、层级）判断基于计划的预测型方法是否适用。
  决定每个过程中的活动。
  对每个过程中典型的活动进行举例。
  区分不同的项目组件。
  o 任务 2-2：展示对项目管理计划进度的理解。
  应用关键路径法。

计算成本绩效指数、进度偏差、完工估算等。

解释 WBS。

解释工作包。

o **任务 2-3：决定如何记录采用基于计划的预测型方法的项目的项目控制。**

识别在基于计划的预测型项目中使用的工件。

计算成本和进度偏差。

5.1 "我是否已经理解这个了？"测试

"我是否已经理解这个了？"测试可以让你评估自己是否需要完整阅读这一章，还是可以直接跳到"备考任务"小节。如果你对自己就这些问题的回答或者对这些主题的知识评估有疑问时，请完整阅读整章。表 5-1 列出了本章的主题，以及它们对应的测试题目题号。你可以在附录 A 找到答案。

表 5-1　　　　"我是否已经理解这个了？"主题与题号对应表

基础主题	题号
选择基于计划的预测型方法	20
基于计划的预测型方法的过程组	15
制定项目章程	3
组建项目团队	9
制订项目管理计划	1, 4, 6, 8, 11, 14, 18
指导和管理项目工作	10
监控项目工作	12, 16
项目收尾或者阶段收尾	5
挣值分析基础	7, 13, 17
规划绩效域	2, 19

注意： 自测的目标是评判你对本章主题的掌握程度。如果你不知道某题的答案，或者对答案不确定，你应该将该题标为错题，从而更好地进行自测。将自己猜对的题认为是正确的，这种做法会影响你自测的结果，并且可能会给你带来错误的自我评估。

1. 项目计划中两个活动最常用的逻辑依赖关系是下述的哪个选项？

   a. 开始到完成依赖关系

   b. 开始到开始依赖关系

   c. 完成到完成依赖关系

   d. 完成到开始依赖关系

2. 以下哪种项目进度情况表明，项目经理很可能无法调整和合同义务相关的活动顺序？

　　a. 范围蔓延

　　b. 干系人依赖关系

　　c. 强制性依赖关系

　　d. 外部依赖关系

3. 基于计划的预测型项目一般始于创建哪种重要工件？

　　a. 预算

　　b. 甘特图

　　c. 基准

　　d. 章程

4. 以下哪个过程中，项目经理需要识别哪些活动是紧前活动，并且具体说明每个活动的逻辑依赖性？

　　a. 收集需求并定义范围说明书

　　b. 创建 WBS

　　c. 活动排序

　　d. 估算人力、持续时间和资源

　　e. 识别关键路径

5. 以下哪一项是最终项目报告和经验教训文档之间的区别的最佳描述？

　　a. 这两个报告本质上是一样的，但它们因为 PMI 对标准的变更所以有不同名称

　　b. 最终项目报告基于之前项目所获得的建议和观点，放眼于未来的项目；而经验教训文档提供当前项目的详细信息，作为官方记录

　　c. 经验教训文档基于之前项目所获得的建议和观点，放眼于未来的项目；而最终项目报告提供当前项目的详细信息，作为官方记录

　　d. 经验教训文档是必要的，而最终项目报告则被认为是可选的，由项目经理决定

6. 以下哪个过程中，项目经理需要确定哪些活动如果没有按时完成，会对项目的时间线产生最大的潜在影响？

　　a. 收集需求并定义范围说明书

　　b. 创建 WBS

　　c. 活动排序

　　d. 估算人力、持续时间和资源

　　e. 识别关键路径

7. 以下哪个在挣值分析中的参数，是决定对资源的使用是否在正轨上的比例参数？

　　a. 完工尚需估算（ETC）

　　b. 成本绩效指数（CPI）

    c. 进度偏差（SV）

    d. 挣值（EV）

8. 你的高级电气工程师告诉你，一般两个电气安装人员能在 7 个小时里在一个框架建筑里安装 50 米的电缆。基于该信息，最适合使用哪种估算技术？

    a. 类比估算

    b. 参数估算

    c. 三点估算

    d. 持续时间估算

9. 你是一家金融服务公司的项目经理，刚刚被委任启动一个最终会给顾客提供一系列新金融产品的项目。发起人和主要干系人已经签署了项目章程。以下哪些选项会影响你进行准确的时间估算、成本估算和交付质量的能力？（选择最佳选项）

    a. 在项目过程中，你、你的发起人和你的干系人之间的沟通频率

    b. 你如何应用在之前的项目中获得的经验教训，包括估算方式的选择

    c. 哪些人会在项目团队，他们对你需要打造的金融产品所拥有的经验，以及团队是如何一起工作的

    d. 你应用持续质量管理原则的限度，包括在这些原则下，对所有项目团队成员和干系人进行的必要训练

10. 你的项目已经在 18 个月的时间线中进行了 2 个月。某天在午餐的时候，一个同事提到名为兰加的首席运营经理在向一些人抱怨，他们不确定项目的进行情况，而项目可能已经远远偏离正轨了。你记录下了这个信息，因为它意味着你需要改善项目工作绩效域中的哪个方面？

    a. 组建和管理团队

    b. 让干系人参与并让他们始终知晓项目的问题和风险

    c. 指导和管理项目工作质量

    d. 对比实际进度和被批准的基准

11. 在以下哪个过程中，项目团队需和干系人交流，确定可交付物的性质？

    a. 收集需求并定义范围说明书

    b. 创建 WBS

    c. 活动排序

    d. 估算人力、持续时间和资源

    e. 识别关键路径

12. 在最近一次的项目状态会议上，团队负责人波洛尼亚报告说，他们读到一篇文章，其中提到你的实验室测试设备供应商被一家更大的制药公司收购，并且该公司正好是你们的竞争对手。你的团队正准备对该设备发出采购订单。在获得波洛尼亚的信息后，你最好

采取的下一个步骤是以下哪个选项？

  a. 给你公司的管理团队发送该新闻的电子邮件，然后看谁会回复并给出下一步的建议

  b. 引导实验室运营经理避免和你们的竞争对手有业务往来。然后接受下一个最佳供应商的项目设备投标，从而能让你调整订单并继续下一步

  c. 向你的发起人发出告警，告诉他项目会被延后数周，因为你购买的设备的供应商很可能因为收购事件导致交付的延迟

  d. 将这件事正式记录为需要更多信息的问题，将这个问题委派给波洛尼亚，并且要求他们在下一周的会议上进行报告

13. 以下哪个在挣值分析中的参数能让项目经理推算出已完成的工作量占项目至今总预算的占比？

  a. 完工尚需估算（ETC）

  b. 成本绩效指数（CPI）

  c. 进度偏差（SV）

  d. 挣值（EV）

14. 以下哪个过程会产出能按功能分解层次的工作包列表和必要活动？

  a. 收集需求并定义范围说明书

  b. 创建 WBS

  c. 活动排序

  d. 估算人力、持续时间和资源

  e. 识别关键路径

15. 你可以使用《过程组：实践指南》中提到的哪个过程组，进行裁剪并创建你自己的项目管理生命周期？

  a. 启动、预算、进度、测试和部署

  b. 市场调研、产品设计、产品建造、产品发布和产品改进

  c. 规划、收尾、监控、启动和执行

  d. 销售、营销/广告、项目管理、风险管理和行政管理

16. 上周，你收到来自公司产品工程师连英的电子邮件，表示他们的团队已经决定重新设计之前开发的厨房设备中的电力系统。你的项目是用预测型方法来建设该设备的生产流水线。在收到连英的信息后，你最佳的下一步行动是以下哪个选项？

  a. 在和连英通话的时候创建变更请求，要求他们提供具体的理由以及从他们那一侧进行一些时间估算，从而你可以和你的团队合作决定这件事对项目的影响，然后获得发起人允许继续的授权

  b. 向你的发起人发出警告，你无法准时让流水线运作，因为电力系统设计的变更很可能意味着流水线也要发生变更

   c. 让连英知道像这样的范围变更因为会导致项目的延期，所以是不可接受的。他们需要在原来被批准的时间和成本内寻找其他方案

   d. 让你的团队知道，原先让流水线运作的截止日期已经不再可行。在工程团队决定怎么做之前，项目团队需要暂停该部分的项目

17. 以下哪个在挣值分析中的参数可以提醒项目经理，项目当前的时间线已经和原先计划的不同了？

   a. 完工尚需估算（ETC）

   b. 成本绩效指数（CPI）

   c. 进度偏差（SV）

   d. 挣值（EV）

18. 建立项目基准的的主要原因是以下哪个选项？

   a. 可以追踪项目的实际情况并和项目计划对比

   b. 确定项目的最低可行成本

   c. 提供主要干系人列表，并且标明他们对项目的支持限度

   d. 记录当项目遇到不可预见的影响时，可以采取的一系列备选行动

19. 以下哪种项目进度压缩概念认为，项目经理应该寻找平行开始选择活动的机会，即使其他活动还没完全规划完成？

   a. 赶工

   b. 快速跟进

   c. 范围减少

   d. 质量下降

20. 以下哪些因素的组合最适合用预测型基于计划的方法构建项目？

   a. 组织从没有过这类可交付物的需求，而且预期成本和完成时间的优先级并不高；相反，发起人表示他们想看到一系列的原型，从而能让组织可以更好地了解各种可选项

   b. 组织已经决定一系列相对确定的需求；某些必要的活动有一些明确的依赖关系；同时你被告知你不能超过这个非常短的时间框架，也不能修改给你的成本限制

   c. 你需要完成的可交付物是相当模块化的；它们都相互关联，但你被告知组织可能随时使用任何一个模块——模块之间并没有特定的优先级顺序

   d. 你正在组织中开展新的战略服务方向，而这会给你带来竞争优势。问题在于，你并没有确定服务最终的形态，而且看上去根据你所在国家的不同，运营需求也会不一样。然而，CEO 似乎愿意至少给项目团队一年的资金支持，来观察你在 3~5 个国家的部署能产生怎样的收益

基础主题

5.2　选择基于计划的预测型方法

使用预测型或者基于计划的方法的主要考虑因素，最好可以从以下几个问题的答案中获得。

- 需求稳定且固定吗？
- 需要进行的步骤是否已知？
- 项目中是否可以通过非常有限的改良以进行单点交付？
- 你面临成本或者进度制约吗？
- 可交付物组件之间是否存在技术的依赖关系，从而有实现顺序的要求？

如果以上这些问题中有任何的回答是"是"，那你就应该考虑使用预测型方法。记住，预测型方法并不会禁止你修正或者变更最终可交付物的一些细节或者需求，只要这么做在某些阶段是必要的即可。然而，这些变更一般都被会假定是非常微小的——大部分都会被认为是改进或者是对错误的纠正，并且一般发生在优化需求的时候，或者在可交付物完成的测试阶段。这和在一些初步概念呈现之前，无法具体描述需求的情况形成对比——甚至有些会在整个项目过程中发生返工。对于这类情况，适应型方法会更合适。第 3 部分"适应型方法"会提供更多关于适应型系统的信息。

5.3　基于计划的预测型方法的过程组

这是一个关键的开发方法和生命周期绩效域活动。它设法解决与项目的开发方法、节奏、生命周期阶段相关的活动和功能。第 4 章开发方法和生命周期绩效域介绍了过程组。记住，尽管能在当前的标准中找到过程组的一些参考信息，项目过程的细节内容只能在《过程组：实践指南》在线指南中获得。作为参考，我们在附录 B PMI 项目管理过程组和过程中又进行了列举。

我们现在深入探讨一些在过程组中能直接应用于基于计划的预测型项目的过程。这么做可以在创建自定义的项目生命周期或者在制订详细的项目计划中展现它们的价值。我们会用一个贯穿本章的例子来说明和每个过程相关联的一些典型活动。

关键主题 　　**过程**只是你为了实现一个成果执行的一系列活动。具体来说，它是一种用已经做好的工具和技术，将已知输入转化成输出的方式。《过程组：实践指南》将过程定义为"为了实现具体的产品、结果或者服务而进行的一系列相关的行动和活动"。过程可以分为以下几个过程组：启动、规划、执行、监控和收尾。你可以根据这些过程组裁剪或者创建你自己的项目管理生命周期。

注意：《过程组：实践指南》描述了 49 个过程，并且提供了它们输入、工具、技术和输出（Inputs, Tools, Techniques, Outputs，ITTO）的完整细节。完整理解和记住上千的 ITTO 已经超过了当前 CAPM®考试的范围。这单独的一方面就代表了考试的重大变化。

5.3.1 启动过程

启动过程会定义一个新项目或现有项目的一个新阶段。当前，在《过程组：实践指南》中定义了两个启动过程：制定项目章程和识别干系人。图 5-1 阐述了制定项目章程过程的工作流和结构。制定项目章程的主要目的是识别项目愿景、范围、可交付物、执行、组织并实施计划。在本图中，你可以看到像商业论证或者协议之类的输入如何在工具和技术的帮助下，转化为像项目章程这样的输出。在该种情况下，作为输出的项目章程就是工件的一个例子。《PMBOK®指南（第七版）》将**工件**定义为一种模板、文件、输出或项目可交付物。

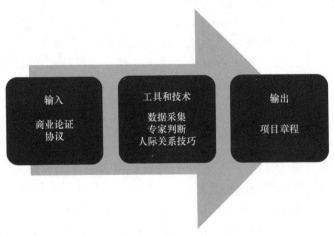

图 5-1　制定项目章程：输入、工具和技术与输出

5.3.2 规划过程

规划过程概述了成功规划和组织项目的战略与策略。几个规划过程会被使用，包括定义范围、创建 WBS、定义活动、活动排序、制定进度和估算成本。规划过程的一个关键成果是制订完整的项目计划。

5.3.3 执行过程

执行过程交付项目计划中定义的工作。

5.3.4　监控过程

监控过程用于确保项目在正轨上，并且会按计划的规格交付项目的需求。变更控制过程也会被执行，从而确保实现对计划的变更。

5.3.5　收尾过程

收尾过程用于完成一个阶段或者整个项目。这个过程组只有一个被称为"项目收尾或阶段收尾"的过程。

> **注意**　如第 4 章所提到的：
> - 过程组不是项目阶段；
> - 过程组可以和项目生命周期中的每个阶段产生互动；
> - 过程组的输出一般会成为另一个过程组的输入；
> - 过程组可以当作模板使用，来跨行业领域管理所有类型的项目；
> - 过程组可以被用于裁剪和创建你自己的项目管理生命周期；
> - 当前，《过程组：实践指南》中指出了 49 个过程，你可以在附录 B 中看到所有的过程。

5.3.6　创建经裁剪的预测型生命周期

只要有必要，过程就应该被筛选和调整，从而创建自定义的项目生命周期。《PMBOK®指南（第七版）》在 3.1 节中强调，裁剪这种方式应该在"谨慎选择和调整多个项目因素"的时候使用。调整会包括以下考虑因素：

- 需要尽快交付；
- 最小化成本；
- 优化价值；
- 创造高质量可交付物；
- 符合法规和标准；
- 满足多方或者多样的干系人的期望；
- 适应频繁或者持续的改变。

鉴于本章介绍项目管理过程的一般本质，我们会展示项目经理如何根据裁剪原则自定义一个中小规模的项目生命周期。我们对生命周期进行调整，从而关注于项目管理过程组中的必要过程。这个修改过的生命周期如表 5-2 所示，可以用于许多中小规模项目的启动、规划、组织和管理。简化的项目管理方法中的必要要素会和以下六个项目生命周期阶段有关：

1. 创建项目章程；
2. 组建项目团队；
3. 创建项目计划；

4．指导和管理项目工作；

5．管理项目范围、成本、进度风险和问题；

6．项目或者阶段收尾。

表 5-2 展示了项目管理过程组和过程活动在这些阶段中的情况。

5.3.7　项目绩效域

《PMBOK®指南（第七版）》介绍了项目绩效域——这是当你裁剪生命周期的时候需要熟悉的一块内容。项目绩效域是对有效交付项目成果非常重要的相关活动的集合。正如在第 3 章组织项目绩效中所介绍的，有八个项目绩效域：干系人、团队、开发方法和生命周期、规划、项目工作、交付、测量和不确定性。表 5-2 给出了绩效域如何与过程组和过程交互的例子。

表 5-2　　　　　　　拥有单独的过程组和过程的经裁剪的生命周期的例子

经裁剪的项目生命周期阶段	过程组	绩效域	过程
1．创建章程	启动	干系人	制定项目章程； 识别干系人
2．组建项目团队	规划	团队	估算活动资源； 获取资源； 组建团队； 管理团队
3．创建项目计划	规划	开发方法和生命周期； 规划； 不确定性	收集需求； 定义范围； 创建 WBS； 定义活动； 活动排序； 估算活动持续时间； 制定进度； 规划质量管理； 规划资源管理； 识别风险； 规划风险应对
4．指导和管理项目工作	执行	项目工作； 交付	获取资源； 组建团队； 管理团队； 指导和管理项目工作； 质量管理； 沟通管理； 干系人参与管理； 进行采购

续表

经裁剪的项目生命周期阶段	过程组	绩效域	过程
5. 管理项目范围、成本、进度风险和问题	监控	测量	监控项目工作； 控制成本； 控制进度； 监视风险； 验证范围； 控制范围； 实施集成变更控制； 监督干系人的参与
6. 项目或者阶段收尾	收尾	交付	项目或者阶段收尾

绩效域有两个特别需要关注的方面。

■ 绩效域是以一个整体系统运作的，每个绩效域都和其他绩效域相互依赖，从而实现项目的成功交付。

■ 绩效域在整个项目中同时运行，和价值的交付方法无关（无论是频繁交付、周期性交付或者在项目最后交付）。

在表 5-2 描述的自定义项目生命周期阶段中，可以和以下绩效域对应：

■ "创建章程"生命周期阶段和干系人绩效域对应；

■ "组建项目团队"和团队绩效域对应；

■ "创建项目计划"和开发方法和生命周期绩效域与规划绩效域对应；

■ "指导和管理项目工作"和项目工作绩效域对应；

■ "管理项目范围、成本、进度风险和问题"和测量绩效域对应；

■ "项目或者阶段收尾"和交付绩效域对应。

就结果而言，理解项目管理过程组和绩效域是有价值的。虽然这未必适用于每一类项目，但表 5-2 中显示的可行的经裁剪的生命周期示例能让你理解一般预测型项目是如何实现的。

案例学习【例 5-1】野营项目

学校的学生俱乐部策划一个五天的野营之旅（见图 5-2）的场景。这是用表 5-2 的示例信息裁剪一个预测型基于计划的方法的最佳案例。露营可以是一段非常丰富且有趣的经历，并且大部分学生都喜欢亲近自然。然而，只有在进行充分前期准备的情况下，才能让人们享受到完整的露营体验。计划活动包括选择地点、规划日程、预算、沟通、确保交通、采购食物、建立营地厨房、料理食物以及选择合适的衣服和装备。在这样的活动中，如果任何一项没有进行详细的计划，都会产生负面的体验，甚至影响人身安全。

　　这个场景示例可以归类为服务行业的项目，因为项目的目标是为参与者提供服务体验。但是注意，你确实会在过程中产出一些工件，比如露营日程、电子邮件列表、质量检查清单和成本会计报告。

　　在这个案例分析的场景中，发起人是学校的项目管理俱乐部。俱乐部希望能将出去游玩的有趣体验与学习项目管理和团队合作的机会结合到一起。因此，学生在早期项目范围的制定，组建项目团队，创建和执行项目计划，管理成本和进度，识别风险和创建风险应对计划时就已经参与进来。

图 5-2　一个有质量的露营之旅需要进行项目规划

　　项目会通过职能型项目组织结构进行，因为这是一个涉及同学校人员的小型项目。项目只由一个部门负责——在这个案例中，是学生俱乐部。团队成员相互认识，也都了解其他人的技能水平；已经有可用职员并且能被委以任务，发起人可以随时委派额外的职员或者教师，而且项目中已经有非常明确的权力分界线。

　　在合作方式方面，在本场景中，我们可以认为项目团队在学校里**集中办公**，这就意味着团队成员可以面对面协作。即使他们有时候会使用虚拟工具进行沟通和合作，但他们更偏向于尽可能面对面地以一个团队的方式处理项目。他们决定在整个项目持续期间的每周五见面，对项目状态进行更新并讨论。

　　项目的每个阶段都是独立的，而前一步的可交付物会被用于下一步。组织者有完整的计划信息。举个例子，露营的检查清单和营地位置信息都能在网上找到。之前旅行的经验教训也会在计划的时候被考虑到。基于以上所有的考量，预测型生命周期对于这次野营项目是一个不错的项目开发方法。图 5-3 展示了项目生命周期中的预测型活动顺序。

图 5-3　野营项目生命周期

接下来，我们根据图 5-3 中的活动顺序，来描述野营项目的事件规划场景。

5.4　制定项目章程

这是一个关键的干系人绩效域活动。有效的干系人交互有助于项目成果的成功实现。

章程给予项目经理花费资金和调配资源的权限。它同样记录了高层级的项目需求——至少包括了那些在项目制定的时候就已知的需求。章程会包括正式的初步范围说明书。章程的价值之一在于弥合沟通差距，就项目中涉及的内容达成一致。干系人会被认为是过程的一部分，并且被要求一起签署文件。另外，高级管理人员也有机会对项目发表支持说明来赋能项目经理。他们可以阐述项目和组织中正在进行的工作的联系，以及项目如何与组织的使命和目标相符。

因此，一个项目在正式开始之前，必须要制定章程。项目经理需要被委任，同时项目发起人也需要被明确。发起人和项目经理会通过几个步骤管理和支持项目。

项目章程应该是短小的总结性文件，一般为 1~3 页。在我们的小型野营项目中，章程始于对项目的简短介绍、其主要目标以及预期结束的时间。其中，项目的成功标准很重要，因为这会让你有能力可视化最终目标和项目价值。除了要列出项目经理和发起人，章程还应该列出所有主要干系人，并以干系人、项目经理和项目发起人的签名作为结尾。

项目章程由项目的主要业务干系人制定。在露营项目的例子中，干系人包括作为项目发起人的校长、参与旅行的学生和教师以及负责自己孩子的家长。学校还有一个项目管理俱乐部，而俱乐部主席则代表了项目领导。

章程的制定基于和发起人、项目领导、学生、教师和家长代表进行的会议沟通。尽管章程确认了被委任的项目经理，但章程本身一般并不是由项目经理创建或者撰写的。因为章程的制定时间在整个过程中过早，甚至章程在项目经理被指定之前就制定了。然而也有一些情况，项目经理会积极地参与制定章程。

当一个项目被定义以后，需要和干系人进行细致的沟通，并且研究最终用户或客户。这样，你才能确保会捕捉到正确的机会或问题。一个有经验的商业分析师会对这项工作产生帮助。这个主题会在第 11 章商业分析领域中被提到。

SMART 这个简称被广泛用于制定完整的目标。SMART 的意思是具体的（Specific）、可测量的（Measurable）、行动导向的（Action Oriented）、具有相关性的（Relevant）以及具有及时性的（Time Limited）。在露营项目中，SMART 的目标如下。

- 具体的：目标是完成一次五日野营。
- 可测量的：目标是有 70%的成员参加露营；露营结束后的调研显示对旅行有 95%的满意度。
- 行动导向的：学校的露营之旅能让学生亲近自然，建立相互之间的联系以及创造深刻的回忆。
- 具有相关性的：项目能够基于可获得的资源实现。
- 具有及时性的：露营之旅在 6 月 1 日开始，6 日结束。

项目章程一般而言是单独的文件，按需链接到参考信息。一个简单的项目章程模板可以有表 5-3 中所示的结构。

表 5-3　　　　　　　　　　项目章程的简单模板

项目标题	露营项目
组织方	考福学校
开始和结束日期	本年的 6 月 1 日—6 日
项目发起人、客户和领导	发起人：考福学校校长 客户：学生、教师和家长 项目领导：项目管理俱乐部主任
高层级描述和最终结果	学校的露营之旅会给学生提供一个亲近自然、进行社交和创造深刻回忆的机会
合理性	学校每年进行投入，举办一次社交外出和旅行，这是学校的传统，并且有已知的收益。露营项目是一个新的计划。它还有第二个目标，即通过实践教授项目管理的内容。学生成员参与项目规划、组织和控制
高层级需求	五天以自然为主题活动的外出野营之旅
项目预算	小于等于 15 000 美元（数量级，自上而下的估计）
可测量项目中的评估标准	1. 高参与率和签到率； 2. 露营之旅顺利进行，没有任何人身危险； 3. 露营后的调查显示有很高的满意度

续表

项目标题	露营项目
里程碑	1. 在 3 月 10 日前组建项目团队并完成预先计划。 2. 在 4 月 10 日前识别所有需求并完成项目计划。 3. 在 5 月 1 日前确定交通、食物、设备和服装。 4. 露营开始于 6 月 1 日。 5. 露营结束于 6 月 6 日。 6. 项目收尾于 6 月 10 日
假设、制约和风险	风险：天气、火灾隐患、野生动物、昆虫、食物和水。 假设：发起人会提供所需资金。 制约：项目必须在学年结束前完成。由于空间制约因素，有 12～20 名参与者。必须使用学校批准的巴士作为参与者的交通工具
被委任的项目经理	项目经理
干系人清单	校长； 项目管理俱乐部主任； 教师； 学生； 外部的营地协调员
签字	干系人代表、项目经理、发起人

5.5　组建项目团队

组建项目团队是一个关键的团队绩效域活动。团队绩效域涉及与负责生成项目可交付物以实现商业成果的相关的人员活动和功能。

项目经理负责打造促进团队发展的环境，并将团队培养成高绩效的队伍。在由发起人——在本案例中指的是校长——并由干系人签署并发布的官方章程后，组建项目团队的任务就可以确实地启动了。项目经理从这个时候可以开始决定谁能进入项目团队。一般而言，这个阶段会有以下项目管理过程：

- 组建团队；
- 估算资源；
- 获取资源；
- 管理团队。

我们不会在本章进一步描述这些活动，因为你可以在第 3 章中找到对各种类型的团队如何组织和管理绩效的详细信息。

5.6　制订项目管理计划

制订项目管理计划是规划绩效的关键活动。规划绩效域涉及为交付可交付物和项目成果所需的初始、持续进行和演变的组织与协调相关的活动和功能。

项目管理计划详细定义了需要做什么、谁来做、什么时候做以及做这些所需要的费用。它是一个被批准的官方文件，用于解释项目是如何执行的，并且工作如何被监控。它会列出可交付物和最终产品，从而当这些东西被产出的时候，它们能被轻松地识别，并且和原计划进行对比。该计划同样会说明使用的方法和技术，并且它应该能够让从高级经理到项目团队成员的每一个人都明白。

工作分解结构（Work Breakdown Structure，WBS）、WBS 词典和范围说明书组成了项目的基准。以下项目规划步骤会产出基准：

1. 收集需求；
2. 定义范围（创建范围说明书）；
3. 创建 WBS（创建 WBS 词典）；
4. 建立批准的基准。

项目基准是项目规划过程的一个工件。它能让项目经理和其他干系人监督项目的进度，并且在项目的后期阶段对比实际结果和计划结果。基准的概念意味着最初的需求和范围，而 WBS 代表了项目会被批准并继续推进的第一部分。基准还包括了第一次被批准的预算和进度。项目经理需要保留这些信息的复制，因为项目的成功与否会根据当前被批准的基准预期进行测量。如果这些预期发生变更并且被批准，那么基准需要被调整以反映这些变更。因此，基准就像是被批准的项目计划在某个时间点上的情况的快照。干系人经常会在需要理解项目的变更或者进度的时候关联基准："所以我们为什么在处理这件可交付物，而我不记得它属于我们项目的范围？"这个问题的答案就是，项目的范围被正式变更了，因此团队正在致力于满足新的预期。项目经理应该坚持保存基准变更的正式记录，从而在更高职权的人介入的时候能够让他们理解这些变更。

WBS 包含了所有以工作包表示的可交付物，并且 WBS 有足够多的详细内容，可以为估算和给各个活动分配资源，并提供有意义的信息。WBS 中可交付物的额外信息会包括在 WBS 词典中。WBS 词典并不是传统意义上提供定义的词典，实际上，它详细描述了需进行的工作。大型项目可能有扩展的 WBS 词典，提供准确的工作需求，从而能够用于进行特定的成本、时间和资源估算。

可以从 WBS 中派生出一个活动网络，展示各个单个任务和它们的依赖关系，比如项目中的活动顺序和它们的关联性。这种网络图显示了哪些活动需要平行进行，以及哪些活动只有当之前的活动完成后才能开始。

WBS 和活动网络图可以生成有规划的项目进度。

根据项目的规模，预测型项目的项目管理计划也可以有一些子计划来辅助深度的项目管理计划。一般而言，这些子计划可以是以下的一个或者多个。

- **资源管理计划**：列出主要项目开发团队成员，以及他们的委派任务和 WBS 之间的关系。该计划还会列出主要人员，比如负责项目中多个要素的外部供应商，以及项目执行中所需的物理资源。

- **沟通管理计划**：展示项目如何和其他组成部分，以及和顾客或者组织干系人进行互动。该计划会提供报告、沟通、仪表板的形式和模板，也包括了跨组织或者项目层级沟通的政策。

- **风险管理计划**：按发生的可能性和影响的顺序列出风险，并且该计划包含每个风险对应的应对计划，包括管理风险的可能成本/预算。

- **范围管理计划**：描述制定范围和改变范围的政策与流程。

- **成本管理计划**：详细描述建立项目成本控制和测量实际成本与预计成本的偏差的政策和流程。该计划还需要具体说明在合适的成本制约下管理项目的方法。

- **质量管理计划**：描述项目可交付物如何能够满足一定等级的质量。该计划同样需要描述项目中的多个组件如何能确保达到那个等级。这一类计划包括测试供给和零件，评估执行步骤，测量可交付物质量的方法。另外，它还会明确质量报告和控制的类型。

- **采购管理计划**：一般会详细说明竞标文件的要求，根据所需的法规要求发布文件的方法，潜在投标人的资质以及获取需求澄清，评标与合同的授予和管理的机会。

在资源规划完后，进度就会用一种特定的条形图进行展示——这种图一般被称为甘特图。这种图会显示各个项目活动在时间线上的延展，从而能够了解所有活动在时间层面和其他活动的关系。

最后，计划中会制定出具体且互不相连的里程碑清单。其中，里程碑是否实现的标准不应该模糊不清。每个里程碑都应该有一个标题，描述到这个时间点上需要完成项目的哪一部分，以及具体哪个阶段被完全达成了。里程碑是独一无二的。当它们被列在一起的时候，每个里程碑都应该能独立于其他里程碑而被理解。

如果需要用预测型方法为一个中小型项目创建一个完整的项目管理计划，你可以用以下展示的项目管理过程进行：

1. 收集需求并定义范围说明书；
2. 创建 WBS；
3. 定义活动并排序；
4. 估算所需人力、持续时间和资源；
5. 识别关键路径；
6. 制定进度。

我们现在会定义以上每一个步骤，并说明为什么它们对预测型基于项目的方法是重要的。

5.6.1 收集需求并定义范围说明书

一旦制定完章程，项目经理的人选也会确定，并且项目经理会带头收集需求，并创建一个名为**范围说明书**的范围文档。这份范围文档是由干系人签署的正式文档，并且在进行所有的项目决策的时候都会被参考。它定义了所有需要提供的产品、服务和结果。它用于确保让客户满意，并且是避免范围蔓延的基础——这是我们很快要讨论的内容。有多个原因使得聚焦于范围是非常重要的。首先，项目管理文献中老生常谈的项目失败的原因就是对需求定义的不足，而需求定义始于妥善制定的范围说明书。其次，范围定义了需要交付的具体内容。当创建范围的时候，第一点就是强调需求和设计之间的区别。范围可以包括需求的东西，以及实现需求的方法。但是，有必要把这些内容分开放在不同的部分，从而项目经理可以决定某个变更的限度或者影响——通过区分"做什么"和"怎么做"，能够在项目中采取合适的方法以满足预期，即使有时候有必要用不同的方法来实现相同的结果。

商业分析师经常在收集需求和处理需求文件的时候扮演主要的角色。《过程组：实践指南》的术语表将**需求**定义为"为满足业务需要，某个产品、服务或结果必须达到的条件或具备的能力"。

识别需求需要通过小组会议或者私下采访不同干系人组的代表和项目发起人。基于项目的类型，这一步骤可能在项目的早期构思阶段就完成，并且往往在项目启动的时候就已经是合同中承认的一部分。

需求会被收集，然后和各种属性一起被记录在**需求追踪矩阵**（Requirements Traceability Matrix，RTM）。这个表格会显示如何将需求转化为可交付物，以及用何种方法确保可交付物的质量。一旦出现问题，需求追踪矩阵可以帮助商业分析师决定需要修改的根因需求。它同样能协助识别其他相关的可能因相同原因导致类似问题的可交付物。

真正的挑战在于如何制定一个明确项目边界的范围说明书，从而让项目经理和团队成员可以轻松识别所有需要完成的工作。范围说明书将章程和其他需求作为输入，然后一般会描述项目的以下方面：

- 目标和目的；
- 需求；
- 项目范围；
- 可交付物；
- 验收标准；

- 假设；
- 制约。

上述组成部分中有一些已经存在于项目章程文档，但和章程中的内容相比，通常会有一些变更和升级。

干系人可能在项目实施过程中要求范围变更。这往往是因为干系人也在学习和了解，或者高层级概念随着被更深入地理解而有了进一步的细节。如果不去在意这些事，那么项目的范围会在没有被正式认可变更的情况下，随着时间而逐渐扩大。但最终，进度和预算却没有被批准变更。这种情况被称为"**范围蔓延**"。项目范围的扩大会影响项目的进度和成本，导致成本超标或者延误。如果缺乏适当的管理，大量的范围变更会积攒到某个时点，导致无法实现最初估算的成本和进度。如果范围说明书太宽泛又不准确，就会给范围蔓延留下存在的空间。因此，就控制范围蔓延而言，一份明确的范围说明书是非常必要的。同样，记录和批准所有对范围的变更需求也很重要——我们会在本章之后的"监控项目工作"部分进行讨论。

对于露营项目而言，一个可行的定义范围的方法就是让学生们通过询问自己和其他干系人（比如父母和赞助人）来识别项目的需求（见图 5-4）。可以将调查问卷发给所有潜在的参与者。

在这些过程中，需要收集所陈述预期的每一方面，然后将它们进行整个分析。这对开始理解人们对露营的期望是必不可少的。这也同样有助于开始将那些符合项目已有基准的需求，进行整合和排列优先级。

图 5-4　定义露营项目的范围

在第 10 章商业分析框架和第 11 章商业分析领域，我们会讨论更多和制定项目需求有关的商业分析主题的细节，包括进一步发现和分析商业需求的工具与技巧。

5.6.2 创建 WBS

WBS 是一个以可交付物为导向，将项目团队所需要进行的工作的层级分解。它是项目计划的基础，并且是当项目团队创建项目计划时使用的最重要的项目管理工具之一。WBS 识别了所有必要的可交付物，并且是组织工作的标准工具。WBS 会定义并组织实现项目范围相关的活动。WBS 使用名为"分解"的流程进行创建，这个方法将范围分为更小、更容易管理的小块；然后会创建一个层级，将范围逐步分解到最低级别——并且用**工作包**表示。工作包代表了特定的可交付物，并且是 WBS 中的最小单元。它构成了识别和估算要完成每个工作包中必要任务的成本和持续时间的基础。图 5-5 中展示了逐步创建 WBS 的步骤，会成功产出一个更为详细的可交付物，并且每一步都委派了一名负责人。

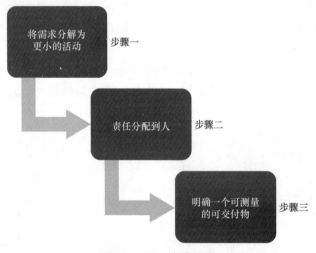

图 5-5　WBS 制定流程

步骤一：通过被称为"分解"的流程，从将项目需求分为更小的单元开始创建 WBS。这个分解流程需要一直推进直到每个可交付物能够被估算、管理和分配其所需资源的细化等级。在那个点上，可交付物就成为工作包。

步骤二：当工作包已经在 WBS 中被创建时，每个工作包都需要委派一个角色或者人员。需要注意的是，工作包的责任只能交给一个人，尽管在完成工作包时显然可以委派不止一个人进行。

步骤三：这一步骤涉及具体的一个可交付物，确保其可测量，并且确保被分配责任的人明确理解这个任务"完成"的定义。

反复的分解流程可以帮助团队理解和完善项目的完整范围，并且让项目经理能给可交付物分配需要的资源。

可以用 WBS 编码系统准确识别工作包。这套系统会遵循层级处理。最高层级根据实践情况，一般是级别 0 或 1；每往下一层，会加一个数字。举个例子，在级别 1，会用一个数字（比如 1）；在级别 2，会用两个数字（比如 1.1）。

每个分支都会在一个单独的工作包结束，但并不是所有的工作包都需要在相同的层级。如果项目团队经验丰富，那么可能需要更少的层级详细信息。对于马上要执行的活动，可能有更多的已知细节。

在制定 WBS 的时候需要明白，可交付物并不一定是按顺序列出的，它并不是一个执行进度。人们经常会认为，要在 WBS 中把需要的可交付物按特定顺序列出，但这对一个完整的 WBS 来说并非是必需的。WBS 只是所需可交付物的结构列表，因此，可交付物直到在整个 WBS 看上去适当之前，都可以进行添加、删除或者换位。然后，当你创建项目进度的时候，你才必须将 WBS 的组件按某种执行顺序进行排序。

> 注意：创建 WBS 是一个团队过程，不应该让项目经理独自完成。它的价值在于，它代表了每个人对任务分解共同的理解。并不是所有的 WBS 组件都被分解到同一层级。WBS 可以基于生命周期阶段、产品、地理位置、时间阶段和组织责任进行分组。
>
> WBS 的某些层级可能创建"控制账户"，来识别针对特定的可交付物或者一组可交付物，哪些费用可以分摊到组织中计算成本。控制账户会识别负责可交付物的预算领域，然后用这些领域去记录可交付物计划中和实际使用的费用。并非所有的组织都会在定义其 WBS 结构的时候用到控制账户。为了简化信息，野营的 WBS 样例并没有显示控制账户。

为露营项目制定 WBS 的第一步，需要识别和列出所有的可交付物。所有参加的学生聚集到一起，通过在空白墙上贴上便条来识别活动。这些便条之后就会按层级结构进行分组。分组的方法有多种。在露营项目中，学生遵循项目阶段结构，那其分组就是启动、规划、执行和收尾。学生头脑风暴会议产生的初步信息以 WBS 形式呈现如下。

野营项目 WBS：

1.0　启动
　　1.1　地点
　　1.2　预算和采购
2.0　规划
　　2.1　营养供给
　　2.2　住处计划

        2.3　营地活动计划
        2.4　娱乐项目
            2.4.1　短途旅行
            2.4.2　体育活动
            2.4.3　游戏
    3.0　执行
        3.1　设备
        3.2　营地运营
        3.3　自然为主题的活动
        3.4　返程
    4.0　收尾
    5.0　项目管理
        5.1　项目范围
        5.2　项目进度
        5.3　项目监控
        5.4　项目沟通
        5.5　项目风险

上述简约的露营案例 WBS 结构显示了工作包可以定义在 WBS 层级的不同级别。举个例子，以"收尾"为标题的工作包是在最高级别，而工作包"2.4.1 短途旅行""2.4.2 体育活动""2.4.3 游戏"都是在层级的最低级别（级别 3）。级别的显示从左向右逐渐缩进。

　　某些项目管理可交付物可能在制定 WBS 的时候被忽略，因为它们可能在制定 WBS 的时候并不和团队重点聚焦的可交付物相关。因此，项目管理工作包可以插入 WBS 单独的部分，或者它们可以直接显示在"项目管理"这个分开的分类里。在露营例子里的 WBS，"项目管理"被单独列出来，用于定义所有成功管理项目所必需的相关项目管理活动。

5.6.3　定义活动并排序

　　在制订项目计划的这个步骤，你需要制定项目进度。进度是由特定顺序组成的活动组成，从而方便执行。

　　在制定进度的第一步，你需要识别每个工作包中所有必要的活动。以下内容定义了露营项目中每个工作包必要的活动详情。

　　启动

■　地点工作包

- o 找到一个吸引人的地点。
- o 检查地点的安全问题。
- o 在线搜索并获取目的地的旅行和露营手册。
- o 获取许可并预约。
- o 预约并租用旅行巴士。
- ■ 预算和采购工作包
  - o 确定露营、食物和交通的预算。
  - o 采购特殊设备。

规划

- ■ 营养供给工作包
  - o 菜单和数量。
  - o 食品采购。
  - o 水：获取水资源。
  - o 料理设备。
- ■ 住处计划工作包
  - o 露营设备。
  - o 睡眠用具和工具。
  - o 轻便、防水且结实的设备。
  - o 防范感冒或者恶劣天气，以及野生动物。
- ■ 营地活动计划工作包
  - o 制定游戏规则。
  - o 进行短途旅行规划。
  - o 进行体育活动规划。

收尾

- ■ 收尾工作包
  - o 归还租赁的巴士。
  - o 归还露营设备。
  - o 统计最终成本。
  - o 列出经验教训。
  - o 发布调查并收集反馈。
  - o 创建最终报告。

项目管理

- ■ 项目范围工作包
  - o 定义范围。

- o 创建 WBS。
- ■ 项目进度工作包
  - o 定义活动。
  - o 给活动排序。
  - o 估算时间。
  - o 分配资源。
- ■ 项目管控工作包
  - o 制定基准。
  - o 监控预算和进度。
  - o 监控资源。
- ■ 项目沟通工作包
  - o 识别干系人并让干系人参与。
  - o 制订沟通计划。
  - o 制订紧急沟通计划。
- ■ 风险应对工作包
  - o 识别风险。
  - o 量化风险。
  - o 应对风险。

关键主题 　　项目中许多的活动都相互依赖。以露营为例，采购必须在旅行开始之前完成。你需要两样东西将活动清单转化成基础的进度表：活动的顺序（也就是它们执行的顺序）；每一项活动需要花费的时间估算。

　　活动的顺序由每个活动的紧前活动和紧后活动决定。除了项目的第一个和最后一个活动以外，每个活动都需要至少一个紧前活动和一个紧后活动。

　　图 5-6 说明了设计进度的普遍步骤。

　　步骤 1：识别最低层级的活动。

　　步骤 2：估算活动所需时间，同时考虑执行任务所需资源的可用性和性能。

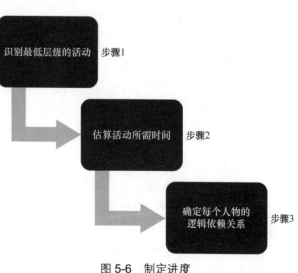

图 5-6　制定进度

步骤 3：确定紧前任务和紧后任务关系的性质。

紧前任务和紧后任务的关系一般被称为依赖性，因为制定进度时需要知道哪些任务必须依赖于其他任务才能开始或者需要在之前结束。有四种可以将活动相互关联的依赖性关系类型。

- 完成到开始依赖性：这种依赖性最为普遍。它意味着某个紧前活动必须在紧后活动开始前完成。
- 开始到开始依赖性：这种依赖性表明至少一个活动的开始依赖于其他活动的开始。
- 完成到完成依赖性：这种依赖性表明至少一个活动的完成依赖于其他活动的完成。
- 开始到完成依赖性：这种依赖性很少用于规划中。它表明至少一个活动的开始，依赖于其他活动的完成。这种依赖性很少的原因在于，完成到开始依赖性其实实现了同样的结果，区别只是在于哪个活动先于另一个活动。

在露营项目中，我们只对启动阶段的两个工作包进行这个步骤作为例子。

- 找到一个吸引人的地点（活动 A）。
- 确定预算（活动 B）。
- 采购特殊设备（活动 C）。
- 在线搜索并获取目的地的旅行和露营手册（活动 D）。
- 检查地点的安全问题（活动 E）。
- 获取许可并预约（活动 F）。
- 预约并租用旅行巴士（活动 G）。

使用活动之间的完成到开始关系，已经足够给活动进行排序。基于活动和它们的依赖关系，我们构建了表 5-4。"紧前"列列出了表中任务的依赖性。表格的最后一行包含了多个依赖性，意思如下："活动 G 直到活动 B、活动 C 和活动 F 结束前都不能开始。"

表 5-4　　　　　　　　　　　　制定进度的样例表单

活动	描述	紧前	时间
A	找到一个吸引人的地点	—	3
B	确定预算	A	10
C	采购特殊设备	A	16
D	在线搜索并获取目的地的旅行和露营手册	A	4
E	检查地点的安全问题	D(FS+6d)	1
F	获取许可并预约	E	10
G	预约并租用旅行巴士	B, C, F	2

　　排序的第一步是给活动分配识别号，这部分在表 5-4 的"活动"列完成。做这件事的方法有很多，而我们这里将它们标为 A、B、C……G。你同样可以根据 WBS 层级编码进行编号。每个活动都有一个时间维度，表明该活动需要多久能完成。估算项目活动所需时间是规划阶段的一部分。

　　搜寻一个好的位置是第一个活动，因此活动 A 没有紧前。在寻找地点的备选后，我们需要知道我们能用多少钱（活动 B——确定预算）；我们需要选择特殊设备，然后订购或者租赁（活动 C——采购特殊设备）；我们需要更多关于地点的信息（活动 D——在线搜索并获取目的地的旅行和露营手册）。我们无法再决定地点前开始活动 B、活动 C 和活动 D。这是一个完成到开始的依赖性。一旦我们下单了露营手册（活动 D），我们在收到它之前都需要保持等待。我们计划了一个 6 天的等待期，然后用一个关于依赖性的编码（FS 意味着结束到开始，Finish to Start），以及完成下单任务到下一个依赖它的活动开始之间会流逝的时间，进行表示。我们将这种依赖性关系表达为 FS+6d。

- 有依赖性关系的进度计划可以用图形的形式进行展示：一种是网络图（流程图）；另一种是识别紧前活动的表格式列表（比如甘特图）。网络图会突出活动之间的依赖性关系，WBS 会突出实现可交付物的活动分组。
- 可以插入任务之间的延迟。举个例子，如果家具在被放进房间前需要干燥 2 天，就需要用正滞后时间表明（滞后=2d）或 FS+2d。
- 另一个常见的考虑因素是，更早一点开始逻辑依赖性中的下一个任务——又被称为"快速跟进"，一般用负滞后时间表达（比如，滞后=-4d），或者 FS-4d。

> **注意：** 最低层级活动的粒度单位——比如小时、天或者周——取决于进行有效管理和控制所需的细节。一般在大型项目的概念中，你会发现上限 1 周或者每个活动 40 小时。有些会假定上限在一个支付周期，一般是 1 周或 2 周（或更长）。这种规模的单位可以用于大型、复杂的项目中。然而，一些小型项目中的活动可能只用数小时或者几天。最好的方式是想想活动本身：你是否有足够多的细节了解活动到底是什么，从而你能够轻松地测量其完成情况，并列出人力和其他完成所需的资源？如果最后发现这是一个 4 小时的活动，那这个就是最低层级的粒度单位。

5.6.4　估算所需人力、持续时间和资源

　　我们在项目生命周期的两个时间点上进行时间和所需人力的估算。首先，在项目的早期阶段，我们会计算完整的量级预算并估算进度，以提供获得批准所需的信息。这个早期的估算被认为是自上而下的估算。之后，会在后面的规划阶段，以自下而上的方式估算并完善预算和进度。在这一步骤，项目团队会对每个单独的活动估算时间和所需人力，然后我们会把它汇总到 WBS 层级当中。顶层会显示项目的总估算时间和预算。

　　在这个时候，就需要充分考虑资源使用情况，并将资源分配给不同任务。在大型项目中，项目经理会创建一个资源管理计划。该计划会描述资源的细节，包括人力资源和物力资源。

关键主题

　　有数种方式用于估算单独活动（或者甚至整个项目）的时间和成本。我们下面会介绍三种估算技巧：类比估算、参数估算和三点估算。

类比估算

　　类比估算是一种依靠和先前类似活动进行对比的估算方法。在预项目阶段，当制定项目章程的时候，对整个项目进行时间或预算的估算，也同样能采用该方法。

参数估算

　　另一种估算方法是参数估算。它基于在过去的项目中已知的指标，比如每平方米的成本。基于过去项目数据的回归模型是非常强大的工具。在项目早期，当一定要提交项目建议书，但是缺乏详细的信息来制定每一项活动的时候，这个方法同样适用。

三点估算

　　在规划阶段，一种常见的估算单个活动时间的方法是三点估算。可以使用两种公式；这两种公式都基于使用三个数据点的基础理念：乐观时间、悲观时间和最可能时间。

　　第一个公式采用三角分布方法，对三个估算数据进行平均计算。举个例子，估算时间＝（乐观时间+最可能时间+悲观时间）/3。第二个公式基于贝塔分布的概念，对三个估算数据进行如下计算：估算时间＝（乐观时间+4×最可能时间+悲观时间）/6。该估算方法源于早期由活动网络科学家的计划评审技术（Program Evaluation and Review Technique，PERT）方法。单个活动的时间估算都列在了表 5-4 的"时间"列中。

项目时间的性质

　　我们有不同的方法定义项目时间，取决于组织偏好的方法。基本而言，活动的时间估算中出现两种类型的项目时间：工作时间和消耗时间。

　　工作时间是指独自一个人，从开始到结束，在没有休息的情况下，妥善完成活动所需的可能小时数。

　　消耗时间（或者**持续时间**）是指在时钟或者日历上，从任务开始到完成时经过的时间，包括了所有的休息和非工作时间。

　　进度安排工具从总小时数开始，然后考虑多种资源、资源可用性和非工作时间的因素，最后计算出活动的开始和结束日期。

关键主题

　　持续时间是给定资源在特定项目时间段内，工作时间加上非工作小时数的结果。我们假设在没有休息的情况下，软件项目活动预期需要一个软件程序员总共 23 小时完成。然后我们加入一个典型的工作日工作时长——比如 7.5 小时。我们放入任务依赖性和执行顺序的因素后，发现任务被放在周五开始，而程序员周六和周日不工作（进度中的非工作时间），周一再回归工作。把所有这些因素放到一起，这个需要 23

小时的活动，会让这个程序员从周五早上开始，到周四中午才能完成。从工作时间上来说，它依然只有 23 小时，但是消耗时间，或者说持续时间，需要 5 个连续日才能完成。

因此，如果一个程序员用一种错误的方式回答你"哦，那我只需要几天就能完成"，那我们现在知道这可能需要花费一个日历周的大部分时间。这就展示了人们没有给你正确工作时间估算的风险：他们可能在他们的意识中将时间进行压缩，然后结果是你在项目中输入了不怎么准确的时间估算。事实上，某些对效率的专业研究指出，专业人员有 40%的时间由于被打断或者个人分心，并不聚焦在具体的工作任务上。在这一点的基础上，我们可以说即使典型的 8 小时的工作日，也可能缩减到只有 5 小时的潜在真实工作时间。如果你为你的团队规划的每个工作日工作时间为 5 小时，就可能会为自己时间计划的估算之准确而惊讶无比！

设想一下如果程序员只能将 50%的时间应用在项目上，同样任务现在只占用他每个工作日的一半时间，这使得计算的消耗时间更长。如果编程团队中的两个程序员可以共享工作，那就可以减少消耗时间，因为同样的工作会因为两个程序员一起合作而被分摊。

这些时间的概念必须在进行进度估算的时候保持一致。一个项目经理不可以将工作时间和持续时间的估算在项目活动中合并到一起，同时还期望进度合理。大部分项目管理的进度软件工具会在自动计算进度的时候使用多种时间估算方式。然而，最终确保正确地计算持续时间还是你作为项目经理的责任。众所周知的是，自下而上的估算技术——在对每个活动都统一使用工作时间的情况下——能够最为准确地预测总体的项目时间线。前提是，所有资源、任务依赖性和非工作时间都被准确地输入软件中。

5.6.5　识别关键路径

当分别估算活动时间的时候，将这些活动在活动网络图里结合后可能产生的效果往往是未知的。这一步骤就用于展示如何计算项目最早完成的时间。

基于之前的任务依赖性，你需要先制定**活动网络图**。活动网络图用图的方式呈现项目中活动的顺序。你需要使用完成到开始的依赖性来构建露营活动的一部分活动网络图。在这样的活动网络图中，箭头有着非常明确的意义：箭头头部的活动在箭头尾部的活动完成前都无法开始。在图 5-7 中，注意有三个箭头指向了活动 G。这意味着预约并租用旅行巴士的活动，直到预算确定（活动 B）、下单特殊设备（活动 C）以及获得许可（活动 F）前，都不能开始。

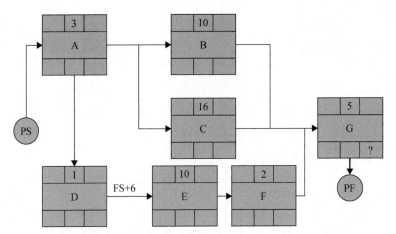

图 5-7　露营之旅项目活动网络图（PS 意为阶段开始；PF 意为阶段结束）

计算最早完成时间（正推法）

如果学校想在 6 月 1 日出发进行露营之旅，那么计划人员什么时候必须开始搜索最有吸引力的露营地点等活动？这是一个实际在问"项目会持续多久"的重要问题。如果要回答这个问题，项目小组可以在活动网络图图 5-7 的每个活动框中使用特定的符号。表 5-5 展示了每个活动框中的字段示例。

表 5-5　　　　　　　　　　　　　　　活动参数

最早开始时间	持续时间	最早完成时间
	ID 描述	
最迟开始时间	浮动	最晚完成时间

表 5-6 展示了如何用这些字段完成一个样例活动。找到一个吸引人的地点（活动 A）是第一个活动。你可以填入活动（活动 A）、描述（找到一个吸引人的地点）和持续时间（3 天）。最早能开始这第一项活动的时间是 0，因为它没有紧前活动。因此，你可以在活动 A 的左上框中填入 0，如表 5-6 所示。

表 5-6　　　　　　　活动 A 的最早完成时间（正推法）参数

0	3	3
	A 找到一个吸引人的地点	

如果找到一个吸引人的地点（活动 A）的最早开始时间是 0，而它的持续时间是 3 天，那么最早完成搜索工作则在时间 3。因此你在右上框中填入 3，活动 A 的最早完成时间是 3。

下一步，我们来看活动 B（确定预算）。在图 5-7 中有一个从 A 到 B 的箭头。这个箭头表示活动 B 在活动 A 完成之前无法开始（也就是说，在找到一个吸引人的地点完成前，确定预算就不能开始）。因为 A 最早的完成时间是 3，因此 B 的最早开始时间也是 3。

现在来看表 5-7，如果确定预算（活动 B）最早的开始时间是 3，而它的持续时间是 10，那么预算最早能确定的时间就是时间 13。因此，你在右上框内填入 13，表示活动 B 最早完成时间是 13。

表 5-7	活动 B 的正推法参数	
3	10	13
	B 确定预算	

通过使用"完成到开始"箭头，你可以基于所有活动已知的依赖性完成图的制作。图 5-8 显示了完整的正推法计算被输入项目的活动框后的效果。

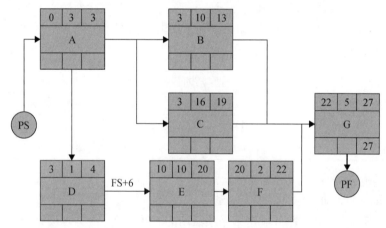

图 5-8　露营之旅完整的正推法计算（PS 意为阶段开始；PF 意为阶段结束）

从 A 到 C 的箭头意味着活动 C（采购特殊设备）只能在活动 A（找到一个吸引人的地点）完成后才能开始。A 最早完成时间是 3，因此 C 的最早开始时间是 3。这在图 5-8 中，活动 C 的左上框中得以呈现。因为 C 最早的开始时间是 3，而它的持续时间是 16，所以 C 最早的完成时间是 19。因此，你在右上框中填入 19，表明活动 C 最早的结束时间是 19。

这些箭头都指向活动 G（预约并租用旅行巴士）。当不止一个箭头指向同一个活动的时候，这个活动被称为"合并活动"。合并活动在所有先行活动完成前无法开始，因此合并活动的开始时间是先行活动的最晚时间。从 B 到 G 的箭头表明活动 G 在活动 B

完成前无法开始；类似的，从 C 到 G 的箭头表明活动 G 在活动 C 完成前无法开始。因此，活动 G 在活动 B、活动 C 和活动 F 都完成前无法开始。

这些箭头能让你计算活动 G 最早的开始时间。预约并租用旅行巴士（活动 G）必须等到三个活动——确定预算（活动 B）、采购特殊设备（活动 C）和获取许可并预约（活动 F）都完成。因此，活动 G 最早的开始时间，是活动 B、活动 C 或者活动 F 中最晚完成的时间。活动 B 的完成时间是 13，活动 C 的完成时间是 19，而活动 F 的完成时间是 22。因此，最晚完成的活动是活动 F，那么活动 G 最早开始的时间是 22。其中的规则是取先决活动中最早完成时间的最大值（在本案例中，即活动 F），然后把它作为后续活动（在本案例中，即活动 G）的最早开始时间。

以上内容就能完成正推法。唯一的复杂情况就是当有多个箭头指向同一个活动时，你需要选择最晚的最早完成时间作为下一个活动开始的最早开始时间。正推法的优势现在就很明显了：正推法能计算整个项目的最早完成时间。如果你在第 1 天开始，那么你可以期望在第 27 天完成项目的第一阶段。

计算最迟开始时间（逆推法）

你现在可以着手解决"什么时候是项目的最迟结束时间？"这个问题。这个问题的答案从客户的期望开始。如果学校想要在最晚 6 月 1 日出发到达露营地点，这就可能意味着需要在最晚 5 月 31 日完成规划和准备。

为了展示这个概念，我们会施加一个条件，即第一阶段最晚完成时间是 27 天。这就意味着活动 G（预约并租用旅行巴士）的最迟结束是 27。参考表 5-8，一般在活动（在本例子中，即活动 G）的右下框中填入的一般是客户对项目期望的结束时间（在本例子中，即项目的第一阶段）。你在活动 G 的右下框中填入 27。

表 5-8　　　　　　　　　　　活动 G 的逆推法参数

22	5	27
	G	
22		27

如果活动 G（预约并租用旅行巴士）的最迟结束时间是 27，而它的持续时间是 5 天，那么它最晚的开始时间是 22（27−5=22）。因此，你将 22 放在活动 G 的左下框，因为这是它的最迟开始时间。然后如图 5-9 所示，你可以完成逆推。

注意，活动 G 只有在活动 B、活动 C 和活动 F 完成后才能尽快开始。因为活动 G 最迟开始时间是 22，因此活动 B、活动 C 和活动 F 这三个活动的最迟完成时间都是 22。对于活动 B，持续时间是 10；因为最迟完成时间是 22，因此最迟开始时间是 12（22−10=12）。同样的，活动 C 的最迟开始时间是 6（22−16=6），而活动 F 的最迟开始时间是 20（22−2=20）。

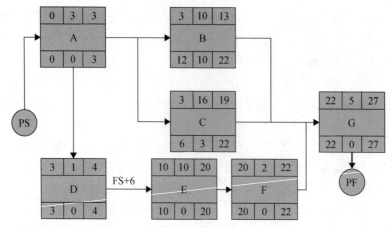

图 5-9　露营之旅完成的逆推法计算

对于活动 A，持续时间是 3，因为最迟完成时间是 3，所以最迟开始时间是 0（3-3=0）。因为活动 A 是第一项活动，你已经到了整个项目的最迟开始时间：项目的最迟开始时间是 0。这就完成了逆推法。

就和正推法计算类似，逆推法唯一的复杂点在于当有一个活动有两个或者更多的箭头指出的时候。当有这种情况的时候，你选择最早的最迟开始时间作为它的最迟完成时间。

关键路径和浮动

我们现在要讨论项目进度中最重要的概念之一：关键路径。在图 5-10 中，路径 A、D、E、F、G（用虚线显示）是网络中最长的路径，它代表了项目完成所需要的最短时长。它被称为**关键路径**，因为它决定了项目总共的时间线。它被认为是关键的原因在于，如果这条路径上任何的活动产生延误，那么整个项目都会被延误。因此，项目经理必须关注关键路径，确保该路径上没有活动会被延误。

活动 A、活动 D、活动 E、活动 F 和活动 G 是关键，因为如果其中任何一个产生延误，则整个项目都会被延误。如果找到一个吸引人的地点花费了 4 天而非计划的 3 天，那么预约并租用旅行巴士的活动（活动 G）就需要相比进度晚一天才能完成。

活动 C（采购特殊设备）并不在关键路径上，所以它可以在不影响项目进度的情况下延误。如果采购特殊设备在找到一个吸引人的地点完成后就尽快开始，那么即使它多花费了一天，也不会延误项目。因此，活动 C 被认为有一定的自由浮动时间。每个任务的自由浮动计算如下。

浮动=最迟完成时间-最早完成时间（LF-EF）

或者：

浮动=最迟开始时间-最早开始时间（LS-ES）

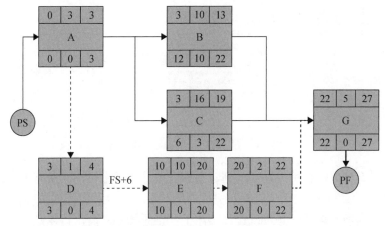

图 5-10　露营之旅的关键路径（PS 意为阶段开始；PF 意为阶段结束）

图 5-10 显示了浮动值。举个例子，对于活动 C，最迟完成时间（Latest Finish，LF）是 22，而最早完成时间（Earliest Finish，EF）是 19，因此浮动是 LF−EF=22−19=3。同样的，最迟开始时间（Latest Start，LS）是 6，而最早开始时间（Earliest Start，ES）是 3，所以浮动是 LS−ES=6−3=3。

关键路径的一个特征是，该路径没有任何的浮动。因为这条路径缺乏灵活性，它在排序上预定的活动也决定项目的最终持续时间。因此，关键路径是项目所能完成的最短时间。

也存在不止一条关键路径的可能性。如果活动 C 的持续时间是 19 天，那么就会有两条关键路径：A、D、E、F、G 和 A、C、G。

活动 C 的缓冲时间为 3，因此采购特殊设备（活动 C）可以最迟晚 3 天开始，而依然不会延误预约并租用旅行巴士（活动 G）或者整个项目。如果活动 C 的延误超过3 天，那么它就成为关键路径的一部分。

5.6.6　制定进度

你现在有能力制定完整的项目进度了。你大概率会用项目进度安排工具来帮助你进行这项活动。这类工具有许多优势。它们越来越多地以云端解决方案的形式出现，从而加强合作。不过，如今任何好的项目进度规划工具都能在一个中央位置保存信息，并且帮助团队追踪项目状态，同时用图表报告和其他功能汇报项目进度。

在露营项目中，我们用一个有已排定进度的样例 WBS 进行举例，如图 5-11 所示。右侧展示的图表被称为甘特图 [以（亨利·甘特 Henry Gantt）命名，此人是该类型图表的首创者，用一系列的条形块以图表的方式显示项目中项目活动在时间线上的排列]。甘特图有时候也会被称为条形图，但是这么说会引起混淆，因为"条形图"这个词同样用于有不同使用目的的统计图中。

	ⓘ	WBS	Task Name	Duration	Start	Finish
1		1	◢ **Initiation**	**10 days**	**Mon 6/20/22 8:00**	**Mon 7/4/22 8:00 A**
2		1.1	Location	3 days	Mon 6/20/22 8:00 AM	Wed 6/22/22 5:00 PM
3		1.2	Budget and Procurement	10 days	Mon 6/20/22 8:00 AM	Fri 7/1/22 5:00 PM
4	🔢	1.3	Initiation Phase Complete	0 days	Mon 7/4/22 8:00 A	Mon 7/4/22 8:00 AM
5		2	◢ **Planning**	**12 days**	**Sun 6/19/22 8:00 A**	**Tue 7/5/22 5:00 P**
6		2.1	Nutrition Supplies	1 day	Mon 7/4/22 8:00 AM	Mon 7/4/22 5:00 PM
7		2.2	Shelter Plan	1 day	Tue 7/5/22 8:00 AM	Tue 7/5/22 5:00 PM
8		2.3	Camp Activities Plan	1 day	Tue 7/5/22 8:00 AM	Tue 7/5/22 5:00 PM

图 5-11　有进度安排的 WBS 和甘特图

在图 5-11 中，你可以在中间列看到露营旅行例子中讨论的所有工作包的开始和结束日期。注意 WBS 的大纲结构和完成启动阶段的 0 持续时间的里程碑。

这类的项目软件工具可以让你关注于项目的某些方面，可以最小化项目进度从而只显示摘要，或者过滤数据以启用其他视图模式，比如只显示里程碑。

经计算的项目活动网络图也同样是重要的数据表达形式，几乎所有项目管理工具都有这个功能。在图 5-12 中你可以看到露营项目的活动网络图。关键路径用红色显示。你可以看到，"预算和采购"工作包有 10 天的持续时间，并且在关键路径上；而"地点"工作包只有 3 天持续时间，且不在关键路径上。两个工作包都同时开始，而它们的完成都引向规划阶段的"营养补给"包。

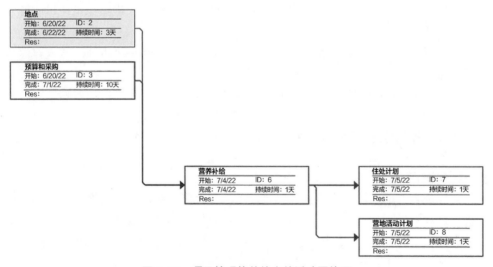

图 5-12　项目管理软件输出的活动网络图

正如本章前面所讨论的，任何活动网络图最重要的部分是关键路径。在项目过程中，关键路径发生改变并非是不寻常的事。活动可能比最初预期更快或者更迟完成。假设在采集到的真实活动完成数据被输入系统的情况下，项目管理软件可以用于快速计算出新的关键路径。只要有变更发生，项目经理就应该立刻检查其对关键路径的影响，并采取适当的行动让项目保持在正轨上。

在完成规划阶段后，项目应该有一个基准，来记录最初被批准的项目时间线、预算和需求。这样有助于在项目执行期间，准确确定实际数据和原本基准对比产生的成本和进度偏差。

5.7　指导和管理项目工作

"指导和管理项目工作"是项目工作绩效域的主要活动。该绩效域涉及建立项目过程、管理实物资源和营造学习环境相关的活动与功能。

以下都是和执行该阶段相关的主要项目管理过程。

- 组建和管理团队；
- 指导和管理项目工作质量；
- 管理团队内部以及和外部实体的沟通；
- 让干系人参与并告知他们项目问题和风险事宜；
- 报告成功成果。

项目团队会在露营之旅项目的执行部分，执行以下露营活动。活动会在恰当的工作包中列出：

1. 设备工作包

　　1.1　搭建露营设备

　　1.2　搭建帐篷（见图 5-13）

图 5-13　露营之旅项目的项目执行步骤 1.2

    1.3 搭建娱乐设备

    1.4 搭建体育设备

    1.5 搭建壁炉

    1.6 搭建料理设备和露营厨房

2. 露营运营工作包

    2.1 组装厨房

    2.2 分配料理任务

    2.3 发布每日菜单

    2.4 清理厨房并处理垃圾

3. 自然主题活动工作包

    3.1 活动第一天

    3.2 活动第二天

    3.3 活动第三天

    3.4 活动第四天

    3.5 活动第五天

4. 返程工作包

    4.1 拆除露营设备

    4.2 拆除壁炉

    4.3 打包料理和露营设备

5.8 监控项目工作

    "监控项目工作"是测量绩效域的主要活动。该绩效域涉及与评估项目绩效和采取适当行动维持可接受绩效相关的活动和功能。

    这一部分涉及项目管理的监控方面。这些方面包括管理项目范围的变更、成本、进度、风险和问题——以上所有的因素都会影响项目在实现目标过程中的工作状态和进度。

    尽管我们在本章的这个点上提及这个主题，但是这一系列的活动应该是适应型项目所有阶段的一部分，如图 5-14 所示。项目经理必须持续监测有关项目进展的信息，并且时刻准备采取行动让项目保持在正轨上。

图 5-14　持续整个项目的项目控制活动

5.8.1   问题管理

各种各样的**问题**会在预测型项目的第一天就出现。这些问题可以通过像电子邮件这样的正式沟通中提出，甚至可以在闲谈的时候提出。无论什么时候，只要有对项目某方面的问题或者顾虑被提出，它就应该尽快被设法解决，避免之后变得更为复杂。项目经理需要行动起来，让团队澄清被提出的问题，然后决定如何研究并解决这个问题。

关键主题

因此，"问题"就是由项目团队的成员或者干系人提出的，可能对项目产生影响的提问。问题需要被记录、被分派给人员并被研究，然后需要提出一个解决方案。

问题和风险因为其对项目的潜在影响而息息相关。一般而言，当问题产生的影响有可能发生的时候，可以将问题以风险管理的方式寻求可行的行动来解决。

以露营项目为例，项目团队成员可能提出以下问题：如果在整个露营之旅的意向期间都下雨（见图 5-15），那么该怎么做？这个信息至少需要被记录在问题追踪日志中，如图 5-16 中显示的例子，然后委派给一个团队成员进行解决。应对方法可能是计划一个备选日期，或者甚至选择一个受天气影响较小的备选地点。项目经理可能也需要基于解决某个问题的具体决策而更新项目计划和资源清单。

图 5-15   一个问题：如何因糟糕的天气调整露营之旅

问题号	提出人	建立日期	描述	影响	解决方案	被委派人	关闭日期
1	约翰·S	5/1	在露营期间下大雨	露营之旅质量	更换日期；更换地点	露营材料负责人	5/10
2							
3							

图 5-16　露营之旅项目的问题追踪日志

注意，一些项目经理可能选择在风险登记册中记录和追踪某个问题，并且将其作为风险或者不确定性进行管理。天气是一个不确定性，因此将其作为风险管理是合理的。然而，这样一来，它乍看之下是对天气因素的考虑，而非针对旅行政策的考虑。随着对问题的进一步研究，可能发现因雨天对项目进行调整会有非常大的影响。这个影响可以通过将问题转化成一系列能够有多种方法适当管理的风险进行管理。如果需要更多有关管理风险的方法，参考第 6 章项目工作和交付。

5.8.2　变更请求和控制

即使是最小规模的项目，都会经历项目范围的变更。一些变更请求（Change Requests，CR）可以被非正式地提出，但是良好的实践方式应该是采用正式的变更控制流程。第 3 章讨论了干系人如何参与评估和批准项目的变更。在本章中，我们会阐述项目变更管理的基础方法，并展示如何管理变更。

注意：做好在 CAPM®考试中看到变更请求和变更控制问题的准备。你需要知道变更请求的流程以及处理这种范围变更请求的决策方式。

图 5-17 展示了露营之旅项目的一个变更请求。这类请求变更的正式文件能够让项目主管部门评估是否要接受变更，以及它对项目潜在的时间、成本或者范围的影响。

变更请求

项目：露营项目 　　　　　　　　　　　　　　　　　日期：5月20日

变更类型：

☒ 范围　　　　　　　☐ 质量　　　　　　　☐ 需求

☒ 成本　　　　　　　☒ 进度　　　　　　　☐ 文档

所提出变更的详情：

额外一天的徒步旅行被请求替代一天的自然主题活动

提出变更的理由：

现有的自然主题活动的范围较小，持续时间较短，因此基于一部分人更有兴趣进行徒步旅行的原因，需要增加额外的徒步旅行活动

变更影响：

范围	☒ 增加	☐ 减少	☐ 修正
质量	☒ 增加	☐ 减少	☐ 修正
描述：			
成本	☒ 增加	☐ 减少	☐ 修正
描述：			
进度	☐ 增加	☐ 减少	☒ 修正
描述： 这会要求额外增加的交通方式并影响项目成本。每日安排需要进行变更，以匹配新的一日徒步活动			
这会激励参与者并使旅行更为记忆深刻			

变更控制委员会的决定　　　　　___ 批准　　　___ 推迟　　　___ 拒绝

变更控制委员会　　　　签名　　　_____

图 5-17　增加另一项露营活动的变更请求样例

　　变更请求需要被正式批准。项目经理可以通过偏差分析，来评估变更对项目的潜在影响。如果请求被批准，项目经理需要对比范围基准的变更情况，并且创建新的基准。

　　管理变更请求的典型流程包括六步。

关键主题

　　步骤 1： 澄清变更需要。

　　步骤 2： 正式记录变更日志。

　　步骤 3： 评估变更，并记录其对整个项目的范围、成本、进度和质量的影响。

　　步骤 4： 从合适的职权方（比如指导委员会、变更控制委员会、干系人或者发起人）获得请求变更的决定。

　　步骤 5： 如果变更被批准，创建新的基准并更新所有项目文档。

步骤6：和团队以及受影响的干系人沟通。

变更请求同样能在可交付物完成的时候，由客户或者质量保证团队人员发起。这被视为范围确认，因为它意味着要确保可交付物满足期望的性质和质量。如果工作未满足验收标准，这可能是错误的需求或者测试方式导致的结果。这就可能引向同时纠正过程和可交付物的变更请求。

5.8.3 监控项目成本和进度

在项目的执行阶段，项目经理的主要任务之一就是确定当前和计划之间的偏差。项目经理运用挣值管理（Earned Value Management，EVM）的专用工具获得当前项目状态的快照。EVM的计算可以由项目管理软件生成，使得这样的计算非常直接。

挣值的话题会在第6章中继续讨论，这里我们仅提供基础的概念，并了解一些最常见的方法。

在露营项目的例子中，项目经理在完成启动阶段前面的两个包后，向干系人汇报了两个基础的偏差。看上去成本偏差和进度偏差都在项目中发生了。在图5-18呈现的场景中，你可以发现，完成前两个"地点"工作包的持续时间一开始是估算的3天，但实际上用了4天才完成。基于这个活动是否是关键路径的一部分，它可能影响整个项目1天的时间。

	ⓘ	WBS	任务名称	资源名称	持续时间	开始	完成	工作时间
1		1	◢ 启动		**10 天**	**星期一 6/20/22**	**星期一 7/4/22**	**112 小时**
2	✓	1.1	地点	AK	4 天	星期一 6/20/22 8:00 AM	星期四 6/23/22 5:00 PM	32 小时
3	✓	1.2	预算和采购	MK	10 天	星期一 6/20/22 8:00 AM	星期五 7/1/22 5:00 PM	80 小时
4	▦	1.3	启动阶段完成	AT	0 天	星期一 7/4/22 8:00 AM	星期一 7/4/22 8:00 AM	0 小时

图5-18　露营之旅项目的项目状态报告

成本同样受到影响，因为AK资源的酬劳是10美元/小时，现在额外付了80美元进行工作（10美元/小时 ×8小时）。

如果要完整了解管理这些偏差的方法，见本章之后的"挣值分析基础"部分，以及第6章。

作为预测型项目相关主题顺序的最后一步，我们会以项目的收尾来结束。

5.9　项目收尾或者阶段收尾

"项目收尾或者阶段收尾"是交付绩效域的主要活动，该绩效域涉及与开展项目意在实现的范围和质量相关的活动与功能。项目的这一阶段需要考虑发起人对项目可交付物的正式验收和批准，以及记录经验教训，重新调整团队用途和进行行政收尾。最后的概念包括结束合同和支付最终到期余额等。

　　项目经理需要和团队以及主要干系人一起组织会议，记录从项目中获得的经验教训。这类信息在组织今后参与另一个类似项目时会很有帮助。如果使用了项目管理工具，那么已经有了 WBS 库，而风险管理也同时在项目计划和采取的行动中被记录。

　　为了总结项目中的经验教训，项目经理应该考虑以下三个问题。

- 哪些产生了效果？
- 哪些没有产生效果？
- 如果以后有人需要领导类似的项目，你会建议做出哪些改变？

　　项目经理同样在收尾阶段向每个团队成员反馈他们的绩效。给任何团队成员的个人绩效评估/反馈都应该和那个团队成员私下进行。这一过程能够帮助团队成员理解他们今后能做出什么改变，从而在未来成为更好的团队成员，甚至最终成为团队领袖。

　　基于这些会议的结果，还会形成和发布给发起人/客户与其他方的最终项目报告。这类报告的典型模板如表 5-9 所示。

表 5-9　　　　　　　　　　　　　最终项目报告模板

最终项目报告——项目信息	详细信息和结束状态
客户名称	
项目背景和描述	
项目团队	
项目结果总结	
项目结束原因	
可交付物	
项目进度：原计划和实际的开始与结束日期	
预算和财务信息：原计划和实际情况	
行动计划	
持续支持	
下一步或者移交规划	
项目收尾批准	
附录 A	
相关里相关文档	
附录 B	
产品相关文档	

这样的一份报告用于在收尾时给出主要项目参数的概况。有时候，项目会因为各种原因在后来重启。在这种情况下，这份报告会极大帮助去理解原先项目是如何执行的，以及那种方法产出的结果。

其他例子：建筑规划和 NASA

常用基于计划的预测型方法进行项目的领域是建筑领域。图 5-19 展示了一个改造项目的简单的 WBS，用层级图表的形式代替列表进行展示。

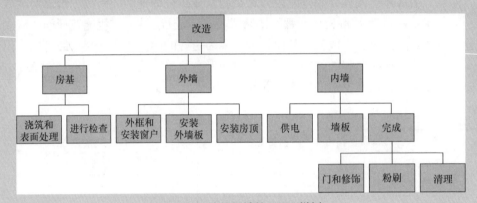

图 5-19　建筑领域的 WBS 样例

你可以发现，在图 5-19 中，许多 WBS 的活动都有提前安排好的顺序关系，因为这些活动的进度是已经安排好的。你无法建造墙，除非你已经有了能安放它们的地基，而且你只有在安装外墙后才能装外墙板。因此，基于计划的预测型方法非常适合这类项目。尽管可以进行一些调整，但是这些调整发生的机会是很有限的，而且会随着建筑工作的进行变得更为有限。你无法在不影响其房基设计的前提下轻易地改变建筑的形状。干系人和项目团队必须确保像这样的关键依赖性关系在项目处于非常早期的定义需求的时候就被考虑到。在房基安装后，改变建筑的形状只能被限制在现有房基允许的情况下。另外，这些改变必须在采购建筑施工供给前设计完。建筑的外形会对以上所有方面都产生巨大影响。

当项目可交付物的性质天然具有极大的可预测性，同时活动之间又有非常显著的线性依赖关系时，基于计划的预测型方法就很有可能产出非常有效的结果。

其他预测型生命周期模型

再举另一个特定行业的预测型生命周期例子。你可以去看一下已经在线可看的美国航空航天局（U.S. National Aeronautics and Space Administration，NASA）的项目生命周期文档，该信息已经公开，并作为本书的线上资源。

5.10　挣值分析基础

挣值管理（Earned Value Management，EVM）是决定当前项目实际状态的标准方法。一旦项目开始，并且完成的工作包和花费的成本开始有实际的数据积累，EVM就能准确地预测最终成本。EVM 预测同样也比较适时，也就是说 EVM 预测能在足够早的时间，有足够的准确性，从而让项目经理能够尽早在项目中采取最有帮助的行动。

本章会介绍挣值分析相关的最常见因素，而第 6 章会在此之上进一步展开。

挣值分析从项目的度量指标切入，可以在任意时间点上显示项目和计划的紧贴程度。举个例子，它可以比较预定的工作和实际完成的工作、计划的成本和实际成本、计划预定工作的成本和计划实际工作的成本等。换句话说，EVM 通过对比获取的实际结果来评估计划的准确度，而且它能够在时间线上足够早的时间点进行，从而及时采取行动，确保项目成功成为可能。挣值分析有两个关键维度：项目计划的实用性；项目根据计划执行的情况。

挣值分析中会用到三个基础参数：计划价值、挣值和实际成本。

5.10.1　计划价值

计划价值（Planned Value，PV）是指项目随时间推移累积的预期成本。换句话说，它代表了预定要完成的工作，并且它随着项目的推进会被累积计算。在项目的最后（也就是在其计划完成的时候），PV 就会成为完工预算（Budget at Completion，BAC）。

5.10.2　挣值

挣值（Earned Value，EV）被定义为对已经完成工作的测量，用该工作的预算来表示。挣值是计划预算通过实际完成工作"挣"到的百分比。你可以认为，这是项目遵循计划的方法，在花费了一定数量的预算后，完成一定量工作的限度。举个例子，一个活动有 1 000 美元的计划价值。当它被完成的时候，它"挣"了计划价值，也就是 1 000 美元。如果 EV 在某个时间点上比 PV 更高，那么相比计划，实际上完成了更多的工作——这意味着你相比计划更高效地完成了工作；如果 EV 比 PV 小，那么项目就没有按计划进行，有可能比计划花费更多的成本。

5.10.3　实际成本

实际成本（Actual Cost，AC）被定义为实际完成项目工作的累计成本之和。因此，实际成本只是项目到目前为止所有成本的总和。

如果要从成本和进度方面测量计划进程和实际进程的偏差，则需要定义两个组合数量，以便量化耗费的进程：成本偏差（Cost Variance，CV）和进度偏差（Schedule Variance，SV）。

5.10.4　成本偏差

成本偏差（Cost Variance，CV）是挣值和到目前为止完成工作的实际成本的差额。计算公式是 CV=EV−AC。

5.10.5　进度偏差

进度偏差（Schedule Variance，CV）是挣值和到目前为止完成工作的计划价值之间的差额。计算公式是 SV=EV−PV。

5.10.6　成本绩效指数

有时候在分析多个因素的时候，会很难理解这些因素组合到一起后意味着什么，或者在某种组合以后很难决定到底应该采取什么样的行动。因此，有必要创建一个指数———一个代表其他关键价值组合的价值。

项目管理可以提供一系列由各种因素组成的单数值指数组合，这些因素本身都可能警告项目经理将会发生某种特殊情况。其中一个重要的指数是挣值和实际成本之间的比例，又称为**成本绩效指数（Cost Performance Index，CPI）**，表达公式为 CPI=EV/AC。这个指数显示项目按照满意的质量完成的情况（挣值）和它花费资源速度（实际成本）的对比。CPI 一般都是以比例显示，并且和 1 作对比。数值为 1 的 CPI 值表明项目正按照计划完成；CPI 值大于 1（比如 1.5）显示项目在推进过程中，比预期更有效地使用成本，或者至少对于已经完成的工作消耗了比预期更低的成本——也就是工作比计划完成的比例更高；小于 1 的 CPI（比如 0.3）表明项目产出满意质量的已完成工作的速度比计划慢，表明项目预算会被大大超出。项目经理需要调查项目是否在产出计划中有有用的输出，为什么计划预算的使用率比预期低以及是否存在超支和/或表现不佳的情况。

5.10.7　预测最终项目成本

有两种方法可以用于预测通过挣值分析计算出的情况会如何影响完成项目所需的最终支出：完工估算（Estimate at Completion，EAC）和完工尚需估算（Estimate to Complete，ETC）。

完工估算

当你将项目原有的总计划价值（PV）（即完工预算，Budget at Completion，BAC）除以 CPI，你会计算出整个项目完成时的预测成本。举个例子，如果项目预算是 10 000

美元，而 CPI 是 0.5（意味着可能严重超支或者表现极其不佳），那么你可以用以下方式计算整个项目的**完工估算**：

EAC= 10 000/0.5= 20 000（美元）

这样，你可以认为你对项目完成时的总成本估算为 20 000 美元。

完工尚需估算

当将实际成本（AC）从计算的完工估算（EAC）中减去时，就能算得**完工尚需估算**（Estimate to Complete，ETC），也就是从当前的时间线上到项目完成的时间，项目可能还需要的支出。沿用上述的例子，如果项目的 EAC 是 20 000 美元，而将到目前为止的项目成本（AC）的 15 000 美元减去，那就可以认为估算完成项目还需要额外的 5 000 美元（公式表达为 ETC=EAC−AC）。

5.10.8　其他挣值分析内容

更多有关挣值分析的例子和概念见第 6 章。

5.11　规划绩效域

《PMBOK®指南（第七版）》的 2.4 节将规划绩效域描述为项目经理如何在整个项目期间，规划组织、详细制定和协调项目工作。该领域的必要组成如图 5-20 所示。

规划绩效域	
规划绩效域涉及为交付项目可交付物和项目成果所需的与初始、持续进行和演变的组织与协调相关的活动和功能	有效执行此绩效域将产生以下预期成果。 ▶ 项目以有条理、协调一致和经过周密考虑的方式推进。 ▶ 有一种交付项目成果的整体方法。 ▶ 对不断演变的信息做出了详细说明，以生成开展项目所寻求获得的可交付物和项目成果。 ▶ 规划所花费的时间适合于相关情况。 ▶ 规划信息足以管理干系人期望。 ▶ 根据新出现的和不断变化的需要或条件，在整个项目期间有一个对计划进行调整的过程

图 5-20　规划绩效域

规划绩效域可以应用于预测型方法、适应型方法或者混合型开发方法。然而，由于本章的重点是预测型项目生命周期，因此我们在这里只关联规划绩效域和预测型基于计划的方法。

正如我们在本章中一路讨论过来的内容，规划预测型项目遵循逐步的流程如下。

步骤 1：把项目范围分解成特定的活动。

步骤 2：给关联活动排序。

步骤 3：估算完成活动所需的工作量、人员和实物资源，并且计算每个活动的持续时间。

步骤 4：基于可用性，为活动分配人员和资源。

步骤 5：调整顺序、估算和资源，直到有一致同意的进度安排。

5.11.1 进度压缩因素和技巧

在完成步骤 5 之后，如果进度依然不能满足发起人（或者其他干系人）的预期，就很有可能需要应用进度压缩。一般会用到两种进度压缩方法。

- **赶工**：这种进度压缩方法用于在关键路径上的主要活动中，通过增加资源，以最小的成本代价来压缩进度工期。
- **快速跟进**：这种进度压缩方法是将在正常情况下按顺序进行的活动或阶段改为至少部分按并行方式开展。举个例子，一旦通过了网络架构设计的具体细节，就可以开始铺设电缆了，哪怕网络服务器的具体细节还未被批准并且依然在制定中。这是因为铺设电缆和服务器的具体细节通常都是相互独立的，因此两个任务可以并行进行。

如果要压缩或者修改进度，需要理解以下四种依赖关系（见《PMBOK®指南（第七版）》2.4.2.3 节）。

- **强制性依赖关系**：合同要求的或工作的内在性质决定的依赖关系。这种类型的依赖关系通常不能改变。
- **选择性依赖关系**：一种基于最佳时间或项目偏好的关系。这种类型的依赖关系可以改变。
- **外部依赖关系**：项目活动与非项目活动之间的关系。这种类型的依赖关系通常不能改变。
- **内部依赖关系**：一个或多个项目活动之间的关系。这种类型的依赖关系可以改变。

5.11.2 扩展

有些项目规模很大且复杂。在本章中呈现的项目样例的步骤可能对那些涉及几百个步骤，拥有大量资源和多个（甚至可能是有冲突的）干系人的大型项目并不适用。因此，这类项目需要扩展之前介绍的这六个管理步骤和项目管理过程。

在大规模项目中，执行每个步骤都需要消耗大量的资源。因为复杂项目中存在的不确定性，团队甚至可能通过制定商业论证原型为后续规划步骤提供信息。这类项目的管理方法需要根据每个特定项目的不同特征和规模而进行调整。

对于小型项目，组织的影响力更为有限；但是对于大型项目，甚至有可能受到跨多个国家的多个组织的影响。

关键主题

我们对复杂项目所了解的是：项目越多样、越广阔，那么确保项目每个部分都被要求遵守相同的方法论就越重要。许多大型组织用预测型生命周期来应对这种复杂性，并且随着时间的发展而持续完善这些方法。这类结构化的项目生命周期能够让方法、文档和术语标准化，并且能够提升跨组织和跨政治边界的接受程度。

5.12　总结

本章探讨了一个典型的基于计划的预测型项目中的主要规划过程。本章首先检视了给项目选择预测型方法所需要考虑的因素。你已经发现，将项目的预测型方法和 PMI 过程组在各个部分的角色进行关联，是非常重要的。

本章还详细介绍了项目管理规划中主要工件的概念，包括制定项目章程的合理原因，以及其应该包含的典型组成。章程描述了如何创建包含预测型项目规划中所有方面需要考虑的因素的项目计划。

顺着预测型项目生命周期，本章覆盖了项目经理和项目团队在执行项目中存在的典型活动。项目经理负责预测型项目的监控职能。本章覆盖了挣值分析的主要要素，从而方便理解项目和其原有计划与预算的贴合情况。

作为典型的预测型项目生命周期的总结，本章还包含了一节项目收尾的最佳实践总结。

最后，本章介绍了规划绩效域（主要是在预测型项目的情况中的应用），并且阐述了现行项目管理标准中针对多类型项目高效规划的最佳实践。

备考任务

正如在第 1 章中提到的，你会有多种备考方式：本章的练习以及第 12 章。

5.13　回顾所有关键主题

本节会回顾本章所有重要的主题，这些主题在书中都会在页面的外边距以"关键主题"的图标表示。表 5-10 列出了这些关键主题，以及它们的描述。

表 5-10	第 5 章关键主题
关键主题类型	**描述**
段落	PMI 标准过程步骤总览
表 5-2	有单独过程组和过程的经剪裁的生命周期例子
段落	创建项目章程
段落和列表	需求的 SMART 目标
段落	基准概念
列表	子计划清单
列表	构建一个完整的项目管理计划的清单
列表	范围说明书的组成
段落	WBS 总览
段落	如何设计进度
列表	逻辑依赖性类型
表 5-4	制定进度的表单样例
段落	三种估算方式
段落	决定持续时间的因素
段落	关键路径概念总览
列表	项目管理过程的执行阶段
段落	问题管理
列表	变更请求管理过程
段落	项目收尾阶段总览
表 5-9	最终项目报告模板
段落	建筑领域的预测型项目
段落	挣值分析的基本原理
段落	挣值概念总览
图 5-20	规划绩效域
段落和列表	两种进度压缩技巧
段落	项目复杂性和坚守一个方法论的重要性

5.14 定义关键术语

定义本章中以下名词，并将你的答案和术语表进行校对：

过程、工件、规划过程、执行过程、监控过程、收尾过程、集中办公、章程、SMART、工作分解结构（WBS）、资源管理计划、沟通管理计划、风险管理计划、范围管理计划、成本管理计划、质量管理计划、采购管理计划、甘特图、范围说明书、需求、需求追踪矩阵（RTM）、范围蔓延、工作包、WBS 编码、进度、类比估算、参数估算、三点估算、工作时间、消耗时间（持续时间）、活动网络图、关键路径、问题、范围基准、计划价值（PV）、挣值（EV）、实际成本（AC）、成本偏差（CV）、进度偏差（SV）、成本绩效指数（CPI）、完工估算（EAC）、完工尚需估算（ETC）、赶工、快速跟进、强制性依赖关系、选择性依赖关系、外部依赖关系、内部依赖关系。

本章涵盖主题

- 项目工作绩效域：该节详细描述了执行项目工作的多个方面，包括采购管理、让干系人参与和管理项目沟通。
- 风险管理：该节覆盖了项目经理处理不确定性的方法，尤其是威胁和机会。
- 项目交付绩效域：该节详细描述了项目经理如何确保项目按照预期进行交付，包括协助设定价值和质量的期望标准，并且之后确保这些期望都能实现，即使该目标在项目完成后会延续多年。
- 项目整合：该节探讨了项目经理在管理团队中的角色，其必须协调项目的方方面面，以确保项目会以令人满意的方式实现其目标。

第 6 章

项目工作和交付

本章的重点是其余与基于计划的预测型方法相关的主题。我们在第 5 章规划、项目工作和交付：预测型方法中提到了规划绩效域。在本章中，我们会讨论项目工作绩效域、项目交付绩效域和测量绩效域。

在第 5 章中，我们的主要聚焦点在于，理解如何发起基于计划的预测型项目并创建项目管理计划和进度。在本章中，我们会聚焦于《PMBOK®指南（第七版）》中介绍的项目工作绩效域和项目交付绩效域。具体而言，我们会讨论项目整合、质量管理、成本管理和风险管理相关的主题。我们还会进一步覆盖项目控制的内容，尤其是不仅用挣值法计算成本偏差和进度偏差，还将项目控制应用于预测项目完成估算。

尽管本章中介绍的主要过程和工件被广泛适用于预测型方法，但许多概念对适应型项目也适用。

注意：本章包含的项目管理信息、模板、工具和技术仅仅用于你的学习。在将这些知识应用于工作中的项目时，请谨慎使用。另外，尽管我们很仔细地将内容和 PMI 的考试内容大纲（Exam Content Outline，ECO）保持一致，但是并不保证成功读完整本书后学生会顺利通过 CAPM®考试。

在完成本章后，对于以下的领域和任务，你应该能够有所提升。

- 领域一：项目管理基础和核心概念
    o 任务 1-2：展示对项目管理计划的理解。
    采购管理。
    干系人管理。
    沟通管理。
    风险管理。
- 领域二：基于计划的预测型方法
    o 任务 2-2：展示对项目管理计划进度的理解。
    应用质量管理计划。
    应用整合管理计划。
    o 任务 2-3：决定如何记录采用基于计划的预测型方法的项目的项目控制。
    识别在基于计划的预测型项目中使用的工件。

计算成本偏差和进度偏差。

6.1 "我是否已经理解这个了？"测试

　　"我是否已经理解这个了？"测试可以让你评估自己是否需要完整阅读这一章，还是可以直接跳到"备考任务"小节。如果你对自己就这些问题的回答或者对这些主题的知识评估有疑问时，请完整阅读整章。表 6-1 列出了本章的主题，以及它们对应的测试题目题号。你可以在附录 A 找到答案。

表 6-1 　　　　"我是否已经理解这个了？"主题与题号对应表

基础主题	题号
项目工作绩效域	2,4,8,10,12,14
风险管理	1,5,7
项目交付绩效域	3,6,9,13
项目整合	11

注意：自测的目标是评判你对本章主题的掌握程度。如果你不知道某题的答案，或者对答案不确定，你应该将该题标为错题，从而更好地进行自测。将自己猜对的题认为是正确的，这种做法会影响你自测的结果，并且可能会给你带来错误的自我评估。

1. 你已经和一个建筑供应商签订了合同，今早他和你会面并把你介绍给现在拥有这家供应商的大型建筑公司的 CEO。在会议上，你知悉 CEO 有一个合作伙伴，对你公司的服务非常有兴趣，并且想和你进行商业合作。CEO 建议，建筑供应商能获取额外 5% 的建筑成本作为将合作伙伴介绍给你的费用是比较合理的。你同意了，并且你请求 CEO 安排一次联合会议来敲定合作。你在使用哪种机会管理的方法？
   a. 开拓
   b. 提高
   c. 分享
   d. 接受

2. 和干系人进行适当的沟通，是哪个项目绩效域的一部分？
   a. 开发方法和生命周期绩效域
   b. 干系人绩效域
   c. 项目工作绩效域
   d. 项目交付绩效域

3. 确保干系人接受并对项目可交付物满意，是哪个项目绩效域的一部分？

   a. 开发方法和生命周期绩效域

   b. 干系人绩效域

   c. 项目工作绩效域

   d. 项目交付绩效域

4. 你希望你们组织的产品营销 VP 积极参与你开发一个新的客户信息系统的项目中。你已经确定，这么做的最佳方法是为他和其他 VP 举行一次研讨会，来逐步展示意向的新系统的特性和功能。你在使用哪种方法？

   a. 激励

   b. 隔离

   c. 塑造

   d. 参与

5. 你和建筑供应商签订了一个合同，其中包括一条内容：建筑完成时间相比项目商定的完成时间每晚一周，就减少 5% 的付款金额。你在使用哪种风险管理方法？

   a. 接受

   b. 减轻

   c. 规避

   d. 转移

6. 所有项目相关收益总和，减去所有项目相关成本的总和，是计算什么的公式？

   a. 项目挣值

   b. 项目商业价值

   c. 指令成本

   d. 项目完成时的预算

7. 你已经和一个建筑供应商签订了合同。今早一个业务代表告知你，该公司已经被一个知名大建筑公司收购，而这家公司会继续履行所有现有合同。你已经确定这种做法不会影响项目的完成，因为项目直到完成，都会由同一个建筑团队参与。你在使用哪种风险管理方法？

   a. 接受

   b. 减轻

   c. 规避

   d. 转移

8. 公式 $L = N \times (N-1)/2$ 描述了哪种每个项目经理都需要理解从而可以采取措施保证其项目正常运行的情况？

   a. 已完成工作在计划工作中的占比，依赖于已完成的计划工作的比例除以其计划价值

   b. 随着团队规模的增大，沟通频道的数量呈几何级增加

　　　c. 支持项目的干系人的数量会因为干系人整体规模而呈几何级减少

　　　d. 已完成工作的质量会随着项目团队的经验而呈几何级增长

9. 一种图能显示过程中的行为随着时间而发生的变化，以及过程是否稳定并满足预期。这种图被称为什么？

　　　a. 风险登记册

　　　b. 甘特图

　　　c. 控制图

　　　d. 石川图

10. 你已经发出采购招标文件，要求供应商就一个小镇的水处理设施，提供和安装博世公司的型号为 227-FQP23 水处理过滤器并进行报价。你发出了哪种类型的招标文件？

　　　a. RFI

　　　b. RFQ

　　　c. RFP

　　　d. RFA

11. 当我们在说项目经理必须管理项目整合时，我们真正的意思是什么？

　　　a. 项目团队经常被认为是组织的外围部分，尤其是项目团队作为合同工资源被外包的时候。项目经理必须有意识地采取行动，确保项目团队被认为是组织里正式且受尊重的一部分

　　　b. 项目要求的可交付物必须都被完全地测试，从而确保每个可交付物都能稳定运行，同时能配合运行，并且每一个可交付物都能让干系人满意

　　　c. 项目团队成员是多样的，并且他们并不总是能够天然地相互协作。因此，项目经理必须使用多种监督和教练工具，把团队打造成一个想要一起合作的高绩效团队

　　　d. 只有当项目经理有意将规划、交流、团队、制约、干系人、成本和质量全部都协同的时候，这些因素才产生一个成功的项目

12. 你已经发出采购招标文件，要求供应商提供他们为小镇开发水处理设施的建议方法、他们自身对该设施的方案以及大致的成本范围。你发出了哪种类型的招标文件？

　　　a. RFI

　　　b. RFQ

　　　c. RFP

　　　d. RFA

13. 你的一个项目目前为止已完成的工作量是 30%。你能算出计划价值是 1 000 000 美元，实际成本是 850 000 美元，EV 为 900 000 美元，CV 为 900 000 美元−850 000 美元=+50 000 美元，SV=900 000 美元−1 000 000 美元=−100 000 美元。以下哪句话是正确的？

　　　a. 项目看上去在预算之中，并且进度提前

b. 项目看上去超过预算，并且进度落后

c. 项目看上去超过预算，但是进度提前

d. 项目看上去在预算之中，但是进度落后

14. 你和一个供应商签订了采购合同，允许供应商根据工作的小时数和提供的设备向你开具发票，你假定这两者都可能会给供应商带来一定利润。你的合同属于哪种？

a. 成本加成合同

b. 时间和材料合同

c. 固定价格合同

d. 可变价格合同

基础主题

6.2 项目工作绩效域

项目工作绩效域涉及建立过程和执行工作，以便使项目团队能够交付预期的可交付物和项目成果（见图 6-1）。这个领域让项目团队保持聚焦，并且确保所有活动都平稳进行。

项目工作绩效域

项目工作绩效域涉及与建立项目过程、管理实物资源和营造学习环境相关的活动和功能	有效执行此绩效域将产生以下预期成果： ▶ 有效率且有效果的项目绩效； ▶ 适合项目和环境的项目过程； ▶ 干系人适当的沟通和参与； ▶ 有效管理实物资源； ▶ 对采购进行有效管理； ▶ 通过持续学习和过程改进提高团队能力

图 6-1 项目工作绩效域

该绩效域包括了以下方面的知识：

■ 管理现有工作、新工作和工作变更的流程；

■ 使项目团队保持专注；

■ 建立高效的项目系统和流程；

■ 与干系人沟通；

■ 管理材料、设备、用品和物流；

- 与签订合同的专业人士和供应商合作以规划与管理采购和合同；
- 监督可能影响项目的变更；
- 促使项目学习和知识转移。

项目审查对确保成功至关重要。项目经理和项目团队周期性地审查新的工作和现有的工作以及所有的过程。任务板和其他项目信息系统可以帮助确定是否存在瓶颈以及工作是否在按预期进行。阻断进程的妨碍因素会在项目审查中被发现和解决。

6.2.1 采购的计划和管理

项目采购的计划和管理过程包括与如法务与财务团队等咨询人员合作，以及管理签订合同的专业人士和项目供应商。**采购**包括由项目经理对任何涉及为项目提供产品或服务的合同进行合同管理。

初级项目经理不太可能涉及如**计划采购管理**这样的高级别流程，这个流程需要记录项目的采购决策，并且明确采购方法。同样的，初级项目经理一般也不会参与采购、获得卖方回应的过程、选择卖方和授予采购合同。然而，初级项目经理需要理解什么是采购合同，并且能识别各种类型的合同。

采购合同是一种双向约束的协议：强制要求卖方提供特定的产品和服务；同时强制要求作为这些产品和服务的回报，买方要提供资金或者其他"有价值的报酬"。

对于项目而言，采购合同一般包含范围文件以及**工作说明书**（Statement of Work，SOW）。SOW 会定义项目必须交付的内容，并且包括执行的组织必须如何进行交付的一些细节。

大部分组织都有非常细致的政策和流程，对于谁能够签署合同并且做出带有约束性的承诺非常明确。这个人不一定是项目经理，但是项目经理经常会参与制定采购合同的过程，以确保合同反映了具体的项目需求。这些需求都需要基于项目经理的经验和他们对需求经过测试的看法。

采购合同的重要特征之一，是任何对其发生的变更都是正式的行为。合同的合法约束性质意味着变更和批准流程都由各级决策人员充分审查。这确保了后续对采购合同的变更会被认为是必要的，并且在项目的制约之内。

采购合同一般被归为以下三个类别：

- 总价合同（Fixed-price，FP）；
- 成本加成合同（Cost-plus，cost+）；
- 工料合同（Time and Materials，T&M）。

每个类型都有很大的区别，但是这些合同类型之间的关键区别在于其涉及的所需承担的风险。

总价合同

总价合同又称为总价包干合同，用于以一个固定的价格交付定义明确的产品。总价合同可能包括对达到或者超过预期目标的激励措施，比如成本和进度目标。一个总价合同可能随着时间的推移有多次付款，或者一次性支付。其最重要的概念在于，它是以一个确定的价格来换取以产品或服务形式存在的可测量的可交付物。

总价合同的一个非常简单的形态，就是下单买一个物品，会表明以特定的价格在特定的日期前交付某种东西。总价合同有非常吸引人的简单性：一个被充分定义的产品经常能够以一个总价合同被获取，并满足同步付款、同步发货的会计制度。购买订单应该被认为是一种单边合同，因为它是对某件产品或者服务的官方订单，并且一个同意提供产品或者服务的供应商同样同意相关条款。对购买订单或者任何其他类型的总价合同进行调整和变更的协商一般都带有争议，因为在双方同意之前，原有的条款已经非常明确了。为了防止这种情况，一些总价合同会涉及在单一价格包括的主要产品或者服务之外的内容导致的时间、材料的条款。以下是一些涉及总价合同时的关键考虑因素。

- 在总价合同中，卖方（提供产品或服务方）承担了最大的风险。
- 对于总价合同，关键在于制定详细的规范。不完整的规范会导致分歧以及合同变更。
- 如果卖方没有仔细估算成本和进度，以确保他们能够在自己提供的总价下执行合同，那么就有可能出现卖方在产品或者服务上出现损失的情况。

成本加成合同

在成本加成合同中，卖方会被支付实际成本，外加一部分费用或者代表卖方利润的差额。成本被分为直接成本和间接成本。直接成本是直接应用于项目的成本，这种成本有项目工资、设备和差旅费；间接成本包括管理费用（房租、取暖、电力等）、福利（度假和病假）以及公司的行政费用（工资单）。买方（获得产品或者服务方）在成本加成合同中承担最大风险。

工料合同

工料合同同时包含了总价合同和成本加成合同的特征。在工料合同中，客户一般会以每小时固定费用购买一定数量小时的形式购买服务和相关材料；材料、设备或者软件的成本会在实际成本上再加一定的差额。像成本加成合同那样，工料合同一般都是开放式的，从而可以扩展，一般而言，会提供一个估算的小时数，然后会以总预期成本和相关材料成本的形式呈现。这种总体估算方式就和总价合同有点像。然而，工料合同中的条款经常会明确，如果实际工作小时超过原先预期的小时数会如何处理。因为这个不确定性，工料合同相比总价合同的可预测性更低。工料合同的一些关键考虑因素如下。

- 在工料合同中，买方（获取产品或者服务方）承担最大风险。
- 对工料合同而言，当项目只有一个高层级的范围并且规范暂时还不细致的时候，是最为合适的。
- 添加和改动会使得这种开放式的合同将买方处于卖方的摆布之下，使买方可能为修改支付额外成本。

6.2.2 招标：招标和投标

采购招标文件由制定采购合同、设置规范（一般被认为是工作说明书）以及项目执行的背景信息组成。有时候该文件也被称为采购文件。这个文件会被发送给各种相关组织，告诉他们有需要进行的工作。能够提供这些服务或者产品的组织随后会提交投标书，这本质上是一种以特定的价格或成本提供所请求的产品或者服务的报价。在某些情况下，招标的发布和投标行为都会由各级政府管控，确保采购活动的公平性和多样性。另外，组织可能有内部的政策，要求从一定数量（比如三家）的卖方处获得投标，从而能让组织决定哪家投标人呈现了最佳解决方案。

招标文件有三种类型：

- 信息邀请书（Request for Information，RFI）；
- 建议邀请书（Request for Proposal，RFP）；
- 报价邀请书（Request for Quotation，RFQ）。

这三者的区别在于买方定义需求的明确程度。

信息邀请书要求提交相关信息，从而帮助买方理解什么可能成为需求的解决方案。如果买方不知道有哪些选项，或者不知道要求哪些技术，那么他们可以发出 RFI。买方暂时无法决定什么才是一个好的建议，因此他们要求供应商提供信息和选项。RFI 通常不会进行询价，主要目的是获取信息。

如果买方在工作说明书中制定了相对定义完整的一系列标准，但是对这些需求并不严格时，他们经常会发 RFP。RFP 要求供应商推荐解决方案的详细信息，并提供产品或者服务的建议成本。买方会快速浏览每一份投标，来了解每个卖方倾向于如何解决需求，然后买方选择最佳的解决方案和成本组合。

如果买家明确知道他们想要什么，并且不愿意给投标人任何的灵活性，则可以发 RFQ。这种类型的竞标文件会明确具体细节（比如某个设备特定部分的制造商和型号），然后有安装或者施工的具体方式（总结成为工作说明书）。卖方以满足 SOW 中提到的需求的成本进行报价的方式竞标。报价也可能包括部署的估算时间线。

举个例子，我们来看一下珍沃斯的 RFI、RFP 和 RFQ。这家组织想采购一辆车，用于把珠宝商品送货给小型商店。如果珍沃斯不清楚需要用哪一类车，则可以发 RFI，要求供应商基于一般的运输需求提供建议。如果珍沃斯知道一般需要哪种类型的车，但是还不确定具体哪一款，就会给几家经销商发 RFP，这些经销商能回复推荐的车型以及满足 SOW 中的需求所耗费的成本。如果珍沃斯已经决定想要购买一辆大众 Cargo Caddy Van，并且知道自己想要的车辆可选项的具体规范，就可以发 RFQ 以及非常广泛且详细的 SOW，然后从多家经销商处获得报价。这家组织在对比价格、服务和其他因素后决定和某个经销商签订购买订单。

投标会议和投标演练

当买方发出了招标文件后，潜在卖方经常会对招标文件中的一些规范或者条款带有疑问。文件中甚至会包括一些会导致误解的错误。尽管有些卖方会想单独处理这些问题，但是更合理（并且更符合政府规范）的方式是确定一个时间和地点（包括虚拟方式），让有意投标的卖方进行提问并获得澄清。一个以此为目的的会议被称为竞标会议，它让所有潜在卖方可以听到他们共同提出的问题的相同回应。这种竞标会议的安排经常会在采购招标文件刚发布的时候就明确，这样，每个人都知道在会议上再进行提问。

对于涉及现场交付服务的项目，比如建筑、电力承包或者其他需现场调整的行业，直到卖方可以去现场理解所需求工作的全貌，才可以确定一个合适的服务或者产品的竞标。这类现场竞标会议被称为**投标演练**。在投标演练中，买方会带潜在卖方走访实际现场，从而让潜在卖方对需要做的事情有实质性的理解。本书的作者之一不仅组织过，还曾参与过信息技术网络和沟通系统的安装的投标演练。如果墙后方、地板下、天花板上有东西会让安装更困难或者更耗时，那么安装这类网络的成本也会更高。能亲眼见到现场的情况，可以让卖方在提交竞标时能够提出匹配这种情况的报价。

6.2.3　采购控制

采购控制流程管理买方和卖方的关系。所有团队成员都需要致力于管理采购关系、监督合同绩效并且按需进行变更。让外部承包商或者供应商参与的目的是降低项目风险，通过让一个有经验的团队参与并且/或者获取已经被完整定义且无法从内部交付的特定产品或服务，来实现这个目的。如果合同管理未按最佳实践来处理，你可能面临一些在项目初期不怎么明显的新风险。在合同执行出现冲突时，索赔部门或者法务团队会介入。范围的分歧或者变更请求应该通过正式的争议解决流程进行处理。这一过程经常被称为**索赔管理**。

索赔一般被定义为"对到期或者相信应该到期的某物的索求"或者"对某物的正当要求"。在复杂的项目情况中，索赔管理流程对让所有干系人都满足而言是必要的。索赔管理的目标是防止索赔情况的发生——或者至少在它们发生的时候能够进行缓解或处理。索赔往往在合同或者需求需要被解读的时候发生。在大型建筑或者工程项目里合同会发展到一个非常复杂的级别（比如建造一个发电站或者主要的高速公路）。复杂性意味着会涉及许多干系人。如果需求没有被定义，或者在干系人之间的解读有所不同，那么需求就会在部署阶段被忽视，最终导致索赔的发生。

参考以下这个例子。某个大型海外技术设施项目已经持续数年，并且有 1 亿美元的预算。当地的项目负责人期望，除了建筑物和技术之外，初始的项目范围里能包含更广泛的基础设施（比如配套建筑和通往设施的公路）。然而，承包商并不同意。在这种情况下，项目的后期阶段会有索赔经理参与，来处理数千页的文件以防止索赔。影响因素包括不健全的采购过程。项目经理一度向项目负责人保证会有独特的可交付物却没有仔细地写入文件中，就导致情况更为复杂。最后，这个情况导致主要承包商承受了损失。索赔经理尽量减少了损失，但是损失依然发生了。这个例子显示了技术沟通的重要性以及全面、详细地记录所有规范的必要性。

> **注意：**不要将"实施采购"过程和"采购控制"过程混淆。"实施采购"涉及确定卖方和签署合同，"采购管理"确保承包商在做合同中明确的工作。

6.2.4　干系人参与

干系人可以用他们的职权、资源和对项目的兴趣，对项目产生正面或者负面的影响。这点我们在第 3 章组织项目绩效中已经讨论过。

以下是和项目干系人管理有关的关键过程。

- **识别干系人**。在这个从项目启发阶段开始的过程中，会创建干系人登记册，根据干系人对项目的负面或者正面影响进行排序。
- **计划让干系人参与**。创建干系人参与计划。
- **管理和监督干系人参与**。一旦项目开始执行，干系人就需要根据制订的计划进行参与。

根据《过程组：实践指南》，干系人会处于五个参与等级之一。

- **不知晓**。干系人并不知道项目或者其收益和其他影响，甚至可能不知晓自己其实是干系人。
- **抵制**。干系人知晓项目，但是抵制项目目的，并且/或者抵制项目引入其环境的改变。
- **中立**。干系人知晓项目，并且既不抵制也不支持项目的目的或影响。
- **支持**。干系人完全知晓项目，并且支持变化和项目的结果。
- **领导**。干系人不仅知晓项目和其潜在影响，甚至还愿意成为领导，并且完全参与以确保项目的成功。

在确定干系人后，需要判断干系人当前的兴趣和参与等级。

　　有多种策略可以让不同的干系人进行参与,并且让他们的等级从抵制转变为支持。那么,你有哪些技巧可以让干系人从低级别的不知晓、抵制和中立,转变为高等级的支持和领导?

　　欲让干系人积极参与项目,当然需要优秀的沟通和人际关系技巧。它也涉及选择恰当的解决方案。有三种可行的解决方案:参与、激励或者隔离干系人或干系人群体。

　　以高速公路的自动收费项目为例,高速公路部门现在在高速公路上有 17 个收费站。所有的高速公路收费员都抵制项目,因为项目可能让他们的工作都变得自动化。针对这个项目,还有一些非常有经验的 IT 人员保持中立,但在项目实施后,他们是未来进行技术支持的必要人员。

　　表 6-2 提供了这个项目参与度评估矩阵的例子。干系人当前的参与等级在单元格中用 C 表示,D 表示计划中期望每个干系人的参与等级。你可以看到,目标是将干系人从他们当前的等级移动到支持和领导,这样干系人可以成为项目真正的资产。

表 6-2　　　　　　　　高速公路自动收费项目干系人参与度评估矩阵

干系人	不知晓	抵制	中立	支持	领导
收费员		C		D	
IT 支持员工			C		D

　　IT 支持员工的技术干系人群体需要具体系统功能的额外信息,从而可以完全支持,甚至领导项目。如果要让这样的技术群体参与,并且让他们从当前的参与状态的 C 转移到 D,你可以召开研讨会,解释未来支持中会面临的挑战的细节。即使该干系人研讨会在原本的项目范围中并不存在,并且需要额外的资源去实行,举办这个研讨会依然是有益的,因为它可能产生成功的项目成果。这种方法被分类为"参与",也是让干系人参与的最佳方法。如果像 IT 支持员工这样的干系人感觉到他们自己是决策过程的一部分,并且他们的输入被认可,他们将很快改变对项目的承诺状态。

　　另一种方式可以是激励,或者奖励干系人。这意味着给干系人经济上的激励,让他们接受和承诺做出改变。抵制的干系人群体——在本案例中,可能是被自动化电子收费系统替代的人类高速公路收费员,需要通过让他们重新接受训练以执行高速公路部门中的其他职能来激励。那样做同样有可能让他们因为担任新的职责而获得更高的收入。

　　最后,如果这些策略都失败了,你可以隔离最为抵制的干系人,尤其是当他们正在和改变进行斗争并且当前没有及时可行的解决方案的时候。这就要求项目经理将问题上报给项目负责人。项目负责人之后可能考虑通过改变项目的范围来减少抵制行为。在高速收费自动化项目中,高速公路主管可以创建一个阶段性的计划,来逐渐减少高速公路收费员的数量，并且单独对他们进行咨询、训练或者其他管理选项，来减少他们对项目的负面感受。

> **注意**：这里介绍的干系人参与同时适用于预测型和适应型项目。当你在识别干系人并且对他们进行排序，然后创建计划并让他们参与的时候，你需要将这些信息存放在一个机密的登记表中，因为这些信息中有一些比较敏感。"管理干系人参与"这个过程包括对不同干系人使用不同的工具和技巧，并且有必要知道每个干系人特别的需求。

6.2.5　管理项目沟通

随着项目工作的进行，管理项目沟通变得非常必要。所有组织和项目都需要小组沟通来运作并实现其目标。项目沟通能让每个人都知道项目中在发生着什么。他们会帮着解决问题、促使改变，并且实现定义的角色和责任。风险和其他考量都需要及时升级给高级的领导。

项目经常因为缺乏沟通而失败，而管理项目沟通是项目经理最重要的责任之一。项目经理必须保持项目负责人、团队成员、管理层、分包商和其他人知晓项目的状态，并且持续评估项目所在的位置以及前进方向。

根据《过程组：实践指南》，一般而言，使用合适的沟通方法对有效的管理是非常重要的，包括项目管理。关键的沟通技能包括以下内容：

- 积极且有效的聆听；
- 询问并探究以确保更良好的理解；
- 设置和管理期望；
- 鼓励采取行动，或者提供鼓励或肯定；
- 辅导以提升绩效并实现期望结果；
- 协商以达成双方都接受的承诺；
- 解决冲突以防破坏性影响；
- 总结、回顾并确定后续步骤。

《过程组：实践指南》进一步提到有三个过程和项目沟通管理有关：

- 规划沟通管理；
- 管理沟通；
- 监督沟通。

以下是有效的项目沟通的主要要求：

- 分析所有干系人的沟通需要；
- 确定所有干系人的沟通方法、频道、频率和细节程度；
- 沟通项目信息并有效更新；

■　确认沟通被理解并且收到反馈。

沟通模型

图 6-2 中显示的**沟通模型**提供了一个理解一般沟通是如何进行的起点。如你所见，模型中包括了一个发送者、一个接收者、信息和媒介。发送者是将信息发给接收者的人，而接收者是收到信息的人。媒介是信息传播的技术，比如面对面沟通、视频沟通、电子邮件或者电话等。沟通中的各方都必须确认他们理解了发送的信息。这个过程包括使用反馈、积极聆听以及理解如手势和其他肢体语言等的非语言沟通。非语言沟通占了沟通的很大一部分。

关键主题

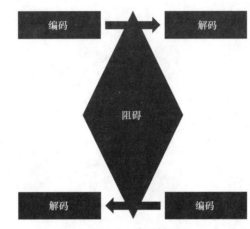

1.发送信息　　编码　　解码　　2.接收信息

阻碍

4.接收信息　　解码　　编码　　3.确认/发送信息

图 6-2　沟通模型

沟通阻碍

如图 6-2 所示，**沟通阻碍**会影响有效沟通的流程。阻碍会导致误解，甚至导致项目团队成员的纠纷，从而妨碍项目的成功。沟通阻碍的例子有过滤器和障碍。

沟通过滤器

在沟通过程中，发送者和接收者两方的**沟通过滤器**都会影响沟通。一些沟通过滤器的例子有语言、文化和术语的不同。心理和社会性的差异、情绪失控和参与者不同的教育背景都会影响沟通的感知。传统，或者说"向来如此"，也可能成为沟通中的过滤器，因为人们可能假设其他人会理解传统的想法或者行为，但之后才发现他们会错误地理解那些没有共同传统的人的意思。有些时候，人们的沟通会"擦肩而过"，这意味着持续讨论了一段时间后，某些人员才突然意识到他们完全不在同一频率上。

沟通障碍

沟通障碍会真正打断项目沟通，比如在举办虚拟会议的时候，某人的网络连接不良。会打断沟通的人为因素一般表现为抵制心态，将错误信息作为事实或者经历人际关系冲突，以上情况都会给项目沟通带来挑战。

沟通频道

沟通频道是让一个人和其他人沟通的机会。沟通频道甚至提供了在所需渠道之外的沟通机会。举例来说，同事之间的沟通可能打断管理层正在沟通的想法，干系人对项目的沟通可能打断由项目经理正在沟通的信息。项目经理如果不在意这些多样的沟通频道，就可能因为那些否定了官方传达信息的信息而措手不及。

如图 6-3 所示，沟通频道会在大型项目中变得非常复杂，因为可用频道的数量会随着人数的上升呈几何级增长。

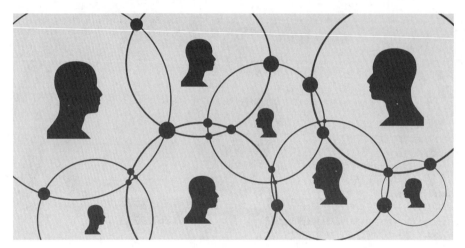

图 6-3　多个参与者产生了复杂的沟通网络

以下公式可以基于群体的规模，用于计算潜在的沟通频道数量（沟通线路）。

$$L = N \times (N - 1) / 2$$

关键
主题

这里，

L=沟通线路

N=群体中的人数

举个例子，如果群体中有 3 人，那么 L=3 × (3 – 1) / 2 = 3。在沟通循环中再加一个人时 $[L = 4 \times (4 - 1) / 2 = 6]$ 会让沟通线路翻倍。每一个沟通频道的增长都会带来风险，导致沟通没有按计划的方式发生。项目经理必须谨慎小心，以确保沟通尽可能细致、全面进行。

沟通模型

如表 6-3 所示，对于某些信息和文件，应该使用恰当的沟通方式。项目经理经常尝试避免采用多种类型的报告、网站等沟通相似的信息。然而，沟通中有一些冗余并不是坏事，因为它会给人带来多重印象，从而实际消化和处理所给的信息。做广告的人知道这个，而项目经理也可以采用类似的沟通方式，来确保恰当的干系人和团队成员能够获取项目的信息。

表 6-3　　　　　　　　　　各种信息和文件的适当的沟通方式

沟通方式	什么时候用
正式书面	项目章程、项目计划、项目报告、合同
正式口头	演示文稿、更新、情况介绍会
非正式书面	备忘录、电子邮件、便条
非正式口头	休闲对话

　　沟通可以是推式的或者拉式的。发送项目状态报告的电子邮件是推式沟通的例子。如果同样的信息存储于网站，而干系人周期性地访问该网站并下载数据，进行进一步分析，这就是拉式沟通。这两者的区别很重要，因为这关系到干系人及时获得必要信息的可能性。拉式沟通要求接收者采取行动，而推式沟通将沟通直接转移给了接收者，并且没有后续的行动。因此，项目经理应该对沟通进行如下的优先级排序：对高优先级信息或者高优先级干系人用推式沟通，对低优先级信息或低优先级干系人用拉式沟通。

项目沟通管理计划

　　项目沟通管理计划呈现了项目沟通的内容（what）、原因（why）、对象（whom）、方式（how）和时间（when）。

- 什么（What）被沟通了？
- 为什么（Why）需要沟通？
- 对谁（Whom）进行沟通？
- 如何（How）进行沟通？
- 何时（When）或者在哪个时间段进行沟通？

　　项目沟通管理计划经常是整个项目计划的一部分，但它也可能是附属计划，取决于项目的复杂程度。认真创建一个项目沟通管理计划并遵照执行，有助于确保项目的成功。举个例子，你可能在一个团队会议上发现干系人未被充分地通知一个关键的里程碑会议，那么，你可以在它成为麻烦之前就进行纠正。

　　以下是项目沟通管理计划典型内容的例子。

- 项目中包含的项目过程可交付物清单。
- 必要会议清单。
- 沟通需求分析（基于干系人分析）：
    - o　需要沟通的信息；

    o 产出信息的人；

    o 谁会接收信息；

    o 传递信息的方法、技术或模板；

    o 沟通频率。

- 沟通政策。
- 使用的流程和技术。
- 解决问题、困难和变更的上报流程。
- 更新项目沟通管理计划的修正流程。
- 定义项目中使用的名词和缩写的术语表。
- 包含使用的表格样例和使用指导的附录（模板）。

正如你在这份表格的内容中所见到的，项目沟通管理计划会设定项目中进行沟通的步骤。创建和执行该计划可以帮助确保项目团队和干系人在正确的时间获得正确的信息，从而做出正确的决策，保证项目在正轨上获得高效的结果。鉴于组织在正常运营过程中沟通的重要性，这一点很重要。

> 注意：项目经理将他们90%的时间用在计划、组织、执行和管理项目沟通上，这并不罕见。沟通并不只是和人聊天或者发送项目状态报告，它还包括了头脑风暴，和主要干系人会面，创建项目文档工件，就这些文档进行交流，确认理解情况，处理冲突，让干系人参与等。

6.3 风险管理

项目风险一般会尽早在项目的启动阶段被讨论和记录。被识别的风险会被记录在项目章程中，并且随后记录在项目计划中。当项目工作开始的时候，你还会遇到额外的风险。

根据《PMBOK®指南（第七版）》（见 2.8.5 节），风险是不确定性的一方面。**风险**是指一旦发生即会对一个或多个项目目标产生积极或消极影响的不确定事件或条件。消极风险称为威胁，积极风险称为机会。

风险管理的目的是主动预测可能对项目目标产生负面影响的问题，并且管理那些已经发生的问题。

根据《过程组：实践指南》，有七个和项目风险管理关联的过程：

- 规划风险管理；
- 识别风险；
- 实施定性风险分析；
- 实施定量风险分析；
- 规划风险应对；

- 实施风险应对；
- 监督风险。

在风险被识别并且量化后，你需要创建风险应对计划，一般会包括每个被识别的风险的描述、每个对项目目标的影响，以及每个策略防范或者减轻的策略。

威胁

《PMBOK®指南（第七版）》（2.8.5.1 节）介绍了以下应对威胁的策略。

- **规避**。威胁规避策略发生于项目团队采取行动来消除威胁，或保护项目免受威胁的影响。
- **转移**。转移策略涉及将应对威胁的责任转移到另一方，让其管理风险并承担威胁发生的影响。
- **减轻**。威胁减轻是指采取措施来降低威胁发生的概率和/或影响。提前采取减轻措施通常比威胁出现后试图进行补救更加有效。
- **接受**。威胁接受是指承认威胁的存在，但不主动规划措施。
- **上报**。如果项目团队或项目发起人认为某威胁不在项目范围内，或提议的应对措施超出了项目经理的权限，就应该采取上报策略。

以下是这些策略应对威胁的常见例子。

- **规避**。在项目的执行阶段，如果项目团队已经认为，没有时间或资源同时给安卓和 iOS 操作系统部署智能手机应用，那么团队可能决定改变项目的范围，并聚焦在只给苹果 iOS 设备部署应用上。未来的发布版本可能解决安卓设备的应用部署。
- **转移**。继续上述开发智能手机应用的例子。项目团队可以将安卓设备的应用开发部署外包给外部的供应商。项目可能因为外包产生额外的费用，但是因为供应商现在有义务按时按预算开发应用，所以这是项目团队管理风险的一种方法。当然，这依然意味着供应商可能花费比预期更多的时间或成本。然而，如果团队恰当地和供应商签署了合同，他们甚至可以在这种情况发生的时候要求赔偿。因此，该应用无法交付的风险就以潜在的逾期经济处罚形式，被转移给了供应商。
- **减轻**。还是同样的例子。如果团队将一个程序员送去进行安卓操作系统应用开发训练，那么就有可能减轻（降低）"经验不足的程序员"的项目风险。
- **接受**。项目团队决定，在项目完成前安卓智能手机会出现一个新的操作系统版本，直到有更多信息前，并不足以采取进一步的措施。

注意：在制定了一套风险应对措施后，就应该对其进行审查，以确定计划的应对措施是否增加了任何次生风险。

机会

如果项目经理或干系人发现并成功开拓了一个机会，它就可能以多种方式正面影响项目的价值。项目成本可能大幅降低，或者因为使用了新技术，使结果的功能更强大。项目进度甚至可以被合并，从而减少时间制约。除了项目实施外，项目价值也可能受到影响，比如降低项目可交付物的生命周期成本，或者提升重要干系人群体的满意度。在后者的情况中，提升的满意度可以带来今后来自同一个干系人群体的后续合同——或者，至少对未来项目更高的接受度。

《PMBOK®指南（第七版）》（2.8.5.2 节）介绍了以下应对机会的策略。

- **开拓**。项目团队采取行动确保从机会中获取所有可能的价值。
- **上报**。与威胁一样，如果项目团队或项目发起人认为某机会不在项目范围内，或提议的应对措施超出了项目经理的权限，就应该采取机会应对策略。
- **分享**。分享涉及应对机会的一部分或者所有责任，并分配给最能获得该机会收益的另一方。
- **提高**。项目团队采取行动提高机会发生的概率或扩大机会带来的影响。提前采取提高措施通常比机会出现后尝试改善机会更加有效。
- **接受**。与威胁一样，接受机会是指承认机会的存在性，但并不规划主动措施。

以下是这些策略应对机会的常见例子。

- **开拓**。在一个机车项目中，项目团队有机会用基于软件的模拟测试替代物理测试计划。使用软件模拟测试的决定可以节省超过 100 万美元。
- **上报**。一个银行给它的一个客户开发了一款交互软件。他们很快就发现，其他客户也有类似的需求，需要直接连接到银行的软件平台上。然而，原本项目的范围是为了单独的合作伙伴开发定制化的解决方案。在该情况下，银行的高级管理人员需要决定重新定义项目的范围，目标是开发一个可以轻松为超过 40 个客户组织进行定制化的统一交互结构。因此，项目重点发生了变化，从原先的单一客户组织到多个客户组织，但是这个决策已经超出了项目经理的权限。
- **分享**。项目经理意识到客户组织没有能力保养项目交付的机器。项目经理为客户介绍了一个提供服务的合作伙伴，双方签订了机器生命周期的服务合同。这为客户组织省下了未来很大一笔服务成本，并且确保了机器会被妥善维护。这种处理方法让项目经理在机器的生命周期中获得了更高的客户满意度。
- **提高**。负责某餐饮项目的项目经理雇佣了多名专家，来思考如何有创意地为访客提供食物。该餐饮组织的这种创意性让其在今后建立了创新服务的名声，而作为回报，提升了其市场占有率。
- **接受**。一个视频制作公司面临一个巨大的商机，但是需要雇佣大量的员工并购买工作室资源。现在该公司已经难以获取工作室空间和雇佣必要的制作人员了，因此放弃了潜在的新业务。

风险管理是一个迭代的过程。随着项目工作的持续进行，项目经理需要以迭代的方式追踪和监测风险。这么做有助于追踪现有风险，并识别和分析新风险。另外，迭代中应该周期性地评估风险管理过程的有效性。

6.4 项目交付绩效域

根据《PMBOK® Guide（第七版）》（2.6 节），项目交付聚焦于满足所有时间、范围和质量期望，产生预期的可交付物，以推动想要的项目成果。有效执行此域将产生让干系人满意、对需求有清楚的认识、在规划的时间区间内实现了项目的收益以及成功帮助实现业务目标等成果。关键要点如图 6-4 所示。

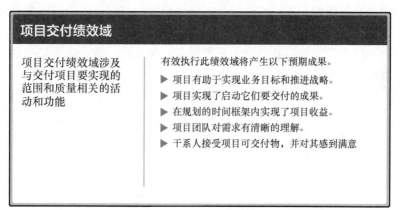

项目交付绩效域	
项目交付绩效域涉及与交付项目要实现的范围和质量相关的活动和功能	有效执行此绩效域将产生以下预期成果。 ▶ 项目有助于实现业务目标和推进战略。 ▶ 项目实现了启动它们要交付的成果。 ▶ 在规划的时间框架内实现了项目收益。 ▶ 项目团队对需求有清晰的理解。 ▶ 干系人接受项目可交付物，并对其感到满意

图 6-4 项目交付绩效域

6.4.1 价值的交付

项目价值可以简单地定义为所有项目相关的收益总和，再减去所有项目相关的成本总和。项目通过开发新的产品或服务、解决问题或者修复不正常的或次优的功能，来提供商业价值。使用预测型方法的项目在项目生命周期的末尾交付大量的成果，所以它们会在初步的部署后产出最大的价值。相对的，使用适应型方法的项目的价值会在整个生命周期中持续交付。

项目的商业价值经常在项目最初结束后会被持续获得。在通常情况下，会用更长的产品或者项目集生命周期来测量早期项目提供的收益和价值。

在预测型方法中，项目的价值会被更早地定义，但是价值的计算方式会随着时间，当风险或者机会发生并且做出变更时，发生变化。举个例子，一个新产品开发项目的价值在产品到达其生命周期末端的时候，可以被更准确地计算，而挑战在于，管理团队需要在项目开始的时候就预测产品的潜在价值，而且必须频繁地在项目实行的时候进行更新。项目经理和干系人同样面临挑战：他们需要评估每一个潜在的项目变更是否会给项目的总价值带来正面影响。

在新产品开发项目中，总价值会基于多个不同的变量，比如具体的市场情况或者可替代产品的可用性。如果一个竞争对手引入了一个有更高价值的可替代产品，而自身的产品开发项目还依然在执行中，管理层就可以对产品的细节做出改变，要么给产品加入更多的功能，要么加速项目的执行——或者两种方法同时使用。

在项目执行期间，做出的基于价值的决策的一个例子，是给长期使用的系统项目添加设计选项，从而延长系统的整个生命周期。这种选择经常会伴随着对总成本的影响，所以需要仔细地进行价值评估。对于这些类型的项目，在项目执行期间改变所用的技术并不罕见。

这类变化可能提升项目的价值，或者最后被视作保留竞争力的必要措施。

在预测型方法中，项目价值会提前在项目的启动阶段就被定义，然后在整个项目的执行中再次评估。当有必要做出价值相关的决策时，需要修正最初定义的价值，从而管理项目的预期收益和成本，让项目成果和商业目标保持一致。

商业论证文件通常会提供商业理由，以及该项目预期商业价值的预测。这种文件的格式会基于所选的开发方式和生命周期而异。这种文件说明了项目成果如何与组织的商业目标保持一致。

早期阶段的项目授权文件一般会尝试量化项目期望的成果，从而让管理层能够实施周期性的测量。这些文件可能包括详细的基准计划或高层路线图，这些计划或路线图会概述项目生命周期、主要发布、关键可交付物、评审和其他顶层信息。

适应型方法在创造价值上有更多的灵活性，因为该方法会迭代地反复审视项目的预期价值，并将其作为一种正常情况。迭代收集需求的过程和基于已经交付的成果的直接反馈，帮助管理层调整项目的价值预期。添加或者省略一个新需求的效果可以马上以更高的准确性进行评估。

6.4.2　质量管理

《PMBOK®指南（第七版）》将质量定义为"一系列内在特征满足需求的限度"。在当前市场驱动、竞争激烈的社会，质量对目的和范围都是必要的。客户期望质量，干系人期望质量，项目团队也知道，如果质量未达标，他们的项目会被认为是失败的。如果干系人对可交付物的质量不满意，那么实现时间、成本和范围的目标就毫无意义。

质量聚焦于每个可交付物需要达到的绩效水平。质量需求可能反映在完成标准、工作说明书、需求文件或说明完成定义的文件（为了考虑可交付物可供客户使用，而须达到的所有准则的检查清单）中。

《过程组：实践指南》介绍了三种管理质量的过程。

- **规划质量管理**。质量规划是一个重要的步骤。常见的质量管理原则是对质量进行规划，而非对质量进行检查。规划这样一种质量管理需要明确一个项目的相关质量标准有哪些，并且这些标准如何能被满足。
- **管理质量**。管理质量涉及开展和执行规划的质量活动。它是经常审计和评估整个项目绩效域的过程，从而为项目能够满足相关质量标准提供信息。
- **控制质量**。这个过程涉及监督项目结果，以确保它们满足相关的质量标准。项目团队会关注偏差和具体的项目结果以符合质量标准，并且这个过程会发现消除导致不满意结果的方法。

质量成本

《PMBOK®指南（第七版）》将**质量成本**（Cost of Quality，COQ）定义为"在整个产品生命周期所产生的所有成本，即为预防产品或服务不符合要求而进行的投资，为评估产品或服务是否符合要求而产生的成本，以及因产品或服务未达到要求而带来的损失"。

许多和质量相关的成本都是由负责组织承担的，并且会反映在政策、流程和工作流程上。治理工作方式和流程的组织政策会规范工作流程，并且经常是组织质量政策的一部分。管理费用、培训和审计成本也因此由组织承担，尽管这些内容本身是由每个项目使用的。另外，项目在这些过程的质量需要和满足这些需要的项目所需成本之间进行平衡。

《PMBOK®指南（第七版）》（2.6.3.1 节）介绍了 COQ 方法，用于在质量预防和评估之间找到恰当的投资平衡点，以避免缺陷或产品失败。该模型确定了与质量相关的四类成本。

- **预防成本**。这些成本的产生是为了防止产品出现缺陷和失败。预防成本可避免质量问题。它们与质量管理体系的设计、实施和维护相关。它们是在实际运营之前计划和产生的。范例包括产品或服务需求，例如制定来料、流程、成品和服务的规范；制定质量、可靠性、运营、生产和检查的计划；培训，例如项目集的开发、准备和维护。
- **评估成本**。这些成本的产生是为了确定对质量要求的符合程度。评估成本与质量有关的测量和监督活动相关。这些成本可能与评估采购材料、流程、产品和服务相关，以确保它们符合规范。例子包括核实，例如根据商定的规范检查来料、流程设置和产品；质量审计，例如确认质量体系是否正常运作；供应商评级，例如获取对产品和服务供应商的评价与批准。
- **内部失败成本**。这些成本与在客户收到成品之前查找和纠正缺陷相关。工作结果未达到设计质量标准时即会产生该成本。例子包括浪费，例如执行不必要的工作，或持有过高的库存是因为错误、组织不善或沟通不畅；报废，例如无法修理、使用或出售的缺陷产品或者材料；返工或校正，例如纠正缺陷材料或错误；失败分析，例如确定内部产品或服务失败原因所需的活动。

■ **外部失败成本**。这些成本与客户拥有产品后发现的缺陷相关，也与补救这些缺陷的工作相关。请注意，如果要全面地考虑这些失败，还需要考虑项目的最终产品运行数月或数年后的情况，而不仅仅是在移交日期。范例包括修理和服务，针对的是退回的产品和已部署的产品；保修索赔，例如更换故障产品或在保修期内重新提供的服务；与处理和服务客户投诉相关的所有工作和成本；退货成本，例如用于处理和调查被拒绝或被召回的产品，包括运输成本；根据缺陷的类型和严重程度，导致声誉和公众认知受到损害时产生的成本。

> 注意：预防和评估成本与满足质量需求的成本相关。内部和外部失败成本与不满足需求的成本相关。

缺陷和变更成本

有多个研究已经结论性地指出，缺陷在项目的生命周期中越晚被发现（或者任何因为该缺陷产生的变更请求的时间越晚），那么这个缺陷被纠正或者变更的代价也就越昂贵。这是因为一般围绕当前已知有问题或者需要变更的组件，已经开始后续的设计或者开发工作。另外，随着生命周期的推进，修改活动的成本也变得更高，因为可能影响到更多的干系人。《PMBOK®指南（第七版）》提供了一个说明变更成本的曲线图，如图 6-5 所示。

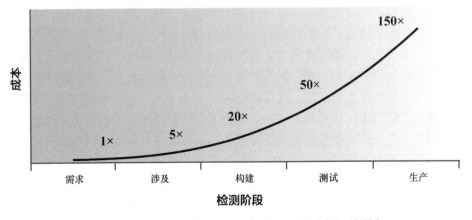

Boehm变更成本曲线：随着时间的推移，变更的费用会变得更加昂贵。

图 6-5　变更成本曲线

对质量工作保持主动的态度，可以帮助避免在项目生命周期后期发现质量问题并修复导致的高变更成本。

6.4.3 质量管理工具

一些关键的质量管理工具可以帮助项目经理进一步提升可交付物的质量，以及涉及实现这些可交付物的项目过程。

管理审查、巡检和检查

项目质量数据必须通过直接检查工作或者项目进行取得。该检查必须由项目经理、一个代表经理的团队成员或者一个中立的评估员实行。工作产品最好由非团队成员的技术专家检查。这些措施都确保产品质量被客观地评估。

举个例子，在软件行业，检查工作产品质量的一种方法就是进行正式的结构化巡检。在这种会议上，一个样本交互或者样本数据会通过系统代码的逻辑进行解析，来决定当前所有被编写的代码是否正确地工作。

因果图

因果图又称为鱼骨图或者石川图，帮助发现问题的根本原因。

举个例子，试想一家提供披萨外卖服务的当地披萨连锁店的总公司收到了许多用户关于外送披萨的投诉。作为回应，COO 要求他的项目经理团队和门店经理进行一次头脑风暴，看看他们能否这些投诉的关键原因——本质而言，就是这些问题的根本原因。项目经理亚历山德罗组织了头脑风暴会议，他将顾客投诉中提到的最多的问题进行了整理，并且将它们分为主要的几组，包括员工、设备、流程、材料、环境和管理。亚历山德罗设立了如图 6-6 所示的初步因果图。

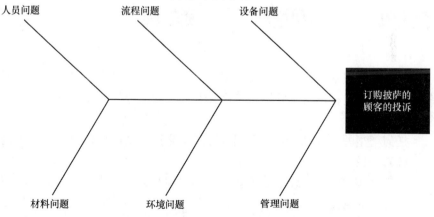

图 6-6 头脑风暴过程产生的初步因果图

当所有的门店经理都出席会议的时候，亚历山德罗提出了第一个问题："为什么我们的外送披萨会因为我们的人员产生问题？"门店经理开始提出各种可能的原因，比如员工工资低，周末缺人手，人员流失率高等因素。随着门店经理讨论六个分类中每一个的潜在原因时，亚历山德罗将图扩展到包括这些经理自身。结果如图 6-7 所示，每个分类都包括了可能的导致原因。经理们可以通过分析每一个原因的促成原因，对每一个原因进行进一步扩展。这个过程可以不断持续，直到最终决定时，在某一个层级上，促成原因无法进一步被拆解成更详细的原因，图上每个分支的最低层级就很可能是导致客户投诉的根本原因。

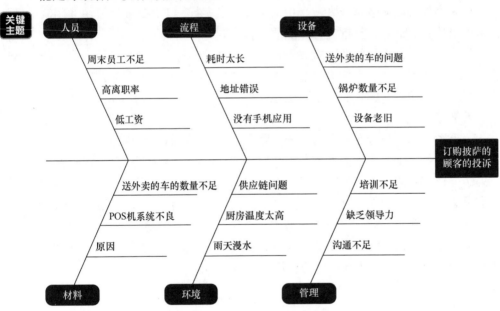

图 6-7　附加额外信息的因果图

亚历山德罗最终将讨论引向如何解决根本原因。这就需要他的团队建立和执行额外的项目改进过程以解决问题，从而提升产品和服务的质量，并且减少客户投诉的范围和数量。

任何类型的项目都可以应用因果图过程来通过根因分析，找到改善过程的方式。

帕累托图

帕累托的"定律"表示，问题或缺陷中相当大一部分都是因为一小部分的原因导致的。这个通常又被认为是"二八定律"，意味着 80%的问题都是因为 20%的根本原因。尽管这不是一个真正的定律，但它依然是一条以 19 世纪意大利经济学家维尔弗雷多·帕罗托（Vilfredo Pareto）名字命名的有用的规律。此人发现，意大利 80%的个人收入只归 20%的意大利人口所有。

反过来看，我们也可以说，如果解决了 20% 的核心问题，那么质量就能提升 80%。

举个例子，如果车的轮胎不进行周期性的对齐，我们就会看到轮胎有明显的磨损、方向控制问题和更高的油耗。这些问题都会导致显著的成本和维护费用，解决 20% 的问题（在这个例子中就是对齐轮胎）有可能可以增加轮胎寿命，降低油耗，提升方向控制和降低维护成本。

帕累托图是一种将因素按最频繁到最不频繁出现的顺序进行排列的直方图，用于识别项目中最关键的问题范围。以外送披萨的顾客投诉场景为例，图 6-8 将问题在帕累托图中显示。该图图形化地显示了需要先将行为改正的重点放在人员和流程上，因为这两类占了投诉中相当多的数量。因此，解决这两个问题可以极大地提升质量和顾客满意度。

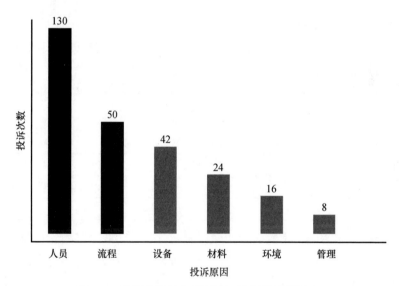

图 6-8　根据外送披萨投诉原因绘制的帕累托图

控制图

控制图是一种数据分析工具，用于描述过程随着时间产生的行为变化，有助于展示过程是否稳定以及过程是否在交付可接受的绩效。控制图可以用于展示任何过程，包括项目中参数的变化，比如质量、成本或者进度偏差等。控制图常用于制造业和服务交付，用以测量生产的产品或者提供的服务中的缺陷。当图形显示高于或者低于预期参数的独特变化信号时，这些变化表示从质量控制的角度，该过程不可预测，从而认为质量的等级不可预测。

即使对于入门级别的项目经理，就算不能创建各种控制图，能够解析这些控制图也是有帮助的。基于这个原因，我们提供了一些这些工具的细节，从而帮助你形成整体的知识体系（即使 CAPM®考试中很可能大部分都是聚焦于什么是控制图的核心概念）。

人们会使用不同类型的控制图，但是最典型的当属均值图和极差图。均值图（经常被称为 X 图）显示过程测量数据，以及被测量的过程平均值是在变化状态或者稳定状态。极差图（又称 mR 图）包括了过程数据的极差范围。极差范围是在一个区间测量到的缺陷数量和下一个区间里测量到的缺陷数量之差的绝对值。

控制图具有代表外部限制的线条，这些外部限制设置在过程数据平均值两侧最多 3 个 Sigma（也就是 3 个标准差）的距离处。平均值以中心线（Centerline，CL）的形式在图中呈现。当有数据绘制在控制限制之外的时候，它表明过程在那个时间段里失去控制，该过程需要进一步调查以确定该状况的原因。

案例学习 6-1：软件测试

一个给金融服务公司的软件开发项目每周都会进行测试以发现软件缺陷，而产品经理会通过追踪这些已识别的软件缺陷监督开发过程。如表 6-4 所示，每周被发现的缺陷数量会被记录，同时以周为区间的移动极差也会被记录。该数据可以作为未来分析的基础。

表 6-4 第 1~9 周发现的软件缺陷数量

周	1	2	3	4	5	6	7	8	9
缺陷数	3	5	2	7	4	5	3	4	2
移动极差	—	2	3	5	3	1	2	1	2

下一步是用表 6-4 中的数据构建控制图。项目团队可以构建只显示有关缺陷的数据的图，来说明如何使用上述方法。一般而言，你也会在相同的图上计算和显示移动极差统计数据。

团队首先得出整个时间范围的缺陷总数并决定平均值，从而算出中心线。因此，缺陷数的 CL=35/9=3.8。

该数据的上控制界限（Upper Control Limit，UCL）通过平均数的 3 个标准差计算得出 10.21。

图 6-9 中的控制图显示根据表 6-4 中的数据绘制出的 X 图，其控制界限以线的形式放置在距离 CL 的 3 个 Sigma、2 个 Sigma 和 1 个 Sigma 位置。在最上方和最下方的 3-sigma 线条是 UCL——在开发的软件中被允许的最大质量变化。

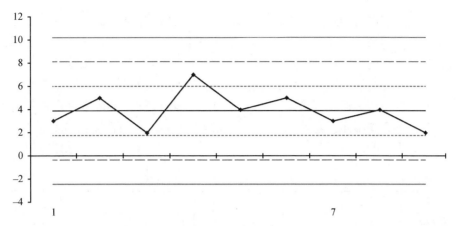

图 6-9　软件缺陷数据的均值图

可以用规则来解读控制图的数据。有两个简单的规则可以通过显示的数据确定软件开发过程在何种限度上失控。

第一个规则指出，无论何时，只要有一个点（100 个点中 1 个）落在 3-sigma 的控制界限之外（无论是在界限之上还是界限之下），软件开发过程就不受控制。

第二个规则则指出，数据应该随机地分布在平均值两侧。这条规则又被称为七点规则，指出如果平均数的某一侧连续出现七个或者更多的点，或者如果这些点趋向一致，那么即使它们在控制界限之内，它们也应该被调查发生的原因。

你可以从图 6-9 中看到，当团队应用这两条规则的时候，软件开发过程处于控制之中。所有的数据都在平均数（CL）和最上层数值为 10 的 UCL 之间。

现在，让我们假设进一步测量第 10 周的数据，并且在这一周，软件项目经理发现了 15 个出现的缺陷。带有该额外数据的绘图如图 6-10 所示。

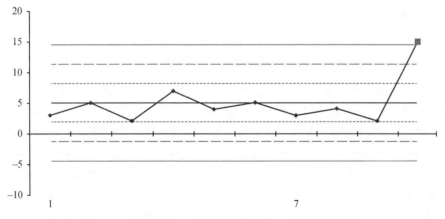

图 6-10　带有第 10 周高缺陷数据使 X 图产生的变化

你现在可以看到，这个额外的数据点将 CL_x 的值改变为 5，并且将 UCL_x 的值改变为 14.66。应用第一条规则时，第 10 周缺陷的数量现在比 UCL_x 的 14.66 数值高。那么根据第一条规则，软件开发过程现在不受控制，而结果是无法预测的。

现在我们再假设团队并没有在第 10 周发现许多软件缺陷；相反，软件缺陷数量和之前的比例相似，但是测量周期会改为 15 周。第 10~15 周的数据会和先前的数据一起，在表 6-5 中显示。这些额外的数据点现在将 CL_x 的值改变为 3.13，并且将 UCL_x 的值改变为 8.07。

表 6-5 第 1~5 周发现的软件缺陷数量

周	1	2	3	4	5	6	7	8	9	10	11	12	13	14	15
缺陷数	3	5	2	7	4	5	3	4	2	2	1	2	3	1	3
移动极差	—	2	3	5	3	1	2	1	2	0	1	1	2	2	2

现在团队可以根据表 6-5 中的数据绘制总体的图，以及新的 CL 和 UCL 值。新图如图 6-11 所示。

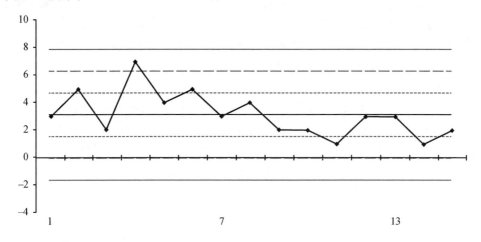

图 6-11 带有第 1~15 周缺陷的 X 图

如你所见，根据第一条规则，所有的缺陷依然都在 UCL 值的范围内，根据第一条规则来看，软件开发过程并没有失去控制，

然而，当应用第二条规则的时候，在从第 9~15 周的连续七周，缺陷数都在新的 UCL_x 的 3.13 数值之下。这意味着违背了七点规则，软件开发过程还是不受控制。这个情况表明，质量控制不只是缺陷数量有多极端，它同样还包括少数缺陷持续产生的频率。在项目中，项目经理可以从应用这些能够显示出质量、成本或者进度问题的测量工具中受益，即使当团队接受一路上相对较少的缺陷数时。换句话说，这个分析能

够帮助回答以下问题："我知道我们每周没有很多软件问题，但是为什么这种情况在每周会一次又一次地发生？"

其他图

还有额外的图的类型可以用于管理质量，具体如下。

- **亲和图**：将缺陷取值分类成不同的组。
- **散点图**：显示两个变量之间的关系。
- **流程图**：以图的方式帮助记录质量过程或者识别不合格项（在 CAPM®考试中，流程图也可能指过程流程或者过程图）。

6.4.4　六西格玛

追求高标准的组织往往有很强的纪律性，会应用数据驱动的方法并且有一系列的流程来减少缺陷。**六西格玛**（Six Sigma）是为这类组织一种测量质量或者完美度的方法，并且现在在许多质量驱动的组织中很流行。运用六西格玛质量的过程可以期望每百万次机会中只有不到 3.4 个缺陷。六西格玛是一种哲学和工具的结合，只为提升质量而存在。许多公司用六西格玛方法寻求改进，范围从制造到库存管理和设计。

6.4.5　项目控制和预测

第 5 章介绍了挣值管理（Earned Value Management，EVM）的基础概念。《PMBOK®指南（第七版）》（2.7.2.7 节）介绍了用 EVM 进行项目预测的概念。项目团队通过预测来思考未来可能发生的事情，从而他们可以以此调整计划和项目工作。定量预测试图使用过去的信息来预估未来可能发生的事情。

用挣值管理预估

以下三个是定量预测的相关概念。

- **完工估算**（Estimate at Completion，EAC）：该挣值管理方法预测完成所有工作所需的预期成本，如图 6-12 所示。假设过去的绩效可反映未来的绩效，那么一个常见的测量方法是：完工预算（Budget at Completion，BAC）除以成本绩效指数（Cost Performance Index，CPI）。
- **完工尚需估算**（Estimate to Complete，ETC）：该挣值管理方法用于预测完成所有剩余工作的预期成本。假设过去的绩效可反映未来的绩效，那么，一个常见的测量方式可以表达为 ETC=EAC-AC。即将完工估算减去实际成本，可得完工尚需估算。
- **完工偏差**（Variance at Completion，VAC）：该方法预测在项目完成时，预算的赤字或盈余金额。它表示为完工预算（BAC）和完工估算（EAC）之差。

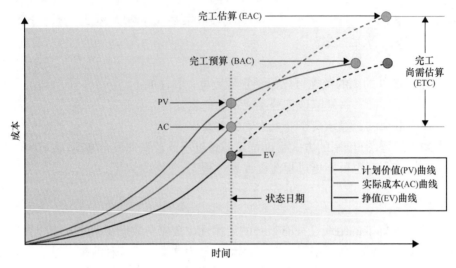

图 6-12　预测完工估算和完工尚需估算

这些方法可以帮助项目经理预见项目在其预期完成点时的状态，并且采取行动防止项目远超其制约条件。

案例学习 6-2：监控一个摇滚演唱会项目

在项目执行阶段，项目经理可以通过使用挣值方法监控过程的执行。他们会将 PV 和 AC 与 EV 的曲线进行对比。有四种可能发生的组合，并且每种都会有不同的结果。这四种情况甚至可能发生在同一个项目中。让我们想象举办一个摇滚演唱会（见图 6-13），来作为执行发生变化的例子。

图 6-13　举办一个摇滚演唱会是一个复杂的项目

在本项目中，项目经理负责在一年内举办一次户外摇滚演唱会，总预算为3 000 000 美元。会有一名项目经理助理在第二个月、第四个月、第六个月和第九个月的月底，用挣值法向项目经理汇报项目进度。

在项目的前两个月月底的汇报

第一次审查发生在第二个月月末。助理项目经理报告工作只完成了 15%（见图 6-14）。使用挣值法分析该项目进度的里程碑时我们发现，在项目的前两个月，计划价值（Planned Value，PV）是 500 000 美元，而所报告工作的实际成本在这个阶段是 600 000 美元。

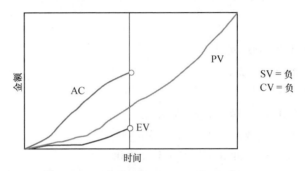

图 6-14　摇滚演唱会在第二个月的 EVM 状态

> 注意：图 6-14 ~ 图 6-17 的过程控制图由美国质量协会提供的线上可用的应用制成，在线地址为 https://asq.org。

项目经理接下来基于所报告的完成 15% 的工作计算挣值。EV 是 450 000 美元，计算方法为 0.15 × 3 000 000 美元。

现在可以计算该项目的成本偏差（CV）和进度偏差（SV）。如第 5 章所介绍，进度偏差是测量进度绩效的，表达为挣值和计划价值之差。

项目经理现在计算成本偏差（CV）和进度偏差（SV）：

CV = 450 000 美元 – 600 000 美元 = –150 000 美元

SV = 450 000 美元 – 500 000 美元 = –50 000 美元

项目进行得并不理想，成本偏差和进度偏差均为负，而且在这个时间点上项目落后于进度，并且超出预算。这里应该注意的是，即使进度偏差因为计算原因表达为金额数量，但该偏差表达的是相比计划进度的时间线的时间差。需要正确地对此进行解读：进度并非落后 50 000 美元，因为这没有意义。然而，该值告诉项目经理，项目"挣"出它价值的进程比计划的级别慢了 11%。它表明项目工作处于落后状态。

在项目的前四个月末尾的汇报

截止日期前的完成工作是 30%（见图 6-15）。

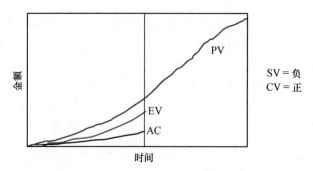

图 6-15　摇滚演唱会在第四个月的 EVM 状态

因此：

计划价值=1 000 000 美元

实际成本=850 000 美元

挣值=900 000 美元

项目经理计算成本偏差和进度偏差：

CV=900 000 美元–850 000 美元= +50 000 美元

SV=900 000 美元–1 000 000 美元= –100 000 美元

这个情况告诉项目经理，项目花费处于预算之内，但是落后于进度。

在项目的前六个月末尾的汇报

项目进行六个月后，再一次检查，项目经理发现完成了计划工作的 40%（见图 6-16）。

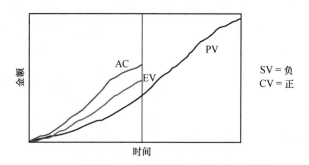

图 6-16　摇滚演唱会在第六个月的 EVM 状态

因此：

计划价值=1 100 000 美元

实际成本=1 300 000 美元

挣值=1 200 000 美元

计算成本偏差显示，CV 为 –100 000 美元（1 200 000 美元–1 300 000 美元，负值），

而 SV 为 100 000 美元（1 200 000 美元 –1 100 000 美元，正值）

在这种情况下，项目经理会疑惑在项目完成时，会超过预算多少。项目经理需要知道 EAC。首先，需要计算 CPI：CPI = EV/AC = 1 200 000 美元/1 300 000 美元=0.92。项目经理现在可以计算 EAC = BAC/CPI = 3 000 000 美元/0.92 = 3 260 869.56 美元。这表示，如果项目按前四个月的比例继续超过预算，则项目需要承受超过预算的 261 000 美元。

总结而言，项目超过预算但是比进度更快。

在项目的前九个月末尾的汇报

项目经理迫切地想知道项目的进展，并且收集了工作的挣值数据。在这个时间点，项目工作的 80% 已经完成（见图 6-17）。

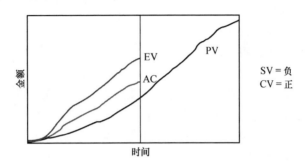

图 6-17　摇滚演唱会在第九个月的 EVM 状态

因此：

计划价值=2 250 000 美元

实际成本=2 000 000 美元

挣值=2 400 000 美元

SV=150 000 美元（2 400 000 美元–2 250 000 美元）

CV=400 000 美元（2 400 000 美元–2 000 000 美元）

这意味着项目开销远不到预算，并且略微超过了进度。

6.5　项目整合

项目整合涉及将项目管理的所有不同过程整合为一个有凝聚力的整体。项目经理的主要责任就是确保所有的过程都相互连接，从而打造一个完整且整合的最终结果。

项目经理协助创建项目章程，并且和项目团队一起制订项目管理计划。这包括：

- 确定合适的开发方法；
- 整合所有的项目计划活动；
- 按所需的紧急程度执行项目；
- 管理项目变更；
- 管理项目工件；

■　计划和管理项目收尾。

项目经理也需要引导人员确保交付商业价值。

6.5.1　项目整合的组成

《过程组：实践指南》列出了整合项目的七个过程：

■　制定项目章程；

■　制订项目管理计划；

■　指导与管理项目工作；

■　管理项目知识；

■　监控项目工作；

■　实施整体变更控制；

■　结束项目或阶段。

我们现在可以探讨这些过程如何整合项目绩效域的多个部分。

■　**制定项目章程**。该过程制定一个正式的文件，该文件许可项目的存在，给项目经理提供组织资源以完成项目，并且将干系人的预期和潜在解决方案的知识进行整合。

■　**制订项目管理计划**。项目管理计划定义执行项目必要的关键过程。它将在启动阶段和计划阶段创建的所有文件整合到一个文件中。项目管理计划包括用于项目、范围、进度和成本基准的项目管理过程，还包括子计划——比如需求管理计划、变更管理计划、配置管理计划和质量管理计划。这是一个总体的计划，在其制定和批准后，不应该在未经正式变更请求的情况下发生改动。这个过程要求多个过程的集成，比如定义范围、创建 WBS、制定进度等，如图 6-18 所示。

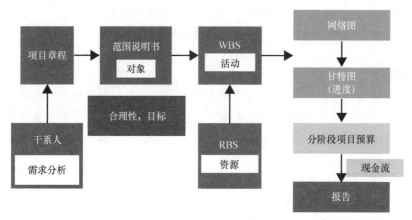

图 6-18　项目计划组成的整合

■ **指导与管理项目工作，以及监控项目工作。**项目经理现在需要监督由不同资源执行的工作。项目经理负责明确工作执行的方式，以及工作需要完成的时间。在发生延误的时候，项目经理需要考虑即将到来的任务，并且协调项目团队成员负责启动这些任务。在某些情况下，一个团队成员或者项目经理会直接监督工作的执行。项目经理和项目团队也负责监控执行的工作。具体而言，他们负责确保所有工作都被整合，从而生成一个具有凝聚力的输出。

6.5.2 实现项目整合

无论用何种开发方法，项目经理都负有一项首要责任：确保项目整合。这意味着要安排并将所有的项目内容组成到一起。举个例子，摇滚演唱会由以下有几个项目组成：

■ 外部供应商负责舞台搭建和灯光；

■ 乐队自带设备和扩音机；

■ 签约的食品供应商在会场摆摊；

■ 宣传活动积极营销；

■ 项目团队按进度完成工作；

■ 来自不同子项目的多个资源正在完成各种总体项目活动的可交付物。

项目经理必须牢记以上所有因素，包括干系人、截止日期、制约、风险、团队监督、范围蔓延和其他因素。这个协调就是项目整合。

整合在所有的不同活动、过程和资源交互的时候是必要的。团队的项目文档和可交付物必须被整合，以确保可交付物的一致性。擅长项目整合的项目经理能将来自不同资源、供应商和部门的多个任务做到看上去一致和统一，并且帮助项目实现其呈现的目标和期望价值。

6.6 总结

在本章中，我们聚焦在项目工作绩效域和项目交付绩效域，以及它们相关的几个组成。这覆盖了项目工作绩效域。该绩效域描述了进行项目工作的多个方面，包括采购管理、让干系人参与和管理项目沟通。

本章还覆盖了一些项目经理如何处理风险的重要方面，尤其是威胁和机会——项目经理会随着项目的进行一直面临这些问题。

另外，本章还讨论了项目经理如何确保项目按照预期交付——同时基于价值和质量设定预期，并且确保它们都能实现——即使这些目标会延伸到项目完成数年后。

最后，本章总结了项目整合如何帮助项目经理有效地协调项目的所有方面，从而确保项目会以令人满意的方式实现其目标。

备考任务

正如在第 1 章中提到的，你会有多种备考方式：本章的练习以及第 12 章。

6.7 回顾所有关键主题

本节会回顾本章所有重要的主题，这些主题在书中都会在页面的外边距以"关键主题"的图标表示。表 6-6 列出了这些关键主题，以及它们所在的页码。

表 6-6　　　　　　　　　　　第 6 章关键主题

关键主题类型	描述
图 6-1	项目工作绩效域
段落	计划和管理项目采购
列表	采购合同类型
列表	招标文件类型
段落	投标会议
段落	投标演练
段落	采购控制
列表和随后段落	涉及干系人管理的关键过程和干系人的五个参与等级
段落	三种提升干系人参与的解决方案
列表	有效项目沟通的关键要求
图 6-2	沟通模型
公式和解释段落	群体规模对潜在的沟通频道影响和项目中的沟通失效导致的风险
列表	一个典型沟通管理计划的内容
列表	项目风险管理的七个过程
列表	处理威胁的策略
列表	处理机会的策略
图 6-4	项目交付绩效域
段落	项目价值
列表	管理质量的三个过程
段落和列表	管理质量成本的方法
图 6-5	变更成本曲线
图 6-7	带有额外细节的因果图
段落	帕累托图

关键主题类型	描述
段落	控制图
段落	六西格玛
列表	三个定量预测的概念
列表	项目整合涉及的七个过程

6.8 定义关键术语

定义本章中以下名词，并将你的答案和术语表进行校对：

采购、计划采购管理、采购合同、工作说明书（SOW）、总价（FP）合同、成本加成（Cost+）合同、工料（T&M）合同、采购招标文件、竞标、信息邀请书（RFI）、建议邀请书（RFP）、报价邀请书（RFQ）、投标会议、投标演练、采购控制过程、索赔管理、索赔、沟通模型、沟通阻碍、沟通过滤器、沟通障碍、沟通频道、项目沟通管理计划、风险、项目交付、项目价值、质量、质量成本（COQ）、预防成本、评估成本、内部失败成本、外部失败成本、因果图（或石川图）、帕累托图、控制图、亲和图、散点图、流程图、六西格玛、完工偏差（VAC）、项目整合。

本章涵盖主题

- 何时使用适应型方法：该节描述需要决定管理项目方式时的关键考虑因素。

- 适应型项目中的团队结构：该节说明了如何构建和管理一个适应型方法团队从而获取高项目绩效。

- 适应型项目环境的需求：该节列出并解释了多个影响项目绩效的因素，还详细介绍了这些因素如何有助于创建一个富有成效的项目环境。

- 适应型项目的明显阶段：该节基于作者对适应型项目的观点，展示这些项目是如何推进的，完成各个阶段中会创建的工件，以及用于评估可交付物的特定方式和这些项目中对变更的调整。

- 敏捷生命周期：该节区别了项目的迭代和敏捷方法。

- 混合型开发方法：该节以适应型和预测型方法一般会如何结合以实现项目的最佳成果作为本章结尾。

第 7 章

规划、项目工作和交付：适应型方法

在本章中，我们会介绍用适应型方法管理项目的主要概念。出于结构化的考虑，我们描述了我们所认为的三个一般阶段，作为适应型项目的整体框架。

1. 概念阶段：该阶段会总结出一份愿景说明书和产品路线图。

2. 构建和交付阶段：该阶段由结构化的迭代和交付产品待办事项列表中需要优先处理的高价值功能组成。产品路线图引导需求的分解过程。

3. 收尾阶段：在交付了必要的产品待办事项列表中的项目和最终产品后，该阶段结束项目阶段或者整个项目。

在本章中，我们会提供一些场景，从而帮助你理解这种项目方法一般会涉及的内容。另外，我们同时概述了敏捷生命周期和混合型开发方法，并且基于特定的属性和基本原理对它们进行了区分。

> 注意：本章包含的项目管理信息、模板、工具和技术仅仅用于你的学习。在将这些知识应用于工作中的项目时，请谨慎使用。另外，尽管我们很仔细地将内容和 PMI 的考试内容大纲（Exam Content Outline，ECO）保持一致，但是并不保证成功读完整本书后学生会顺利通过 CAPM®考试。

在完成本章后，对于以下的领域和任务，你应该能够有所提升。

■ 领域三：敏捷框架和方法

　　o 任务 3-1：解释什么时候适合使用适应型方法。

　　　　对比采用适应型方法和预测型基于计划方法的项目的优缺点。

　　　　识别适应型方法对组织结构的适合性（比如虚拟办公、集中办公、矩阵结构、层级）。

　　识别能够促进使用适应型方法的组织过程资产和企业环境因素。

　　o 任务 3-2：决定如何计划项目的迭代。

　　　　区分迭代的逻辑单元。

　　　　说明迭代的优缺点。

　　　　将一个 WBS 转化为适应型迭代。

确定范围的输入。

解释适应型项目追踪的重要性，并和基于计划的预测型项目追踪进行对比。

o **任务 3-3：决定如何记录适应型项目的项目控制。**

识别用于适应型项目的工件。

o **任务 3-5：决定如何准备和执行任务管理步骤。**

说明一个适应型项目管理任务的成功标准。

在适应型项目管理中进行任务优先级排序。

7.1 "我是否已经理解这个了？"测试

"我是否已经理解这个了？"测试可以让你评估自己是否需要完整阅读这一章，还是可以直接跳到"备考任务"小节。如果你对自己就这些问题的回答或者对这些主题的知识评估有疑问时，请完整阅读整章。表 7-1 列出了本章的主题，以及它们对应的测试题目题号。你可以在附录 A 找到答案。

表 7-1　　　　"我是否已经理解这个了？"主题与题号对应表

基础主题	题号
何时使用适应型方法	3,7,10
适应型项目中的团队结构	2,6
适应型项目环境的需求	4,9,11,15
适应型项目的明显阶段	12,13,14
敏捷生命周期	5
混合型开发方法	1,8

注意：自测的目标是评判你对本章主题的掌握程度。如果你不知道某题的答案，或者对答案不确定，你应该将该题标为错题，从而更好地进行自测。将自己猜对的题认为是正确，这种做法影响你自测的结果，并且可能会给你带来错误的自我评估。

1. 在你的项目中，你先建立了第一个阶段，在该阶段中，任务可以被简单地定义、预估和执行。在第二个阶段，任务会以四种迭代的方式进行。第三个阶段有非常具体和关键的顺序，引导产品的发布。这意味着你最后可能使用以下哪种项目管理方法？

   a. 适应型
   b. 构建型
   c. 混合型
   d. 预测型

2. 如果一个项目团队由在某些特定领域有很强专业能力的成员组成，他们还同样能够为项目的大部分其他领域提供一些支援，那么该团队的结构是什么？

   a. U 形

   b. T 形

   c. L 形

   d. V 形

3. 项目范围的稳定度是确定项目管理方法的哪个标准组考虑因素的一部分？

   a. 基于项目

   b. 基于组织

   c. 基于用户

   d. 基于结果

4. 产品设计的项目团队大部分由组织中的初级成员组成，他们对一起工作很有热情，但是很少接触到敏感设备设计中通常会涉及的问题。以下哪种项目方法是和这类团队成员一起最为成功的？

   a. 独裁

   b. 预测

   c. 适应

   d. 参与

5. 在一个适应型项目中创建产品发布计划之前，以下哪一个是必须已经被创建的？

   a. 产品待办事项列表

   b. 迭代规划

   c. 日常任务规划

   d. 产品愿景文档

6. 在什么情况下，适应型项目的效果最佳？

   a. 团队成员能担任不止一个角色

   b. 团队成员都只担任一个明确的角色

   c. 团队成员由团队领袖一步接一步引导

   d. 团队成员的输入被限制，从而避免混淆

7. 如果你的项目进度是基于确定的里程碑，而且你的干系人坚持表示这些里程碑的日期是很关键的，因为正在为你的可交付物的发布进行许多外部安排。那么你应该选择哪种项目方法？

   a. 保守方法

   b. 预测型方法

   c. 创新型方法

d. 适应型方法

8. 以下哪个词的意思，是指开发团队内部对如何使用户故事、功能或可发布的产品可增量的共识？

a. 故事点

b. 完成的定义

c. 回顾

d. 质量点

9. 在《敏捷宣言》中，"响应变化重于遵循计划"原则意味着适应型观念_____。

a. 聚焦于确保客户满意最终产品，即使没有按照最初产品计划的每个细节

b. 如果项目计划看上去不能满足客户的要求，则允许项目团队抛弃该计划

c. 聚焦于确保客户满意，不惜任何成本或者时间

d. 表明制订计划是对项目的成功几乎没什么帮助的一种行为

10. 你的老板委派给你一个小部件开发项目，并且提醒你，在你的组织中，在整个项目进行过程中发生数次变更是很常见的，所以你应该在你的项目管理中负责这些事宜。你最可能选择哪种项目方法？

a. 保守型方法

b. 预测型方法

c. 创新型方法

d. 适应型方法

11. "服务型领导"这个词表达了哪种概念？

a. 项目经理承诺遵循适应型团队的集体要求，从而实现其愿景的成功成果

b. 项目经理专注于招募和入职第二层级的初级团队成员，从而让高级团队成员聚焦于他们的项目工作

c. 项目经理承诺教导团队，并解决团队成员的需求

d. 项目经理识别更多项目的首要干系人，并将团队推向一个更为"服务"的角色，从而获得干系人对项目的支持

12. 适应型项目中的团队在哪个方面和预测型项目中的项目章程不同？

a. 团队章程定义了明确的项目愿景以及识别高层级干系人

b. 团队章程强调团队成员的协议和行为，而不是项目团队的具体层级组织

c. 团队章程是规划、组织和交付产品的在实施且持续演化的工具

d. 团队章程强调项目团队具体的层级结构，而非团队成员的协议和行为

13. 适应型项目的预测方法要求用户故事根据复杂性、规模和哪一项第三属性进行评估？

a. 不确定性

b. 时间

  c.　范围

  d.　成本

14.　如果你正处于适应型项目的回顾之中，那么你最有可能已经完成了以下哪一件事？

  a.　创建产品需求的高层级视图和交付时间框架

  b.　项目或者阶段的收尾

  c.　改进待办事项列表

  d.　交付收益

15.　当描述适应型项目团队的文化时，以下哪一个是赋能的最佳描述？

  a.　项目团队成员感受到，他们有权就工作方式做出决策，其绩效优于那些受到微观密切管理的项目团队成员

  b.　项目团队能够根据环境和情况调整工作方式，会使工作更加有效

  c.　成员相互信任的团队愿意付出额外的努力来取得成功

  d.　项目团队因开展的工作和所取得的绩效而获得认可，更有可能继续取得出色绩效

基础主题

7.2　何时使用适应型方法

  使用适应型方法的主要考虑因素可以从以下关键问题的答案中获得。

- 需求是否复杂？它们会包含风险吗？举个例子，你可能需要尝试新的设计并分析它如何运作。
- 你需要从客户处获得早期反馈吗？如果是，你可以先发布部分功能给客户，从而获取他们的反馈和观点。
- 组织是否愿意接受适应型方法所需的灵活性和风险承受能力？无论是项目团队成员，还是组织的高层领导都必须愿意培养、适应以及改变他们现有的文化，从而让文化支持适应型思维方式和方法。

  适应型方法源自于对灵活结构的需要，从而开发和部署软件项目。随着时间的推移，适应型方法也被整合进了除了软件开发之外的所有类型的项目领域中。然而，正如我们从本书开始所探讨的，我们并不建议某种方法或者方式比其他"更好"，相反，根据给定的情况，某种方法或者方式可能会更好。为了辅助决定是否使用适应型方法，《PMBOK®（第七版）》在 2.3.4.1 节中列出了可以分为三种类型的 15 条决策标准。

- 产品、服务或结果：描述项目预期生产的输出的属性。
- 项目：描述项目管理配置中的具体属性。
- 组织：描述项目的组织结构属性。

  图 7-1 说明了这些分类，而表 7-2 ～ 表 7-4 列举了每一类中的标准。

基于结果的标准

- 创新程度，交付选项方案；
- 需求确定和范围稳定性；
- 风险、安全需求和法规

基于项目的标准

- 干系人；
- 进度制约因素；
- 资金可用情况

基于组织的标准

- 组织结构、文化、组织能力；
- 项目团队的规模和所处位置

图 7-1　方法选择的标准组

关键主题　表 7-2　　　　　方法选择中基于产品、服务和结果的标准

属性	适应型方法	预测型方法
创新程度	创新度高的可交付物的理解不足，并且需要随着时间完善理解	项目会涉及有所增加的创新度，因为项目范围是已知的
需求确定性	完整的需求在启动阶段是未知的	需求在启动阶段已知
范围稳定性	范围在项目实现中有很大可能发生改变	范围相对而言非常明确，同时不怎么可能发生重大改变
变更的难易度	可交付物能轻易适应变更	可交付物的性质决定了在后期阶段很难进行改变
交付选项方案	适应型方法可以有多种可交付物	在项目的末尾有单点的交付
风险	高风险可以通过模块设计和开发进行缓解	因前期的高风险，要求前期投入大量精力进行规划
安全需求	有需要提前了解的严格安全保障的要求	可能有详细的前期规划
法规	如果有需要遵循法规的情况,那么适应型方法可能不太适用	可能有详细的前期规划

关键主题　表 7-3

属性	适应型方法	预测型方法
干系人	干系人会在项目执行中担任积极的角色（比如产品负责人）	一些主要干系人并不一定直接参与项目
进度制约因素	要求短期、部分迭代的交付	进度基于固定的里程碑，并不允许有灵活性
资金可用情况	可能有灵活的资金	资金基于固定的预算,和政府合同一样

关键
主题　表 7-4

属性	适应型方法	预测型方法
组织结构	组织结构，比如扁平的层级结构，可以在组织适应型项目的适合调整适应特定的情况	会有具有官僚流程的严格的组织结构来组织项目
文化	所组织项目的组织文化是一种活力型文化	所组织项目的组织文化是一种层级型文化
组织能力	高级管理层支持适应型思维方式，并且组织环境需要被变更以支持适应型方法	项目的组织环境，包括政策、法规、工作方式等都被定义，并且不会因为具体的项目而调整
项目团队的规模和所处位置	团队规模和成员数量会被限制在 5～9 人，并且团队成员集中办公	会有许多临时的团队成员，比如特定的任务专家会同时参与在多个项目中。一些团队成员或者个人并不在同一地点。会有虚拟团队结构的需要

　　这些标准不应该分割地看，应该多个标准相结合，从而确定是适应型方法还是预测型方法更有效。

　　要回顾适应型方法的功能以及它何时能成功，可以考虑以下在《敏捷实践指南》中描述的方面。

- **可确定的工作**。团队需要详细的计划，了解交付什么以及如何交付。当其他潜在变更受到限制时，这些项目就会成功——举个例子，当需求变更时，项目团队成员修改团队交付的结果。团队领导的目标是尽可能减少预测型项目的变更。
- **可确定的制约**。团队在项目开始创建详细的需求和计划时，可以阐明像范围、进度和预算等的制约。
- **风险承受**。预测型项目强调有效的、顺序的工作，并且通常不会在项目结束前交付商业价值。如果遇到变更，或者技术解决方案变得不再简单明了（技术风险），预测型项目将产生意想不到的成本。组织必须愿意接受这种风险。

如图 7-2 所示，我们可以将这些因素表达为不确定性的公式。

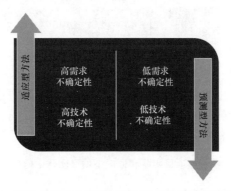

图 7-2　和适应型方法与预测型方法相关的不确定性因素

如果用预测型方法，那么会在执行阶段前完成详细、完整的项目计划。适应型方法会持续规划，通常聚焦在每次迭代的开始。

如图 7-3 所示，在预测型项目中，范围是一个关键的制约。范围一开始就被固定，因为它相对而言非常明确，并且会控制巨大变更的发生。在适应型项目中，时间和资源是固定的制约。在适应型项目中，范围很有可能在项目的实施中发生变更。这样的变更通常都在预期之中，因为适应型方法涉及对范围的优先级排序，而那些被客户认为不那么有价值的功能经常会为更高优先级的功能做出牺牲。

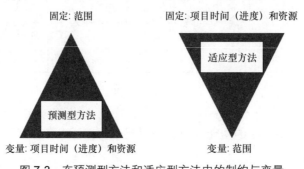

图 7-3　在预测型方法和适应型方法中的制约与变量

7.3　适应型项目中的团队结构

在预测型方法中，团队成员都被分配了明确的角色。举个例子，商业分析师或者系统分析师的角色会被明确地记录在预测型项目中。然而，如图 7-4 所示，适应型项目会更强调跨职能的团队角色，需要团队成员共同承担任务的责任。

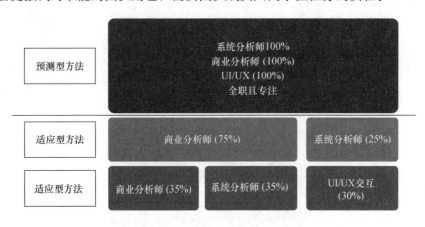

图 7-4　预测型项目团队和适应型项目团队中角色的灵活性

在适应型方法中，团队会跨职能，也会被称为 T 形。团队成员在他们的主要任务和执行其他任务的效率方面，即使不算优秀，也至少都是突出的。相反，在预测型方法中，每个团队成员都是特定领域的专家。举个例子，图 7-4 中显示，有三个团队成员是系统分析、商业分析和 UI/UX 交互设计的专家。T 形技能的团队优势在于他们更擅长展示集群行为：集群可以推动团队在更高层级合作，从而更高效地解决问题。

7.4　适应型项目环境的需求

在本节中，我们会讨论适应型项目对环境的需求，从而能够让适应型项目成功地被交付。我们会考虑多个能够让适应型方法从组织角度相契合的特性。

当适应型方法被用于项目管理时，无论是组织还是项目团队，都愿意通过探索去学习，从而完全拥抱客户驱动的变革。客户是决定优先级和制约的中心人物。当使用适应型方法管理项目的时候，营造正确的文化是成功的关键。

> **注意：**你可能在 CAPM®考试中看到变更驱动方法相关的问题。如果你看到了这样的问题，则将它们理解为适应型项目管理。

以下是适应型项目环境的主要需求：

- 适应型的思维方式；
- 服务型领导；
- 适应型团队的结构和文化。

7.4.1　适应型的思维方式

在 2001 年发布的《敏捷宣言》被广泛地认为是让适应型方法引起大量关注的里程碑。它作为一系列对计算机软件开发的运营原则被介绍。《敏捷宣言》不仅结构简单，还语言精简。它引入了四个价值：

- **个体和互动**而不是流程和工具；
- **工作的软件**而不是详尽的文档；
- **客户合作**而不是合同谈判；
- **响应变化**而不是遵循计划。

第一眼看上去，这些原则似乎表示左侧加粗的词被认为比右侧的词本质上更好。然而，组织知道这并非是其真正意思，而且也不是现在大部分组织应用适应型方法的方式。本质而言，《敏捷宣言》提出的是一种妥协，强调需要将左侧的内容作为起点——也就是从根本上建立适应型的思维方式，如图 7-5 所示。

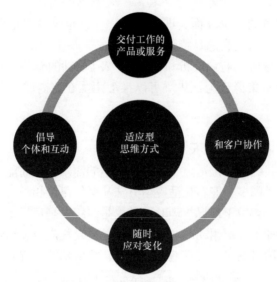

图 7-5　适应型思维方式的组成

接下来，让我们基于《敏捷宣言》中列出的四个原则，探讨一下适应型思维方式的具体内容。

个体和互动而不是流程和工具

该价值致力于解决过去软件开发者面临的问题，因为他们经常无法，甚至不被允许，直接和用户或者用户组代表进行沟通。他们必须遵循一定的流程来询问问题或者进行建议。许多项目曾经因为沟通不足，工作流步骤聚焦错位或者要完成某种特定格式而失败——何况，现在依然有项目因为这些问题而失败。因此，为了理解需求并交付能够代表组织良好价值的产品，聚焦于人和沟通，并和潜在用户的其他互动是至关重要的。

另外，团队越深入分析一种方法，越有可能倾向于定义这种方法并让它复杂化。然后，团队可能到达一种让过程或者工具开始支配组织的地步。如果团队最终让步于那些书上说的必须做的事，以及书上说如何进行的方式，那么这个团队就会提高任何项目的管理费用等级。团队可能只是因为书上说必须那么做，就将某些过程和工具引入项目，而非具体的项目会从那些过程和工具中受益。很快，这个团队即会因为时间不足或者团队缺乏资源而否决建议。在项目管理中，如今的标准是调整、适应、裁剪和聚焦。这条原则尝试通过重点关注正确的时间、正确的人、正确的资源或信息，从而他们能用正确的方式做正确的事，以打破障碍。

工作的软件而不是详尽的文档

文档是软件开发和维护中重要的组成部分，但是太多的文档会非常耗时，并且不会为用户或者**产品负责人**创造价值。最后要用的是被创造的软件，因此有限的人力资源应该被分配去处理软件，并减少对文档的关注。

将这项原则扩展到软件开发项目之外，如果一个团队因为计划或者执行项目的文档而被妨碍，那就会降低可交付物（无论它是什么）的价值。因此，该原则建议应用低开支的精益管理模式，并在真正需要的时候适当地聚焦于记录追踪和授权，但是主要重心依然在项目可交付物上。

客户合作而不是合同谈判

在许多情况下，不断地诉诸合同和变更合同会成为障碍，并且减慢开发的过程。在最糟糕的情况下，它会导致冲突和失去信任。尤其是对那些无法在规划阶段就完全被定义的项目，对更好地理解客户的需要并定义更好的需求从而产出更高质量的可交付物而言，和客户合作是必要的。

响应变化而不是遵循计划

对于那些没有完全被定义，或者无法在开始的时候进行定义的项目而言，变更是不可避免的。在这类项目中，强制要求制订详细的计划可能导致出现阻止创造和交付价值的障碍。计划应该提供一个广泛的方向，但是聚焦点应该放在项目实施中，如何随着组织的学习过程进行恰当的变更管理。

7.4.2　服务型领导力

在《PMBOK®指南（第七版）》的 2.2.1.2 节中提到，项目经理需要基于组织结构的类型或者开发方法，来展示一系列领导力的竞争优势。在实施适应型项目的时候，项目经理需要改变他们作为项目中作为控制/命令的中心位置的思维方式。在一个频繁发生变更的环境中，开发团队经常依赖项目经理在组织中的资源、支持和政策辅助，才能更快地做出决策并成功实现项目目标。在这种类型的角色中，项目经理是一名服务型领导，承诺教导团队，并促使团队进行更好的协作。服务型领导是一种聚焦在理解和处理项目团队成员需要从而最大化其绩效的领导力。

服务型领导强调通过专注于以下问题激发项目团队成员的最大潜力。

- 项目团队成员有个人成长吗？
- 项目团队成员是否变得更健康、更聪明、更自由和更自主？
- 项目团队成员是否更有可能成为服务型领导？

服务型领导者在可能的时候允许团队自组织，同时通过将合适的决策机会传递给项目团队成员以增强团队的自治程度。

服务型领导行为包括以下内容。

- **消除障碍**。由于是项目团队创造了大部分商业价值，因此，服务型领导者角色的关键在于通过消除进展中的障碍因素，最大化地交付商业价值。这包括解决问题和消除可能妨碍项目团队工作的障碍。解决或缓解这些障碍因素可以让项目团队更快地向企业交付价值。

■ **避免分心**。服务型领导者会使项目团队免受内部和外部分心之事的影响，这些分心之事会使项目团队偏离当前目标，时间碎片化会降低生产率，因此使项目团队免受非关键外部需求的影响有助于项目团队保持专注。

■ **鼓励和发展**。服务型领导者提供相关工具和鼓励，让项目团队保持满意度且工作富有成效。了解激励项目团队成员个人的因素，并想方设法奖励他们的出色工作，都有助于使项目团队成员保持满意度。

7.4.3　适应型团队的结构和文化

相比预测型基于计划的开发项目一般倾向于有层级、中心化的管理领导方法，适应型方法倾向于分布式管理和领导的方法。通过中心化管理，项目管理活动有时候会在项目管理团队中共同承担，而项目团队成员负责完成工作。在某些情况下，项目团队可能自组织完成项目。相比于有一个被指定的项目经理，项目团队中的某个人会充当促进沟通、协作和参与的引导者。此角色可能由项目团队成员轮流担任。

当下，项目的现实情况是，团队经常都是分布式的，而不是在一个单独有凝聚力的层级中。即使团队集中办公，也可能由来自不同组织部门的资源组成。适应型方法天然地匹配这种完全不同的团队一起实现单一目标的现实情况。项目经理的一个挑战就是定义和管理在这样的团队中进行交互的方式。

《PMBOK®指南（第七版）》的 2.2.3 节中解释道，如果要让适应型项目成功，就有必要有一支被赋能的、高效的项目团队，如图 7-6 所示。

图 7-6　精心构建的高绩效项目团队

以下几个因素有助于提高项目团队的绩效。

- **开放式沟通**。在可促进开诚布公而安全地沟通的环境中，人们可以举行富有成效的会议，解决问题，开展头脑风暴等活动。它也是共识、信任和协作等其他因素的基石。
- **共识**。大家共享项目的目的及其将带来的收益。
- **共享责任**。项目团队成员对成果的主人翁意识越强，他们表现得就越好。
- **信任**。成员相互信任的项目团队愿意付出额外的努力来取得成功。如果人们不信任自己的项目团队成员、项目经理或组织，他们就不太可能去做额外工作以取得成功。
- **协作**。项目团队相互协作与合作，而非单打独斗或彼此竞争，会产生更加多样化的想法，最终会获得更好的成果。
- **适应型**。项目团队能够根据环境和情况调整工作方式，会使工作更加有效。
- **韧性**。出现问题或故障时，高绩效项目团队可以快速解决。
- **赋能**。项目团队成员觉得自己有权就工作方式做出决策，其绩效优于那些受到微观密切管理的项目团队成员。
- **认可**。项目团队因开展的工作和所取得的绩效而获得认可，更有可能继续取得出色绩效。即使是表达赞赏这样的简单举动，也能强化积极的团队行为。
- **集中工作**。为了促进开放式沟通的速度和丰富性，并促进共识、责任、协作和适应性，最好在适应型方法中支持集中办公的模式。这样做会产生更为紧密的联系，并且鼓励团队成员相互信任。
- **有限的团队规模**。适应型团队规模都较小，一般由不到九人组成。经常能见到七人组成的独立团队——产品负责人、项目经理/Scrum 主管和五个开发者——致力于自主且互不相连的项目功能。
- **经验丰富的团队成员**。有经验的团队可以优化价值流。有经验的项目团队显然有多个好处。在《敏捷实践指南》4.3 节中指出，有经验的团队成员更倾向于做以下的事情：
  - o 合作；
  - o 定义更为稳定的项目目标；
  - o 制定更为可靠的预测并遵守截止日期；
  - o 更有效地完成有价值的工作；
  - o 更少地浪费时间，因为他们不需要进行多任务处理，也不需要重建关联性；
  - o 可以更高效且有效地在团队内部，以及和干系人之间进行沟通；
  - o 识别和评估主要项目风险。

拥有经验更为丰富的成员的项目团队倾向于理解其客户的细微差别与愿景、组织的行政结构、项目可交付物的巨大战略价值、涉及给定的组织领域的工作过程与技术和特定领域先前的开发历史——所有的这些都能让团队更善于实现项目的目标，而非只是完成特定客户或者产品负责人的要求。

7.4.4 价值驱动的交付

成功的项目必须提供商业价值，并且交付在商业论证中被定义，以及在收益计划中被记录的收益。如果一个组织支持价值驱动的交付，并且能坚持执行《敏捷宣言》中的核心原则和价值驱动的方法，那么就能成功地使用适应型方法，如表 7-5 所示。

所有类型的项目，包括合规和非营利项目，都会产生商业价值。适应型项目非常适合价值驱动的范式——我们可以标记为"早期交付客户想要的东西"的范式。客户价值优先级排序、经过风险调整的待办事项列表、产品路线图和增量交付都是适应型价值驱动方法中特有的。其交付节奏的概念包括了项目的节奏，即生成可交付物的频率。在应用适应型方法的过程中，节奏在产出最终产品的版本的迭代中是很明显的。

"时间盒"这个词的意思是指在特定的时间框架内，需要完成哪些工作。在适应型项目中，适应型团队会将每个冲刺定义为整个项目时间框架中的一部分，以及这个时间段中需要完成的具体工作。

 表 7-5　　　　　支持价值驱动方法的核心原则的总结

核心原则	价值驱动方法
基于价值的优先级排序	基于客户价值的优先级排序很重要。 需要辨别在有限的时间里，应该做的事和不应该做的事
交付节奏	时间被视为一种限制性制约。 时间盒为所有干系人合作和贡献提供了节奏。 交付会从早期就开始，并且持续进行
迭代和增量交付	需要有证明和验证需求的机会。 客户未必能够在项目开始就识别所有的需求
自组织	适应型团队被赋能。 在变更驱动和时间盒的项目环境中，团队需要快速应对机会和挑战

7.5 促进适应型方法的因素：OPA 和 EEF

《项目管理标准》第二章"价值交付系统"引入了有关组织过程资产（Organizational Process Assets，OPA）和事业环境因素（Enterprise Environmental Factors，EFF）的讨

论，两者都会极大地影响项目的绩效。无论是预测型还是适应型方法，都会被 OPA 和 EEF 所影响。

组织过程资产（Organizational Process Assets，OPA）是所有组织在管理项目中使用的隐含资产，包括模板、商业计划、过程、政策、协议和知识。这些资产来自于已经完成的项目或者任何组织中的记录。这些资产归属于 OPA 组的"流程、政策、程序和公司基础知识"。在适应型项目中，来自主题专家（Subject Matter Experts，SME）的 OPA 是很重要的。和有经验的团队以及成功完成过适应型项目的 SME 的沟通，会因为能够获得洞察，所以也非常有价值。

另外，《项目管理标准》的 2.4 节"项目环境"介绍了**事业环境因素**（Enterprise Environmental Factors，EEF），其定义为"团队不能直接控制的，将对项目、项目集或项目组合产生影响、限制或指导作用的各种条件"。存在两种类型的环境因素：内部环境和外部环境。

内部环境（《项目管理标准》2.4.1 节）

内部环境因素是指企业内部，来自于企业自身的因素。例子包括项目集、项目组合、另一个项目或者内部知识、工件和实践的组合。这类知识由之前项目的经验教训和完成的工件组成，包括：

- 组织过程资产，比如工具、方法论、方法、模板、框架或者 PMO 资源；
- 治理政策和过程，包括安全和安保的程序与实践；
- IT 资源、组织文化和结构、资源以及基础设施，包括它们的地理分布与它们的功能和能力。

外部环境（《项目管理标准》2.4.2 节）

外部环境因素是指可能增强、限制项目成果或对项目成果产生中性影响的因素。例子包括：

- 市场条件、监管环境、社会和文化影响、商业数据库和行业标准；
- 政治气候、地域风俗和传统、公共假日和事件、行为规范、道德和观念；
- 学术研究示例，比如行业研究、出版物和标杆对照结果。

EEF 可以影响组织、项目、产品和成果。一些 EEF 要素在项目团队控制之外（比如政治或者金融气候）。但是其他的要素，比如项目治理、可用技能或者风险态度，都是在其影响之中。将这些因素进行改变以采用适应型方法绝不是一件简单的任务。许多组织的工作文化和治理方法已经是预测型基于计划的方法的产物。

以下是一些促进使用适应型方法的 EEF 示例：

- 治理结构必须支持在短期迭代下的快速部署功能；
- 项目团队被鼓励进行创新、承担风险，甚至如果需要，可以快速失败；
- 适应型团队被高度赋能。然而，这样的团队应该和组织保持一致或者兼容。

尤其是权力大的干系人的利益必须被考虑到，并且这些干系人应该参与其中。

> 注意：本章中，我们使用"产品"这个词表示任何类型的可交付物，包括项目服务。

7.6 适应型项目的明显阶段

在实施适应型项目的时候，并没有正式的生命周期和过程以减少文档和流程。相反，适应型项目的重点是迭代和完成工作。但无论如何，即使是适应型项目在交付产品的时候，也需要完成一些共有的阶段。虽然几乎没有标准或者命名这些阶段的推荐方法，但我们看到了三个比较明显的阶段：

1. 概念；
2. 构建和交付；
3. 收尾。

构建和交付阶段包括增量交付由产品负责人进行了优先级排序的工作的迭代。它同样包括了向干系人进行演示，以及从客户获取反馈，如图 7-7 所示。

工作增量周期性地交付给客户

图 7-7　适应型项目的总体阶段

我们相信，用这种方式思考适应型项目，能帮助你将适应型项目和所有项目的基础概念关联起来：每个项目都是临时的行为，有明确的开始和结束，产出独特的可交付物。

表 7-6 扩展了这些适应型项目的阶段，来显示每个阶段有哪几种活动，以及在这些活动中项目团队创建了哪些典型的工件。

表 7-6　　　　　　　　　　适应型项目阶段：活动和工件

适应型阶段	活动（反复进行）	工件（随着被发觉而更新）
概念	■ 发起人在审阅商业论证后制定章程。 ■ 产品负责人明确产品愿景。 ■ 创建对产品需求和交付时间框架的高层级总览。 ■ 获取资源并组建适应型团队。 ■ 提供适应型实践的教学并测定组织的准备情况	■ 项目章程； ■ 产品愿景文档； ■ 高层级的需求组合（包括史诗故事和主题）； ■ 产品路线图

续表

适应型阶段	活动（反复进行）	工件（随着被发觉而更新）
构建和交付	■ 计划、构建和执行迭代。 ■ 收集需求。 ■ 估算人力。 ■ 创建优先级排序的待办事项列表。 ■ 创建交付迭代的时间表。 ■ 创建迭代目标和完成迭代的任务。 ■ 检查迭代的结果。 ■ 将增量发布给客户。 ■ 从迭代中总结经验教训。 ■ 改良待办事项列表。 ■ 测量和监控每个迭代	■ 产品发布计划； ■ 用户故事； ■ 产品待办事项列表； ■ 迭代计划； ■ 每日任务计划； ■ 展示结果； ■ 回顾结果； ■ 控制图——包括速度图、燃尽图和控制图； ■ 最小可用产品（增量）
收尾	■ 交付收益。 ■ 项目或者阶段收尾	■ 最终产品

在表 7-6 中显示的阶段涉及将审查和调整活动作为指导原则：在每个迭代后，根据客户的利益和组织的目标，检查结果（审查）并对需求和待办事项列表进行变更（调整）。图 7-8 总结了这些阶段和它们的工件，以及它们如何从逻辑上互动，即使是在构建和交付阶段涉及的迭代。

图 7-8　适应型项目阶段的逻辑流

7.6.1　阶段 1：概念

　　概念阶段是项目的启发阶段，如图 7-9 所示。它要求和业务团队、开发者和客户紧密地合作。在这个阶段，干系人（一般被称为产品负责人）会和项目发起人合作，提供需求的详细信息，并且创建最终产品的愿景说明书。该工件的重点在于商业利益和整体项目的范围。需求并不需要非常详细，因为它们会在之后的阶段中被修改。

图 7-9　适应型项目的概念阶段

团队和组织应该在项目的此阶段考虑使用协同软件。被广泛用于预测型项目中的协同软件产品正在越来越多地被调整并增加新的功能，以支持适应型项目。这类软件的一个关键需求在于，它们应该能够支持共享库的使用，从而让整个团队和组织里的干系人能一起合作并保持一致的目标。

愿景说明书

在适应型项目中，愿景应该非常简单，不需要具体的细节。即使是一个复杂的项目，它的愿景说明书也可以很简单。《PMBOK®指南（第七版）》的 2.2.4.1 节中表示，项目愿景简明、扼要地总结了项目的目的。它以现实且有吸引力的观点描述了未来的项目成果。除了简要描述理想的未来状态之外，愿景也是一个强大的激励工具。它提供了一种为项目预想目标赋予激情和意义的方法。共同的愿景有助于让人们朝着相同的方向前行。当团队成员专注于日常工作的细节时，明确理解最终目标有助于指导当地决策，从而实现预期的项目成果。

愿景说明书需要和干系人合作制定，并且应该能够回答以下这些问题：项目的目的是什么？项目工作成功的定义是什么？项目团队如何知道自己偏离了愿景？良好的愿景应该清晰、简明和可行，并且应该：

- 用强有力的词句或简短的描述对项目做出概括；
- 描述可实现的最佳成果；
- 在项目团队成员脑海中形成一幅共同的、有凝聚力的画面；
- 激发人们对实现成果的热情。

有多种常见类型的愿景格式。我们描述其中三种。

- **电梯说明。**假设你在前往一个会议的途中走进了电梯，同乘电梯的一个干系人向你询问项目的情况。在 30 秒内，你应该能够告诉干系人项目的目的和可实现的最佳成果。
- **新闻稿愿景说明书。**一个和电梯说明相关的方法是新闻稿愿景说明书。在这种方法中，你假设产品现在已经可用，并且推测新闻媒体该如何描述该产品。
- **产品愿景板或项目数据表。**产品愿景板或项目数据表回答以下一些问题。

1. 项目的目的是什么？
2. 目标群体是什么？
3. 收益有哪些？
4. 可实现成果是什么？

愿景说明书构成了创建产品路线图——这一包罗万象的文档——的基础。

产品路线图

产品路线图描绘了产品的愿景、方向、优先级和随着时间而发展的进程。它让你可以设计并可视化最终产品中的功能。创建一个产品路线图时，产品负责人需要从所有干系人处收集需求，尤其是内部和外部的客户。另外，商业分析师在生成需求文档的过程中（会在第 10 章商业分析框架和第 11 章商业分析领域中详细描述）扮演了必要的角色。该需求文档会引入有暂定发布日期的高层级产品路线图。

产品路线图是一个在计划、组织和交付产品过程中有生命力般不断演化的工具。产品负责人负责给团队提供所有必要的产品相关信息。团队会将路线图作为每日工作的指导，并探索产品未来的功能。

记住以下和产品路线图有关的内容。

- 发布必须易于理解，并且减少细节。
- 路线图需要灵活性。
    - 允许产品负责人引入无序的发布。
    - 针对某个特定发布中的功能应该是可调整的。
    - 如果目标是压缩项目时间线，每个发布都应该能够让不同的团队同时工作。
    干系人绩效域和团队绩效域都在这个阶段有着重要的作用。

干系人绩效域

为了阐明项目章程或者制定愿景说明书，你必须首先识别干系人。这是项目中很关键的一步。通过和项目经理或产品负责人合作，项目发起人会定义出明确的项目愿景，然后进行高层级干系人的识别。高层级的干系人必须在项目团队组建之前被识别，但是干系人需要在整个项目中参与。

团队绩效域

团队绩效域的目标是创建高绩效域的项目团队。如第 3 章组织项目绩效中所描述的，有多个因素有助于打造高绩效项目团队。

适应型方法和预测型方法一样受益于章程。在适应型项目中很常见的团队章程包括了团队如何执行他们的工作。项目发起人可以通过章程减少风险和改善沟通。对于有经验的项目团队和小型项目，愿景说明书应该能够快速启动迭代过程。

退出概念阶段

《PMBOK®指南（第七版）》中提供了敏捷项目中的概念阶段和其他阶段的相关性：

此阶段的进入标准是：商业论证已获批准，而且项目章程已获审批。这一阶段将制定高层级路线图，确定初步的资金需求，定义项目团队和资源需求，制定里程碑进度规划及采购战略规划。这些可交付物应在推出启动阶段之前完成。退出标准将在初始阶段关口审查会议上进行审查。

7.6.2　阶段 2：构建和交付

如图 7-10 所示，构建和交付阶段的关键活动是任务规划，比如分解需求，预估人力，将需求根据优先级编排入待办事项列表以及决定交付迭代的时间表。

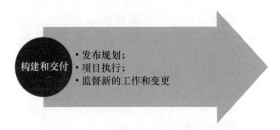

图 7-10 适应型项目的构建和交付阶段

你可以发现这些活动涉及了规划绩效域。

规划绩效域

适应型项目的规划绩效域活动最适合总结为以下内容：

- 收集并分解需求；
- 预估所需人力；
- 创建基于优先级的产品待办事项列表；
- 创建迭代交付的时间表（该过程又被称为发布规划）。

图 7-11 图像化地说明了适应型项目中的过程流。

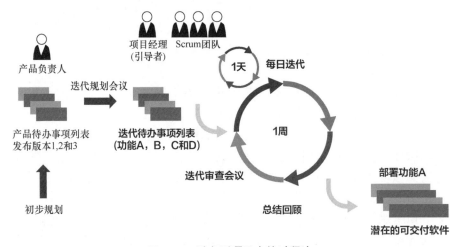

图 7-11 适应型项目中的过程流

收集和分解需求

使用迭代或者增量方法的项目会有高层级的主题，比如网站安全，又或者**史诗**，比如活动报名——这些都能被分解为特性，然后这些功能会被进一步分解成**用户故事**。

每个用户故事都传达了一个简单的操作。用户故事都足够轻量，并且能够在一个迭代中实现。

制定发布规划

规划适应型方法在许多方面都是独特的。举个例子，适应型方法涉及高度的客户参与度与用户需求变更，其结果就是迭代型结构。整个团队的焦点在于总是识别和交付最有价值的功能。这被称为交付**最小可行产品**（Minimum Viable Product，MVP），其本质上就是识别最少数量的可运作且可用的功能或者需求。另外，需要分辨迭代开发的概念和增量开发的概念。**迭代开发**是一种聚焦于初步的、简单实施的开发方法，会在之后有一步步增加功能的细致工作，直到完成最终的可交付物。**增量开发**聚焦于在完成最终可交付物之前，通过连续的增量发布完全可运作的功能。产品负责人会创建一个发布规划，从而建立迭代。该规划描述了产品功能发布的高层级时间表。适应型项目会有多次发布，高优先级的功能会率先发布。产品负责人会和团队合作，在每一次发布的开始创建发布规划。那些独特、显著、有风险或者新奇的工作会有更高的优先级，以在项目开始时和在大量投入发生前，减少和项目范围有关的不确定性。

产品路线图一个重要的成果是创建产品待办事项列表。该文件包含了每个迭代的特性、可交付物和需求。在每个迭代的开始，团队会参考产品待办事项列表以识别特性并处理任务。

创建产品待办事项列表

带有垂直层次的用户故事能构成一个良好的产品**待办事项列表**。举个例子，用户故事可以表述如下："作为一名参会者，我想注册研讨会。"重要的是，不要用任务来填满待办事项列表，而是应该用用户需求或者特性。像 WBS 工作包这样详细的任务相关活动也不应该出现在产品待办事项列表中。

识别产品需求并且将其进行优先级排序涉及估算这些需求所需要的人力规模。

用故事点估算人力投入

有一些独特的方法可以用于对适应型项目进行估算。以下的定义和适应型项目中的估算相关。

- **绝对估算**。绝对估算产出直接的确切数量（比如，"原型需要 120 小时才能完成"）。
- **相对估算**。展示相对估算需要和其他估算进行对比，并且只有在特定的上下文中才有意义。一种常见的描述适应型项目中用户故事的相对估算方法，是通过分配相对数量的故事点。尽管故事点听上去像是测量单位，但它实际上并不是。它是一种无单位测量方法，数值的对比用于相对估算规模和做比较。如果一个团队对其中一个用户故事进行了工作小时的估算，相对的故事点的数值可以被用于建立其他故事的时间估算。

适应型估算始于用户故事列表，并且团队成员参与估算过程中。包括产品负责人和外部专家在内的每一个人都会被邀请检查所有的用户故事并且对它们进行排序。排序基于三点：规模、复杂性和不确定性（见图 7-12）。

| 有三个组成 → | 1. 所需人力规模 | 2. 任务复杂性 | 3. 不确定性 |

图 7-12　用于估算故事点的因素

迭代规划会议

迭代规划会议发生在每一个迭代的开始。在这一会议中，项目团队会检查即将到来的迭代中的需求。**迭代规划会议**的产出是高层级的迭代规划，指示了每个发布中包括的最基础的特性和功能。在这个时间点上，有机会审查与特性集有关的用户故事并进行变更。当确定了和迭代相关的用户故事时，开发团队就将这些需求分解为更小的任务。分解的过程和创建 WBS 的过程类似，并且用于为适应型项目创建任务。在这个时间点上，团队可以给每个人物分配估算的小时数量。这就形成了任务待办事项列表。图 7-13 中说明了该分解和估算的过程。

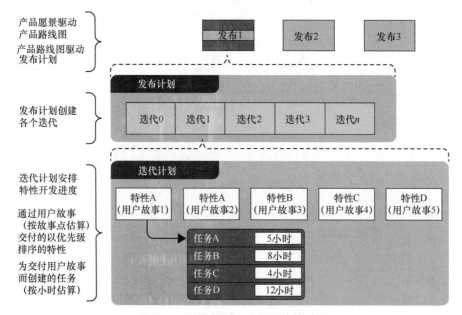

图 7-13　迭代规划：分解和估算过程

开发团队应该确保任务明确了完成的定义（Definition of Done，DoD）标准。DoD 是指开发团队内部对如何实现用户故事、特性或者需要发布的产品增量的共识。

团队成员可以在迭代结束时评估他们的任务估算技能和工作能力，尤其是在经验教训回顾总结会议上。该评估可以得出团队交付用户点的准确速度或能力。

项目工作和交付绩效域

在适应型项目中，规划以及构建和交付功能在每个迭代中都被执行。关键活动包括：

- 简短的每日团队会议（经常被称为站会）；
- 迭代审查，在这个过程中团队可以向干系人演示在迭代中创建的能够工作的产品；
- 在每个迭代末尾的经验教训回顾总结会议中，团队会讨论迭代的情况，以及为下一次迭代进行改进规划。

退出构建和交付阶段

总结来说，在构建和交付阶段涉及的活动包括以下内容。

- 明确迭代目标，并且识别迭代中需要完成的任务。完成记录这些计划活动的工件。退出标准会在下一个开发阶段开始前，在规划阶段关口进行审查。
- 执行迭代任务。
- 审查迭代结果。
- 如果工作内容被干系人认可，则向客户发布增量。
- 从迭代中吸取经验教训。
- 改良待办事项列表并进行下一个迭代，直到所有迭代完成。

7.6.3　阶段 3：收尾

如图 7-14 所示，现在我们来到了适应型项目的收尾阶段。由于适应型项目的增量交付特性，项目不会像它们在预测型基于计划的方法中那样突然就收尾。然而，这一阶段代表了迭代的结束。开发至今的产品被成功交付，并且投入运营。该阶段随着可交付物的完成而周期性地发生，当整体的产品愿景实现的时候就是整个项目的收尾。

图 7-14　适应型项目的收尾阶段

在这一阶段，会为每个完成的可交付物进行总结回顾或者吸取经验教训，项目人员（包括承包商）如果在后续工作中不再被需要，就可能被解雇。当整个项目完成的时候，会根据基准对比多个阶段关口的审查信息和对项目绩效的总体评价。最后，会审查项目章程和商业论证，判断可交付物是否实现了目标的收益、价值和愿景。

7.6.4 适应型项目阶段的工作组

以下适应型项目的工作组或阶段在许多方面都和预测型项目的整体过程组相似。对比这两种方法，我们可以说适应型项目工作组/阶段由以下组成：

- 启动项目；
- 组件团队；
- 规划、构建和交付；
- 保持正轨（监控）；
- 交付价值（以及收尾）。

7.7 敏捷生命周期

前文中，"敏捷"这个词如《敏捷宣言》中所表达的那样，被定义为一种价值和原则的思维方式。敏捷方法和敏捷方式是覆盖多种框架和方式的宽泛的词。我们会在第8章适应型框架概览中和多种敏捷方法、方式和框架一起继续讨论这个话题。

敏捷生命周期是适应型生命周期的一个特例。基本而言，如果一个适应型生命周期同时展示出迭代和增量交付的属性，它就会被认为是敏捷生命周期。

敏捷生命周期的一个目标是解释隐藏的，或者被误解的需求。在敏捷环境中，团队会预计到需求的变更。迭代和增量的方法会提供反馈，从而更好地规划项目的下一个部分。图 7-15 显示了各种项目方法如何涉及不同因素的连续体，比如交付的频率和变更的程度。

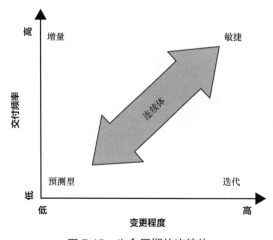

图 7-15 生命周期的连续体

因此，以下是敏捷生命周期特性的总结：

关键主题

- 敏捷生命周期在固定且短小的周期（被称为冲刺）中寻求可行性；
- 交付频繁发生，需求需要详细阐述；
- 敏捷生命周期要求项目团队评估和获取反馈；
- 敏捷生命周期同时有迭代和增量开发的特性；
- 拥有最终产品愿景的主要干系人（被称为产品负责人）会持续参与并紧密地和项目团队一起工作。

虽然传统的敏捷方法扎根于软件开发中，但之后就被应用于几乎所有的领域。

我们现在用一个案例学习来说明适应型项目中的阶段和工作组。

案例学习 7-1：为会议建设网站

用适应型方法管理项目的趋势正逐渐在很多行业中流行，比如制造业、医疗、生命科学和创新业务。因此，在香港的项目管理爱好者和企业家与 Far East School of Technology（FEST）合作，就适应型方法的实践举行一次重大的全球会议。该会议被命名为适应型方法实践会议（Adaptive Practices Conference，APC）（见图 7-16）。

图 7-16　在香港 FEST 举办的适应型方法实践会议

APC 准备在来年的 6 月 22 日和 23 日两天举办。企业家埃德温·程（见图 7-17）已经开始了新的咨询业务，并且他将此次和学校的合作视为双赢的机会。

图 7-17　埃德温·程，APC 会议项目的产品负责人

APC 最初的可交付物是一个会议网站。埃德温·程将这个网站视为寻找潜在参会者的工具，并且询问他们对注册和参加活动的兴趣度。

网站的需求有许多的不确定性，从而给网站的初步设计带来了很大的影响。这个不确定性还和活动自身的范围有关。举个例子，会议是只面向从业者，还是包括了学术研究人员和培训教师？活动中是否有展商和供应商被邀请展示他们的工具？有多少人参加会议？有规模限制吗？参会者住在 FEST 的宿舍还是外部的旅馆？会组织观光活动吗？网站的 UI/UX 设计期望是什么？最后，最终产品本身也是不确定的：会不会还为智能手机和其他移动设备设计应用，还是目标只是开发一个网站？

鉴于这些不确定性，埃德温·程建议使用适应型方法来规划、组织和交付项目。考虑到项目需求的诸多不确定性，这种方法是必要的。埃德温·程感觉用这个方法也同样能验证适应型方法的实践，并且展示如何交付一个成功的项目成果。

概念阶段

以下是识别出的 APC 网站开发项目的干系人。

- 项目发起人。项目发起人埃德温·程的目标，是确保项目有明确的方向，并且能够从咨询机构与主办学校 FEST 处获得支持。Edwin 意识到他首要的责任之一，是为会议网站的开发创建愿景说明书。该愿景说明书的首要目标是确保网站满足其传递 APC 的目的和范围，同时包括吸引参会者的最终目标。从定性的角度来看，网站的设计和精神必须与主办学校的价值观保持一致。商业分析会显示相关需求。

- 敏捷项目经理。敏捷项目经理维纳伊·舒扬在 FEST 担任 IT 项目经理。维纳伊担任过多个由学校组织的研讨会和会议的项目经理，并且由其领导数据库的设计和网站的建设。作为项目经理，维纳伊会协助适应型项目的进程，在此期间与团队合作进行规划和执行，以及监督工作并向 FEST 的发起人和其他干系人汇报项目进展。

- IT 运营执行总监。茱莉娅在 FEST 已经工作了 20 年。茱莉娅在和埃德温·程的非正式聊天中理解了网站开发项目的需要，但是他要求有愿景说明书以获取更多项目的明确信息。茱莉娅是项目团队中必要的干系人，因为他会提供资源，并且确保工作按时完成。

愿景说明书

在 APC 项目中，埃德温·程制定的第一个工件就是愿景说明书。埃德温·程和干系人合作，包括维纳伊与两名提前做分配到开发团队的两名有经验的成员。

埃德温·程首先以电梯演讲的形式起草了一段话，来阐述 APC 项目的愿景。

我们的目标是为 APC 部署一个网站。我们的目标在为期四周的迭代中交付网站，从而在会议活动的六个月前完成最终网站发布的迭代。一个成功的成果是创建一个能够吸引尽可能多的对项目有兴趣的在职人员、学生和学术研究者，并为他们提供分享知识和人际网络的机会的网站。

埃德温·程决定，产品愿景板是将项目介绍给提供支持的干系人的更适合的形式，因为产品愿景板能提供更多有关愿景的细节。为了给这个例子模拟一个工件，我们将产品愿景板缩短到一页，如表 7-7 所示。

表 7-7　　　　　　　APC 项目产品愿景板

项目的目的是什么？

FEST 向学生和从业者介绍项目管理艺术和科学的最新知识。学校组织 APC 以探索、创新和发展适应型方法和敏捷的价值与原则。FEST 需要一个新的网站，包括可用的应用，以支持成功交付会议的目标

目标群体是什么？	解决了目标群体的哪些需要？	网站和应用的收益有哪些？
项目从业人员、学术研究人员以及希望学习适应型方法的学生。 已获得认可的从业专家和研究人员，并且他们想介绍新知识。 寻求机会介绍和展示工具的参会展商	参会者能够从了解更多的适应型方法实践，并将其和传统实践结合而受益。 参会者能够从展商处了解最新的敏捷工具。 参会者能够有机会扩展人际关系并相互学习	APC 网站的目标是吸引访客的注意，并且将他们转化为注册的潜在参会者；从注册到社交的整个流程中协助参会者；允许他们下载会议中的教育资源。APC 也希望通过应用和参会者建立联系

有哪些可实现的成果？

应用会通过智能手机和平板帮助参会者进行社交，并且在会议期间和会议后分发所有的演示幻灯片、文献和其他资源。

APC 将作为促进 FEST 教师和学生在项目管理学科领域取得卓越研究成果的支柱。

网站会为 FEST 带来关注，并且吸引对高等研究有兴趣的潜在学生。

发起人会收集数据来评估成果的成功与否。来自网站的数据，比如访客、转化、查询和潜在客户，可以用于确定网站是否成功地锁定了目标群体，并且转化成销售业绩

组建团队

汤米·刘、钱德拉·帕特尔、阿莉娅·拉扬、春门·高桥、斯特拉·瓦伦蒂诺和阿莱士·索查克都由茱莉娅预分配到了网站开发团队。图 7-18 展示了团队正在为 APC 会议网站制定系统方法。

图 7-18　APC 项目团队正在讨论网站需求

这个 T 形小团队由六名跨职能的人员组成。我们可以称他们为泛化专家，这意味着他们有重叠的技能，如图 7-19 所示。

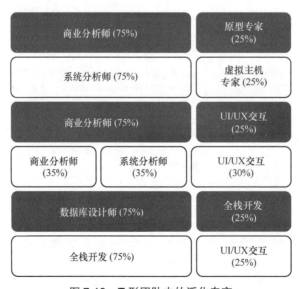

图 7-19　T 形团队中的泛化专家

　　团队成员可以独立管理他们自己的工作,并且他们也可以按需合作或者集群工作,从而按时完成工作。团队可以独立工作,并且不依赖项目经理的领导。

　　斯特拉只能通过虚拟的方式参与项目。质量保证和测试专家阿莱士不会在项目的第一次冲刺中参与,因为他忙于之前的项目中。

　　维纳伊明白,在如今的工作环境中,现实就是并非所有的团队成员都是待机状态或者都是集中办公。即使在适应型项目中期望能够集中办公,一些成员还是可能虚拟办公,维纳伊因此需要确保团队成员保持凝聚力,并且在专注的工作环境中全职工作。另外,维纳伊需要组织强制的启动会议,但它必须是一个视频会议,因为斯特拉会远程参与。这个会议是一个介绍团队成员、业务发起人、产品负责人和其他干系人的机会。团队还将看到业务工作场所和共享协作工作空间。维纳伊会解释他们在项目中作为服务型领导、Scrum 主管或者项目经理协调员的角色,尽管组织正式将维纳伊任命为项目经理。维纳伊之后会介绍项目团队的角色和责任,然后请求产品负责人埃德温·程向团队表达产品愿景和目标。

　　会有涉及以下主题的简短讨论:

- 实现项目目标的任务概览;
- 确保团队中的所有成员都理解项目需求;
- 适应型方法和会发生的迭代;
- 已知的依赖关系以及相互之间的优先级;
- 执行迭代的时间线。

产品路线图

　　之后的会议会介绍主要的产品可交付物,包括产品路线图和其他适应型规划过程中的工件。图 7-20 展示了高层级的产品路线图。

图 7-20　APC 会议系统发布路线图

　　项目团队的目标是创建有特性的产品路线图。在最初的团队迭代会议上,埃德温·程展示了一系列引入网站和应用解决方案的方法的行动计划。会议决定,在第一个月,会引入网站;在第二个月,会发布带有相关特性和功能的桌面与安卓/iOS 的会议网站应用;最后,会有一个只用于移动设备的会议活动日应用。

　　如图 7-21 所示,埃德温·程的整体任务清单提供了路线图的大致步骤。

任务名称
▷ 概念
▷ 产品待办事项列表
▷ 高层级冲刺计划
▷ 发布1：网站——构建
▷ 收尾——阶段
发布2：网站移动应用——构建和交付
发布3：活动应用——构建和交付
收尾——项目

图 7-21　埃德温·程对 APC 项目的路线图

产品愿景驱动需求启发过程、用例、用户故事和制定产品待办实现列表。如图 7-22 所示，在阐明三次发布时间后，团队准备进入构建和交付阶段。

产品愿景 – 驱动产品路线图

图 7-22　APC 项目的产品愿景

构建和交付阶段

在完成概念阶段后，团队就准备进行迭代。

收集和分解需求

汤米·刘和阿莉娅·拉扬（见图 7-23）开始为 APC 网站项目制定最初一系列用户故事，从而他们能在下一次会议中进行讨论。为了演示如何创建用户故事，我们提供了四个由汤米和阿莉娅制定的故事样本，展示系统如何以四种不同类型的人的角度运作。

图 7-23　制定最初系列的用户故事从而获取不同类型的人对产品的使用场景

产品负责人（Product Owner，[PO]）

[PO]作为一名组织者，我希望能确保演讲者会受邀出席，并且给开发团队相关信息。

[PO]作为一名组织者，我希望能确保活动有足够的推广，从而有良好的出席率。

[PO]作为一名组织者，我希望能确保有活动后的营销，从而能让出席者知道今后的会议和相关活动。

等等。

开发团队（Development Team，[D]）

[D1]作为团队中的网站管理员，我需要建立主机平台并创建网站账户。

[D2]作为一名开发团队的成员，我需要将来自于组织者的内容格式化，从而可以创建网站的主要内容页面。

[D3]作为一名开发团队的成员，我需要向所有之前会议的参会者发送邮件，告知他们今年的会议。

等等。

客户（Customer，[C]）

[C1]作为一名潜在的参会者，我想要查看会议资料，从而知道是否值得我去参加。

[C1]作为一名已注册的参会者，我想要获取有关会议的通知，从而能随时知道在参会的时候期望获得什么。

[C1]作为一名已注册的参会者，我想通过一个简单的方式了解有关每个演讲的所有信息，并且出席各个演讲。

等等。

报告分析师（Report Analyst，[RA]）

[RA]作为一名报告分析师，我想要创建一个所有管理报告的仪表板。

[RA]作为一名报告分析师，我想要看到会议项目的销售总结。

[RA]作为一名报告分析师，我想要为每个会议后的主要领域添加高层级的总览，并且设计会议后的调研。

等等。

为了适当地设计用户故事，该列表中制定的每个用户故事都只描述一个行动，并且故事都可执行，且规模足够小到在一个迭代中就能完成。每个故事都能在一个迭代中完成，并且用户故事能在每个迭代结束的时候被实现。

创建发布计划

因为团队没有集成新型支付机制进行付款的经验，所以这个故事应该以更高的优先级实施，从而当团队在从国际参会者处收款遇到困难时，能进行调整。

举个例子，团队可能用以下的方式排列故事：

1. [PO2]
2. [D1]
3. [PO1]
4. [D2]
5. [RA2]
6. [C1]
7. [D3]
8. [C3]
9. [C2]
10. [PO3]
11. [RA1]

以这种方式排列故事——从最小的人力到最大的人力——是必要的第一步。团队成员应该在此处最小化他们的意见。他们被鼓励提问，但仅限于澄清。

给每个故事分配点数

一种常见的给故事分配点数的方法是用斐波那契数列，所以团队用以下故事点进行增量：1，2，3，5，8，13，21，34，55，89 和 144。每个数字都反映了关联任务的规模、复杂性和不确定性。如果某个故事没有以前的实施经验，那么风险和不确定性就会增加。

一般而言，带着斐波那契数列数值的牌组会分配给每个团队成员。产品负责人或者团队成员之一可以扮演监督员的角色，从所有团队成员处收集他们的估算。为了说明，[D2]故事的估算过程可能如下所示地发生。

[D2]作为一名开发团队的成员，我需要将来自于组织者的内容格式化，从而可以创建网站的主要内容页面。

每个团队成员展示一张卡，代表他们对特定任务的估算：

汤米·刘为[PO2]选择了 8。

钱德拉·帕特尔为[PO2]选择了 13。

阿莉娅为[PO2]选择了 8。

春门为[PO2]选择了 8。

斯特拉·瓦伦蒂诺为[PO2]选择了 13。

阿莱士·索查克为[PO2]选择了 13。

因为估算有差异，团队会进行讨论，直到他们达成共识。举个例子，Haruto Takahashi 可能会说："我们大部分看上去都认为在 8～13，所以我们就选择 10。我有之前在这个平台格式化内容的经验，而 10 个故事点看上去是一个不错的估算。"

团队会重复这个过程，来为剩下的用户故事进行排序：[D1]、[PO2]、[D2]、[RA2]、[RA3]，等等。

另外，团队能够考虑价值、风险和所需人力。团队可以通过乘以这 3 个数来获取权重，然后根据重要性对用户故事进行排序。

如表 7-8 所示，团队现在有 APC 项目的用户故事和故事点。

表 7-8

用户故事	故事点	人力[1～3] 低，中，高	价值[1～3] 低，中，高	风险[1～3] 低，中，高	总值	重要性 顺序
PO1	3	1	3	2	18	L
PO2	10	2	2	1	40	M
PO3	5	1	2	3	30	L
D1	8	2	1	2	32	L
D2	13	3	3	3	351	H
D3	8	2	2	3	96	H
C1	1	1	2	1	2	L
C2	9	1	3	1	27	L
C3	21	3	3	3	189	H
RA1	13	3	1	2	78	M
RA2	3	1	3	2	18	L
RA3	12	3	3	1	108	M

产品负责人埃德温·程知道哪些是必要的，并且知道排序的重要性。埃德温·程现在创建了产品待办事项列表。

发布 1 的发布计划：APC 网站站点开发

埃德温·程在产品待办事项列表中列出了他们想先实施的主要特性。

- ■ **迭代 1**　目标：创建登录页面并宣布活动的细节。
- ■ **迭代 2**　目标：部署注册和支付。
- ■ **迭代 3**　目标：完成演讲者页面、娱乐选项和参会者调研。
- ■ **迭代 4**　目标：部署电子邮件和社交媒体营销特性。

埃德温·程、维纳伊和开发团队对迭代进行了规划。每个迭代持续一周，然后每周发布一个特性。发布计划由以下组成。

- ■ 发布计划中迭代 1 是网站开发。它开始于 1 月 27 日。团队首先部署代表特性 A 的高优先级用户故事。
- ■ 第二次迭代开始于 2 月 3 日，团队开始部署下一个用户故事系列，代表特性 B。
- ■ 第三组用户故事，代表特性 C，开始于 2 月 10 日。
- ■ 特性 D，用户故事的最后集合（用于描述发布 1），开始于 2 月 17 日。

埃德温·程和团队整合用户故事来开发独特的特性，然后和迭代匹配。网站开发的迭代 3 和给网站添加几个有用的维度有关。团队成员一起完成了剩余的网站特性。一些示例包括以下内容。

- ■ D28：为出席者提供多样的娱乐选项（比如，体育活动、演唱会、戏剧、邮轮）（SP2）。
- ■ D12：创建演讲者页面，包括受密码保护的管理员页面，从而让演讲者上传内容。
- ■ D27：制定参会者调研，获取活动后的反馈（SP2）。

APC 项目完整的迭代计划如图 7-24 所示。

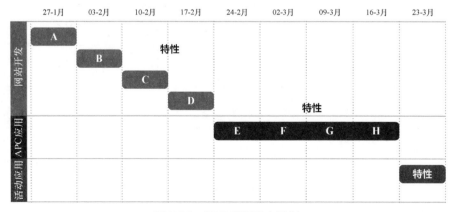

图 7-24　APC 项目发布计划

构建和交付阶段

在发布计划完成后，团队可以开始构建和交付阶段：

1. 开始迭代；
2. 建立迭代目标；
3. 实行迭代计划；
4. 建立每日执行任务；
5. 展示可工作的产品；
6. 进行回顾。

迭代计划会议在每个迭代开始的时候进行。在这样的会议中，项目团队会审查即将到来的迭代中的需求。会议中有机会审阅和特性集相关的用户故事，并且在迭代计划会议开始的时候进行变更。在这个时候，团队可以给每个人物分配以小时计的时间估算，并且创建任务待办事项列表。一个对迭代 1 中用户故事[D1]的样本任务待办事项列表如下："作为团队中的网站管理员，我需要建立主机平台并创建网站账户。"这可以如表 7-9 所示，进行分解。

表 7-9　　　　　　APC 项目迭代 1 用户故事 D1 的任务待办事项列表

任务 A	5 小时	建立会议网站
任务 B	8 小时	为每个开发团队成员创建账户
任务 C	4 小时	将权限变更为管理员并且测试整个系统
任务 D	12 小时	编写测试，对隐私和安全进行检查与验证

在每个迭代结束的时候（一般称为冲刺），产品负责人埃德温 · 程和其他干系人，包括客户代表，会检查一个功能齐备的网站可交付物。在检查时，主要干系人会提供反馈，项目团队会更新产品待办事项列表的特性和功能，为下一次迭代进行优先级排序。

发布 1 的交付

产品的发布 1 计划的进展令人满意。迭代 1 成功交付了网站上具有特性 A 的第一个产品增量。

团队接着成功交付了特性 B——注册和支付系统。

第三次迭代产出了带有所有特性 C 的功能齐备的网站。

最后，团队部署了特性 D，带有营销和社交媒体整合的最后的用户故事集合。所完成的迭代的最终结果如下。

- 迭代 1：网站发布——2 月 1 日。
- 冲刺 2：注册和支付系统——2 月 8 日。
- 冲刺 3：演讲者、住宿、短途旅行和完整的网站——2 月 15 日。

■ 冲刺 4：电子邮件集成和社交媒体——2 月 22 日。

收尾阶段活动

在 APC 项目中，你已经在每个迭代结束的时候看到收尾阶段活动的示例。举个例子，在第一次迭代后，项目团队成功创建了网站的登录页面。这个代表第一次产品增量的预发布的页面为访客提供了即将举行会议的基础信息。它包括了会议的必要信息和一个注册框，从而能够在发布新的信息时通知到访客。通过收集到的衡量指标，团队认为第一次迭代很成功。产品待办事项列表和所有相关文档都进行了更新，标注团队为该项目阶段进行了收尾。

7.8 混合型开发方法

如图 7-25 所示，混合型开发方法混合了预测型方法和适应型方法。

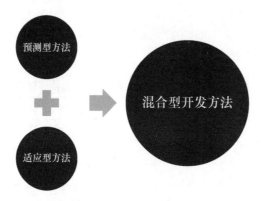

图 7-25　混合型开发方法

关键主题 　预测型方法和适应型方法的特征可以基于最佳的活动实践，用任何方式整合到一起，从而实现最终可交付物。就像你可以用基于结果、基于项目和基于组织的特征来选择泛用的方法一样，有些时候，状况的复杂性会需要混合的方法来实现最终版本的最佳效果。

7.8.1 混合型开发方法场景 1：再次讨论 APC 会议

在案例学习 7-1 中，你看到埃德温·程如何用适合的范式应对 APC 的最初阶段（网站交付）：适应型方法。然而，APC 项目的下半部分很可能随着活动经历开始规划与执行实际的现场和线上会议活动，而使用预测型方法。这种公共活动的可交付物经常被认为是一种经典的倒计时模式。它们会有一个发布日期，并且有可能预测多种准备活动在某种顺序下的所需时长，从而能让所有的努力都在最后的一天有所回报。虽然中间一定会发生一些调整来解决问题（埃德温·程一定会确保在计划中为这些情况留出时间)，这种类型的倒计时对预测型方法的规划和执行来说，依然是合适的。

　　那么，综合来看，我们可以说 APC 项目整体在前期用敏捷方法，而后期用预测型方法。因此，整个项目总体是混合型生命周期。

7.8.2　混合型开发方法场景 2：虚拟餐馆业务

　　山姆和玛丽·乌德瓦是两名有才华的厨师。商业环境的变更促使他们考虑运营他们自己的餐馆。他们和自己技术能力出众的女儿迈拉一起致力于虚拟餐厅业务的概念（见图 7-26）。由于技术的成熟度和外卖的灵活选项，他们相信他们能很快步入正轨。他们的商业融资提案已经被成功批准。他们从当地政府和支撑银行那里获得了资金，开始他们的虚拟餐馆业务。

图 7-26　山姆、玛丽和迈拉·乌德瓦的虚拟餐馆业务

　　乌德瓦一家将他们业务的推进可视化为三个阶段，并且为每个阶段规划了为期一个月的时间线。

1. 在家做饭。
2. 租赁一个食品车，并且在目标客户的区域提供服务。
3. 在一个固定位置开餐馆，并从那里送出外卖。

虚拟餐馆业务展示了一个增量生命周期的特征。这个项目可以用三个增量实施。每个冲刺都展示了一个迭代生命周期的特征。

举个例子，在第一次冲刺中，"在家做饭"增量要求山姆、玛丽和迈拉改进他们的业务——创建网站、建立显著的社交媒体形象以及和多家外卖供应商建立联系。这些可以被视为一个迭代生命周期的明显阶段：概念、构建和交付以及收尾。这种方法帮助乌德瓦一家成功地改进和完成了"在家做饭"的增量。

在成功完成冲刺 1 后，山姆和玛丽开始进行冲刺 2，其中包括租赁一辆食品车。

最后，在从前两个增量中获取了更多有关顾客的洞察后，乌德瓦一家从适应型方法转变为预测型方法，并在冲刺 3 中启用了实体厨房。最后一次增量的内容包括物理地点按特定顺序的翻新——这一切都是为了开张日的盛大开业。

7.8.3 混合型开发方法场景 3：税务软件规范

如图 7-27 所示，需要反映用户倾向并且遵守合规或者法律规范的系统软件开发过程，经常能够通过多种工具和方法的合并使用受益。需要满足重要且严格的具体规范的合规软件能够从前期的预测型方法中受益。在完成完整的重要商业分析，且整合了准确的财务规则后，软件开发过程就开始了。实际的软件开发可能因为用户行为或者倾向会以适应型方法进行。最后，产品的发布倾向于使用预测型方法，包括媒体发布、公开披露、出版物、销售活动和技术采购托管等——都针对于特定的产品发布时间表。

图 7-27　开发新税务软件的混合型项目

在《PMBOK®指南（第七版）》中可以找到额外的例子，为社区中心的案例学习。从启动到项目规划完成的活动遵循预测型方法，而之后在网站开发和交付开始时紧跟一个适应型生命周期。

这些例子都显示，只要对项目合适，就有可能以任何方式实施混合型开发方法。

7.9　总结

本章介绍了用适应型方法管理项目。本章对比了适应型方法和预测型方法在产品、服务和结果的标准的区别。敏捷生命周期是适应型方法的特例。在你想迭代地改进工作并且增量交付工作的时候，可以使用敏捷方法。

本章描述了三个常见的阶段，可以作为交付适应型项目的框架。

1．概念阶段。该阶段产出愿景说明书和产品路线图。

2．构建和交付阶段。该阶段由结构化的迭代和从产品待办事项列表中交付高优先、高价值的特性组成。产品路线图引导需求的分解过程。

3．收尾阶段。在交付必要的产品待办事项列表和最终产品后，该阶段终止项目阶段或者整个项目。

本章还简短介绍了敏捷生命周期和混合型开发方法。

备考任务

正如在第 1 章中提到的，你会有多种备考方式：本章的练习以及第 12 章。

7.10　回顾所有关键主题

本节会回顾本章所有重要的主题，这些主题在书中都会在页面的外边距以"关键主题"的图标表示。表 7-10 列出了这些关键主题，以及它们所在的页码。

表 7-10　　　　　　　　　　第 7 章关键主题

关键主题类型	描述
表 7-2	选择项目方法的产品、服务和结果标准
表 7-3	选择项目方法的项目标准
表 7-4	选择项目方法的组织标准
段落	适应型方法的团队
列表	适应型项目环境的主要需求
列表	《敏捷宣言》的四个价值
列表	服务型领导行为

续表

关键主题类型	描述
列表	促成高绩效项目团队的因素
表 7-5	支持价值驱动方法的核心原则总结
段落	OPA 和 EEF
段落	概念阶段活动
段落	构建和交付阶段活动
列表	用故事点估算
段落	迭代规划活动
小节	收尾阶段活动
列表	敏捷生命周期的特性
段落	混合型开发方法的概念

7.11　定义关键术语

定义本章中以下名词，并将你的答案和术语表进行校对：

适应型的思维方式、产品负责人、服务型领导、交付节奏、时间盒、组织过程资产（OPA）、事业环境因素（EEF）、增量、任务、史诗、用户故事、最小可行产品（MVP）、迭代开发、增量开发、待办事项列表、绝对估算、相对估算、故事点、迭代规划会议、迭代规划、迭代审查会议。

本章涵盖主题

- **精益**：该节描述了精益管理应用在项目管理中的整体概念，并且展示了该概念如何形成数种适应型方法的基础。
- **Scrum**：该节具体描述了常见的基于迭代的适应型项目管理方法——Scrum。
- **看板**：该节具体描述了常见的基于工作流的适应型项目管理方法——看板。
- **极限编程**：该节描述了迭代-增量框架——极限编程（Extreme Programming，XP），该方法在软件开发中非常流行。
- **FDD、DSDM 和水晶**：该节描述了功能驱动开发（Feature-Driven Development，FDD）、动态系统开发方法（Dynamic Systems Development Method, DSDM）和以颜色编码命名的自定义方法"水晶"。
- **扩展框架**：该节描述的多种方法可以进行调整，以符合由更大的团队或者多个团队组成的更大、更复杂的项目。

第 **8** 章

适应型框架概览

在过去几十年里，组织和从业者已经为不同的情况和项目应用开发了许多适应型方法。从历史上来看，它们中的许多都用于软件项目。但是这个情况在发生改变，因此，适应型实践的列表持续扩展的趋势并不让人感到惊讶。组织正在将适应型实践和其自己的项目实践历史进行整合。每个方法都有不同的应用需要。举个例子，一些方法只解决了特定的项目活动（比如结对编程只解决软件编写的问题），其他的方法更广泛并且覆盖整个项目或者项目组合的管理。这些方法吸引人的一个特征是，它们并不相互排斥。其中一些甚至本身就是以混合、整合的方式存在的——比如将 Scrum 和看板混合的 ScrumBan。

当然，你也可以不使用任何框架进行适应型项目。本章只是介绍一些最常用的框架。掌握这些常见的适应型框架的知识后，你能够更深入理解每个方法所倾向于解决的情况，然后可以将自己的最佳实践融入这里描述的方法和框架中。

《敏捷宣言》是大部分敏捷框架的基石。它有以下四个指导原则。

- **个体和互动**而不是流程和工具；
- **工作的软件**而不是详尽的文档；
- **客户合作**而不是合同谈判；
- **响应变化**而不是遵循计划。

《敏捷宣言》还描述了十二大澄清原则。

- 我们的最高目标是，通过尽早持续交付有价值的软件来满足客户的需求。
- 欢迎对需求提出变更，即使在项目开发后期也不例外。敏捷过程要善于利用需求变更以帮助客户获得竞争优势。
- 要经常交付可用的软件，周期从几周到几个月不等，且越短越好。
- 在项目实施过程中，业务人员与开发人员必须始终通力协作。
- 要善于激励项目人员，给予他们所需的环境和支持，并相信他们能够完成任务。
- 无论是对开发团队还是团队内部，信息传达最有效的方法都是面对面的交谈。
- 可用的软件是衡量进度的首要衡量标准。
- 敏捷过程提倡可持续的开发。项目发起人、开发人员和用户都应该能够始终保持步调稳定。

■ 对技术的精益求精以及对设计的不断完善将提高敏捷性。

■ 简洁，即尽最大可能减少不必要的工作，这是一门艺术。

■ 最佳的架构、需求和设计将出自于自组织团队。

■ 团队要定期反省怎样做才能更有效，并相应地调整团队的行为。

这 4 条原则和 12 条澄清原则在本章强调的多种框架中非常明显。本章提到了最常见的框架和它们的组成。尤其是，本章细致描述了 Scrum、看板和精益的节奏与工作流的独特方法。

图 8-1 说明了精益、看板和敏捷框架是如何交叉的。

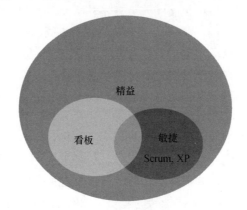

图 8-1　敏捷型框架和方法

记住，本章呈现的敏捷和精益框架并非是仅有的框架，而你可能在实践中看到多种其他敏捷方法。

注意：本章包含的项目管理信息、模板、工具和技术仅仅用于你的学习。在将这些知识应用于工作中的项目时，请谨慎使用。另外，尽管我们很仔细地将内容和 PMI 的考试内容大纲（Exam Content Outline，ECO）保持一致，但是并不保证成功读完整本书后学生会顺利通过 CAPM®考试。

在完成本章后，对于以下的领域和任务，你应该能够得到提升。

■ 领域三：敏捷框架和方法

o 任务 3-3：决定如何记录适应型项目的项目控制。

识别用于适应型项目的工件。

o 任务 3-4：解释适应型计划的组成。

区分不同适应型方法的组成［比如 Scrum、极限编程（Extreme Programming，XP）、大规模敏捷框架（Scaled Adaptive Framework，SAFe®）、看板等］。

　　o **任务 3-5：决定如何准备和执行任务管理的步骤。**

　　　　说明一个适应型项目管理任务的成功标准。

　　　　在适应型项目管理中进行任务优先级排序。

　　o **任务 4-1：解释适应型计划的组成。**

8.1　"我是否已经理解这个了？"测试

　　"我是否已经理解这个了？"测试可以让你评估自己是否需要完整阅读这一章，还是可以直接跳到"备考任务"小节。如果你对自己就这些问题的回答或者对这些主题的知识评估有疑问时，请完整阅读整章。表 8-1 列出了本章的主题，以及它们对应的测试题目题号。你可以在附录 A 找到答案。

表 8-1　　　　　　　　"我是否已经理解这个了？"主题与题号对应表

基础主题	题号
精益	3,10,14
Scrum	2,6,9
看板	4,8,16
极限编程	1,5,11
FDD、DSDM 和水晶	13,15,18
扩展框架	7,12,17

注意：自测的目标是评判你对本章主题的掌握程度。如果你不知道某题的答案，或者对答案不确定，你应该将该题标为错题，从而更好地进行自测。将自己猜对的题认为是正确的，这种做法会影响你自测的结果，并且可能会给你带来错误的自我评估。

1. 哪个极限编程的重要概念涉及重用和重新组织现有代码、删除重复的代码并且增加内聚而非从头开始开发？
   a. 重构
   b. 代码集体所有权
   c. 代码审查
   d. 结对编程
2. 在 Scrum 中，商业分析师、系统分析师、程序员、质量保证专家和任何在交付软件系统中有角色的人被称为_____。
   a. 开发者
   b. Scrum 主管
   c. 产品负责人

d. 干系人

3. 移除非增值活动并聚焦于必要的增值或价值使能步骤是价值流技术的步骤之一，而价值流属于_____概念的一部分。

   a. FDD

   b. 看板

   c. Scrum

   d. 精益

4. 在哪种框架中，团队制定用户故事，然后用看板面板管理以控制 WIP 限制？

   a. ScrumKan

   b. Scrum

   c. 看板

   d. SrumBan

5. 哪项 XP 的核心实践消除了在模组完成后，对系统的单独模组之间进行测试的需要？

   a. 重构

   b. 测试优先

   c. 持续整合

   d. 10 分钟构建

6. "产品待办事项列表增量"这个词用于描述以下哪一项？

   a. 在一个冲刺中创建的可工作的产品

   b. 尚需完成的工作

   c. 尚需完成的工作的估算时间

   d. 已完成产品之间的时间间隔

7. 如果你在一个大规模的环境中，并且你以快速、整合的学习周期进行增量构建，根据对工作系统的客观评估建立里程碑，可视化并限制在制品，降低批量大小和管理队伍长度。你最后可能使用以下哪种框架？

   a. SAFe®

   b. DSDM

   c. DA

   d. SoS

8. 如果商业分析团队当前有两名成员，在处理三个可交付物并且 WIP 限制为五时，那么你可以说_____。

   a. 团队工作过载

   b. 团队还能同时接受两个可交付物的工作

   c. 团队成员数量不足以处理待完成的工作

  d. 团队还能同时接受一个可交付物的工作

9. 以下哪个选项恰当地描述了 Scrum 方法？

  a. 冲刺中的开发长度不同

  b. 在多个活动中不应该有时间限制，因为时间限制会抑制团队的创造性

  c. 冲刺中的开发长度固定

  d. 在冲刺待办事项列表中的优先级会用颜色编码表示

10. 延误、等待时间、队列中花费的时间、产出量大于所需量、过度加工和进行非增值活动都是什么的例子？

  a. 价值流

  b. 精益活动

  c. 浪费

  d. 时间盒

11. "四只眼睛总比两只眼睛看到的多"最能表明 XP 中的哪项活动？

  a. 重构

  b. 代码集体所有权

  c. 代码审查

  d. 结对编程

12. 哪个框架提供了工具包，从而能够在组织中跨"流程刀片"而进行大规模交付？

  a. SAFe®

  b. DSDM

  c. DA

  d. SoS

13. 哪个框架涉及从优先级列表中以短期迭代的方式交付有客户价值的功能？

  a. FDD

  b. DSD

  c. SoS

  d. 水晶

14. 精益是哪两个常见敏捷框架的基础？

  a. 极限编程和 Scrum

  b. Scrum 和看板

  c. 看板和功能驱动开发

  d. 水晶和看板

15. 哪个框架将功能认为是一种变量约束？

    a. FDD

    b. DSDM

    c. SoS

    d. 水晶

16. 看板框架假设你会使用白板、黑板或者基于软件的面板来作为展示以下哪个内容的面板？

    a. 团队成员是否能够进行在制品工作的状态

    b. 待完成工作所需时间

    c. 可交付物的未完成、进程中或者完成的状态

    d. 需要开发的特定流程的价值流

17. 以下哪个情况描述了敏捷发布火车？

    a. 多个 Scrum 团队以连续的形式组织起来，称为 SoSoS

    b. 由 50～125 人组成的多个敏捷团队处理一个产品

    c. 有可变冲刺长度的大规模项目

    d. 有超过一个迭代的适应型项目

18. 以下哪种框架用颜色代码表示团队规模、重要程度和优先级？

    a. FDD

    b. DSDM

    c. SoS

    d. 水晶

基础主题

8.2 精益

《敏捷宣言》扎根于精益的理念和方法。**精益**原则起源于第二次世界大战时期的日本工厂，随着丰田生产系统被引入美国的汽车行业。在 20 世纪 80 年代中期，精益作为"丰田主义"为人所知，而现在则成为了现代敏捷思维的基础，乃至当代的项目管理原则和实践。精益同样还是本章介绍的另外两种常见敏捷框架的基础：Scrum 和看板。

如图 8-2 所示，精益是一种通过在生产系统中缩短提前期，并从供应商和顾客处减少响应时间的方式，提升生产过程效率的系统。这些技术都为了最终目标——**减少在制品（Work in Progress，WIP）**数量而进行的。当 WIP 数量减少时，系统就会更有效地运作，因为那些直到进入下一阶段才能进行的一些工作的数量会被减少。

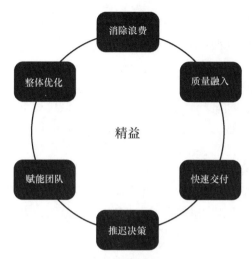

图 8-2　精益的特性

精益强调减少浪费，并且避免使用不会给客户增加价值的资源。许多人都将大野耐一视为"丰田生产方法之父"。大野识别出了七种普遍限制生产过程的浪费。像"及时生产"这种方式就是基于精益原则。许多不同的管理工具和方式被开发来识别和移除限制创造客户价值的资源浪费。

精益方法是可以应用于任何领域的。举个例子，当精益被应用于软件开发的时候，收益包括通过减少浪费和降低缺陷数量，实现软件交付中更短的提前期、更高的可交付物质量和对预算更低的影响。

小规模产品增量的短期迭代能产出有用的反馈，并帮助加速决策。这个思想的核心在于，当你对一个过程收集了完整的信息时，更有可能做出明智的决策。精益的其他一些方面也同样和本章介绍中提到的敏捷价值一致。

8.2.1　消除浪费

消除浪费是精益的基石。当你通过优化工作流消除系统中的浪费时，就能为客户提供更多的价值。

鉴于其成功性，精益现在被用于许多不同的领域，尤其是那些目标是通过消除浪费、移除瓶颈和提升工作来改良过程的组织。

那么，你需要阻止哪几种浪费？以下是一些示例：

- 延误、等待时间以及在不会增加价值的队列中消耗的时间；
- 产量大于需求量；
- 过度加工；
- 非增值活动；

- 运输；
- 不必要的移动或动作；
- 库存；
- 产品的缺陷。

不必要的等待时间是一种常见的浪费形态。试想一下去看病的场景。有相当数量的步骤会浪费时间，且不会给病人带来价值——包括预约（会消耗大量的时间和精力）、距离预约的时间以及之后再一次在预约日等待医生会诊，最后发现还需要进行医疗测试，然后安排时间和地点并进行测试，等待测试结果，从医生处获得有关测试结果的建议，最后根据医嘱采取行动。整个过程中有很大的精益空间！

过多的冗长的会议以及过度关注过多的文档是同时发生在项目管理和运营中常见的浪费例子。其他在制造业的浪费的例子有低质量产品、过多的库存、产量大于需求量和昂贵的运输费用。

8.2.2 使用精益方法的价值流

如图 8-3 所示，你可以通过以下五个步骤创建价值并减少浪费。

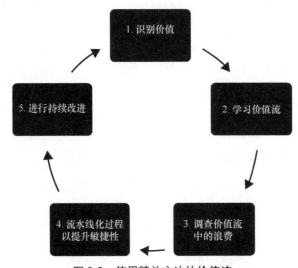

图 8-3 使用精益方法的价值流

- **识别价值**。当你在识别价值的时候需要从客户的角度思考。决定价值的既不是精益，也不是项目团队。
- **学习价值流**。价值流是从起动阶段到产品发布所有交付产品所需要采取的所有行动。
- **调查价值流中的浪费**。有必要移除非增值步骤，并聚焦于必需的增值或者价值使能步骤来消除浪费。

- **流水线化过程以提升敏捷性。** 需要基于客户的优先级来优化交付。
- **进行持续改进。** 需要持续地评估价值流和活动。

这里用一个简单的案例学习通过消除浪费、提供更快的服务以及最终为客户交付价值来讲解价值流。

8.2.3 案例学习 8-1：从图书馆借书

正在准备 CAPM®考试的蒂尔卡想借阅一本书来帮助自己备考。西弗城市图书馆通常有许多考证相关书籍。出于说明的目的，我们会用两个场景：直接造访图书馆，查找并借出书籍；发送在线请求后外取。我们会用价值流图法对比两种场景。注意，在两个场景中，我们并不考虑往返图书馆的通勤时间。

场景 1：造访图书馆并出借图书

增值活动

确认要找的书（10 分钟）。

锁定书的所在位置（3 分钟）。

借出书籍（2 分钟）。

总共=15 分钟。

非增值活动

找书（15 分钟）。注意：蒂尔卡未在书架上找到书，并且需要向图书馆管理员寻求协助。

等待图书馆管理员协助（5 分钟）。

排队等候借出书籍（10 分钟）。注意：蒂尔卡到柜台排队出借图书。

总共=30 分钟。

计算过程生命周期效率

增值时间=15 分钟。

总生命周期时间=增值活动时间+非增值活动时间。

总生命周期时间=15+30=45（分钟）。

过程生命周期效率=总增值活动时间/总生命周期时间=15/45=33%。

通过精益方法，我们研究图 8-4 中所展示的价值流，并且调查过程流中的浪费从而流水线化过程。该过程的结果在场景 2 中描述。

场景 2：在线请求借书并外取

想象一下蒂尔卡检查了浪费的时间后，决定进行外取的流水线化场景——现在许多图书馆都提供这种常见的服务。在该场景中，蒂尔卡在家填写完了线上表格，然后在路边外取书籍，而不需要进入图书馆（见图 8-5）。

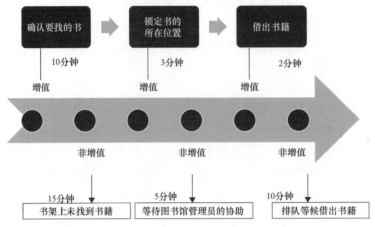

图 8-4　场景 1 的价值流图：造访图书馆借出书籍

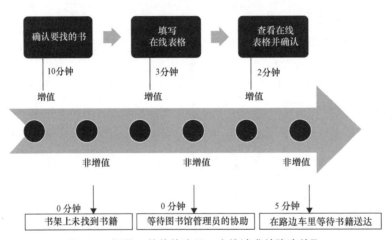

图 8-5　场景 2 的价值流图：在线请求并路边外取

增值活动

确认要找的书（10 分钟）。

填写在线表格（3 分钟）。

查看在线表格并确认（2 分钟）。

总共=15 分钟。

非增值活动

在路边车里等待书籍送达（5 分钟）。

总共=5 分钟。

计算过程生命周期效率

增值时间=15 分钟。

总生命周期时间=20 分钟。

过程生命周期效率=15/20=75%。

用价值流图法对比两种场景，我们可以看到过程效率从 33%提升到 75%，因为原有的过程通过技术流水线化，从而移除或者减少了一定的时间模块。在线表格和其之后的软件与系统一起，让蒂尔卡能够在获取书籍的时候更有效率。

一种对适应型项目管理框架进行分类的方法是基于它们适应的方式。一些框架聚焦于完成指定可交付物的固定长度的迭代的可能数量。这些被称为基于迭代的敏捷框架。其他的框架有聚焦于调整特定迭代的必要时间长度，从而在单一的迭代中完成整个可交付物。这些被称为基于流程的敏捷框架。后面两小节会具体讨论这些适应类型的框架：基于迭代的敏捷和基于流程的敏捷。

8.2.4　基于迭代的敏捷

在**基于迭代的敏捷**中，团队以相同长度的持续时间的时间盒工作，以交付特性。团队会先处理最重要的特性。对于每个特性，团队会进行分析、构建和测试的完整阶段。用这种方法的一个示例框架是 Scrum，我们会在本章后面的内容中进行介绍。

在这种敏捷中，很重要的一点在于特性需要以相同规模的方式进行开发。举个例子，特性可以通过故事点进行测量，从而决定哪些特性可以协调进入任何一个**冲刺**中。

如图 8-6 所示，所有的冲刺都以相同长度的持续时间进行规划。让我们假设，冲刺 1~4 每个都是 20 故事点(SP)。如果我们还假设一个可交付物特性 A 被定义为 40SP，我们可以将特性 A 分为两个产品增量——第一部分在冲刺 1 中完成，第二部分在冲刺 2 中完成——每一个都大约为 20SP，因此每个能够符合单一的冲刺。

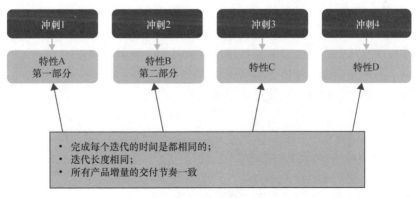

图 8-6　基于迭代的敏捷

8.2.5 基于流程的敏捷

在**基于流程的敏捷**中，团队基于其功能，从待办事项列表中获取特性展开工作，而非基于迭代的进度。使用这种方法的一个示例框架是看板，我们会在本章后面的内容中进行更为完整的介绍。

在基于流程的敏捷中，团队使用任务面板上的列来定义工作流，为工作流的每个阶段限制在制品，以及管理每一列中的制品以保证在所设置的限制范围内。采用这种方法时，团队很可能会注意到每个冲刺的交付节奏都有所不同。一些特性，比如图 8-7 中的特性 A，需要更多的人力和持续时间，所以冲刺 1 需要更长的时间完成此特性。

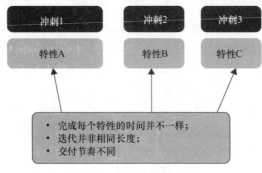

图 8-7　基于流程的迭代

8.3　Scrum

迄今为止，最常见的敏捷方法是 Scrum。这个框架呈现了《敏捷宣言》中所有的 4 种价值观和 12 项原则。Scrum 的名字来源于橄榄球运动，而在其方法中也延续了该体育运动的精神。Scrum 是一个强大的项目方法，其原因在于它在结构简约的基础上，非常有效地满足了高效团队的需要。此框架在 Scrum 的联合创作者杰夫·萨瑟兰（Jeff Sutherland）和肯·施瓦伯（Ken Schwaber）所著的《Scrum 指南》中进行了阐述。

Scrum 由以下部分组成：

■　**角色（责任）**——编写软件或者项目输出的参与者；
■　**事件**——由角色执行的多种行动；
■　**工件**——在项目执行过程中由角色生成的文档。

8.3.1 角色

敏捷 Scrum 框架基于以下观念：

■　客户是产品负责人；
■　Scrum 主管培训开发者并且辅助开发；
■　开发者对项目进行大量的规划、执行和管理。

> 注意：在最新版本的《Scrum 指南》中使用了"责任"，而非角色，以及开发者，而非开发团队。我们可以参考第 7 章规划、项目工作和交付：适应型方法中相同的角色，但为 Scrum 主管使用额外的名词，比如敏捷项目经理和项目领导者。

总结一下，我们可以列出如下 Scrum 责任或者角色。

- **开发者（开发团队）**。开发者是指那些创建产品的人。在软件开发中，这些人是商业分析师、系统分析师、程序员、质量保证专家以及任何在交付软件系统中扮演角色的人。一般而言，小组由 5~9 名成员组成。团队的最佳结构是自组织且跨职能的。开发者一般都具有独立思想，并且能够决定如何将产品待办事项列表以可交付物的形式转化为有用职能的增量。
- **产品负责人**。产品负责人在以下场景中担任积极且有贡献性的角色：在每个冲刺的开始从**产品待办事项列表**中提议实施的特性、在每个冲刺的结束检查功能实现情况以及在冲刺期间持续检查待办事项列表并调整特性的优先级以提供最大的价值。产品负责人是代表客户和业务的关键决策者。
- **Scrum 主管**。Scrum 主管的角色是教练、训练并激励项目团队，处理妨碍因素以及引导团队实现每个冲刺的目标。因此，Scrum 主管的角色经常被认为是"真正的领导"（或者，在早期的《Scrum 指南》版本中，是一个"服务型领导"）。

8.3.2 过程和工件

在 Scrum 方法论中，开发以固定 1~4 周长度的冲刺进行。每个冲刺交付产品的一个工作部分，而系统是增量地进行开发。框架如图 8-8 所示。

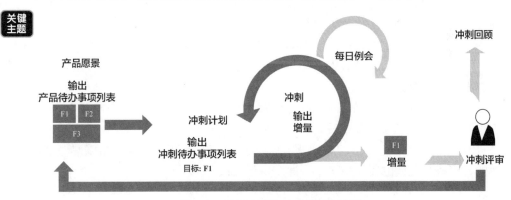

图 8-8 显示事件和工件的冲刺框架

表 8-2   Scrum 的事件和工件的总结

事件	工件
冲刺； 冲刺计划； 每日例会； 冲刺评审； 冲刺回顾	产品待办事项列表：产品目标； 冲刺待办事项列表：冲刺目标； 增量：完成的定义

注意，每个工件都和一个承诺关联：

产品目标对应产品待办事项列表；

冲刺目标对应冲刺待办事项列表；

完成的定义（Definition of Done，DoD）对应增量。

Scrum 敏捷方法实施如下：

1. 在敏捷项目开始的时候，产品负责人（Production Owner，PO）和干系人一起，定义高层级的需求，并且创建愿景说明书和产品的目标。

2. PO 带动创建交付最大价值的产品特性清单的过程。PO 创建产品路线图，从而提供高层级的产品需求概览。

3. 之后是发布规划，这个时候由 Scrum 主管（Scrum Master，SM）和开发者创建产品待办事项列表——交付特性的优先级清单。

4. 在每个冲刺的开始会有冲刺计划会议。在会议上，Scrum 团队会决定下一个冲刺需要交付哪些需求。开发团队将需求分解为交付功能所必要的具体任务。该工件被称为冲刺待办事项列表。

5. Scrum 团队进行每日例会。形式包括每日站会，在该会议上团队成员在 15 分钟内组织当天的工作优先级，并且讨论前一个工作日完成的工作。每个团队成员都进行简短的汇报，并且讨论完成了哪些事情，哪些事情需要今天完成以及可能会出现的阻碍。

6. 在每个冲刺的末尾，Scrum 团队和干系人与 PO 一起评估工作的产品。该事件被称为冲刺审查。

7. 如果冲刺中创建的工作的产品被 PO 和客户认可，该产品就会被发布给客户，被称为产品待办事项列表增量。

8. 在审查后，会举办冲刺回顾会议。在该会议上，Scrum 团队讨论哪些工作是有效的，哪些是无效的以及在下一个冲刺中需要改善哪些。

8.3.3 Scrum 核心价值

Scrum 基于经验过程控制理论，或者说经验主义。冲刺的过程对所有干系人都是透明的，让他们能够检查并调整过程。

Scrum核心价值是Scrum框架的建设基础。如图 8-9 所示，这些核心价值是专门针对 Scrum 方法的（它们不应该和《敏捷宣言》中的 4 项敏捷指导原则或者 12 项敏捷澄清原则混淆）。本质而言，Scrum 的核心价值基于以下的哲学：为了让项目实现它们所有的潜质，团队成员必须致力于维护一些关键价值。

图 8-9　Scrum 核心价值

以下是核心价值。

关键主题

- Scrum 团队成员需要勇气做出正确的事情与处理艰难的问题。
- Scrum 团队成员相互尊重，成为有能力且独立的人。
- Scrum 团队和它的干系人同意对所有工作以及进行工作中涉及的挑战保持开放态度。
- 每个人都专注于冲刺的工作以及 Scrum 团队的目标。
- 成员个人承诺致力于实现 Scrum 团队的目标。

8.3.4　时间盒

时间盒是 Scrum 的关键组成部分。我们都参与过那些特别长到我们都想赶快结束的会议。Scrum 框架规定各种 Scrum 事件的时间限制，包括冲刺持续时间、每日例会、冲刺审查和回顾的建议时间。

图 8-10 显示了时间盒的推荐指导。

关键主题

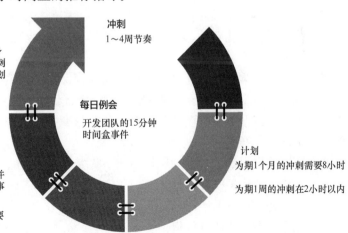

图 8-10　Scrum 事件的时间盒指南

8.3.5　Scrum 面临的挑战

Scrum 是现在最为成功的敏捷框架，但它依然有一些缺陷，比如以下几点。

- **组织结构**。组织中的组织文化、设计和结构可能让组织难以使用 Scrum，或者需要调整 Scrum 规模。
- **范围蔓延**。Scrum 团队可能会持续添加用户故事和特性，从而导致范围蔓延。这会导致他们试图比给定项目中应该完成的工作做得更多。
- **转型困难**。如果 Scrum 主管和产品负责人对框架不熟悉，那么项目就会变得很有挑战性。这经常发生在开发团队被困在他们熟悉的预测型方法中的时候。
- **变更**。项目的成功依赖于开发团队在不灵活的冲刺迭代中的紧密合作。如果出现人员变更的情况，Scrum 项目就很有可能失败，因为团队中积累的知识和经验可能会被破坏。

8.4　看板

看板是另一个常见的适应型框架。日语中的看板指的是"你能看见的卡片""视觉板"或者"标记"。它最初是由丰田以"改善"（全质量管理）方法开发和应用的。在新技术的赋能下，看板如今被使用在制造过程以外的许多其他组织职能中。我们应该注意的是，看板本身不是一种项目管理方法；相反，它假设在特定项目中已经有了项目管理方法，而看板框架被作为有效管理在制品的可行工具所使用。

8.4.1　看板方法的适用性

在《敏捷实践指南》的附录 3.4 中提到，看板方法在组织的以下情况中最为适用。

- **灵活性**。团队倾向于不在精准的时间盒和严格的发布节奏中工作。他们更想要灵活性。相对的，特性的规模和复杂性可能都不同，不大可能将特性切分为相同长度。
- **聚焦于持续交付**。团队的关注点在于确保工作在系统中顺畅流转直到工作完成。在这个过程中，团队承诺直到在制品完成前，不展开新的工作。
- **聚焦于提升效率**。团队检查每个任务是增值或者非增值活动，然后移除非增值活动。
- **团队成员聚焦**。有限的在制品让团队聚焦在当前的工作。
- **工作负载的多样性**。工作发生的不可预见性使得团队无法做出可预测的承诺，即使是在很短的时间内。
- **减少浪费**：透明性使得浪费更为可见，从而可以将其移除。

8.4.2　限制在制品

如本章前面讨论的，在制品（Work in Progress，WIP）意为团队在给定时间内进行的任务数量。WIP 的限制可以基于人、工作阶段或者整个工作系统来进行定义。限制在制品非常重要，因为它能够确保团队成员以最高效的方式工作，并且以可接受的效率完成所有工作。如果 WIP 数量在特定的工作阶段超过了 WIP 限制，那么关注点就成为调整资源从而降低 WIP，也就是移除过程中的妨碍因素。

8.4.3　工作流焦点

在敏捷框架的场景下，看板的重心在于提升项目的工作流。相比时间盒方法的 Scrum 和 XP，看板不太有描述性，并且不太聚焦于满足里程碑或者截止日期。

看板是提升持续性生产流的框架。其主要关注点在于减少产出组件或者产品生产过程中的 WIP，并同时保持高产品质量。看板更强调以生产量为主，也就是说，它通过在相同时间内创建更多东西来提升效率。通过减少浪费，看板实现了过程的提升（参考本章中前文的"消除浪费"小节，其中列出了七种浪费的来源）。

看板框架同样帮助项目团队减少瓶颈、提升效率、改善质量和促进整体产出。项目团队在看板面板的帮助下实现这些目标。看板面板通过三步组织工作流：待办、进行中和完成。举个例子，一个看板面板可以是一个白板、黑板或者基于软件的演示面板。每个可交付物都会写在便签上，然后便签会置于适当的状态下。便签会在项目状态板上随着可交付物在对应阶段的移动而移动。

图 8-11 说明了一个在不同阶段有 WIP 限制的看板。面板上的正方形是描述可交付物的便签。

图 8-11　有 WIP 限制的看板面板

图 8-11 显示了商业分析、构建和测试中的 WIP。在最后一列中，你可以看到测试处出现了瓶颈。因为测试处有三个正在进行的任务，而 WIP 限制是 3，任务 X 或者任

务 Y 无法从构建部分进入测试部分。当一个部分的 WIP 相同的时候，团队就需要决定是否有其他资源可以减少 WIP，以消除瓶颈。

8.4.4 对比看板和 Scrum

看板和 Scrum 的来源不同，并且是不同的方法，但是两者都能帮助项目团队贯彻敏捷管理框架的价值和远侧。如表 8-3 所示，它们有一些相似点，也有一些不同点。

表 8-3 看板对比 Scrum

对比因素	看板	Scrum
团队管理	团队以现有的层级进行管理	团队自管理
过程改善	对过程的改变可以在任何时间点发生，并且积极鼓励马上修正	在冲刺中，团队执行工作。对过程的改善一般在冲刺回顾后发生
生产效率管理	周期时长、提前期和在制品被用于评估生产效率	用速度和燃尽率来评估生产效率
生命周期	团队使用基于流程的敏捷	团队使用基于迭代的敏捷
关注的时间	主要焦点在周期时间和提前期，而不是满足截止日期。它是以流程为导向的持续交付	冲刺一般是 1～4 周长度，产品增量或者产品的一个版本会在每个冲刺的末尾交付
共同点	两者都鼓励改善过程。两者都将项目分为更小的过程进行迭代。两者都鼓励团队合作	

8.4.5 ScrumBan

基于表 8-3 中显示的区别，看板经常会和 Scrum 结合使用。两者结合的方法被称为 ScrumBan。Scrum 聚焦于频繁、快速的交付，而看板帮助改进迭代过程。这两者的结合有助于 Scrum 团队提升规模或能力。ScrumBan 包括开发用户故事，然后用看板面板进行管理以控制 WIP 限制。在下一个迭代被允许开始前，必须满足当前迭代的 WIP 限制。在迭代过程（冲刺）中，Scrum 团队聚焦于移除妨碍因素以提高产出。

8.5 极限编程

极限编程（Extreme Programming，缩写为 XP，也经常以"eXtreme"为人所知）是一种迭代增量框架，在软件开发中非常流行，并且和 Scrum 有许多共同的特性。举个例子，它是一种时间盒的框架，涉及实际的客户、集中办公的团队以及用户故事和站会等实践。

8.5.1 角色

XP 中的主要角色和 Scrum 中的主要角色非常相似。

- **客户**：每周都紧密地参与项目并且提供输入。
- **跟踪员**：关注衡量指标，并且通过和团队成员沟通来测量进展。
- **教练**：作为首席技术架构师（可选角色）。
- **开发者**：程序员、分析师、质量保证分析师以及组成团队的其他资源。

8.5.2 XP 的核心实践

以下是最具 XP 特征的实践。

关键主题

- **结对编程**。两个开发者在同一台机器上工作（如图 8-12 所示）。

图 8-12 结对编程是 XP 核心实践的一部分

- **集中办公**。包括产品负责人或者客户代表在内的团队成员，以团队整体的方式在一个地点工作。
- **提供有用信息的工作场所**。工作场所促进透明的沟通。
- **用户故事**。这些故事从客户的视角描述需求。
- **每周迭代**。增量设计由以周为单位的周期组成。
- **季度计划**。团队展望下一个发布的版本。
- **可持续步调**。团队避免有压力的工作速率和加班情况。
- **松弛**。团队会分配一些时间给不重要或者不以可交付物为导向的活动。
- **测试优先**。团队可视化完成的定义——比如在写代码以前先编写软件测试，并且使用该定义确保过程的完成（如在代码编写完以后用测试验证其准确性）。

- **持续整合**。产品增量持续整合，从而不会让任何增量降低产品的性能。
- **十分钟构建**。团队在十分钟以内构建一个特性并且对其进行测试。

8.5.3 我们能从 XP 中学习到什么？

图 8-13 展示了四个能从 XP 框架中获得的关键收获。这些例子虽都围绕软件开发，但是其概念对任何行业领域都是有用的。

图 8-13 四个极限编程的关键概念

- **结对编程**。四只眼睛往往比两只眼睛更好使！像写代码这样的创造性投入一度都是一个人单独的创造性工作。然而，当两名开发者在执行同一个任务的时候，效率会得到提升，而缺陷会减少。
- **重构**。在创造一个新产品的时候，千万不能打断或者中断给客户提供的服务。同样重要的是，不要从零开始打造产品；相反，尝试重用和重新组织现有代码，移除重复代码以及增加内聚性。
- **持续整合**。需要将完成的工作集成到一起。早期整合会将有问题的设计或者功能暴露出来，从而避免浪费时间和人力。
- **共享代码所有权**。共享代码所有权意味着每个开发者都可以改进或者修改任何代码。共享代码所有权会提升可视性，以及在整个团队中更广泛地传播产品知识。这样做能够促进持续的知识共享、有效的同行评审，并且降低缺陷数量。

8.6　FDD、DSDM 和水晶

本节探讨在某些组织中应用的其他适应型框架。本节的目的是让你能够分辨每种框架的显著特性。考试中的题目可能会提到这些框架，所以理解每个框架中最重要的要素是必要的。

8.6.1　功能驱动开发

功能驱动开发（Feature-Driven Development，FDD）是一种围绕大型和长期项目中实现特性的软件开发框架。FDD 支持敏捷的最佳实践。它在《敏捷宣言》被创建的时候，被作为范例。

FDD 的目标是交付有客户价值的功能，或者说"特性优先"。这就要求先制定一个带有优先级排序的特性清单，然后设计特性，再构建每个特性。

FDD 和 Scrum 类似，但是使用更短的迭代周期。特性一般可以在最短 2 天就交付。没有任何长期的迭代周期。另外，Scrum 通过用户故事来获取和沟通需求，FDD 使用特性。最后，FDD 的最终用户是开发过程的目标客户；而在 Scrum 中，产品负责人是目标客户。

FDD 项目被设计遵循一个五步开发过程，围绕离散的特性进行大规模建设：

1. 开发整体的模型；
2. 构建特性清单；
3. 基于特性进行规划；
4. 基于特性进行设计；
5. 基于特性进行构建。

图 8-14 说明了生命周期流以及这五个过程的交互。

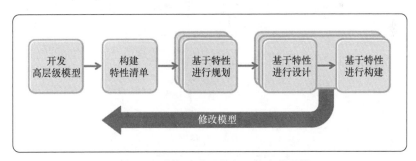

图 8-14　功能驱动开发产品的生命周期

FDD 中有六个主要角色，而每个人可以担任一个或多个角色：项目经理、首席架构师、开发经理、首席程序员、"类"程序员和领域专家。

FDD 有以下优势：

- 识别离散的特性并实施；
- 以固定的时间盒交付功能；
- 利用已被证明的开发标准，FDD 能够让大型团队快速地成功开发产品。

8.6.2 动态系统开发方法

动态系统开发方法（Dynamic Systems Development Method，DSDM）是一种在 1994 年开发的独立于供应商的项目交付框架。它是一种为项目经理提供系统开发迭代方法的描述性框架。它是一个有延展性的模型，并且支持任何商业领域里所有规模的项目。

它有八大原则：

- 聚焦商业需要；
- 准时交付；
- 合作；
- 不对质量进行妥协；
- 基于扎实的基础构建迭代；
- 迭代开发；
- 持续且清晰的沟通；
- 展现控制力。

DSDM 以其强调制约驱动的交付而最为人所知。如图 8-15 显示的模型，框架一开始设置了固定的成本、时间和质量。随后，团队基于这些制约，交付高优先级的范围和功能。因此，功能被认为是可变的或者动态的。

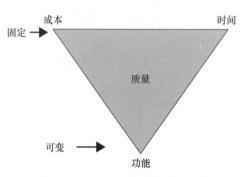

图 8-15　DSDM 的制约驱动交付

DSDM 覆盖整个项目的生命周期，并且由于其强调制约驱动的交付，能够提供在预算内准时项目交付的最佳实践指导。

8.6.3　水晶

水晶是一种个性化的方法，涉及基于特征（比如规模或优先级）使用颜色编码：

- **团队规模**。有多少团队成员在进行项目？
- **重要度**。成果的重要性有多少？它是否有像是在医疗或者健康项目中的死或生的程度？
- **优先级**。项目的优先级在哪儿？它是否比其他工作有更高的优先级？

在低端，对于 1～6 人的小型项目团队，颜色代码被称为透明水晶；对于 7～20 人的大型团队，颜色代码为黄水晶；在高端，对于大型、复杂、重要且有可能涉及超过 200 人的项目，颜色代码是钻石水晶和蓝宝石水晶。其他中间情况的颜色有橙水晶、红水晶和栗色水晶。

水晶有以下优势。

- 它清楚地认识到团队规模和活动的紧急性在项目中的角色。
- 它促进并提升团队的沟通和担责。
- 它让团队很好地响应严苛的需求。

8.7　扩展框架

随着项目规模、范围和复杂性的提升，会需要额外的资源，而且会需要多个团队一起合作。多个敏捷团队必须对同一个待办事项列表协同工作，以更快地交付产品。本节说明了扩展的敏捷框架如何处理这些需要，以及它们如何支持企业范围的敏捷。图 8-16 说明了扩展敏捷项目的六个主要竞争力。

图 8-16　扩展敏捷项目的主要竞争力

- **团队和技术**。从敏捷团队的竞争力开始，团队成员是否能有竞争力地使用

Scrum、看板或者其他相关的适应型方法？5～11 名成员组成的有经验的核心团队必须非常精通敏捷项目方法的艺术和科学，从而使得单独的团队就能实施解决方案。他们必须拥有技术竞争力，比如那些需要设计、构建、部署和测试的技术能力，因为他们是最终执行实际工作的人。每个团队的关键角色是开发者、产品负责人和作为每个团队项目促进者的 Scrum 主管。

■ **产品交付**。有多个敏捷团队开发同一个产品的情况被称为敏捷发布火车（Agile Release Train，ART）。敏捷发布火车一般由 50～125 人组成（见图 8-17）。

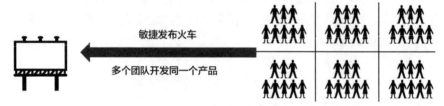

图 8-17　敏捷发布火车

■ **项目组合交付**。项目组合层级需要管理多条开发流，并且和组织中其他层级协调，以确保敏捷发布火车和解决方案火车与战略目标保持一致。

以下是敏捷发布火车的主要角色和工件。

■ 一般大概有五个迭代交付项目集增量（Program Increment，PI）。

■ 敏捷发布火车工程师组织 PI 启动规划会议，从而集合所有团队。

■ 团队在项目集迭代开始的时候规划 PI 的工作内容，描述哪些需要被交付。

■ 敏捷发布火车工程师作为整个敏捷发布火车的教练。

■ 产品经理提供产品愿景，并且管理项目集的待办事项列表。

■ 架构师提供架构指导。

■ 项目集面板用于可视化各个团队之间的待办事项列表依赖关系（见图 8-18）。

		迭代1	迭代2	迭代3	迭代4
团队1		特性1	特性1	特性1	特性1
团队2		特性2	特性2	特性2	特性2
团队3		特性3	特性3	特性3	特性3

图 8-18　带有依赖关系的项目集面板

- 所有团队在每个迭代结束的时候聚到一起观看产品演示。
- 在交付 PI 后进行小组回顾。
- 所有产品经理在检查和调整会议中会面。为了之后的项目集增量而理解问题和制定新的解决方案，以客户为中心的设计思路是必不可少的。
- **企业解决方案交付。** 当单独的敏捷发布火车无法满足客户的需求时，就需要一个企业级解决方案（见图 8-19）。一个解决方案火车专家可以协调多个敏捷发布火车和供应商，以交付大规模的复杂解决方案。

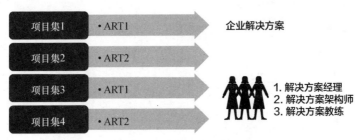

图 8-19　企业解决方案和角色

在提供企业解决方案的过程中需要三种新角色。

- 解决方案经理：该角色识别需求并推荐需要构建的内容。
- 解决方案架构师：该角色规划出所有敏捷发布火车和其他可交付物的集成。
- 解决方案火车工程师：该角色教授最佳实践，并确保其被遵循。
- **组织的敏捷性和领导力。** 如果缺乏领导力的支持，或者组织无力实施解决方案，都会导致复杂的大规模工作失败。敏捷领袖驱动变化、用示例引导并且同时协助形成扩展敏捷原则和精益敏捷思维模式。组织越多促进精益敏捷实践以驱动蓝图、开发和部署，组织就越有创新力。
- **持续学习的文化。** 敏捷发布火车构建了持续交付的管道以根据要求进行发布，在需要的时候交付价值。

在记住这些扩展因素后，就是时候引入扩展敏捷方法了。如图 8-20 所示，基于框架的详情深度和它们对生命周期的广度，有多种框架置于适应型方法的图谱中。

- **大规模敏捷框架**（Scaled Agile Framework，SAFe®）是一种软件开发敏捷框架，使用敏捷开发的概念并提供"全局"方式。
- Scrum of Scrums（SoS）是一种大规模敏捷技术，为需要一起协作交付复杂解决方案的多个团队提供连接方式。
- **规范敏捷**（Disciplined Agile®，DA™）是一种决策过程框架，将数个敏捷最佳实践整合成一个完整的模型。

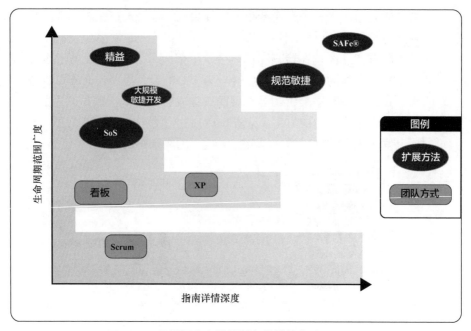

图 8-20　根据深度和详情制定的敏捷方法

接下来的几节会分别描述以上几种框架的主要特性。

8.7.1　大规模敏捷框架

　　SAFe®结合了精益、敏捷和 DevOps 实践以实现业务敏捷性。它聚焦于为企业内跨所有层级的扩展性开发工作提供模式知识库。SAFe®基于 10 条根本原则，均由敏捷原则和方法、精益产品开发、系统思考和对成功企业的观察演化而来。

- 经济视角。
- 应用系统思维。
- 假设可变性并保留选项。
- 以快节奏、整合学习的周期构建增量。
- 基于对工作系统的客观评估设定里程碑。
- 可视化并限制在制品数量、缩减批量的大小并管理队伍长度。
- 应用节奏，并进行跨领域规划同步。
- 激发知识工作者的内在驱动力。
- 去中心化决策。
- 围绕价值进行组织。

SAFe®聚焦于项目组合、项目集和团队层级的实践、角色和活动细节，强调围绕为客户提供持续价值的价值流并对企业进行组织。SAFe®框架阐释了跨多个敏捷团队中的协调、协作和交付。它由角色和责任组成，以小团队为起点，到大型项目组合部署。在该方法中，敏捷发布火车团队增量地开发、交付，并且在可能的情况下在价值流里运营一个或者多个解决方案。该发布团队会持续很久，并且需要让干系人参与产品开发过程中。

SAFe®描述了如何规划和管理工作。

- 在团队层级，SAFe®基本上就是 Scrum、XP 或者其他混合型方法，包括看板。
- 在项目集层级，SAFe®用季度项目集增量规划（PI 规划）协调团队的人力工作，并且以一个由多个团队组成的元团队通过敏捷发布火车产出交付。
- 在企业层级，SAFe®交付解决方案火车：产品的交付是大规模且复杂的，会由超过 150 人参与实施过程中。
- 在项目组合层级，SAFe®支持包括财务考虑的组织战略，比如项目组合管理，以及如企业安全与合规等非功能性需求。

SAFe ®框架的一部分是建立 DevOps———一种持续不断的可交付物管道。通过 DevOps 的开发和运营，各团队不再孤军奋战，而是从开发到部署和运营，都像一个团队一样合作。

8.7.2　SoS

在《敏捷实践指南》A3 节中简略地描述了 SoS 框架。

SoS 是由两个或多个 Scrum 团队而不是一个大型 Scrum 团队所使用的一种技术，其中一个团队包含 3～9 名成员来协调其工作。每个团队的代表会与其他团队代表定期召开会议，可能是每日例会，但通常是一周两次或三次。每日例会的执行方式类似于 Scrum 的每日站会，其中代表将报告已完成的工作、下一步工作设置、任何当前障碍以及可能阻碍其他团队的潜在未来障碍。其目标是确保团队协调工作并清除障碍，以优化所有团队的效率。拥有多个团队的大型团队可能要求执行 Scrum of Scrum of Scrums（SoSoS），其遵循的模式与 SoS 相同，每个 SoS 代表向更大的组织的代表报告。

图 8-21 说明这种队伍的交互。

SoS 一般为 3～8 个团队的时候效果很好。SoSoS 被设计用于和更多的团队在更大的环境中合作。

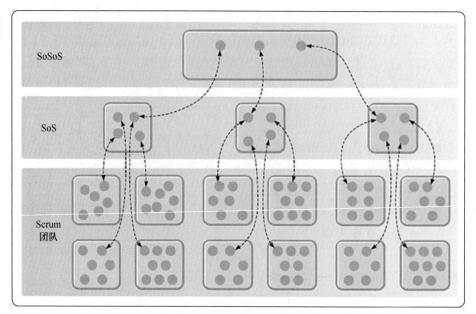

图 8-21　Scrum 团队代表参与 SoS 和 SoSoS 团队

8.7.3　规范敏捷

　　DA™是聚焦于需要考虑的决策、可选项和这些可选项相关的权衡的工具组。DA™将多种敏捷最佳实践整合成一个完整的模型。它展示了如何有效地通过裁剪和扩展，利用 Scrum、看板、SAFe®和许多其他方法。在 2019 年 8 月，PMI 收购了敏捷认证体系。

　　DA™混合了多种敏捷原则。

- **以人为先。**枚举不同层级的角色和组织要素。
- **面向学习。**鼓励协作改进。
- **完全交付生命周期。**提倡多个符合目的的生命周期。
- **目标驱动。**定制过程以实现特定结果。
- **企业意识。**提供跨部门治理方面的指导。
- **可扩展。**涵盖多种项目复杂性维度。

这些原则能分为以下四个方面。

- **思维方式。**DA™基于敏捷和精益的基础，解决企业的实际问题。
- **人员。**DA™描述所需的角色、责任和团队结构。
- **流程。**DA™通过生命周期和工作流图表描述过程动态的一面。
- **实践。**DA™阐述了通过使用能直白地提供高层级实践菜单的目标图，来推动团队前进的技术。

　　DA™是一种结合了原则和观点的框架，来呈现整个交付生命周期。为了说明组织中各个商业职能，DA™工具箱被组织成"过程刀片"，比如财务、营销、治理、数据管理、安全等。因为在这些领域工作的专家有不同的背景、优先级和看待世界的方法，DA™思维模式在每个流程刀片上都会有特定的哲学延展。图 8-22 具体描述了 DA™工具箱的全貌。

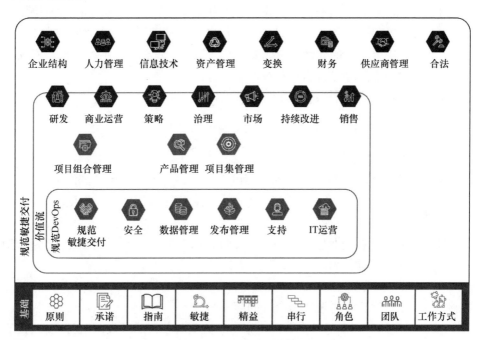

图 8-22　DA™工具箱范围

　　在这张图中，过程刀片——有时候又被称为过程域、关键过程域（Key Process Areas，KPA）或者商业职能——以六边形显示。一个过程刀片包含了组织中一个部分完整的工作方式（Way of Working，WoW）。每个过程刀片都涉及了一个具体的组织功能，比如企业结构、产品管理或者供应商管理，并且每个刀片都从四个方面进行描述。

- **基础**。基础提供了 DA™工具箱的概念奠基。这包括了 DA™思维模式；源自敏捷、精益、串行/传统的 WoW；面向人的问题，比如角色、责任和团队结构；如何选择 WoW。
- **规范 DevOps**。规范 DevOps 将 IT 解决方案开发、IT 运营活动和企业 IT 支持活动流水线化，从而给组织提供更有效的成果。
- **价值流**。价值流包括需要给客户提供价值流的能力。价值流是一系列进行的行动，以给客户增加价值，包括从最初的请求，到客户实现价值。

- 规范敏捷企业（Disciplined Agile Enterprise，DAE）。DAE 有能力预计市场的变更，并快速对其作出应对。它通过一种组织文化和结构来实现这一目标，从而促进其所面临的情况下的变化。这样的组织需要在主流商业中学习思维模式，并且以精益和敏捷过程为基础，去驱动创新。

DA™工具箱区分两种类型的敏捷扩展。

- **在团队层级扩展敏捷（战术性敏捷扩展）**。这是针对单独的 DA™团队的敏捷和精益策略应用。目标是深入应用敏捷，从而适当地解决所有复杂和扩展因素。需要考虑的属性包括团队规模、地理位置分布、组织分布、领域复杂性、解决方案复杂性、合规和技能可用性。
- **在组织层级扩展敏捷（战略性敏捷扩展）**。这是在整个企业广泛的敏捷和精益策略应用。

8.7.4 该用哪种方法扩展

当面临大规模运营框架的使用选择的时候，以下指南代表了最佳实践。

- 如果像 Scrum 这样的适应型框架已经在更小规模的项目中使用了，那么大规模交付依然使用基于 Scrum 的框架。
- 如果需要在企业层级进行产品交付，那么 SAFe®和规范敏捷是这类需求可以考虑的最佳框架。

案例学习 8-2：适应型方法实践会议的下一步

在第 7 章的案例学习 7-1 中，适应型方法实践会议的开发团队已经规划了三次独立的发布：第一个月，网站；第二个月，对计算机和安卓/iOS 设备都有相同特性和功能会议的网站应用；第三个月，会议活动日应用，只适用于移动设备。项目需要持续至少三个月才能交付以上三个发布内容。

发起人埃德温·程现在热切地想要压缩时间线，并且在一个月内完成项目。这意味着所有三个发布——网站项目、网站应用项目和会议活动日应用——都需要同时进行设计和构建。

适应型方法实践会议的项目团队非常熟悉使用适应型基于 Scrum 的方法，因而团队决定为新的压缩进度采用 SoS 作为框架。每一个同时进行的 Scrum 发布团队会有一个代表在 SoS 团队中，适应型方法实践会议项目：SoS 结构如图 8-23 所示。

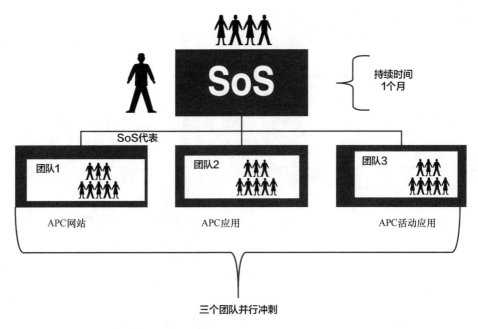

图 8-23　适应型方法实践会议项目：SoS 结构

　　三个 Scrum 团队中的每一个都和通常一样，会有它们自己的每日站会、冲刺规划会议和其他事件。团队同样有独立规划其工作的自治性。然而，作为这种扩展结构的一部分，现在每个团队会选择一名开发者作为额外 SoS 会议的每日站会代表。于是，出现了一个必要的新角色：一个 SoS 主管现在开始协调 SoS Scrum。

　　当这三个 Scrum 团队中有一个出现问题的时候，SoS 会议就会提供一个适时解决的方法。通过该会议，每个团队的代表可以分享他们进程的更新，并且报告出现的问题。

　　SoS 会议保证所有任务同步，并且帮助所有的 Scrum 团队成员保持正轨。他们还会沟通冗余和依赖性。举个例子，如果一个团队整理了活动日应用的最终敏捷实践演讲者日程表，则 SoS 代表会将这个日程表分享给其他团队。

　　通过这一新方法，SoS 团队能够同时协调网站、网站应用和活动日应用的发布交付，确保一个月内发布完整整合的产品。

8.8　总结

　　本章介绍了精益在适应型项目管理中的一般基础，并且描述了价值流方法消除过程中的浪费。它还详细介绍了多个基于团队的适应型框架的特性和内部运营，包括 Scrum、看板、极限编程、功能驱动开发、动态系统开发和水晶。最后，本章探讨了如何扩展适应型方法，并且详细介绍了如大规模敏捷框架、SoS 和规范敏捷等框架和工具。

备考任务

正如在第 1 章中提到的，你会有多种备考方式：本章的练习以及第 12 章。

8.9 回顾所有关键主题

本节会回顾本章所有重要的主题，这些主题在书中都会在页面的外边距以"关键主题"的图标表示。表 8-4 列出了这些关键主题，以及它们所在的页码。

关键主题

表 8-4   第 8 章关键主题

关键主题类型	描述
图 8-2	精益特性
列表	用精益方法实现价值流的五步骤
图 8-8	显示事件和工件的冲刺框架
列表	敏捷 Scrum 方法的步骤
列表	Scrum 的核心价值
图 8-10	Scrum 活动的时间盒指南
列表	看板方法的适合性
段落	看板的主要特性
表 8-3	看板和 Scrum 的对比
列表	XP 的核心实践
列表	XP 的四个关键概念
列表	FDD 过程的五个步骤
列表	FDD 的优势
列表	DSDM 的八个原则
图 8-15	DSDM 的制约驱动交付
列表	水晶颜色编码特征
图 8-16	扩展敏捷项目的主要竞争力
列表	敏捷发布火车的主要角色和工件
图 8 -20	根据深度和详情制定的敏捷方法
列表	SAFe ®的十项基础原则
列表	在 SAFe ®的不同层级管理工作
图 8-21	Scrum 团队代表参与 SoS 和 SoSoS 团队
段落	规范敏捷交付中的主要要素
列表	选择大规模框架的最佳实践

8.10　定义关键术语

定义本章中以下术语，并将你的答案和术语表进行校对：

精益、在制品（Work in Progress，WIP）、价值流、基于迭代的敏捷、冲刺、基于流程的敏捷、Scrum、产品待办事项列表、增量、冲刺目标、完成的定义（Definition of Done，DoD）、冲刺规划会议、每日站会、冲刺审查会议、冲刺回顾、时间盒、看板、ScrumBan、极限编程（Extreme Programming，XP）、功能驱动开发（Feature-Driven Development，FDD）、动态系统开发方法（Dynamic Systems Development Method，DSDM）、水晶、敏捷发布火车（Agile Release Train，ART）、产品愿景、大规模敏捷框架（Scaled Agile Framework，SAFe®）、Scrum of Scrums（SoS）、规范敏捷（Disciplined Agile®，DA™）、Scrum of Scrum of Scrums（SoSoS）。

本章涵盖主题

- **问题检测和解决**：该节覆盖了关于分析问题的重要主题，从而能够认清并且解决可能会威胁到项目成功的问题。
- **测量绩效域**：该节从理解优先级从而对其进行追踪和管理的角度，探讨了项目管理中的测量绩效域。
- **项目控制的关键绩效指标（Key Performance Indicator，KPI）**：该节描述了如何跟踪进展，如何用多种技术和指标测量，以及如何传达这些指标的状态。
- **不确定性绩效域**：该节探讨了什么是不确定性，它和风险的关联，它对项目可能产生的影响，以及使用哪些方法减少其对项目成功的影响。
- **追踪和管理适应型项目中的风险**：该节描述了具体在适应型项目中最小化风险影响的方法，以及如何适当地追踪适应型项目进展，从而能提前降低风险。

第 9 章

测量、跟踪和管理不确定性

本章覆盖了测量、跟踪、检测与解决问题相关的主题。广泛且公开地沟通项目状态是成功的项目成果的必要前提。本章介绍了仪表板和信息发射源，它们可以协助传达多种项目关键绩效指标。

测量和跟踪项目活动有机会发现，项目可能在某些情况下没有按照原定计划进行。另外，组织发生的变动或者项目内容发生的变更都会引入影响项目和团队实现成功成果的新因素。作为测量和跟踪的延伸，本章描述了管理不确定性的重要方法。项目经理被要求为意料之外的事情做计划。为了做到这一点，他们需要公开沟通风险、问题和威胁。项目团队必须毫不畏惧地分享这类信息，并且不对其产生抵触。如本章所讨论的，尽早传达失败，或者说"快速失败"，应该受到鼓励。

尽管本章主要聚焦在适应型方法，但许多概念同样会出现在预测型方法中。

注意：本章包含的项目管理信息、模板、工具和技术仅仅用于你的学习。在将这些知识应用于工作中的项目时，请谨慎使用。另外，尽管我们很仔细地将内容和 PMI 的考试内容大纲(Exam Content Outline，ECO)保持一致，但是并不保证成功读完整本书后学生会顺利通过 CAPM®考试。

在完成本章后，对于以下的领域和任务，你应该能够有所提升。

- **领域一：项目管理基础和核心概念**
  - o **任务 1-2：展示对项目管理计划的理解。**
    在给定的情况下，使用风险登记册。
  - o **任务 1-4：决定如何遵循并执行已计划的策略或者框架（比如沟通、风险等）。**
    举例如何适当地反馈已计划的策略或者框架（比如沟通、风险等）。
  - o **任务 1-5：展示对常见问题解决工具技术的理解。**
    解释焦点小组、站会、头脑风暴等的目的。
- **领域三：敏捷框架和方法**
  - o **任务 3-2：决定如何计划项目的迭代。**
    解释适应型项目追踪的重要性，并和预测型基于计划项目的项目追踪进行对比。

o **任务 3-3**：决定如何记录适应型项目的项目控制。

识别用于适应型项目的工件。

o **任务 3-5**：决定如何准备和执行任务管理的步骤。

说明一个适应型项目管理任务的成功标准。

在适应型项目管理中进行任务优先级排序。

9.1 "我是否已经理解这个了？"测试

"我是否已经理解这个了？"测试可以让你评估自己是否需要完整阅读这一章，还是可以直接跳到"备考任务"小节。如果你对自己就这些问题的回答或者对这些主题的知识评估有疑问时，请完整阅读整章。表 9-1 列出了本章的主题，以及它们对应的测试题目题号。你可以在附录 A 找到答案。

表 9-1　　　"我是否已经理解这个了？"主题与题号对应表

基础主题	题号
问题检测和解决	7
测量绩效域	1,5,8
项目控制的关键绩效指标	4,10,12
不确定性绩效域	3,6,9
追踪和管理适应型项目中的风险	2,11

> **注意**：自测的目标是评判你对本章主题的掌握程度。如果你不知道某题的答案，或者对答案不确定，你应该将该题标为错题，从而更好地进行自测。将自己猜对的题认为是正确的，这种做法会影响你自测的结果，并且可能会给你带来错误的自我评估。

1. 在哪种优先级方法中，干系人会被给与固定数量的指标，从而他们能通过给特性分配指标数量的方式给特性进行优先级排序？
   a. 简洁机制
   b. MoSCoW 优先级方法
   c. 记点投票方法
   d. 大富翁方法
   e. 堆栈方法
2. 以下哪个公式用于计算风险严重程度？
   a. 风险严重程度=已知风险 × 发生概率
   b. 风险严重程度=影响 × 发生概率

    c. 风险严重程度=影响 × 未知风险

    d. 风险严重程度=发生概率+影响

3. 以下哪种被认为是不确定性的一种，并且其要素之一是所涉及的干系人和/或组织的数量？

    a. 复杂性

    b. 机会

    c. 威胁

    d. 易变性

4. 以下哪种图的类型强调了在一个冲刺中尚需完成的工作量？

    a. 燃尽图

    b. 速度图

    c. 累积流量图

    d. 燃起图

5. 在哪种优先级方法中，干系人通过给每个特性分配像"必须有"和"可以有"这样的标签，来对特性进行优先级排序？

    a. 简洁机制

    b. MoSCoW 优先级方法

    c. 记点投票方法

    d. 大富翁方法

    e. 堆栈方法

6. 哪种事件类型和概率的结合，被认为是风险的先决条件？

    a. 已知–已知

    b. 未知–已知

    c. 已知–未知

    d. 未知–未知

7. 一旦你理解了某个问题的存在，你下一步应该是？

    a. 解决

    b. 沟通

    c. 测量

    d. 分配

8. 在哪种优先级方法中，干系人使用单独的数字来排布特性的优先级？

    a. 简洁机制

    b. MoSCoW 优先级方法

    c. 记点投票方法

    d. 大富翁方法

    e. 堆栈方法

9. 以下哪种情况被认为具有不确定性，并且描述了项目的维度或者组成经常发生变更，且变更在意料之外？

    a. 复杂性

    b. 机会

    c. 威胁

    d. 易变性

10. 哪一类 KPI 测量项目从开始到当前日期的进展？

    a. RAG 指标

    b. 提前指标

    c. 风险指标

    d. 沟通指标

    e. 滞后指标

11. 哪种图的类型可视化了团队随着时间管理其项目威胁概况的程度？

    a. 燃尽图

    b. 速度图

    c. 累积流量图

    d. 燃起图

12. 哪种图和看板面板一同使用，能帮助团队更好地可视化分布在各个项目阶段的任务？

    a. 燃尽图

    b. 速度图

    c. 累积流量图

    d. 燃起图

基础主题

9.2 问题检测和解决

    本章标题为"测量、跟踪和管理不确定性"。为了完成这三项任务，项目经理需要知道如何找到和解决可能威胁项目成功成果的问题。本章的次要目标是展开关于问题检测和解决的主题。问题解决在项目管理中至关重要，你可以预见到，在 CAPM®考试中会包括该主题的情景类问题。

    问题一般通过五个不同的阶段进行理解和解决：

关键主题

    1. 理解问题；

2. 测量问题;

3. 设计方案管理问题;

4. 解决问题;

5. 检查解决情况。

　　理解问题是必备的第一步。如果项目团队或者项目经理不清楚需要解决什么,就很可能得出错误的结论。一旦项目团队清楚了问题,就需要识别问题的来源、收集相关数据并测量问题的范围。如果不进行检测和测量,是不可能有令人满意的解决方案的。

　　你能使用多种工具和技巧理解与测量问题。如第 6 章项目工作和交付中所讨论的,其中一个流行的工具是头脑风暴,而描述根本原因的一个方法是因果图。

　　在你获得用于解决问题的数据和洞察后,你需要设计计划,并从干系人处获得输入来验证解决方案。

9.3 测量绩效域

　　《PMBOK®指南(第七版)》的 2.7 节描述了一个专门监控预测型和适应型项目的领域:测量绩效域。该绩效域的焦点主要在测量涉及对项目绩效进行评估并实施适当的应对措施,以保持最佳绩效。图 9-1 展示了这个重要项目管理域的成果。

测量绩效域	
测量绩效域涉及与评估项目绩效和采取适当行动维持可接受绩效相关的活动和功能	有效执行此绩效域将产生以下预期成果: ▶ 对项目状况产生可靠的理解。 ▶ 促进决策的可操作数据。 ▶ 及时采取适当行动,确保项目绩效处于正轨。 ▶ 根据可靠的预测和评估做出明智而及时的决策来实现目标并产生商业价值

图 9-1　测量绩效域

测量绩效域重要的原因有两个:

■ 它能提供对项目状况形成可靠的理解和具有实际价值的数据,从而促进决策;

■ 干系人能够及时获得数据,并采取合适的行动使项目绩效保持正轨,从而实现目标及产生商业价值。

　　测量、显示和传达项目绩效数据的目标是支撑学习并持续改进。需要收集、测量和汇报信息,从而让项目团队能够进行学习,促进决策,改善产品或者项目绩效的某些方面，帮助规避问题以及阻止绩效恶化。然而，如果项目的进展、成本、范围、或者质量被团队在测量过程中的某些因素影响，这时候就有必要决定如何基于影响管理项目，在尽可能多地确保范围内的高优先级特性的同时，调整必要的时间或资源来弥补发现的问题。为了达成这个目标，团队必须知道其优先级有哪些——而且需要从项目开始就知晓。

9.3.1 优先级排序技巧

优先级排序在适应型方法中扮演着重要的角色。它能帮助团队基于精益理念，聚焦在构建最小可行产品的最重要的任务上。这些技巧同样和商业分析相关，你会在第11章商业分析领域中看到。

围绕客户价值的优先级排序在项目早期进行。不同的优先级排序机制可以被用于识别干系人到底想要什么。本章讨论以下优先级排序技巧。

- 简洁方法。
- MoSCoW 优先级方法。
- 记点投票或者多点投票方法。
- 卡诺模型。
- 大富翁方法。
- 堆栈方法。

简洁方法

干系人通过使用简单的进行优先级排序，比如将特性 X 排序为优先级 1，然后将特性 Y 排为优先级 2。这种方法颇具挑战性，因为用户可能希望将许多特性——甚至所有特性，都设定为优先级 1。

简洁方法的变体可以用如"必须有"和"最好有"等标签。表 9-2 展示了用这种方法的产品待办事项列表样本。你可以看到，特性 1～4 对即将到来的迭代而言有高优先级，而特性 5 和 6 可以等到今后的发布中再实施。

表 9-2　　　　　　优先级排序后的产品待办事项列表样本

1	必须有
2	
3	
4	
5	最好有
6	

MoSCoW 优先级方法

MoSCoW 优先级方法的名称基于其优先级分类："必须有（must have）""应该有"(should have）""可以有（could have）"和"不会有（won't have）"（"不会有"相当于"想要有，但是现在不行"）。

MoSCoW 优先级方法相比简洁方法有更多的颗粒度，因为产品负责人和客户能够在优先级上有更深入的考量。表 9-3 显示了使用这种方法的例子。在这个例子中，你可以看到特性 6 被归类为"不会有"，所以它被从当前的代办事项列表中移除，因为它现在被认为在该项目范围之外。

表 9-3　　　　　　　　　　产品待办事项列表优先级分类延展样本

1	必须有
2	
3	应该有
4	
5	可以有
6	不会有

记点投票或多点投票方法

在记点投票或多点投票方法中，你需要限制可以作为优先级 1 排序的特性的数量。你通过给有限数量的点（或者像星星这样的其他符号）来限制客户的选择。表 9-4 显示了两个客户何塞和玛丽亚如何有不一样的投票结果。在这个例子中，何塞将两个星星给了特性 A，一个星星给了特性 B，并且没有给特性 C 或特性 D 任何星星。玛丽亚则采用了不同的分配方法：特性 A、特性 B 和特性 C 各分到一个星星，而特性 D 没有星星。当综合考虑何塞和玛丽亚的投票时，特性 A 以三个星星排在第一；特性 B 第二，有两颗星星；而特性 C 在第三，有一个星星。特性 D 一个星星都没有，因此从考虑清单中被移除。

表 9-4　　　　　　　　　　记点投票或多点投票的例子

A	**	何塞（分配了三颗星星）
B	*	
C		
D		
A	*	玛丽亚（分配了三颗星星）
B	*	
C	*	
D		

一种类似的方法则是用数字取代星星，如表 9-5 所示。这种方法可以通过在待办事项列表中进行优先级排序的特性的数值，提供更有颗粒度的划分。

表 9-5　　　　　　　　用数字为即将到来的迭代进行投票的例子

A	75	何塞（分配了 100 点）
B	25	
C		
D		
A	33	玛丽亚（分配了 100 点）
B	33	
C	33	
D	1	

卡诺模型

卡诺模型可以基于客户的意见对特性进行优先级排序。这种方法包括将客户的偏好基于客户价值分为四组。

- **不满意因素**。这些特性对客户而言是必要且有价值的。如果没有这些特性，则会导致产品的不满意度很高。我们可以将这些特性归为 MoSCoW 方法中的"必须有"。这种特性的一个例子，就是当无法接听来电的时候，快速让智能手机静音。
- **满意因素**。这些特性同样也被称为期望特性。满意因素越多，产品的满意度也越高。这种特性的一个例子是餐厅中的晚餐菜单，菜单中的选择和类别越多，越有可能让顾客满意。
- **魅力因素**。这些是让人惊讶的特性，用于描述那些意料之外但是让人兴奋的特性。这种特性的一个例子是在体育比赛中，主队获胜后的烟花表演。你可以想象支持者们在经历这样事前没有通知的表演后的兴奋之情。
- **无差异型因素**。客户对这些特性的反应不好也不坏。这个类型相当于 MoSCoW 优先级类别中的"不会有"。应该避免这样的特性，或者将其在待办事项列表中的排位降低。举个例子，在学术会议上组织太多内容相关的活动可能和参会者的目标冲突——参会者可能想用更多的时间和他们的同行进行社交或者在城市中观光。

大富翁方法

大富翁方法采用和记点投票同样的概念，但是相比于分配数值或者星星的数量，每个客户会有有限数量的货币，比如 2 000 美元。客户决定如何给每个特性进行投资，而最后被分配到最多钱的特性则成为优先级最高的特性。

堆栈方法

堆栈方法是一种简单但是强大的优先级排序技巧。在这种方法中，团队会直接对比用户故事进行排序。最重要的故事会放在顶端。类似的方法是使用多个评估标准，并根据每个用户故事体现每个标准的程度，使用权重对每个用户故事进行优先级排序。在这种方法中，标准可以是特性附加的价值、紧急程度、实施所需人力或者实施风险。

9.3.2　哪些需要进行优先级排序

优先级排序方法可以用于采用预测型方法和适应型方法的许多场景中。我们会通过识别在各种适应型项目工件内容背后的合理性，说明在适应型项目中优先级排序的情况和需要。

产品待办事项列表

产品负责人在产品层级制定产品待办事项列表。能够回答这个问题的特性就是作为值得实施的特性："我们为什么要构建这个产品？"在项目的开始，客户会识别高价值的用户故事。被选择的特性会成为第一次发布的一部分。

发布待办事项列表

除非产品体量很小，否则就很可能有多次发布。团队为每个发布识别需要实施的特性。团队会讨论许多特性，然后产品负责人在解决方案工程师和其他团队成员的帮助下，会对被认为是构建最小可行产品（Minimum Viable Product，MVP）必要的特性进行优先级排序。在优先级排序后，最初的产品待办事项列表就会排序完成。

> **注意：**我们会在第 11 章中用故事图和产品路线图的方式说明发布待办事项列表的优先级排序。

冲刺待办事项列表

冲刺待办事项列表是产品待办事项列表的一部分。在迭代开始的冲刺规划会议中，Scrum 团队会建立冲刺目标，以及确定在即将到来的迭代中完成的工作的优先级。

注意，待办事项列表中内容的依赖性关系会限制优先级排序。举个例子，如果特性 X 含有特性 Y 的组成部分，那么特性 Y 可能需要更高的优先级，因为其他的特性对其有依赖性。

Scrum 任务

当迭代开始的时候，开发者能够自由地将他们的每日例会中的任务，以他们认为最有价值的顺序排序。图 9-2 显示了各类工件如何在一个典型的适应型项目迭代中被排列优先级。

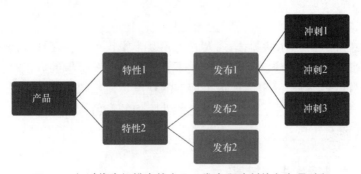

图 9-2 经过优先级排序的产品、发布和冲刺待办事项列表

表 9-6 总结了哪些需要被优先级排序，以及哪些人会参与优先级排序。

表 9-6 迭代中的主要优先级负责人

优先级层级	责任人	主题
产品待办事项列表	产品负责人	确定产品范围，并且定义需要发布的特性
发布待办事项列表	产品负责人、解决方案架构师（商业分析师）	识别需要在特定发布中发布的特性。为特定发布选择用户故事
冲刺待办事项列表	产品负责人和团队	选择故事的一部分，在特定的冲刺中完成
每日例会待办事项列表	团队成员个体	选择需要实施的 Scrum 任务

在团队理解优先级情况后，他们必须理解测量使用的度量指标。**度量指标**描述了测量的项目属性或者产品属性。举个例子，一个度量指标是完工尚需估算（Estimate to Complete，ETC）；这个概念在之前的几章中出现过。这个特定的度量指标测量了预计的额外成本，基于团队当前所在的时间点到工作最终完成的时间点进行测量。

有效的度量指标是具体的（Specific）、有意义的（Meaningful）、可实现的（Achievable）、具有相关性的（Relevant）和具有及时性的（Timely）（总结为 SMART）。常见的项目度量指标分类包括资源、交付和预测。ETC 度量指标属于预测分类，因为它预计了尚未实际花费的特定成本。

9.4　项目控制的关键绩效指标

关键绩效指标（Key Performance Indicators，KPI）被认为是重要的属性，因此需要被跟踪。KPI 可以测量项目绩效的多个方面，确保团队在实现项目目标的正轨上。

存在以下两种 KPI。

- **滞后指标**。滞后指标在实际情况发生后，测量项目可交付物或里程碑（也就是过去的绩效）。例子包括完成的可交付物的数量、成本偏差和进度偏差。这些 KPI 测量活动或者其他过去发生的因素。它们很容易计算和测量，但是难以被影响，因为这些都是已经发生的事情了。

■ **提前指标**。提前指标可预测项目的变化或趋势。测量它们有一定的挑战性，但是它们能够帮助评估未来的项目成果。提前指标的例子有团队的交付速度或生产效率。这些指标能够帮助预测估计的成本或者项目的持续时间。如果在某个时间点上，趋势并不让人感到满意，就可能需要找机会评估根本原因，并且扭转令人不满的趋势。

有一系列的测量和控制方法能够让团队对活跃的适应型项目和它们的 KPI 有可靠的理解。注意，本节介绍的许多概念同样应用于预测型项目。

在敏捷方法中的 KPI 和那些用于预测型方法中的 KPI 相似。敏捷团队会使用特定的度量指标，在每个迭代或者冲刺的过程中测量绩效。这些指标被用于战略规划，来引导之后迭代的方向。敏捷 KPI 度量指标可以让项目团队在许多途径中获益，我们现在可以探讨其中的一部分。

9.4.1　进展跟踪

这是最重要的一点，KPI 能够帮助团队有效地跟踪项目的持续进展。在进展跟踪的帮助下，任何潜在的障碍都会在早期阶段被发现，并且在它们升级前被解决。这一点和敏捷自适应的本质相关，团队可以快速转向，并且进行变更，以改善项目的可交付物。

9.4.2　决策

KPI 帮助领导对团队的工作负载或者其他项目成功因素进行决策。通过使用 KPI 分析工具，领导可以轻松地判断他们的团队是否有余力进行更多的用户故事，或者团队应该减少下一个迭代中故事的数量。敏捷是频繁被用于软件开发的一种方法，一些和代码相关的 KPI，比如代码搅动和代码覆盖，都很常见。测试同样是该领域的关键要素。软件开发者经常根据手动测试来衡量自动化测试，用已进行的测试来衡量测试失败。

9.4.3　传达适应型项目的 KPI

适应型项目的 KPI 可以用以下工具传达。

■ **燃尽图**。强调在一个冲刺或者发布中尚需完成的工作的图。燃起图则是变体，用于描述当前工作的情况。

■ **速度图**。用于展示速度的图。这里的速度用于测量团队在一次冲刺中完成了多少工作。这种测量方法可以预测一个团队在之后冲刺中的产出量。速度会因团队的不同，根据团队的经验和能力而变化。

■ **累积流量图**。一种和看板面板一起使用的可视化工具。它能帮助团队更好地可视化累积流量，也就是团队在不同项目阶段的任务分配状态。

燃尽图

燃尽图以图的形式呈现了剩余的工作总量。它由用户故事、关联任务、故事点、负责人名字、完成状态和接受状态组成。

表 9-7 显示了一个 Scrum 待办事项列表（或者说迭代待办事项列表）样本。该迭代计划交付六个故事点（Story Points，SP），因为在冲刺计划会议中，团队将总共所需的迭代人力估算为六个 SP。你可以看到，亚历克斯、玛丽和汤米已经在冲刺结束的时候完成了分配给他们的用户故事，但是汤米完成的一个任务还需要被完全接受，因此，该迭代并没有完成。

表 9-7   Scrum 待办事项列表

用户故事（任务）	故事点	负责方	接受状态（Y/N）
US1	6SP	开发团队、商业分析团队	N
US1：任务 1	2SP	开发团队：亚历克斯	Y
US1：任务 2	2SP	开发团队：玛丽	Y
US1：任务 3	2SP	商业分析团队：汤米	N

场景 1：

图 9-3（基于表 9-7 中的数据）中的燃尽图使用了以下用语。

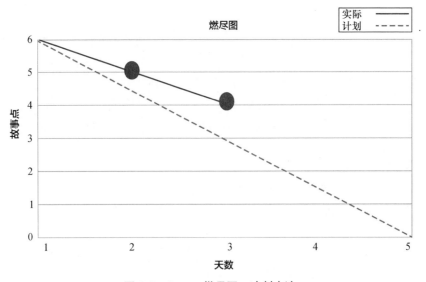

图 9-3　Scrum 燃尽图：冲刺中途

- **计划**：显示了冲刺原计划的正常情况。
- **实际**：显示了完成的工作，以及未完成的故事点。

这张燃尽图显示了在第三天开始的时候的 KPI 状态。它提供了剩余小时数和燃尽速率的清晰图像。你可以看到，已经完成了两个故事点，这表示还有四个故事点未完成。

场景 2：

图 9-4 展示了从表 9-7 的数据中创建的另一个燃尽图的例子——这次是在冲刺结束的时间点。亚历克斯和玛丽都完成了他们的两个任务，并且这些任务都被正式接受了，因此他们的工作全部完成。然而，如你在表 9-4 中所见，由汤米完成的任务 3 依然在等待正式的接受。从速度的角度（故事点或特性完成的速率）看，六个 SP 中只完成了四个。

尽管汤米完成了任务 3，但是直到其被正式接受前都不算完全完成。因此，冲刺目标依然未完成。

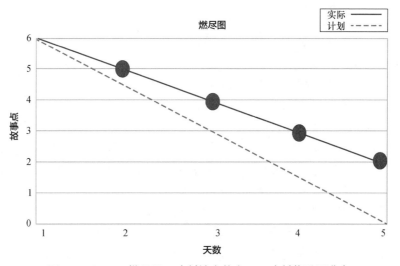

图 9-4　Scrum 燃尽图：冲刺结束状态——冲刺落后于进度

这就把我们引向了一个真正描述什么是完成的术语：**完成的定义**。它是基于为了让可交付物被认为可供客户使用，而须达到的所有标准的检查清单。在敏捷度量指标中，只有当活动被完全完成的时候才会被累加——换而言之，所有的标准都被满足并且得到验证。完成的定义在项目的每个层级（比如，对于每一个用户故事或者发布）都会被创建。第 11 章有更多关于完成的定义和准备就绪的定义。

如果本例中的冲刺在进度前就完成了，那么燃尽图就不一样（见图 9-5）。在这种情况下，尽管在冲刺时间线上不同时间点完成的工作量不同，最终结果是团队在进度前完成了冲刺的工作。

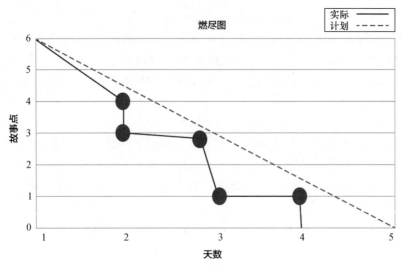

图 9-5　Scrum 燃尽图：冲刺结束状态——冲刺提前于进度

　　总结一下，燃尽图可以显示剩余的预估时间，或者更常见的是显示剩余的故事点。它们可以为团队绩效提供有价值的洞察。

- 如果团队未满足预期，那么这就表示团队承诺了太多的工作量，或者低估了任务的复杂性或团队的生产效率。
- 急剧的下降可能表明工作没有被准确地估计。糟糕的估计通常表现为缺陷或者性能问题。恰当以及有效的时间分配能够解决该问题。
- 如果在项目的每日待办事项列表中出现了和计划活动相比显著的绩效相关偏差，则团队可以按需采取行动、修改进度和调整。

　　处置预料之外情况的推荐方法是设置缓冲区。举个例子，表 9-8 显示在冲刺待办事项列表底部，设置了五个 SP 的缓冲区。缓冲区规模的估算是在之前两个或者三个冲刺中未完成故事的平均数量。如果缓冲区溢出了，就会触发打断机制。打断机制的结果是可以放弃或者重新规划。问题只有在被理解并且采取合适的变更时，才能被解决。

表 9-8　　　　　　　　　　　为期望之外的情况设置缓冲区故事点

冲刺待办事项列表
3
5
3
1
5　缓冲区

燃起图

燃起图和燃尽图类似，但是其显示的是完成的工作，而非剩余的工作。燃起图是能够可视化完成工作量的工具。你可以用这个信息对比目标速率，跟踪项目的进展。图 9-6 显示了一个完成项目的燃起图的例子。

燃起图帮助可视化从一个冲刺到下一个冲刺的团队效率。它同样帮助所有干系人可视化还剩多少工作，以及他们是否能基于迄今为止的团队速度，预测项目可以如期完成。

速度

速度，正如本章之前提到的那样，是对团队完成项目工作能力的测量。这个度量指标测量团队在一个特定迭代中完成的工作量。它基于过去完成的用户故事的数量，显示团队的生产速率。速度有助于预测团队在未来的迭代中的工作量，并且帮助项目预测产品的发布。速度对于干系人而言，是一个判断项目何时结束或者发布何时发生的有力度量指标。

注意，速度可能在前几个新迭代中有所差异，但随着迭代的持续，这是一个可靠的度量指标，因为团队会越来越习惯于在特定的产品待办事项列表中合作。

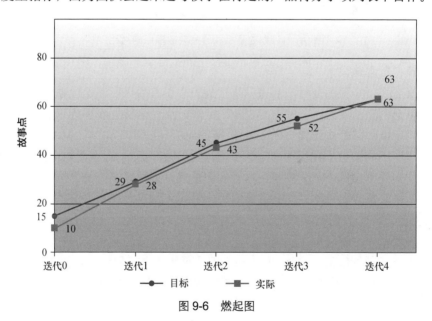

图 9-6　燃起图

速度可以用任何单位进行测量，但是在敏捷项目方法中，使用 SP 是常见的方法。SP 是基于所需人力、复杂性和风险分配到用户故事上的估算。过去三个冲刺中的平均值会在实践中使用以计算团队的速度。举个例子，在图 9-7 中，迭代 1=10，迭代 2=14，而迭代 3=12。根据这个信息，我们有一定信心预测，团队在迭代 4 中有能力完成 12 个 SP。

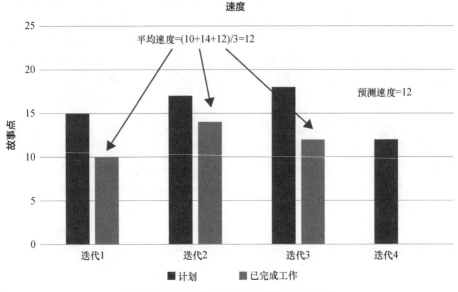

图 9-7　计划故事点和已完成故事点的对比

预测所需迭代

速度是一个预测交付产品待办事项列表中所有项目所需迭代数的优秀度量指标。

举个例子，如果团队的速度是 12 个 SP，而剩余待办事项列表有 60 个 SP，那么团队需要额外的 5 次迭代（60/12=5）来完成项目。

速度不应该用于在不同的团队中进行生产效率的对比。速度对团队而言是特定的，因为在实践中，每个团队都是用自己的测量尺度来估算 SP 的。因此，速度度量指标对每个团队都应该是不同的。举个例子，团队 A 的速度应该是 20 个 SP，而团队 B 可能是 50 个 SP。只看这些数值，干系人可能会假设团队 B 比团队 A 更高效，但是根据所用尺度，任一团队都可能更高效。继续举例，一个团队可能将一个小的工作内容估算为 3 个 SP 的任务，而另一个 Scrum 团队可能将类似的任务估算为 1 个 SP。在进一步分析后，干系人可能发现两个团队完成的工作量是非常相近的，尽管速度有所不同。

9.4.4　谁来进行估算

用故事点估算对迭代计划而言是必要的。尽管产品负责人会告诉项目团队哪些是必要的，但是开发团队可以做出预估。由于开发团队是负责实际工作的一方，所以他们在估算构建每个工作内容所需的时间和人力时有最佳的话语权。

9.4.5　产量、周期时间和提前期

产量的意思是特定时间内能够生产的单元数。举个例子，如果一个公司可以在八小时的轮班时间里生产 80 辆车，那么制造流水线的产量为 10 辆车/小时。

周期时间和提前期是两个用于测量和控制系统生产效率的绩效度量指标。这些度量指标用在看板框架中，并且也会整合其他敏捷框架，来提升任务执行过程的效率。

周期时间是指完成一个单元或任务的时间。**提前期**是指需求从最初启动到其完成或者让客户满意的时间。因此，提前期代表了一个过程从启动到完成的持续时间。减少提前期意味着过程得到了改进。举个例子，可能有机会减少从收到一个工作要求到开始工作之间的等待时间。

图 9-8 说明了周期时间和提前期之间的关系。您可以看到，周期时间是提前期的一部分。提前期总是比周期时间长，它最多在请求的服务马上开始执行的时候等同于周期时间。周期时间测量执行请求的所需时间，比如客户请求解决一个问题或者实施一个新的用户故事。图 9-8 中显示的等待时间就和这样的工作请求相关。项目经理的目标应该减少提前期，并且在可能的情况下，也同样减少周期时间。

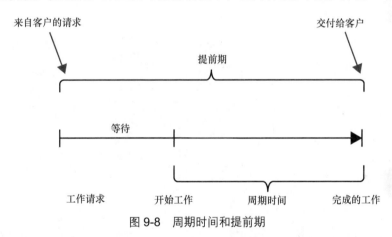

图 9-8　周期时间和提前期

根据项目的类型，会测量多种类型的周期时间，比如设计周期时间、开发周期时间、测试周期时间、部署周期时间和构建周期时间。目标是缩短团队的平均周期时间，从而提升产量，即对团队生产效率的测量。

有一个例子可以帮助说明周期时间的计算。比如汉森在周一早上看了他们的看板面板，然后意识到他们可以开始着手产品模拟软件项目中冲刺待办事项列表上需要的归类功能。他们将特性移动到了 WIP 分类。汉森依然在处理另一个问题，但是在那一天，他们开始着手分类功能。在周三，汉森完全无法处理该特性，在周五结束的时候，他们有能力完成特性，然后他们将特性移动到看板面板的"已完成"列。在这个案例

中，分类功能的周期时间为 5 个工作日。汉森的目标应该是在未来将类似任务的周期时间从 5 天降到 3 天。

控制图能够被用于监测周期时间，并且它们能够揭示可能的生产效率提升途径以及执行过程中的问题。它们可以计算单独项目或者跨项目的周期时间，同时能够被用于在任务相对接近的时候，对比不同团队之间的生产效率。

提前期是直接有关进入系统的任务数量和频率的函数。举个例子，在有许多人物进入系统的时候，单一任务的提前期会变长，因为任务等候被执行的概率大大提升。监控提前期有助于平衡系统执行任务的能力。当提前期增长的时候，它可能是表示系统处理当前要求的能力不足的信号。

周期时间和在制品（Work in Progress，WIP）密切相关。在制品代表了所有已经开始，但是尚未完成的任务数量。限制系统中的任务数量可以确保更高的产量。专用于公共汽车或者其他高载客量车辆（High Occupancy Vehicle，HOV）的街道或者高速公路车道是说明产量的一个好例子。这种车道一般在图 9-9 中的这类桥的最左边或者最右边。因为这类车道上的流量有限，会让产量（通过量）变得更高，在这些车道上行驶会让这些车道上的车有更高的时间效率。

图 9-9 公交车专用车道，会有更快的通过速度并降低周期时间

同样的，团队效率也可以通过降低周期时间来提升。从某种意义上看，引入 WIP 限制，从而减少已开始的任务的数量，就像解放拥堵的交通车道。

可以用以下公式计算周期时间。

周期时间=WIP/产量

举个例子，如果一个制造厂区有 16 辆车在造，那么 WIP=16。如果产量=8 辆车/

小时。那么，周期时间就是 16/8=2（辆车/小时）。

累积流量图

　　累积流量图（Cumulative Flow Diagram，CFD）是跟踪和预测项目中的增值工作的有力工具。它同样能够帮助监测提前期和周期时间，并获得适应型项目中对项目问题的洞察。从视觉效果上看，CFD 像一种燃起图。您可以用 CFD 分析工作流的稳定性。CFD 能帮助您理解项目问题、周期时间和完成日期。

　　让我们看一个简单的运用敏捷项目的场景。在该场景中，团队计划在为期六个月的时间里开发 60 个特性。图 9-10 用一张依然在进展中的项目 CFD 来说明这个场景。*X* 轴代表了持续时间，*Y* 轴显示了工作事项的数量。

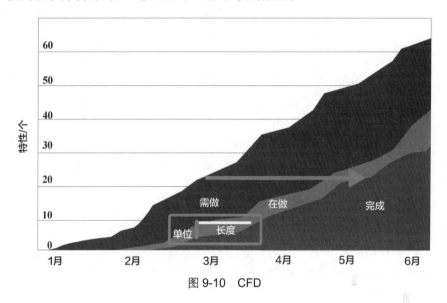

图 9-10　CFD

　　CFD 显示了三个不同的轮廓，代表了三种不同完成阶段的工作。

- 需做：说明了有 60 个需要实施的特性。
- 在做：说明了在制品。
- 完成：说明了完成的特性。

　　这张 CFD 显示了完成的特性和剩余特性的对比。从垂直角度看此图，你可以看到在任一时间点上完成的特性的数量。

　　现在看从 3 月开始显示工作快照的箭头。你可以看到有 20 个客户特性在队伍中等待实施。箭头部分指向"已完成"轮廓的边缘，表明开发团队在 5 月中旬完成了特性。这个箭头的长度决定了周期时间，也就是两个半月（从 3 月到 5 月中旬）。

CFD 可以让你看到哪些比较有效，而哪些尚需改进。在这种情况下，如果轮廓平行延展，那就是最理想的结果。这样的 CFD 表明产量是稳定的，因为需做和已完成的事项数量以接近的速度流动。

在图 9-10 中，你还可以看到在 3 月有个小的矩形，指出了 WIP，并显示了队伍长度和队伍持续时间。在这个矩形中，注意到持续时间大概是 20 天，开发 8 个特性。如果宽度随着时间扩展，则表示进入的任务数量要多于离开的任务数量。一个不想让人看到的例子，是有 10 个特性以 40 天的持续时间进入。这种周期时间的增长可能是因为团队的多任务处理造成的，或者它也可能意味着团队在聚焦于非增值工作。在这种场景下，团队应该在添加新的任务前，专注于完成现有任务。

总结：有必要平衡"待做"队伍和 WIP 与"完成"任务。用看板软件收集这类测量数据，可以让团队自动预测和估算任何时间长度的项目完成情况。

信息发射源

关键主题　在《PMBOK®指南（第七版）》的 2.7.3.2 节中，将**信息发射源**定义为一种可见的实物展示工具或者**仪表板**，以提供信息，并在组织中实现最新的知识分享。仪表板是多种报告和干系人利益相关数据的集成展示。燃起图或者燃尽图等图就是信息发射源，因为它们呈现了显著的数据和信息，并且作为项目的目视管理被使用。聚焦于提供单一来源数据的详细信息的展示或者报告属于信息发射源，但不是仪表板。

问题会在信息发射源上以总结的形式呈现。它们要么被手动创建和管理，要么通过工作流管理工具被生成和跟踪。有必要去查看当前和最近解决的问题。

目视管理存在于大范围的报告中，从已完成的任务，到进展中的任务和已经交付商业价值的任务。**看板面板**在大部分组织中被认为是目视管理的例子，因为看板面板显示了跨多个阶段的任务进展，赋予了团队实时预测、组织和跟踪其工作的能力。

由于数据分析的流行，如今仪表板变得非常有用。仪表板收集和显示大量的数据，并对信息进行分析。仪表板可以包括一些小工具，用于过滤数据以及创建像条形图、饼图、数据透视表和简单列表等有用的报告和展示。

仪表板数字化地收集信息，并且生成高层级的数据总结，从而让用户可以深入进行进一步分析。图 9-11 提供了一个仪表板的示例。这是一种 RAG（red-amber-green，红黄绿）图的例子，又被称为信号灯图。仪表板同样可以包括由饼图和成本、控制、质量数据的控制图组成的全面性图。

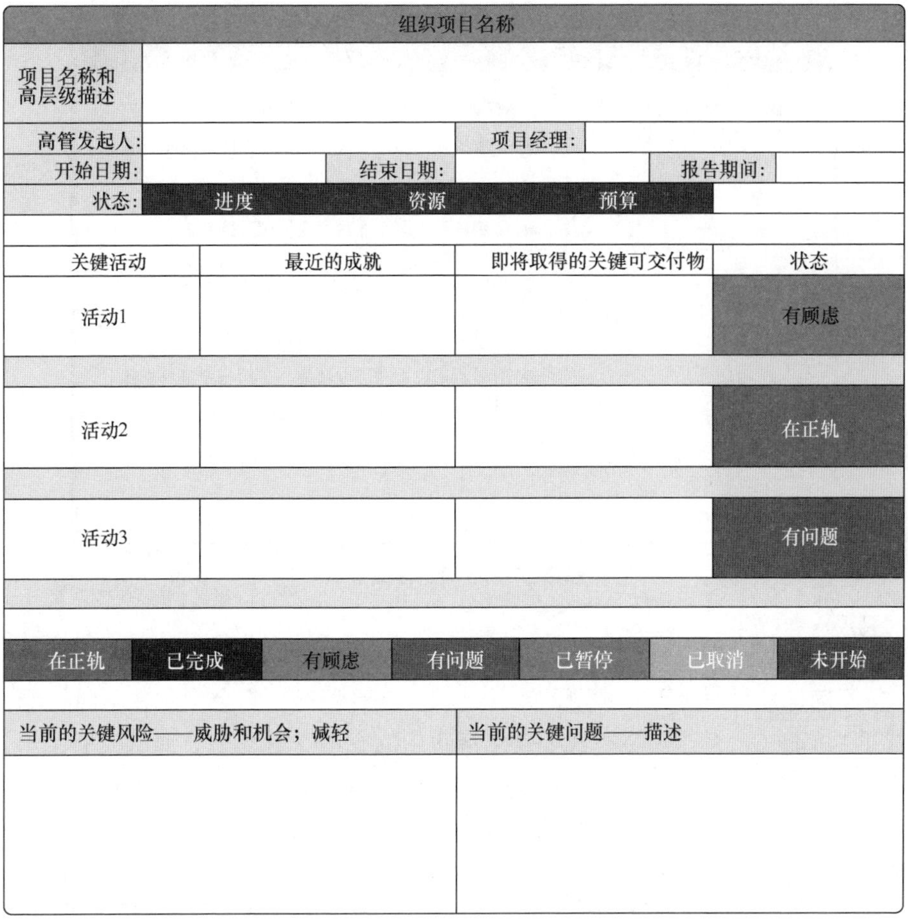

组织项目名称			
项目名称和高层级描述			
高管发起人：		项目经理：	
开始日期：	结束日期：	报告期间：	
状态： 进度	资源	预算	

关键活动	最近的成就	即将取得的关键可交付物	状态
活动1			有顾虑
活动2			在正轨
活动3			有问题

在正轨	已完成	有顾虑	有问题	已暂停	已取消	未开始

当前的关键风险——威胁和机会；减轻	当前的关键问题——描述

图 9-11　仪表板示例

注意"低科技/高感触"是展示信息更好的选择。对于集中办公的敏捷团队，仪表板可以用简单的人工或者机器展示。然而，基于软件的项目工具会提供许多优势，比如跟踪问题的能力、快速生成路线图和时间线与维护实时更新的面板，它们在团队成员相互距离很远的情况下最为合适。

9.5　不确定性绩效域

理解在预测型和适应型项目里的不确定性与风险对项目的成功实施非常重要。《PMBOK®指南（第七版）》的 2.8 节介绍了专门涉及这一主题的绩效域：不确定性绩效域（见图 9-12）。该绩效域涉及与风险和不确定性相关的活动与功能。不确定性能够表现为威胁和机会，而项目团队需要探索、评估和回应这两种类型的事件。

不确定性绩效域

不确定性绩效域涉及与风险和不确定性相关的活动与功能	有效执行此绩效域将产生以下预期成果。 ▶ 了解项目的运行环境，包括但不限于技术、社会、政治、市场和经济环境。 ▶ 积极探索和应对不确定性。 ▶ 了解项目中多个变量之间的相互依赖性。 ▶ 能够预测威胁和机会并了解问题的后果。 ▶ 项目交付很少受到或者不会受到不可预见事件或情况的负面影响。 ▶ 利用机会改进项目的绩效和成果。 ▶ 有效利用成本和进度储备，从而与项目目标保持一致

图 9-12　不确定性绩效域

9.5.1　不确定性

不确定性是一个无法预测的事件、状况或者情况。它会发生在不同的配置中。一个事件可能完全无法知晓，比如技术演化中的突然变更。另一种情况是，一个事件是可能发生的，但是无法预测它何时发生。因此，不确定性可以用"未知–未知"来描述。

但是，我们可以识别那些更有可能引向不确定性情况的状况。这些状况和以下内容相关，但不局限于此。

■　项目特征（如复杂性、系统动态、时间压力、技术革新和独特性）。

■　项目组织和涉及的干系人。

■　与项目关联的政治、经济、社会、技术、法规和环境(Political, Economic, Social, Technological, Legal, Environment，PESTLE) 因素的背景。

有三种和项目不确定情况相关的状况：

■　模糊性；

■　复杂性；

■　易变性。

以下章节会更深入查看这些状况，并且讨论解决它们的推荐管理步骤。

模糊性

模糊性是会增加不确定性发生概率的状况。它基于项目中不同主要方面的不准确和不精确的信息的情况，比如技术能力或者干系人预期的矛盾信息。以一个在发电厂项目中的模糊性情况为例，工作说明书可能被以不同的方法所理解。承包商想排除外围建筑，而负责人可能期望一些特定的安全设施（比如围栏）包括在工作说明书中。这种情况会因为模糊性，在项目晚期才被发现。

复杂性

复杂性是和不确定性关联的状况。一个项目越复杂，就越难完全理解不同项目系统和子系统的交互，以及/或者它们之间的动态关系，那么就无法获得成果的准确预测。以下是和项目复杂性相关的一些因素。

- 涉及的干系人或者组织的数量。
- 目标的数量和互通性。
- 可交付物的数量。
- 独特技术的新颖性和数量。
- 不同项目组成之间的相互依赖关系。
- 法律法规。

一般而言，当系统复杂性增长的时候，项目不确定性的可能性也会增长。在大型组织单位中部署的企业级系统就是一个可能涉及高复杂性的项目的例子。

易变性

易变性描述了一个快速变化且变化方法不可预测的项目环境。易变性通常会影响成本和进度计划。当资源突然或频繁地被重新分配，或当环境状况变化时——比如快速变化的天气情况或技术，就会发生快速变化的状况。资源突然不足或者突然爆发的技术变更可能导致严重的项目延迟和其他后果。易变性在资本市场中被密切监测，比如石油或其他大宗货物的价格，或者资本的价格可能快速且剧烈变化。大宗货物价格的易变性会给项目的预算带来严重的影响，尤其是那些会持续数年的项目。

9.5.2　解决项目不确定性的策略

为了降低项目的不确定性，就需要考虑多种管理策略。策略的选择应该基于项目一系列的制约。

通过研究、专家参与或者市场分析来收集可以在任务执行过程中降低不确定性的重要信息。

另一个降低技术成果中不确定的策略，是通过准备应变措施或者备选计划，来应对多种结果。

实施多种设计（在 PMBOK® 中被称为基于集合的设计）或者采用技术替代是另一种解决项目不确定性的策略。这种策略经常被用于医药行业中以研究驱动的项目。它曾是著名的曼哈顿项目中的成功关键：在曼哈顿项目中，两种不同的技术分别被开发以生产核原料和原子弹。

在技术革新的情况下，有时候通过实验测试不同的可替代技术是一个不错的实践。

在控制实验的状况下，就有可能在不干扰整个项目的前提下，观察项目成果的区别。实验可以被用于更好地理解底层技术的复杂性和其交互情况。

另一种可能性是使用快速原型过程，这可以帮助从用户或者客户处收集需求数据。向用户或者客户展示潜在的但是并非完全运作的解决方案，能够帮助开发有效的用户交互和功能需求。

复杂性可以通过用不同方法构建系统或者选择不同的过程方法来解决。表 9-9 显示了多种不同的策略解决项目中三种不确定状况。

表 9-9　　　　　　　　　　解决项目中不确定性的策略

不确定状况	策略	方法
模糊性		
	渐进明细	通过增量步骤构建来降低模糊性
	实验	用实验识别因果关系
	原型法	构建可替代的原型
复杂性		
基于系统	解耦	将复杂的系统分解为子系统进行攻克
	模拟	通过模拟识别最佳配置
重新构造	多样性	创建其他的系统视角
	平衡	创建多样的数据组
基于过程	迭代	以增量步骤反复构建
	参与	让干系人参与
	故障保护	构建系统冗余
易变性		
	备选方案分析	创建技术解决方案和过程的备选方案
	储备	规划成本和进度储备

如果现有的法规在预期之外被进行了补充，或者有一条新法律被通过了，那么由易变性导致的不确定性会在软件项目中变得非常高。在这种情况下，储备可能需要同时被分配给成本和进度，而且可能需要考虑备选解决方案来解决潜在的威胁。

举个例子，在建造山间隧道的工程项目中，挖到地下水道是一个和项目易变性相关的威胁，因为它可能发生在任何时间。在这种情况下，成本储备和进度储备会是非常重要的选项。

飞机场航站楼建筑项目的高复杂性是另一个项目的高不确定性的来源。在这种情况下，将不同系统解耦是解决项目不确定的重要策略。进行子系统分解，比如相对独立的建筑结果类型、HVAC 系统、运输、安保等，可以更好地识别和解决不确定性的情况。

9.5.3 风险

我们在第 6 章中介绍了项目风险管理的主题。如你在那里所了解的，项目风险是不确定的事件或者情况，并且会威胁至少一个项目目标或者带来至少提升一个项目目标的机会。注意，不确定性也可能带来正面的结果。这些正面的结果被称为机会，而它们需要使用不同的风险应对计划解决方案来处理。

风险被称为"已知-未知"。它们是已知的事件、状况或者情况，并且有已知的发生概率，但是不知道它们是否会真实发生。天气状况一般就以概率的方式被描述。如果某个施工地点某天的降雨风险是 50%，那么事件"下雨"的可能性是已知的，并且发生的概率也是已知的。然而，它依然是不确定状况，因为无法确定雨是否会在哪一天在哪个地点下。

除了理解单独的项目风险以外，干系人也同样对项目的整体风险等级感兴趣。整体风险等级代表了所有项目不确定性的总和。这是帮助决定项目风险是否可被接受、选择并实施项目的风险是否过高，或者是否因风险过高从而应该终止项目的重要指标。因为迭代和聚焦于任务执行的特性，适应型方法中的项目风险的识别和管理经常会在项目早期发生。在这些情况下，项目团队在某个特定时间点上关注于任务的一部分，一旦识别到了风险，就可以马上采取行动调整该迭代方法。在预测型方法中，项目风险经常需要在实际项目任务执行前很长一段时间就被决定。在项目执行过程中，频繁地重新查看项目风险也并非不常见。

项目风险和不确定性的情况会相互关联，如表 9-10 所示。两者都涉及项目中发生事件的可能性。然而，正如 F. H. 奈特在《风险、不确定性与利润》（*Risk, Uncertainty, and Profit*）这本书中提到的，两者都有不同的先决条件。

表 9-10　　　　　　　　　　　　项目中的风险和不确定的先决条件

可能性	未知	不确定性	不确定性
	已知	风险	不确定性
		已知	未知
		事件类型	

9.5.4 降低不确定性发生概率的策略

正如可以降低不确定的策略一样，使用快速原型过程也有助于降低那些导致造成错误解决方案决策的不确定性的发生概率。

另一个能够降低不确定发生概率的策略涉及将项目分解为短小的迭代周期。更小的冲刺有助于更快、更聚焦地识别不确定性的来源。

9.5.5 机会

机会是指一旦发生，就会对一个或多个项目目标产生积极影响的事件、情况或者条件。如果机会被利用，它就会提升项目的价值。机会的一个示例是基于工料合同的分包商，他们提前完成工作后，会降低成本并节省时间。

机会可能在不确定性情况中被发现。一个例子是使用备选技术来提升产品质量或者实施不同的过程来减少项目持续时间或者降低成本。在项目实施过程中被发现的机会可以用以下方法进行管理。

- **开拓**。采取行动，从发生的机会中获得价值。
- **上报**。项目团队和项目负责人认为被识别的机会不在项目范围内，或超出了项目经理的权限。举个例子，一个由项目交付的潜在长期机器服务合同可能超出了项目团队的权限，那么需要其他干系人参与进行决策。
- **分享**。机会会被转移给能够更好创造收益的第三方。
- **提高**。采取行动以提升机会发生的概率。
- **接受**。承认机会的发生，但是不采取进一步的行动。

一旦决定开拓机会，很重要的一点是检查这一步是否会带来额外的风险。检查应该同样评估在采取应对行动后遗留的剩余风险。

9.5.6 威胁

威胁会发生在不确定情况中。威胁是指有严重负面后果的情况、条件或者事件。然而，它们被提前识别。如果它们的可能性已知，威胁应该被作为风险。在项目实施过程中被识别的风险可以用以下方法管理。

- **规避**。采取行动消除威胁，或者保护项目免受威胁的影响。
- **上报**。项目团队和项目负责人认为被识别的威胁不在项目范围内，或者超出了项目经理的权限。举个例子，经济下行威胁的发生以及其对项目带来的负面影响在项目的范围之外。
- **转移**。威胁被转移给第三方（比如保险公司），由第三方承担威胁发生的影响。转移方法的其他示例有，在没有恰当执行的特定情况下，减少给承包商的费用作为惩罚。
- **减轻**。采取行动以降低威胁发生的概率。
- **接受**。承认威胁的发生，但是不采取进一步行动。

威胁应对的主要目标是减少负面风险的数量。被接受的负面风险有时候取决于时间，它们发生的概率会随着项目时间的推进而降低。举个例子，发布后会影响项目的新法规的风险随着项目的进展而降低。

9.6　追踪和管理适应型项目中的风险

有数种常用的方法可以跟踪和管理适应型项目里的不确定性和风险。

关键主题　与广泛选出的干系人举行频繁、有节奏的审查和反馈会议，有助于驾驭项目风险。

- 每日 Scrum 站会识别潜在的威胁和机会。团队分享有关阻碍、妨碍和突破的报告，并根据这些报告采取行动。
- 频繁演示产品或者服务增量能够减轻风险。举个例子，在产品演示时，从干系人处获得负面反馈，是团队必须纠正的不满意因素的早期指标。
- 通过回顾可以识别对团队凝聚力和绩效的威胁。基于这些洞察采取行动，可以减少项目风险。
- 适应型项目中的项目跟踪和控制与预测型项目中有些不同，因为开发团队是自管理的。团队被赋能按需进行调整和变更。

以下小节讨论了管理适应型项目中环境分享的推荐方法。

9.6.1　设计团队工作场所

有必要提供一个能让团队成功合作的工作场所。《敏捷宣言》推荐集中办公，让团队能更有效地开发可交付物、沟通、监测进程和管理风险。一个低科技、高触感的工作场所相比科技（无论这种科技有多优秀），更能够促进团队成员的交互过程。

《敏捷实践指南》推荐组织用如下方式支持敏捷团队。

- 整个团队应该在同一个房间集中办公。如果无法做到，项目团队应该有一个专门用于站会和图表展示的工作场所，而个人可以独自在隔间或者办公室工作。
- 企业应该平衡公开区域，以及能让个人不受干扰地工作的安静或者私密的区域和房间。这种布置经常被认为是"洞穴和公共区域"。
- 企业应该尽量避免地理位置分布的团队。如果团队除了地理位置分散之外别无选择，他们至少应该在现场进行最初的冲刺。团队成员应该经常聚集来建立信任，并提升沟通和人际交往技能。
- 企业应该为远程团队提供虚拟沟通和合作技术，包括能够共享文档的共享虚拟办公场所。

和团队工作场所设置中涉及两种重要概念：鱼缸窗口和远程结对。

- **鱼缸窗口**。鱼缸窗口是分布式团队多个位置之间建立的长期视频会议链接。每个个体在工作日的开始打开链接，在工作结束时，关闭链接。团队成员可以自然地看到彼此并进行互动。这样就能减少建立远程会议和连接的协作滞后问题。

- **远程结对**。远程结对涉及使用持续、结对的虚拟会议工具，使两名同事可以共享屏幕，包括声音和视频链接。远程结对模仿了两个团队成员的面对面结对。

9.6.2 在适应型方法中跟踪进程以管理风险

当迭代规划会议（或者冲刺规划会议）完成后，开发团队开始针对产品进行工作。这种工作以每日的周期进行，每个工作日都会遵循类似的模式。每次迭代或者冲刺结束都会出现相似的周期模式：交付测量行为会涉及所有完成的工作和在制品。

进展追踪会在每天的日常会议（每日 Scrum）中进行，一般会在工作日开始的一小时后进行。这 15 分钟的站会让开发团队呈现项目进展数据。在障碍物清单中的妨碍或者问题会在会议上被更新，并被上报给 Scrum 主管或者项目经理进行解决。

在预测型方法中，风险在项目生命周期早期的规划阶段就被全面减少。然而，这不表示未被预见的事件不会在项目中执行或者在项目交付中发生。当它们发生的时候，项目经理采取行动，通过在定期团队会议中讨论的减轻步骤，以识别、量化并降低项目风险。在这样的会议中，所有的风险都会被检查，而团队就像其在规划阶段那样有效地处理性能的机会和威胁。即使在产品质量得到保证和控制的时候，适应型方法也需要在整个项目中构建频繁的质量检查步骤，而不是在项目的最后才进行。

PMI 的《敏捷实践指南》指出，一般而言，适应型项目倾向于比预测型项目发生更多的不确定性和风险。初步来看，这似乎很矛盾，但确实如此。适应型方法一般用于不确定性高的情景，并且在项目范围里有很高的可变性。为了解决不确定性，项目会被适应型方法所管理，包括频繁地检查工作产品增量以及跨职能项目团队，以加速知识共享。所以，他们能够确保任何被识别的风险都能被理解和管理。

适应型方法同样包括将需求记录在一个及时更新的变化文档中。团队会在检查该文档并为每个迭代选择用户故事的时候考虑到风险。已计划的工作可能因为在每个迭代中对当前风险的理解的提升，而被重新进行优先级排序。再提一次，在每日站会上都有机会监控风险。

没有特定的项目方法会比其他方法引起更多的风险或者不确定性。然而，适应型方法倾向于更适合以下情况：不确定性很高，而团队必须因此快速采取行动，以发现项目范围中的不确定性区域，从而项目经理能够尽早对此负责。

《PMBOK®指南（第七版）》的 2.8.5 节推荐了以下计算风险严重性的公式：

风险严重性 ＝ 影响 × 概率

用 1～3 的衡量尺度——低风险为 1，中风险为 2，高风险为 3——团队可以通过将影响乘以其发生概率来计算一个风险事件的严重性。

表 9-11 展示了《PMBOK®指南（第七版）》2.8.5 节中的如何跟踪风险，以及风险如何随着时间降低的例子。对于 ID1，你可以看到"未获得许可"风险有高影响和高概率，导致严重性在 1 月为 3 × 3 = 9。在 2 月，风险的发生概率降低，严重性为 3 × 2 = 6。因为 3 月该风险的发生概率为 0，该月的严重性为 3 × 0 = 0。

表 9-11　　　　　　　　　　　随着时间跟踪和降低风险

ID	风险	1月			2月			3月		
		影响	概率	严重性	影响	概率	严重性	影响	概率	严重性
1	未获得许可	3	3	9	3	2	6	3	0	0
2	工厂未就绪	2	2	4	2	0	0	2	0	0
3	道路提前解冻	3	2	6	3	1	3	2	1	2
4	⋮									

风险燃尽图是一种基于风险严重性数值的图，显示一般风险随着时间推进的趋势。图 9-13 展示了表 9-11 中数据的风险严重性趋势。你可以从这张图中看到，在 ID1 中，"未获得许可"的风险分数随着时间而降低。在 3 月，许可会被获取，并且发生次风险的概率为 0。在该例子中，你可以看到团队提前开始减轻该风险，从而成功地在 2 个月内解决了该风险。

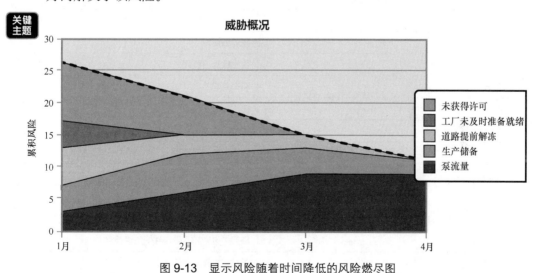

图 9-13　显示风险随着时间降低的风险燃尽图

风险燃尽图的主要收益在于其能够让你看到一般风险随着时间的趋势情况。这样的图给高级干系人提供了非常重要的信息——他们通常想要项目风险的总结。

9.7 总结

本章探讨了通过问题分析，作为决定如何识别和解决可能威胁到项目成功的问题的途径。本章还涉及了测量绩效域以及如何理解优先级，从而对其进行跟踪和管理。另外，本章还思考了如何进行进展跟踪，如何用多种技术和关键绩效指标进行测量以及如何最好地传达这些指标的状态。

此外，本章还谈到了不确定性绩效域，包括它和风险的关联性，它对项目可能产生的影响以及能够采取哪些方法减少不确定性对项目成功的影响。本章覆盖了适应型项目中已知的最小化风险影响的方法。本章同样介绍了如何适当地追踪适应型项目的进展，从而能够提前减轻风险。

备考任务

正如在第 1 章中提到的，你会有多种备考方式：本章的练习以及第 12 章。

9.8 回顾所有关键主题

本节会回顾本章所有重要的主题，这些主题在书中都会在页面的外边距以"关键主题"的图标表示。表 9-12 列出了这些关键主题，以及它们所在的页码。

表 9-12 第 9 章关键主题

关键主题类型	描述
列表	解决问题的五个阶段
图 9-1	测量绩效域
列表	优先级排序技巧
列表	KPI 类型
列表	传达 KPI 的图表类型
段落	速度的定义
图 9-8	周期时间和提前期
段落	累积流量图的描述
段落	信息发射源的定义
图 9-12	不确定性绩效域
表 9-10	项目中风险和不确定性的先决条件
列表	跟踪和管理风险的方法
图 9-13	FDD 的优势

9.9　定义关键术语

定义本章中以下术语，并将你的答案和术语表进行校对：

测量绩效域；度量指标；具体的、有意义的、可实现的、具有相关性的、具有及时性的（SMART）；关键绩效指标（Key Performance Indictor，KPI）；滞后指标；提前指标；燃尽图；速度；完成的定义；燃起图；产量；周期时间；提前期；在制品（Work in Progress，WIP）；累积流量图（Cumulative Flow Diagram，CFD）；信息发射源；仪表板；看板面板；不确定性绩效域；威胁；障碍物清单；风险燃尽图。

本章涵盖主题

- **商业分析的重要性。** 该节阐明了商业分析如何和其他项目的部分一起合作，从而打造成功的项目。

- **商业分析师的角色。** 该节探讨了商业分析师如何采用多种方法，促进理解项目所应当产出的结果。

- **需求：商业分析的重点。** 该节列举了不同类型的商业需求，以及它们在整体定义和项目成果的实施中的功能。

- **干系人和商业分析师。** 该节描述了识别、分类和管理外部与内部的多种类型的干系人的所需步骤。

- **项目方法对商业分析的影响。** 该节详细描述了项目方法如何会给商业分析的方法带来显著的影响。它同样阐明了一些在适应型项目场景中关于商业分析师的重要问题。在该场景中，角色倾向于混合在一起，并且项目中各个角色的定义都会有重叠。

第 10 章

商业分析框架

本章介绍了在项目管理情况下的商业分析实践。主要框架包括了商业分析的本质、项目中进行商业分析的角色以及需求的收集和交付。本章还说明了预测型方法和适应型方法如何能够在不同方面影响商业分析的过程和任务。在第 11 章商业分析领域中，我们会更深入探索商业分析的实践。

> 注意：本章包含的项目管理信息、模板、工具和技术仅仅用于你的学习。在将这些知识应用于工作中的项目时，请谨慎使用。另外，尽管我们很仔细地将内容和 PMI 的考试内容大纲（Exam Content Outline，ECO）保持一致，但是并不保证成功读完整本书后学生会顺利通过 CAPM®考试。

在完成本章后，对于以下的领域和任务，你应该能够有所提升。

- 领域四：商业分析框架
  - 任务 4-1：展示对商业分析角色和责任的理解。
    区分干系人角色（比如，过程负责人、过程经历、产品经理、产品负责人）。
    概述角色和职责的需求（比如，你为什么需要一开始就识别干系人？）。
  - 任务 4-2：决定如何进行干系人沟通。
    推荐最合适的沟通频道或工具（比如汇报、演示等）。
    展示为什么对一个商业分析师而言，在不同团队中进行沟通是重要的（作为不同团队间，对特性、需求等的解读者）。
  - 任务 4-5：确定项目方法会如何影响商业分析过程。
    确定商业分析师在适应型和/或预测型基于计划的方法中的角色。

10.1 "我是否已经理解这个了？"测试

"我是否已经理解这个了？"测试可以让你评估自己是否需要完整阅读这一章，还是可以直接跳到"备考任务"小节。如果你对自己就这些问题的回答或者对这些主题的知识评估有疑问时，请完整阅读整章。表 10-1 列出了本章的主题，以及它们对应的测试题目题号。你可以在附录 A 找到答案。

表 10-1　　　　　　　"我是否已经理解这个了？"主题与题号对应表

基础主题	题号
商业分析的重要性	2
商业分析师的角色	5,7
需求：商业分析的重点	1,4,8,10
干系人和商业分析师	3,6,11
项目方法对商业分析的影响	9

注意：自测的目标是评判你对本章主题的掌握程度。如果你不知道某题的答案，或者对答案不确定，你应该将该题标为错题，从而更好地进行自测。将自己猜对的题认为是正确的，这种做法会影响你自测的结果，并且可能会给你带来错误的自我评估。

1. 以下哪类需求一般以用户故事的形式呈现？

   a. 商业需求

   b. 干系人需求

   c. 解决方案需求

   d. 过渡需求

2. 以下哪个关于商业分析和项目管理的对比是正确的？

   a. 项目管理先于商业分析进行，但是和商业分析同步进行

   b. 项目管理分析问题的解决方案，而商业分析实施解决方案

   c. 商业分析先于项目管理进行，但是和项目管理同步进行

   d. 干系人关系主要影响项目管理，而非商业分析

3. 如果商业分析师正在阅览项目章程或者愿景说明书，并且正在决定哪些个体可能被项目影响，那么，正在进行以下哪个商业分析活动？

   a. 识别干系人

   b. 进行干系人分析

   c. 确定干系人参与和沟通的方法

   d. 准备向未来状态的转换

4. 哪种类型的需求包括了"如何做"的需求以及质量期望？

   a. 商业需求

   b. 干系人需求

   c. 解决方案需求

   d. 过渡需求

5. 一个优秀商业分析师所必要的技能和知识与项目经理所需要的类似，尤其是以下哪些特质？
   a. 干系人管理和团队合作
   b. 制定 WBS 的能力
   c. 基于依赖性制定适当排序的进度
   d. 应用挣值管理原则

6. 如果商业分析师正在完成 RACI 矩阵，那么正在进行以下哪项商业分析活动？
   a. 识别干系人
   b. 进行干系人分析
   c. 确定干系人参与和沟通的方法
   d. 准备向未来状态的转换

7. 以下哪项商业分析师的独特能力能够让项目更有可能实现一个成功的结果？
   a. 在无须会议的情况下进行有效的沟通
   b. 倡导并理解干系人需求
   c. 获取项目活动的必要资源
   d. 让外部承包商对承诺的工作负责

8. 哪一类需求描述了组织整体的需要，但同时又能根据组织描述过程、产品或者服务？
   a. 商业需求
   b. 干系人需求
   c. 解决方案需求
   d. 过渡需求

9. 如果商业分析师的角色没有被明确定义，且大部分分析都是在项目早期阶段就完成的，商业分析师很可能采用以下哪种项目方法工作？
   a. 适应型方法
   b. 原型方法
   c. 预测型方法
   d. 商业计划方法

10. 哪种需求一般是临时性的，且经常会包括训练需求？
    a. 商业需求
    b. 干系人需求
    c. 解决方案需求
    d. 过渡需求

11. 如果商业分析师正在识别哪些干系人可以为项目完成，但是新的商业过程尚未实施时可能发生的风险提供洞察，那么正在进行以下哪种商业分析活动？

a. 识别干系人

b. 进行干系人分析

c. 决定干系人参与和沟通的方法

d. 准备向未来状态的转换

基础主题

10.2　商业分析的重要性

《PMI 商业分析指南》中将商业分析正式定义为"为支持与商业目标一致的解决方案的交付，并为组织提供持续价值而实施的一组活动"。

无论是创建或提升一个产品、解决问题，还是尝试去理解干系人的需要，都可以进行商业分析。商业分析覆盖许多行业和项目类型，能够提供以下价值。

- 创建或者调整金融产品以满足客户需要。
- 定义一个新的建筑项目的需求。
- 在制造业，识别并安装新的机器，或者优化流水线流程。
- 在 IT 行业，将业务需求转化为干系人和系统需求。

关键主题 商业分析的实践和项目管理的实践有一些本质上的不同。商业分析的关注点在于分析商业问题，推荐解决方案，从提供需求的干系人处启发需求以及记录需求。而项目管理的关注点在于实施解决方案，项目经理保障资源能够被获取和应用，并且确保产品、服务或者项目集被成功地交付给了业务。因此，无论是从概念上还是逻辑上，商业分析先于项目管理。商业分析原则和项目管理原则同步使用，以促成所提出的解决方案的成功实现。一般这类解决方案的形式为产品、服务或者项目集。

PMI 将商业分析整合入项目管理的重点主要聚焦于在项目环境下的商业分析工作。因此，本书以及 CAPM®考试都会涉及关于干系人需要、范围、需求和面向项目的解决方案相关的主题。执行这些任务的人的头衔并不重要：这个头衔可以是项目经理、商业分析师或者任何其他项目团队角色。

商业分析是一系列识别商业需要并提出可行的解决方案的活动。商业分析是对知识、技能、工具和技术的应用，以启发、记录和管理需求。图 10-1 图像化地说明了在一般情况下商业分析在项目中的任务和阶段顺序。

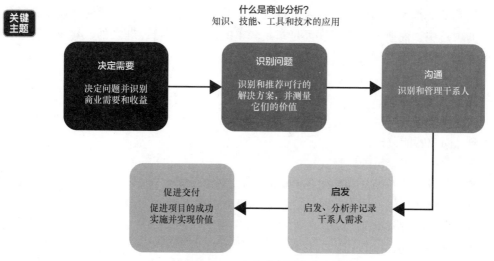

图 10-1　商业分析的任务和阶段

10.3　商业分析师的角色

　　商业分析师的角色可以委派给任何一个人，和头衔无关，也可以由任何人来进行。任何进行商业分析的人都会被称为**商业分析师**。

　　相比准确定义商业分析师的角色，定义商业分析要简单很多。因此，我们会把"商业分析"这个词以一种更为广泛的方式进行使用。举个例子，在一些项目中，商业分析师可以是在项目或者项目集环境下进行商业分析的项目经理。组织也可能发现，项目的商业分析任务最好委派一个或者更多专职的商业分析师完成。基于该原因，许多大型组织会有一个名为"商业分析师"的角色，甚至可能有一个完整的职能部门进行商业分析。

　　商业分析的相关职能可以包括以下内容。

- 战略性商业分析。
- 综合性企业分析。
- 可行性研究和新商业机会的定义。
- 决定机会范围和识别初步解决方案。
- 为解决方案准备商业论证。

　　在项目的早期阶段，商业分析师会参与确定商业需求，为商业分析活动裁剪项目方法，选择合适的工具和技巧以从干系人处启发需求，分析需要和将需要记录为规范或者用户故事中，并担任着关键的角色。之后，商业分析师制定功能和非功能的需求，并为开发团队定义解决方案。

　　商业分析师的一个重要责任是监测需求中的变化，并更新合适的文档，当然，所有的这类变更都需要和相关干系人进行沟通，并且被他们批准。在任何行业或者任何类型的项目中，商业分析的深度都是举足轻重的。除了项目经理之外，其他各种职位的专业人员都会进行商业分析活动。

- 敏捷团队成员。
- 业务架构师。
- 商业咨询师。
- 商业智能分析师。
- 业务流程分析师。
- 业务主题专家（Subject Matter Expert，SME）。
- 数据、功能、运营、系统或用户体验分析师。
- 企业商业分析师。
- 产品经理。
- 产品负责人。
- 项目经理。
- 需求、软件需求、系统或价值工程师。
- 需求经理。

10.3.1 进行商业分析所需的技能

因为商业分析会涉及多个领域的人，所以需要多种技能和竞争力来有效地完成商业分析的角色。其中一部分技能可能和项目经理的技能组产生共鸣。表 10-2 显示了任何人就项目集和项目进行商业分析活动时所需的一部分重要技能和专业知识的列表。

关键主题

表 10-2　　　　　　商业分析师所需的技能和知识

分析技能	商业和行业知识
沟通技能	冲突管理技能
创造性和批判性思维	文化意识
决策技能	协助技能
熟悉开发方法	影响
管理和组织技能	协商技能
政治意识	演讲技能
解决问题技能	系统性思维
技术意识	在团队环境下高效工作的能力

随着商业分析师越来越熟练地使用这些技能并且获得更多的项目经验，他们的竞

争力等级也会提升。许多项目经理需要的人际关系能力对商业分析实践而言也同样重要。在这两种情况下，都会涉及干系人，并且团队合作是成功的关键。

有效、始终如一且高质量地进行商业分析活动是非常重要的。《PMI 商业分析指南》中强调，根据 PMI 的研究显示，成功组织当中有着高度成熟的商业分析实践。看上去那些投入于商业分析实践的组织，无论最终是谁进行商业分析工作，都会更加成功，因为商业分析提升了项目成功的概率。

10.3.2　商业分析和项目管理的对比

表 10-3 对比了商业分析的职能和项目管理的职能。正如前面提到的，是谁来进行商业分析或者项目管理并不重要，重要的是，这两者都需要进行。

表 10-3　　　　　　　　　　商业分析职能和项目管理职能的对比

	商业分析	项目管理
定义	为支持识别和分析需求，以及识别一个或多个项目相关的解决方案而进行的活动	将知识、技能、工具与技术应用于项目活动，以交付项目的项目解决方案
聚焦	启发需求，并满足干系人的需要。产出交付可测量的商业价值的解决方案	为创造具体的独特成果而进行的临时性工作。管理制约并应用资源，以交付商业价值
范围	产品导向：特性和功能形成解决方案	产品和项目导向：进行所有所需活动以交付产品或服务

无论是项目经理还是商业分析师，都在项目集和项目中扮演着重要的角色。当这些角色团结协作并且高效配合的时候，项目就有更高的成功概率。相比于打造紧密的合作，有时候我们也会看到各个角色单打独斗，甚至彼此不合。这很可能是由于以下因素导致的。

- 商业分析师和项目经理进行的工作发生重叠。
- 跨行业和在组织内部中，对角色的定义不一致。
- 在组织尝试适应型方法时，商业分析师和项目经理的角色发生了变化与演化。

当项目经理和业务分析师之间缺乏协同时，就会导致项目效率低下。重要的工作会被忽视或者重复，干系人会感到疑惑，然后项目团队就无法有效运作。项目经理应该采取可行的步骤做出澄清，并且在角色间建立沟通的桥梁，从而正面地影响项目绩效，并且最终实现组织的成功。

10.4　需求：商业分析的重点

《PMBOK®指南（第七版）》中将需求定义为"为满足商业需要，某个产品、服务或结果必须达到的条件或具备的能力"。需求代表了一些应该描述的产品或服务，以及解决商业、个人或者一个群体需要的东西。

需求可以处于非常高的层级，比如商业论证或者商业目标中的需求。另外，它们也可以非常具体，比如系统组件的验收标准中的内容。需求应该独立于能够解决它的解决方案的设计。一个被正确定义的需求是明确的、完整的、必要的、可行的且可验证的。

在明确定义范围的项目中，团队成员一般会和项目干系人一起，在早期规划阶段就启发并记录需求。另外，在项目开始时对需求的理解缺乏明确定义的团队，可能会随着时间的推进发现需求。使用适应型方法以发现需求在这种情况下非常有价值。

在实践中，你可能发现很多表达需求的词，包括能力、特性、功能、模型、用户故事和用例。

10.4.1 需求的类型

需求说明可以用像用例、用户故事、待办事项列表中的事项或者视觉模型来表达。当在讨论一个具体类型的需求时，"需求"这个词的前面往往会伴有限定词，比如干系人、商业或者解决方案。所以，理解所指需求的类型是很重要的。所说明的需求是一个商业需要、一个客户需要，还是一组干系人的特定需要？

为了解决这个问题，PMI 定义了几种具体的需求类型，如图 10-2 所示。注意，该图并没有将"用户需求"这个 IT 领域常用的词作为单独的类型。用户需求一般描述在使用产品或者服务时用户的期望，所以它们通常在 PMI 分类的干系人需求和解决方案需求中。

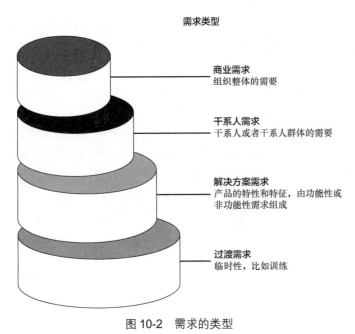

图 10-2　需求的类型

　　另外值得注意的是，一些需求可以属于多个分类。有时候，一个特定需求的分类可能并不明确。理解并尝试给多种需求归类的意义在于，能够将所有的需求都收入囊中。

10.4.2　案例学习 10-1：高速公路收费系统的需求

　　想象这样一个虚构的例子：一个组织正在引入带有车牌识别器（License Plate Reader，LPR）摄像头的自动高速公路收费站。他们的目标是流水线化高速公路的收费流程。当前这项工作由收费路障处的收费员进行，如图 10-3 所示。高速公路费用征收部门的车牌识别小组正在执行这个项目。

　　在收费站大门的摄像头会生成计算机可读的拍照图片。顾客会在使用服务后 30 天内自动收到账单。高速公路费用的相关职权部门非常渴望能够稳定、准确地获取所有类型车辆的数据。采集的图像数据包括进入高速公路收费站大门时的数据，以及离开高速公路收费站大门时的数据。最小化人工收费员的人数可以降低每日高速公路收费站的成本。

图 10-3　会被 LPR 项目替代的高速公路收费路障

　　在这个例子中，需求会从高速公路收费职权部门——交通部门（the Department of Transportation，DOT）——的角度进行说明。需求会在征求 LPR 系统供应商的时候，成为建议邀请书（Request for Proposal，RFP）的一部分。

商业需求

许多组织认为商业需求是对商业目的或者商业目标的高层级说明。它会将组织作为一个整体，捕获高层级的需要，比如商业问题或机会；还有项目必须执行的原因，比如商业论证。高级领导的干系人通常会定义这些商业需求，因为他们负责对项目的优先级进行排序，并且分配资源。

一些组织会用"商业需求"描述任何类型的非技术需求。换句话说，这些需求阐述了业务流程的本质，或者由组织提供的产品或服务，而且它们一般从组织的非技术组成的角度来实现。你应该注意这两种表达在实践中的使用，从而可以在你干系人所建立的语境下实现最佳的交互。

建议用以下公式作为构建商业需求的方法：

为了[商业成果]，组织[必须/应该]实施[解决方案]。

在 LPR 的项目案例学习中，商业需求是：

为了降低成本，交通部收费部门应该实施自动化高速公路收费系统。

干系人需求

干系人需求描述干系人或者干系人群体的需要，而"干系人"这个词则被宽泛地用于反映任何一个在提案所产生的成果中有相关利益的人的角色。这可以包括客户、供应商和合作伙伴，还有内部商业角色。

用户故事如今作为一个常见的获取干系人需求的方法。要构建干系人需求，重点在于"做出什么"，而非"如何做"。

在 LPR 项目案例学习中，干系人需求可以以用户故事的方式做如下说明：

车牌识别器自动化收费系统必须让想支付高速公路费用的司机，能够在全球任何地方连接到支付系统，并且支付高速公路费用。

注意，这个用户故事样本没有提及任何用于支付方法的具体技术。

解决方案需求

解决方案需求描述了解决方案的具体特征，比如产品或软件系统的特性或功能。其结果既解决了商业需求，又解决了干系人需求。解决方案需求应该被描述得足够具体，从而能让人用它们设计解决方案。用两种解决方案需求的子分类如下：

- 功能性需求；
- 非功能性需求。

功能性需求描述解决方案的具体行为，并且从系统的角度进行表达。构建解决方案需求最简单的方法是构建一个完整、简单的句子，以可测量的名词描述质量。

在 LPR 项目案例学习中，功能性需求可以表达如下。

- 车牌识别器自动收费系统摄像头必须能够准确识别在 140 千米/小时速度下的

车牌。

- 车牌识别器自动收费系统摄像头必须能够准确地在 10°~55°的角度识别车牌。
- 车牌识别器自动收费系统摄像头必须能够在雨天里，识别超过 0.8 厘米/小时的卡车、轿车和摩托车车牌。

功能性需求可以视为"如何做"需求。自动化车牌识别器的设计师必须在他们决定如何设计摄像头的硬件和软件时，考虑以上提到的三个功能性需求。

功能性需求可以是具体的用户故事、原型、用户视图的模型、流程图、数据模型、活动图等，以上这些将在第 11 章中进行描述。需要注意的是，商业分析师不开发、构建或者进行技术设计。开发团队做这样的工作。然而，开发者可能会要求分析师澄清一些需求。

非功能性需求并不直接说明功能。相反，它们描述为让产品变得有效而所需的环境情况或者质量。非功能性需求经常涉及服务需求的质量，比如法律法规的合规问题、行业标准的满足、可用性、可延展性、可靠性、可用性、数据安全和数据隐私性等。

项目和质量需求

需求的最后一个分类描述了解决方案会如何部署以及用于生产。**过渡需求**在本质上是临时的，并且在项目完成后不会再度进行。它的例子包括数据转换、训练需求以及从当前状态向未来状态的运营变更过渡。

在 LPR 项目案例学习中，过渡需求可以表达如下：

车牌识别器收费人员必须在新系统投入使用前参加 2 天的现场培训。

表 10-4 总结了一般由商业分析师构建的基于产品的需求类型。

表 10-4　　　　基于产品的需求类型和 LPR 项目例子的总结

需求类型	LPR 项目例子
商业	为了降低成本，交通部收费部门应该实施自动化高速公路收费系统
干系人	车牌识别器自动化收费系统必须让想支付高速公路费用的司机，能够在全球任何地方连接到支付系统，并且支付高速公路费用
解决方案：功能性	车牌识别器自动收费系统摄像头必须能够准确地在 10°~55°的角度识别车牌
解决方案：非功能性	车牌识别器自动收费系统摄像头必须能够在雨天里，识别超过 0.8 厘米/小时的卡车、轿车和摩托车车牌
过渡	车牌识别器收费人员必须在新系统投入使用前参加 2 天的现场培训

项目和质量需求

还有另外两种类型的需求值得特别提及：项目需求和质量需求。这两者专门提到了这个问题："我们如何构建解决方案？"构建这两种需求类型并不是商业分析的工作，它是项目工作的一部分。处理两种需求的工作一般由项目经理领导，而不是商业分析师。

图 10-4 显示了如何根据基于产品的需求构建这些基于项目的需求。

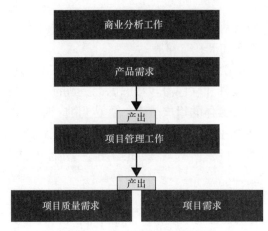

图 10-4　产品和项目需求来源

注意，由商业分析师进行的业务分析工作先于由项目团队进行的项目管理工作。

项目需求描述交付独特解决方案所需的工作。项目经理领导这类需求的设计和开发。示例包括预算、进度和质量需求。

质量需求验证项目可交付物的成功完成，并且因此验证是否满足了项目的需求。质量需求定义了客户对质量、内部过程以及表明质量因素是否满意的产品属性的期望。

表 10-5 总结了额外的基于项目的需求类型，使用了 LPR 项目中的例子。

表 10-5　　　　基于项目的需求类型和 LPR 项目例子的总结

需求类型	例子
项目	商业分析团队会在实施开始前调研 5 000 名客户，以验证解决方案需求
质量	牌照识别设备解决方案不能有超过 0.5% 的缺陷

10.4.3　需求记录

保持产品需求记录和其他产品信息，还有管理所记录的内容，是很重要的。在大型项目中，根据每种类型的需求创建不同的**需求文档**进行管理。这些需求也可能存在于一个文档中，在文档中被分为不同的部分。

10.4.4　需求管理计划

描述如何分析、记录和管理需求同样重要。这种描述一般发生在需求管理计划中。即使需求有多种不同的类型，确保需求被妥善管理也是重要的。

10.5　干系人和商业分析师

商业分析师的世界以干系人为中心。只有对干系人和其需求有深入理解，才能获取良好的需求。干系人在项目中的重要性已经在第 3 章组织项目绩效中具体讨论过。另外，《PMI 商业分析指南》的 5.0 节描述了干系人如何能够影响商业分析的知识体系——所以也相当有必要对干系人进行评估。因此，本章需要重点讨论相关内容。

商业分析师涉及的主要过程以及需要评估的过程如下。

- 干系人识别：识别将会参与商业分析的干系人和干系人群体。
- 干系人分析：对个人或者群体进行定量和定性的分析。
- 干系人参与和沟通方法：制定合适的方法使干系人参与，并且和干系人沟通。
- 商业分析规划：理解商业分析工作的范围，以及所需的角色、职责和技能组，以成功开始和完成工作。
- 过渡到将来状态：测量准备度，将组织从当前状态转移到未来状态，并且将新解决方案整合到组织的运营中。

10.5.1　识别干系人

识别干系人由识别因项目章程或愿景说明书中建议的解决方案而可能影响、受影响或被认为受影响的个人、群体或组织的过程组成。

商业分析师在数年中建立和管理的关系会很广泛，并且干系人的数量会随着项目规模和复杂性的提升而增加。如图 10-5 所示，以下干系人群体一般会和商业分析师互动。

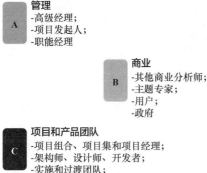

图 10-5　和商业分析师互动的干系人类型

那么商业分析师如何创建干系人清单？可以通过以下方式进行。

- 检查项目范围以识别外部干系人。
- 检查项目章程或愿景说明书以识别被指明的内部干系人。
- 识别曾经参加过类似项目的 SME。
- 决定哪些个人会受到项目成果的影响。
- 检查组织章程以识别主要经理和领导。
- 和项目团队一起头脑风暴。

干系人包括发起人和其他对成果有具体利益关系的人。以下类型的个人经常会被认为是干系人。

- 启动和负责项目的发起人。
- 会从改进的项目集或项目中受益的个人。
- 能够阐述和支持解决方案的财务或者带来其他利益的个人。
- 会使用解决方案的个人。
- 会因为解决方案而被改变角色或者所进行的活动的个人。
- 可能会调整或者限制一部分潜在解决方案，或整个潜在解决方案的个体。
- 实施解决方案的个体。
- 支持解决方案的个体。

图 10-6 说明了识别干系人的过程，从而创建干系人登记册。

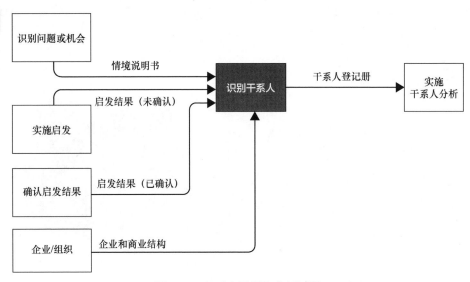

图 10-6　干系人识别和分析过程

识别问题或机会

一个问题或者机会背后的真实原因或者根本原因会被确定，并且记录在情境说明书中。举个例子，在 LPR 项目中，情境说明书可能是以下内容。

> 调研显示在高速公路付费队伍中有不满意的顾客。据估计，每年因高速公路收费站冗长的服务时间而导致的劳力成本高达 50 万美元。

实施和确认启发结果

商业分析和需要评估涉及从被识别的干系人组中启发问题或者机会中存在的信息。它同样要求通过其他二次分析和信息来源，来检查所收集信息的准确性和一致性。

检查企业组织

商业分析和需要评估包括长期商业需要、战略指导和企业结构。举个例子，在 LPR 项目中，说明可以是以下内容。

> 车辆的数量会随着城市扩张而增多，从而进一步导致物理收费障的等待时间。因此，仅仅通过增加员工数量来应对繁忙时间是不合适的，因为繁忙时间本身会持续地增长频率和长度。重新思考在高速公路收费活动中的新型自动化选项更为合适，从而能让车辆的通过数量真正得到提升，并且维持相同的成本，甚至降低成本。

编制干系人登记册

在对刚刚描述的输入进行有效分析的基础上，就可以编制干系人登记册，从而能够让干系人分析变得更为有效。

10.5.2　干系人分析

可以用以下工具和技术分析干系人。

- **工作分析**。该技术用于识别工作需求和在特定工作中执行的能力。
- **人物分析**。人物是一个虚构的角色，用来表示个人或干系人群体，也可称为用户类别。
- **干系人图**。该类型的一个例子是描述干系人影响和影响力的矩阵图。
- **RACI 矩阵**。该工具用于规划干系人责任，并且在项目活动中用于干系人沟通。

如第 3 章所讨论的，干系人的角色可以被归类于在被称为 RACI 矩阵的责任分配矩阵的四种分类中的一个分类中。将这个角色信息转入需求制定的过程中，我们可以如下定义分类。

- R（Responsible，执行）：实施或者协助需求分析和需求构建的人。
- A（Accountable，负责）：有权限审批需求的人，以及至少可以描述需求的具体进展、问题或建议的人。这个人或者群体是具体活动的"负责人"，并且为其成功交付负最终责任。

- C（Consult，咨询）：为了更好理解当前问题或机会，而被咨询获取输入的人，也可以是一个确保所有方面都会被考虑到的 SME。
- I（Inform，知情）：会收到进展报告、临时汇报和最终需求的人，但这部分人可能在需求定义过程中担任其他角色，也可能不担任。

RACI 矩阵在商业分析中非常有用，因为它能够让分析师列出对每个主要干系人适合的活动类型、沟通类型和报告类型。在考虑到各个干系人或者干系人群体的独特需要后，分析师可以计划具体的交互方式类型，从而促进干系人进行更多正面的参与。

举个例子，在 LPR 项目中，组织意识到 LPR 解决方案可能影响许多高速公路系统内的干系人。为了更好理解谁应该参与需要评估阶段，商业分析师会通过制定 RACI 矩阵来决定干系人角色和责任的层级。表 10-6 显示了一个已完成的有 RACI 分析的干系人登记册的例子，用于评估商业需要。该登记册当然不是这个项目详尽的干系人清单，它只包括了能给项目带来巨大影响的主要干系人。

表 10-6　　　　　用于评估商业需要过程的 RACI 矩阵样本

	发起人	产品经理	商业分析师	产品开发团队	运营经理	项目经理
识别机会	A	C	R	C	C	
评估当前状态	A	I	R	C	C	
推荐解决方案	I	A	R	C	C	C
准备商业论证	I	A	R	C	I	I

项目经理和商业分析师都会从完整的干系人识别和分析中受益。但是，需要确保工作并不会重复进行。在完成识别干系人和分析干系人的过程后，会实现以下成果。

- 定义目标和目的。
- 识别干系人。
- 需要被代表、被通知和其他涉及的恰当群体会被识别，并且基于他们的角色被归类。
- 干系人价值会被启发和记录，尤其是会影响项目的意向产品或服务成果需求的价值。
- 从干系人处获得了足够关于意向项目的成果的信息，从而让分析师可以给需求进行优先级排列。

当分析完成后，商业分析师开始商业分析规划过程。

10.5.3　商业分析规划

商业分析规划过程包括理解商业分析工作的范围和角色、责任以及开始并成功完成需求启发与分析工作所需的技能组。这个过程的成果被称为需求管理计划或者商业分析计划。这部分工作的范围和项目范围管理重叠，所以是项目经理的核心责任。

10.5.4　过渡到将来状态

商业分析师最终的活动是识别必须参与向将来状态过渡的干系人，并且从他们那里获得与过渡有关的需求和风险的洞察。这项必要的变更管理规划工作能够协助所有项目团队成员——对组织而言亦然——从而能够成功地过渡到新的工作方法中。

10.6　项目方法对商业分析的影响

项目方法给商业分析师的商业分析任务带来什么样的影响？这是个非常深刻的问题。本节和第 11 章都说明了项目方法的影响。

如果你还不够熟悉预测型方法和适应型方法的特点，那么再回顾一下第 4~8 章以加深理解。总结来说，如果在完全定义的阶段之间有结构化的顺序渐进，那么方法就是预测型的；如果整个阶段的结构由多个迭代组成，那么方法就是适应型或者敏捷型。

组织结构和项目经理的角色会明确地定义合适的项目方法，因此，商业分析师必须能够在两种结构下工作。另外，组织如何裁剪其选择实施的商业分析实践会高度基于结构、文化和方法的标准。然而，即使不存在一个正式的商业分析师角色，预测型方法和适应型方法也都包括了需求规划、收集、分析、跟踪和监督。

10.6.1　预测型方法中的商业分析

一般在最初的商业分析中，当商业分析师制定商业和干系人需求时，干系人就会被识别。商业分析师通过正式的需要评估发现特性和需求。这会包括进行商业论证。

商业分析师会使用登记册来记录干系人和其角色。这类登记册往往都基于被批准的组织标准模板。

在一般情况下，会有额外的项目需求在分析和设计期间被发现。在设计阶段，商业分析师会协助识别解决方案。

在构建阶段开始时，商业分析师加入解决方案的开发中并参与测试，并且帮助部署（过渡阶段）。

图 10-7 中说明了商业分析师在预测型项目中的工作特点。

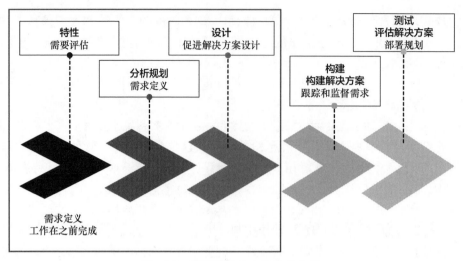

图 10-7 预测型方法中的商业分析

注意以下三个重点。

- 商业分析师的角色如大部分其他项目团队角色一样，在预测型方法中被明确定义和描述。

- 大部分分析会在项目的早期阶段完成，并且不会像适应型方法那样迭代。

- 在需求定义后进行更改的做法会带来巨大的风险和挑战。因此，在适应型方法中会有大量的前期商业分析来避免之后变更带来的损失。这不表示变更不会发生，或者问题不会要求重新思考需求，但是预测型方法的大前提是项目的大部分内容都能被准确预测，包括成功成果的需求。

10.6.2 适应型方法中的商业分析

在适应型方法中，一般在项目开始的时候只有高层级的需求理解。商业分析师，或者担任商业分析师角色的人，可能需要帮助团队在早期识别一些干系人。

在适应型项目中，一般较少关注正式文档。然而，这不意味着需求不会被记录。相反，需求可能在不那么正式的内部沟通中进行交流，并且它们可能以可运作的原型的形式，通过运营被评估。

随着项目迭代的进行，需求也会演化。新用户、客户和额外的干系人会参与项目中，并未随着产品的成熟有额外的需求被定义。

图 10-8 说明了商业分析师在适应型项目中工作的特点。

关键
主题

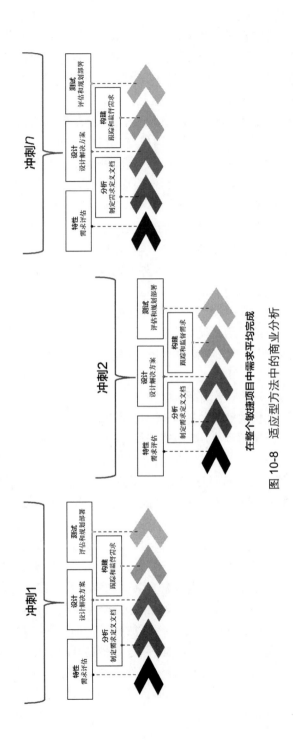

图 10-8　适应型方法中的商业分析

一个需要注意的关键点在于：尽管商业分析师的角色在适应型方法中并没有被明确定义或者描述，所有在预测型方法中被要求的商业分析任务依然会进行。换句话说，为产品开发构建一系列的需求，无论在使用哪个项目方法时都是必要的。区别在于，这些需求如何随着项目的时间线成型。

适应型方法中商业分析的常见问题

因为在适应型方法中，项目团队成员的角色定义不那么明确，并且为了让项目根据需要调整以实现最终成果，某些人可能在项目中承担多个角色的工作，所以在适应型项目中经常会伴随着一些关于这些角色定义的问题。我们有必要讨论这些问题，以提供构建项目方法的最佳观点，同时依然保留适应型方法的主要优点。本节识别了其中一些被经常问到的问题：

问：商业分析师和产品负责人角色的关系是什么？

答：在适应型方法中，商业分析师可以帮助产品负责人改善用户故事待办事项列表。这个任务包括添加和移除待办事项列表需求，以及根据变化的商业情况和优先级重新调整这些需求的优先级。

问：产品负责人应该担任商业分析师角色吗？

答：这是个复杂的问题，所以答案也需要牵扯更多因素。根据 Scrum 指南，产品负责人为 Scrum 团队产出产品的价值最大化担责。实现这点的方式会在不同的组织、Scrum 团队和个人之间有很大区别。产品负责人同样负责有效的产品待办事项列表管理：

- 制定并直白地传达产品目标。
- 创建并明确传达产品待办事项列表事项。
- 将产品待办事项列表事项按优先级排序。
- 确保产品待办事项列表透明、可视并且可理解。

产品负责人可以自己进行这项工作，也可以将责任委派给其他人。无论采取何种方式，产品负责人都依然需要负责。产品负责人只是一个个人，而不是一个委员会。产品负责人代表了产品待办事项列表中许多干系人的需要。因此，产品负责人的首要责任就是阐述并交付项目的愿景，同时最大化产品价值。商业分析师对产品负责人而言可以是个有帮助的资源，能够协助进行文档工作并提供需要的最小文档。然而，一句话的用户故事是不够的，而且需要整合其他高级工具将需求开发成更为具体的格式，比如用例。要完成这个任务，往往需要一个经验丰富的商业分析师。

商业分析师可能在早期项目中有丰富的经验，拥有深度的需求分析知识，并且对设计技能有良好的理解。为了和开发团队进行最良好的沟通，这些知识都是必需的。

商业分析师关注需求范围、分析、设计、测试等方面的非常细节的内容。最终，如果一个解决方案偏离正轨或者并不那么符合干系人的需求，则商业分析师可以提供公正的建议。

　　总而言之，在适应型项目团队中有这两个"帽子"是有价值的：一个产品负责人的角色和一个正式的商业分析师的角色。

　　商业分析参与的节奏

　　如果无法有一个全程参与的商业分析师，就需要用可替代的参与方法来弥补。因为一个精炼的待办事项列表是适应型规划会议和迭代的输入，所以商业分析师的功能是无价的。商业分析师可以通过提前两个迭代为敏捷团队提供一个"估计就绪"的故事列表来进行协助，这样可以为开发团队带来对需求的预览。然后，自然而然，开发团队和产品负责人可以一起用这个提前的信息决定在即将到来的迭代中完成哪些用户故事。

10.7　总结

　　本章讨论了商业分析师框架。本章介绍了商业分析功能以及商业分析师的角色和责任。如你所见，无论由谁作为商业分析师，商业分析活动必须有效地执行，从而让项目成功。

　　另外，本章介绍了多个聚焦于商业分析的需求。本章覆盖了商业分析师在整个项目时间线中，可能用于识别、分析干系人以及和干系人协作与沟通的方法。

　　最后，作为商业分析概况的结尾，本章讨论了项目方法对商业分析活动和角色的影响。《PMI 商业分析指南》（包括了《商业分析标准》）将商业分析分为五个领域：需要评估、商业分析规划、需求启发和分析、跟踪和监督以及解决方案评价。第 11 章会探讨以上每一个领域，并且解答像"商业分析中的主要活动有哪些？"和"商业分析师使用哪些具体的工具和技术？"这样的问题。

备考任务

　　正如在第 1 章中提到的，你会有多种备考方式：本章的练习以及第 12 章。

10.8　回顾所有关键主题

　　本节会回顾本章所有重要的主题，这些主题在书中都会在页面的外边距以"关键主题"的图标表示。表 10-7 列出了这些关键主题，以及它们所在的页码。

表 10-7　　　　　　　　　　　　第 10 章关键主题

关键主题类型	描述
段落	商业分析实践和项目管理实践的对比
图 10-1	商业分析的任务和阶段

续表

关键主题类型	描述
列表	和商业分析相关的职能
表 10-2	商业分析师所需的技能和知识
表 10-3	商业分析职能和项目管理职能的对比
段落	需求的定义
图 10-2	需求的类型
图 10-4	产品和项目需求的来源
列表	商业分析和需要评估中的主要过程
图 10-6	干系人识别和分析过程
列表	干系人分析中所使用的工具和技术
图 10-7	预测型方法中的商业分析
图 10-8	适应型方法中的商业分析
段落	产品负责人是否应该担任商业分析师的角色

10.9 定义关键术语

定义本章中以下术语，并将你的答案和术语表进行校对：

商业分析、商业分析师、需求、商业需求、干系人需求、解决方案需求、功能性需求、非功能性需求、过渡需求、项目需求、质量需求、需求文档、需求管理计划。

本章涵盖主题

- **商业分析领域一：需要评估。** 该节描述了出于理解实现未来期望状态所需的工作，而分析当前商业问题或者机会的商业分析工作。
- **商业分析领域二：商业分析规划。** 该节描述的活动有助于识别组织即将到来的需求启发、分析和解决方案评价任务的最佳实践。
- **商业分析领域三：需求启发和分析。** 该节描述了从干系人处启发需求的过程，并且分析所收集到的信息。
- **商业分析领域四：跟踪和监督。** 该节提供了关于构建和维护需求、评估变更影响和管理更新的商业分析任务概况。
- **商业分析领域五：解决方案评价。** 该节描述了商业分析师在解决方案评价中的角色，并且介绍了四个评估领域任务，包括如何验证一部分或整个解决方案，以及测量商业论证中交付的价值主张。

第 11 章

商业分析领域

本章通过调查商业分析的五个领域，以及与收集和开发需求相关的任务，更深入地讨论了商业分析实践。请确保你之前已经完成了第 10 章商业分析框架的阅读，从而能够对这个主题有一个初步的理解。注意，本章描述的任务可以由商业分析师、项目经理或者任何一个项目开发团队中的成员来完成。在你阅读本章的时候，请牢记，重要的是需要完成的活动，而不是做这个工作的角色或个人。

本章探讨了解决方案设计、跟踪和监督以及解决方案评价。本章定义了任务，并从商业分析师角度，介绍了每个商业分析领域中最常见的工具和技术。在本章中，我们假设由商业分析师执行任务，尽管每个项目团队中的人都可以进行这项工作。

商业分析实践的五个领域最初被定义为 PMI 角色划分研究的概念框架的一部分。

- 领域一：需要评估。
- 领域二：商业分析规划。
- 领域三：需求启发和分析。
- 领域四：跟踪和监督。
- 领域五：解决方案评价。

对商业分析领域主要的 PMI 参考来源如下：

《商业分析实践指南》；

《PMI 商业分析指南》（包括《PMI 商业分析标准》）。

> **注意**：本章包含的项目管理信息、模板、工具和技术仅仅用于你的学习。在将这些知识应用于工作中的项目时，请谨慎使用。另外，尽管我们很仔细地将内容和 PMI 的考试内容大纲（Exam Content Outline，ECO）保持一致，但是并不保证成功读完整本书后学生会顺利通过 CAPM®考试。

在完成本章后，对于以下的领域和任务，你应该能够有所提升。

- 领域四：商业分析框架
  - 任务 4-3：决定如何收集需求。

    根据场景匹配工具（比如用户故事、用例等）。

    识别在某个情况下的需求收集方法（比如进行干系人访谈、调研、开研讨会、总结经验教训等）。

解释需求跟踪矩阵和产品待办事项列表。

o **任务 4-4：展示对产品路线图的理解。**

解释产品路线图的应用。

决定各个组件分别在哪个版本发布。

o **任务 4-6：通过产品交付验证需求。**

定义验收标准（通过基于情况定义变更）。

基于需求跟踪矩阵和产品待办事项列表决定一个项目或者产品是否可以交付。

11.1 "我是否已经理解这个了？"测试

"我是否已经理解这个了？"测试可以让你评估自己是否需要完整阅读这一章，还是可以直接跳到"备考任务"小节。如果你对自己就这些问题的回答或者对这些主题的知识评估有疑问时，请完整阅读整章。表 11-1 列出了本章的主题，以及它们对应的测试题目题号。你可以在附录 A 找到答案。

表 11-1　　　"我是否已经理解这个了？"主题与题号对应表

基础主题	题号
商业分析领域一：需要评估	2
商业分析领域二：商业分析规划	5
商业分析领域三：需求启发和分析	1,4,6,8,10
商业分析领域四：跟踪和监督	3,9
商业分析领域五：解决方案评价	7

注意：自测的目标是评判你对本章主题的掌握程度。如果你不知道某题的答案，或者对答案不确定，你应该将该题标为错题，从而更好地进行自测。将自己猜对的题认为是正确的，这种做法会影响你自测的结果，并且可能会给你带来错误的自我评估。

1. 一种特定类型的商业分析模型有"作为一个<人物>，我想拥有<功能>的能力，从而我可以<收益>"格式的模型。这是哪种模型？

a. 决策树

b. 故事版

c. 用户故事

d. 商业规则

2. 商业分析师和项目团队合作，为项目章程的制定提供支持。该文档的制定是哪个商业分析领域的一部分？
   a. 需要评估
   b. 商业分析规划
   c. 需求启发和分析
   d. 跟踪和监督
   e. 解决方案评价

3. 以下哪个是跟踪的最佳定义？
   a. 判断给定商业需求从谁那里获得的能力
   b. 匹配最终产品组件和获取的项目资源的能力
   c. 从需求来源到可满足这些需求的可交付物的跟踪产品需求的能力
   d. 判断给定商业过程在哪个冲刺被开发的能力

4. 线框图是商业分析师用于帮助理解特定系统和它们在解决方案中相互关系的一种模型。这种模型是什么类型的？
   a. 接口模型
   b. 过程模型
   c. 规则模型
   d. 范围模型

5. 将干系人按他们的需要进行分组，并且确定从他们那里启发信息的最佳方法，是哪个商业分析领域的一部分？
   a. 需要评估
   b. 商业分析规划
   c. 需求启发和分析
   d. 跟踪和监督
   e. 解决方案评价

6. 以下哪个词的意思是：一种引导式、结构化的会议，用于连接重要的跨职能干系人，以定义产品需求，并且会让最终用户和来自商业与技术领域的 SME 参与。
   a. 需求研讨会
   b. 焦点小组
   c. 模拟
   d. 头脑风暴

7. 商业分析师辅助决定是否将解决方案的一部分或者整体发布投入生产，并且如果发布了，是否会过渡像风险、已知问题和权变计划等知识。这是哪个商业分析领域的一部分？
   a. 需要评估

b. 商业分析规划

c. 需求启发和分析

d. 跟踪和监督

e. 解决方案评价

8. 决策表是一种商业分析师用于记录商业过程特定方面信息的模型。这种模型是什么类型的？

a. 接口模型

b. 过程模型

c. 规则模型

d. 范围模型

9. 商业分析师经常会被要求制定影响分析。制定这样的分析是哪个商业分析领域的一部分？

a. 需要评估

b. 商业分析规划

c. 需求启发和分析

d. 跟踪和监督

e. 解决方案评价

10. 一种商业分析模型经常会被称为 ERD。这种模型的名字是什么？

a. 需求评估图

b. 实体关系图

c. 启发结果描述

d. 实体需求图

基础主题

11.2 商业分析领域一：需要评估

图 11-1 显示了商业分析在和其他领域关联情况下的第一个领域——需要评估领域。需要评估是对当前商业问题或者机会进行分析的商业分析工作，并且会评估当前组织的内部和外部环境，以理解为了实现期望的未来状态所需完成的事。简而言之，在一个成功的需要评估后，你需要有能力回答以下问题。

- 什么项目解决方案能够处理问题或者机会？

- 被提议的解决方案是否合理利用了组织的资源？

- 会实现什么样的商业价值？

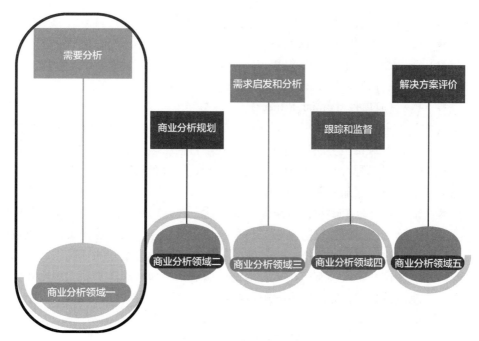

图 11-1 在五个商业分析领域中的"需要分析"

其中一些工作可能在项目被提出前由商业分析师进行。需要评估的先决条件是识别干系人定义的项目需要，然后记录他们的需求。如第 10 章所介绍的，和干系人一起思考商业问题和机会对所有项目集与项目都是重要的。

注意：需要评估被正式记录的程度基于组织，甚至可能是法规层面的制约因素。本章用于讨论的情况是一个小型或者中型规模的项目，但是同样的领域和实践也可以应用于甚至更大的项目中。

11.2.1 为什么进行需要评估

在商业分析中，进行需要分析以检查商业环境，并处理当前的商业问题或者机会。需要分析在启动项目集或者项目前，可能基于商业干系人的正式要求、内部方法论所规定或者由商业分析师建议而开始实施。

11.2.2 什么时候进行需要分析

在组织决定将一个活动确认为正式的项目前，至少会发生两个阶段的活动。一种简单的思考商业分析活动的方法，是使用 ABCDEF 记忆方法，来代表许多组织一般会在该阶段经历的活动。

■ A：渴望（Aspire）。

- ■ B：商业论证（Business Case）。
- ■ C：创建章程（Create Charter）。
- ■ D：制订计划（Develop Plan）。
- ■ E：执行计划（Execute Plan）。
- ■ F：完成项目（Finish Project）。

尽管这些并非项目阶段的 PMI 官方名称，你仍然可以用图 11-2 显示的这种记忆方法来轻松地想象商业分析师到底是如何在项目前阶段开始工作的，这些工作如何帮助启动项目以及商业分析师如何到项目结束为止一直参与其中。

让我们更深入了解一下这些阶段。

- ■ **渴望**。这是渴望和构思阶段，而且这一般是项目的起点。在这个阶段中，你要确保任何被提议的项目想法都和组织的任务一致。这是第一个项目前的活动阶段，也是通常需要评估发生的地方。在没有章程的情况下，项目经理一般在这个阶段没有被确定。因此，商业分析师在理解干系人需要和识别对问题或机会潜在的解决方案中扮演着关键角色。

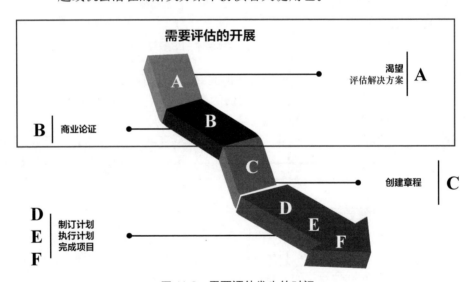

图 11-2　需要评估发生的时间

- ■ **商业论证**。被提议的想法需要基于证据和细节进行论证，这包括了和其他内容一起记录盈亏投资分析。商业分析师在这个项目前阶段也非常频繁地参与，从而协助验证在渴望阶段被识别的需要。商业分析师在这个阶段进行成本效益和项目机制分析。
- ■ **创建章程**。需要评估和商业论证为确定项目的目的提供了基础，并且成为项目章程的输入。这是图 11-2 中的 C 阶段，并且是项目定义和开始的正式起点。

商业分析师也会积极参与 D、E 和 F 阶段，与项目经理协同工作。商业分析师在启发和分析（D 阶段）中扮演着重要角色，持续制定解决方案，并且确保实施的解决方案能够符合干系人需求（E 阶段）。商业分析师的工作持续到 F 阶段后，这个时候可用的产品会被评估是否成功。

11.2.3　谁参与需要评估中

第 10 章描述了在需要评估中扮演主要角色的干系人：发起人或者需要要求人、产品负责人、主题专家（Subject Matter Expert，SME）、最终用户和解决方案团队，包括数据分析师和技术架构师。

11.2.4　在需要评估中有哪些主要商业分析任务

有七个商业分析任务必须作为需要评估的一部分被实施。

- 与干系人一起检查现有的需要文档、问题文档和机会文档。
- 评估组织目标和目的。
- 和干系人沟通，并且澄清需要、问题、机会、目标和目的。
- 和 SME 合作，评估多种选项。
- 创建解决方案的范围。
- 起草情境说明书。
- 进行解决方案成本效益分析。

我们在前几章中，作为项目经理工作的一部分，介绍了其中的一些任务。有一点值得注意，对于项目经理而言，主要考虑在成本范围内按时完成项目。项目经理为项目的成败负最终责任。商业分析师考虑的则是产品或者解决方案能否解决客户的需要。你应该假设，在这种情况下，商业分析师向产品经理汇报。

11.2.5　什么是需要评估过程

根据《PMI 商业分析指南》4.1～4.7 节的内容，以下过程属于需要评估领域，如图 11-3 所示。

1. **识别问题或机会。**和干系人沟通并且识别问题或者机会。
2. **评估当前状态。**检查当前的环境以理解问题或者机会的起因或原因。
3. **确定将来状态。**确定当前差距，并且提出必须发生的变更，以达到在进行分析后能够处理问题或者机会的预期状态。
4. **确定可行选项和提供建议。**应用多种分析技术以检查满足商业目标和目的的潜在解决方案，并且确定最佳的潜在解决方案。

5. **引导产品路线图的开发。**在高层级支持产品路线图的开发和制定可行的交付顺序。

6. **组合商业论证。**构建进行过细致研究，且能够阐明商业目标和目的的商业论证。

7. **支持章程开发。**和发起人一起合作进行章程开发。

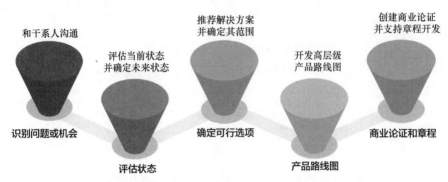

图 11-3　引向商业论证和项目章程的关键步骤

识别问题或机会

当你对情况有一个宽泛的理解后，就有必要收集相关数据来理解问题或者机会的规模（或者说"估量"情况）。这个过程的主要目标是对组织在考虑解决的情况形成理解。商业分析师可以和数据分析师与其他商业智能专家一起获取相关数据。

当没有内部数据，或者无法获取内部数据的时候，可以进行标杆对照。**标杆对照**是将一个组织的度量指标或者过程和行业中类似组织之前报告过的度量指标或过程进行对比的过程。

起草情境说明书

情境说明书是"识别问题或机会"过程的输出。当问题被理解后，商业分析师应该通过记录当前需要解决的问题或者需要开拓的机会，进行情境说明书的起草。情境说明书的格式一般如下。

- A 的问题（或机会）。
- 造成效果 B。
- 在 C 的影响下。

起草情境说明书并不会花费太多时间，但是它是确保对所有组织计划解决的问题或机会有充分理解的重要步骤。如果情境说明书不明确或者有错误，又或者干系人对情境有不同的想法，那么就有可能会识别出错误的解决方案。

第 7 章规划、项目工作和交付：适应型方法中提供了乌德瓦家庭的例子，他们迫切地想要开始一个虚拟餐厅的业务。因为乌德瓦先生并不擅长商业分析和数据分析，所以他们聘用了一个商业分析师。商业分析师了解最新的数据分析技术，并且可以使用外部的外卖服务数据。这样的外卖服务数据可以获得潜在顾客和周围居民的宝贵信息。商业分析师必须收集有关顾客的洞察，并且做出有见解的决策，包括顾客偏好哪类食物，以及在某一块区域的菜单上缺少哪些菜品（举个例子，素食或者无麸质饮食选项）。

在成功地采访了干系人后，在该情景中的商业分析师就可以起草情境说明书：

启动和运营新餐馆的成本可能会让人望而却步。仓储成本在过去两年中以平均每年 8% 的速率在上涨。考虑到当前的市场情况，乌德瓦家庭餐馆在经济上可能无法获得成功，因为菜单价格会很高而资本成本使得其难以成功。

因此，商业分析师可以定义乌德瓦一家的情境说明书具体如下。

- 问题：运营餐厅的成本很高，因为在食品和劳动力的成本上有 8% 的增长。
- 造成的效果：菜单价格可能会高。
- 影响：商业可能无法维持可行状态。

下一步

在起草了情境说明书后，下一步就是从商业干系人处寻求批准。这是关键的一步。从干系人处获得的许可确保情境说明书正确地定义了问题或机会。商业分析师会启动和促成许可过程。该过程可以是正式的或是非正式的，这是由组织决定的。

> 注意：组织可能有表达情境说明书的格式偏好。它们都有共同的目标：在讨论解决方案前，确保商业分析师讨论情景，并且达成一致意见。

评估当前状态并确定未来状态

当商业分析师开始记录商业需求的时候，组织的目标和目的是非常重要的输入。有关情景的目标和目的提供了解决商业需要的任何变更或者解决方案的上下文和方向。因此，情境说明书是评估当前状态和为未来状态建议变更的关键输入。

- **当前状态**。检查当前的环境以理解问题或者机会的起因或原因。
- **未来状态**。确定现有能力中存在的差距，并且提出处理问题或机会的变更建议。

专家会使用多种数据收集技术来评估状态。

- **文件分析**：一种通过分析现有文件，如训练材料、产品文献、标准操作程序或过去项目的可交付成果，以识别相关产品信息的启发技术。
- **访谈**：从干系人处启发信息的正式或非正式的方法。
- **观察法**：一种启发技术，它涉及查看个人在其自身环境中执行任务和执行过程的方式，从而提供一种直接的方法来启发有关如何执行过程或如何使用产品的信息。

■ **问卷调查**：旨在从大量的受访者中快速收集信息而设计的书面问题集。

有多种工具可以用于评估状态，并且进行根本原因分析，即将情境分解到其根本原因或者产生机会的因素，以便建议可行的和适当的解决方案的过程。之前的章节中已经深入描述了这些工具，这里我们可以做如下总结。

■ **帕累托图**：也被称为"80/20 原则"，传达了根本原因分析的结果。

■ **过程流**：这类图描述了商业过程和干系人与这些过程交互的方式。

■ **价值流图**：该工具和过程流类似，可以用于识别增值（价值流）和那些非增值（浪费）的步骤。

■ **根本原因分析**：多种技术被用于确定某个偏差、缺陷或者风险最基础原因的技术。

■ **因果图（石川图或鱼骨图）**：这类图可以用于视觉化描述问题和其根本原因。因果图将一个问题或者机会解构，从而帮助将一个事件追踪回其根本原因。这种图能够帮助将商业问题或机会拆解成各个组成部分以促进理解。大部分问题有多个原因，因果图提供了一种查看各种贡献因素的有效途径。

■ **五问法**：通过这种技术，当一个人在试图理解一个问题的时候，可以通过问五次"为什么"，从而完全理解问题的起因。

■ **SWOT 分析**：SWOT 代表了优势（Strengths）、劣势（Weaknesses）、机会（Opportunities）和威胁（Threats）。SWOT 分析是一种在组织为了应对市场变化而进行战略对话时，促进和干系人讨论的技术。

还有多种其他常用工具可以定义和描述未来状态。

■ **亲和图**。亲和图是一种显示了创意的类别和子类别，且这些创意彼此聚集或具有亲和力的图。

■ **特性模型**。特性模型用树状或层级结构排列，以可视化的方式表示解决方案的所有特性。

■ **差距分析**。差距分析是一种用于比较两个实体的技术。

■ **卡诺分析**。这种技术被用于从客户视角考虑产品特性，用来对产品特性建模和分析。

■ **过程流**。过程流同样被作为用于描述当前状态下的商业过程，以及将来可选项的变更过程的工具。

■ **对准模型**。对准模型有助于产品团队将商业战略与产品战略联系起来。

■ **解决方案能力矩阵**。该模型提供了一种简单的可视化方式，可在一个视图中检查能力和解决方案组件，确定新的解决方案中的解决能力。

这些过程的成果应该是明确的 SMART 商业目标和目的，并且很可能描述了所需的能力和特性。我们在第 5 章规划、项目工作和交付：预测型方法中描述了 SMART

目标设定过程的特性。总结而言，该过程确保了每个被说明的目标或目的都有一个明确的成果，并且可测量、可实现，和组织的任务与愿景相关，且有时限。

在识别需要的能力并根据给定的当前状态评估了当前能力后，任何现有状态和所需状态之间的差距或者缺失的能力都是需要被添加的能力。这些能力一般被称为"将来"特性，并且其功能能够通过差距分析被轻松识别。这个过程涉及对比当前状态和将来状态，以识别区别和差距。

表 11-2 展示了第 10 章的案例学习 10-1 中的差距分析。该案例学习是一个聚焦于车牌识别器的高速公路收费系统项目。

表 11-2　　　　　车牌识别器高速公路收费系统项目的差距分析表样本

问题/当前限制	根本原因	新能力/特性	填补差距的解决方案
运营成本过高	高速公路收费站劳动力成本过高	自动化发送高速公路使用账单	在车牌识别器 (License Plate Reader, LPR) 摄像头的帮助下，自动发送账单，用 RFID 设备收费。 对任何类型车辆、任何司机都能开发票并收费。 训练员工使用新系统
收费站前队伍过长	支付行为延误	在高速公路收费站门前无须减速或停车	高速摄像头。 在 LPR 摄像头的帮助下自动发送高速公路账单

确定可行选项和提供建议

这是检查备选的解决方案是否满足商业目标和目的，并且决定最佳潜在解决方案的关键过程。作为该过程的一部分，商业分析师会呈现可替代的解决方案，并提供评估和对比解决方案的标准与信息。该过程包括：

- 应用多种分析技术；
- 检查备选的解决方案；
- 决定哪一个选项是组织的最佳执行选项。

《PMI 商业分析指南》的 4.4.2 节描述了以下通过商业分析决定可行选项的方法、工具和技术。

- **标杆对照**。该过程涉及将组织的实践、过程和测量结果与既定标准和行业里的"一流"组织所取得的结果进行比较。
- **成本效益分析**。该财务分析工具被用于对项目组合组件、项目集或项目的收益与其成本进行对比。
- **启发技术**。被用于从不同来源中抽取信息的多种技术。
- **特性注入**。该过程聚焦于引入能够马上实现价值回馈的特性的讨论和分析。

特性注入在采用适应型方法的团队中很受欢迎。

■ **实质选择权**。该思维过程使用与股权认购类似的方法进行决策，从而对是否采纳某选项进行决策以及在何种限度上采纳该选项。实质选择权是一种适合适应型方法的决策思维过程。

■ **估价技术**。用于量化一个选项可以提供的回馈或者价值的多种技术。一些常见的估价技术如下。

o **内部收益率（Internal Rate of Return，IRR）**：一笔投资的预计年收益率，包括了初始成本和持续成本。该值表示当所有现金流的净现值等于零时的利率。IRR 是测量成本汇报的指标，因此，IRR 值越高，解决方案的回报就越高。

o **净现值（Net Present Value，NPV）**：通过 NPV 可以洞察投资是否会提供价值。NPV 越高，选项所预期提供的价值就越大。

o **投资回收期（Payback Period，PBP）**：PBP 是收回投资所需的时间。PBP 越长，风险越大。

o **投资回报率（Return on Investment，ROI）**：ROI 是初始投资的回报率。ROI 的计算方法是将总预期净收益除以投资成本。

商业分析师之后会协助创建可行选项分析的以下输出。

■ **可行性研究结果**。可行性研究结果是通过完成可行性分析而得到的总结性成果。商业分析师将结果结合成文档，供管理人员与其他干系人审阅。

■ **推荐的解决方案选项**。一种满足商业需要而确定的最佳行动方案。在项目层级推荐的解决方案是需要开发的产品的高层级描述。

引导产品路线图开发

《PMI 商业分析指南》的 4.5 节将“引导产品路线图开发”定义为以下内容。

支持产品路线图开发的过程。产品路线图在高层级上描述了产品的哪些方面计划在项目组合、项目集，或者一个或多个项目迭代或发布的过程中交付，以及这些方面交付的潜在顺序。

以下是在该过程中常用的工具和技术。

■ **特性模型**。该范围模型用树状或层级结构排列，以可视化的方式表示解决方案的所有特性。可以通过召开引导式研讨会来识别特性，并且将特性列表（按优先级排序）列到产品路线图中。

■ **产品愿景力**。该技术用于为产品或产品发布设定高层级方向。在使用该技术时，需要与团队成员进行对话，以便把团队对产品的设想进行可视化并取得一致意见。

■ **故事地图**。该技术用于根据用户故事的商业价值和用户通常执行它们的顺序来对用户故事进行排序。故事在高层级进行编写，并且可能以史诗的形式存在。史诗之后会被分解为其他史诗或者单独的故事。

产品路线图提供了产品的特性的高层级视图，以及构建和交付这些特性的顺序。它被用来沟通产品如何随着时间的推移而发展和成熟。产品路线图包括关于产品愿景和产品在其整个生命周期中演变的信息。产品路线图作为规划工具用来理解产品，随着产品的改进和增强，它将如何继续支持组织战略。以下是产品路线图的关键内容。

- **战略信息**：关于产品如何支持整体组织战略的信息。
- **项目组合**：产品与项目组合的关系，以及产品与项目组合中其他产品的关系。
- **举措**：与产品相关的正在考虑或正在开发的不同项目的概述信息。
- **产品愿景**：对意向客户与如何满足需求的解释。产品愿景将正在开发的产品与开发的原因联系到一起。
- **成功标准**：可用于确定解决方案成功与否的指标。
- **市场力量**：任何影响或改善产品开发的外部市场力量。
- **产品发布**：识别预期的产品发布，以及每个发布版本所包含的主题或高层级的特性。
- **特性**：产品将提供的与产品发布相匹配的能力。特性通常是按照优先级排序的。
- **时间线**：特性集预期被交付的时间窗口。

组合商业论证

《PMI 商业分析指南》将"组合商业论证"定义如下。

综合经过深入研究和分析的信息，以支持选择最佳的项目组合组件、项目集或项目，从而达成商业目的和目标的过程。

在某些情况下，商业论证进行的分析可以帮助组织选择满足商业需要的最佳项目集和项目，因此，它是一个决定项目解决方案的投资是否值得的决策工具。进行业务论证的责任由业务主管或者业务经理进行。商业分析师一般会在这个过程中提供协助。

《PMI 商业分析指南》的 4.6 节说明了任何的商业论证都应该至少包括的常见组成。

- **问题/机会**：是什么激发了行动的需要。你可以使用情景说明书或者类似的文件记录通过项目组合组件、项目集或项目来解决的商业问题或抓住商业机会；你可以使用相关数据来评估情境，并且识别哪些干系人会受到影响。
- **情境分析**：一个潜在的解决方案将如何支持商业目的和目标。你可以包括问题的根本原因或机会的主要贡献者。你也可以通过相关数据来支持分析以确认理由。

- **建议**：每个潜在选项的可行性分析结果。你可以为每个选项指定任何制约因素、假设、风险和依赖性。你可以对备选项按顺序排列，并且列出带有解释的推荐选项。
- **成本效益分析**：和推荐选项相关的成本和效益。
- **评价**：衡量效益实现的计划。此计划通常包括用于评估解决方案如何对商业目的和目标做出贡献的指标。

> **注意**：小型项目经常不需要正式的商业论证。决策者在这种情况下可能已经非正式地完成了成本效益分析。另外，组织中的管理层可能会基于竞争压力、政府要求或者管理层偏好批准一些项目集和项目。在那些情况下，启动项目集或项目的项目章程已经足够描述商业论证并启动项目。无论是正式或是非正式，实施项目的正当理由必须是明确且具体定义的。

在我们的乌德瓦一家的例子中，他们一家人渴望启动虚拟餐厅业务。在审阅了情境后，他们一致明确认为，需要有创新的方法在开餐厅的时候帮助降低成本，并且最小化风险。商业论证建议按阶段启动餐厅业务，在第一阶段只有虚拟餐厅以及现有的外卖服务。外卖供应商会改良餐厅的菜单、锁定顾客并且将食物送达给顾客。选择正确的菜单并且标记合适的售价是成功的必备因素。乌德瓦一家可以进行市场调研以识别某几个街区的顾客的需要，然后对特定的街区进行完整的销售类型分析。基于这些结果，乌德瓦一家可以设计创新的菜单。在该解决方案中，可以对销售额和毛利进行预测。乌德瓦一家会收到被记录的商业论证，以帮助他们仔细审查解决方案，并且为虚拟餐厅项目能否实施做出更好的决策。

支持章程开发

最后，需要评估过程以商业分析师支持其他团队成员开发项目章程作为结束。这是需要评估领域的最终过程，《PMI 商业分析指南》对其总结如下。

利用在需要评估和商业论证开发工作中获得的商业分析师的知识、经验和产品信息，与发起人实体和干系人资源协作开发章程的过程。

项目章程在第 5 章中已经进行了深入的探讨。

> **注意**：从产品管理的角度，该过程可能称为"支持产品愿景开发"更为合适，因为它不一定会聚焦于项目章程。

11.2.6 领域总结

如图 11-4 所示，我们通过描述商业分析中发生的事与项目中发生的事之间的交互，作为本节商业分析领域一个总结。

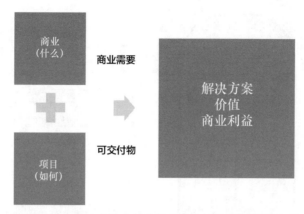

图 11-4　在解决方案交付中的商业分析和项目管理对比

　　首先需要识别问题或机会。这个由图中的"什么"框代表。商业论证给决策者是否进入实施阶段带来洞察。"如何"可能涉及不止一个项目，但是在每个项目中，章程会正式启动项目，并且澄清由谁领导。在章程创建后，项目就被确立。项目经理与商业分析师进行交互，并且引导章程解决方案的设计和实施，以产出商业价值和商业收益。

　　需要评估领域描述了在项目成功中商业分析师的重要角色。毕竟，你不会想要交付一个无法最佳处理问题或机会的解决方案。

　　与商业目标的不一致会导致为了交付产品而浪费时间和金钱——那可能最终引发商业灾难。我们经常会看到非常优秀的可用产品，但是因为对解决方案在解决商业问题的评估时的不足，导致并不被客户所接受。

　　在项目进行期间，如果外部因素发生了变更——比如企业合并或者市场状况发生改变，商业分析师需要重新回到需要评估领域，再次审视之前做出的决策，以确保那些决策对当前的业务情况依然适用。有必要将需要评估视为一种迭代的过程：你越早对不良解决方案做出变更，解决方案就可能变得更好。

11.3　商业分析领域二：商业分析规划

　　如图 11-5 所示，商业分析规划领域需要处理的活动包括识别组织即将到来的需求启发、分析和解决方案评价任务的最佳方案。它还包括识别项目方法，并裁剪交付被建议的解决方案中的所需活动。

　　规划商业分析工作对项目成功非常重要。当商业分析规划被绕过的时候，就很难理解工作的范围、干系人的期望以及项目所需的商业分析量级和层级。

　　在商业分析规划领域中，商业分析师需要确定即将到来的商业分析活动的最佳方法。商业分析规划过程的成果会被记录在商业分析计划中。

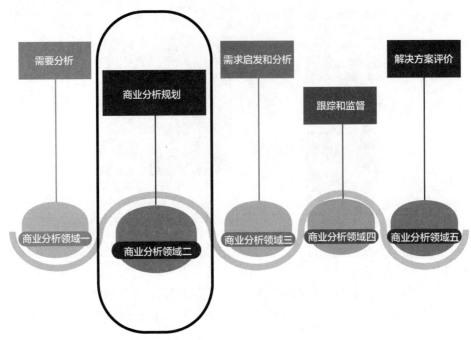

图 11-5　在五个商业分析领域中的"商业分析规划"

以下是需要提前注意，从而能够产出这份商业分析计划的关键活动。

- **识别干系人**：识别能够影响成功的项目受益人。
- **理解干系人并引导干系人参与**：基于干系人的需要将干系人分组，并且确定从他们那里启发信息的最佳方式。
- **需求管理**：识别验证、核实和批准需求与解决方案的过程。沟通并定义管理项目变更的过程。
- **评价**：确定需求跟踪的计划并验证解决方案。
- **项目方法**：选择项目方法（预测型、适应型或者混合型）。商业分析规划基于项目方法和生命周期。在适应型方法中，一般不需要提前创建完善的商业分析计划，因为在项目增量中有多次进行商业分析规划的时间。

如同在《过程组：实践指南》的过程 5.2 "计划范围管理"中描述的，商业分析计划与需求管理计划并不一样。商业分析计划描述了需求在整个项目中是如何被启发、分析、记录和管理的。需求管理计划同时覆盖了产品和项目需求的规划决策。商业分析计划和需求管理计划协同，因此，商业分析师应该和项目经理一起合作，确保所有类型的需求都被恰当地定义。商业分析计划可能提供"如何做"的细节，比如用于需求建模的工具。这类工具和技术贯穿整个项目与项目集。

根据《商业分析实践指南》，商业分析计划应该包括以下内容。

- 需要进行的启发活动类型。
- 所需或者所期望的需求分析模型。
- 需求会如何被记录并且传达给干系人，包括使用的特定工具。
- 会产出哪些商业分析可交付物。
- 参与需求活动的人的角色和责任。
- 哪些需求会被优先处理、批准和维护。
- 在项目中会被跟踪和管理的需求状态清单。
- 需求会被如何验证和核实。
- 需求和解决方案验证的验收标准如何确认。

商业分析计划应该简单易懂。会有多个干系人审阅该文档，并且它可能需要被干系人批准。

只有在干系人意识到商业分析师角色是有帮助的，并且工作计划会在任何项目经理选择的项目方法下都给团队成员带来价值的时候，商业分析计划才能被正确使用。

11.4　商业分析领域三：需求启发和分析

成为一名成功的商业分析师所需的重要竞争力之一，就是从干系人处启发和分析需求。因此，如图 11-6 所示，需求启发和分析领域在《商业分析实践指南》和《PMI 商业分析标准》中覆盖了最多的深度和广度，也就丝毫不奇怪了。

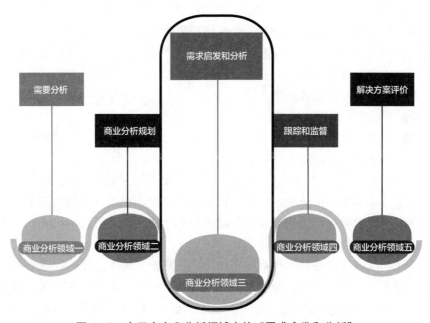

图 11-6　在五个商业分析领域中的"需求启发和分析"

传统项目管理中的范围管理与需求启发和分析领域有许多重叠。如果没有正式的商业分析师角色，就需要有一个项目团队成员使用本章节介绍的同样的工具和技术，以参与同样的启发和分析任务。这个领域有两个显著的组成：从干系人处启发需求；分析所收集到的信息。该领域的目的是记录需求，并且进行数据建模，来制定满足商业需求的解决方案。因为这两个任务紧密耦合并且逐步提升，我们可以将整个领域视为分析领域。

记住，功能需求描述一个产品或系统会采取的行动。非功能需求描述产品的性质以及产品如何行动。

以下是与需求启发和分析领域相关的主要活动。

1. 启发需求以从干系人处获得信息。
2. 分析、解构并细化需求，以发现产品选项和能力。
3. 评价产品选项并排列需求优先级。
4. 分配需求以创建需求基准。
5. 在干系人批准后总结需求。
6. 用不同工具和技术撰写需求细节。
7. 验证需求，确保它们都完成。
8. 明确验收标准，以确认构建的解决方案满足需求。

11.4.1　需求启发

需求启发是从干系人和其他人处获得信息的活动。这个过程的结果是产出干系人需要的定义，并且该定义有足够的细节可以促进选项的识别，并且最终促进选择所倾向的解决方案。在这个阶段，商业分析师通过以下行为执行该任务。

- 向干系人全面地询问。
- 帮助干系人形成需求。
- 使用恰当的技术启发信息。
- 不在启发步骤聚焦"如何"。

在讨论需求的时候，使用"启发"这个词，而不是"收集"，是有多种原因的。"收集"或者"采集"等说法表示干系人已经有准备被收集或者采集的需求，但是这往往并不现实。商业分析师工作的一部分就是帮助干系人定义问题或机会，并且决定为了处理解决方案的需要应该做些什么。

举个例子，在没有什么现成的东西可以收集的情况下，分析师就可能需要成功地影响干系人，以获取他们需要的洞察。如果两个干系人在一个需要或者需求上有意见冲突，分析师必须解决冲突、协助协商或者调解并且定义问题，从而可以在后面的阶段中确定解决方案。

在进行启发后，商业分析师应该有能力和干系人一起验证需求，并且确保项目团队正在交付正确的解决方案。根据《商业分析实践指南》的内容，在启发信息中有几个额外的关联任务。

- 支持管理层进行决策。
- 成功应用影响力。
- 协助谈判或者调解。
- 解决冲突并和干系人协商以达成一致。
- 定义冲突并解释排列优先级的技术。

在领域二"商业分析规划"中，商业分析师识别了干系人，并且为每个干系人规划了合适的启发过程。在领域三中，商业分析师需要描述如何细致地准备和规划启发，然后开始进行和干系人沟通这项重要的工作。启发准备过程见图 11-7，该图来源于《PMI 商业分析标准》6.2 节，说明了启发准备中的多种输入。作为准备的一部分，商业分析师会整合多种文件，确保参与者理解所需的东西，比如情境说明书、产品范围和干系人参与偏好。在这个阶段中，商业分析师会创建准备笔记以引导会议，并且测量实现的进展。

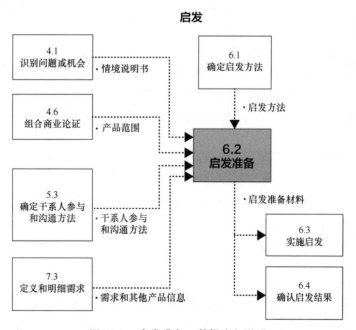

图 11-7 启发准备：数据流向说明

以下启发准备活动来源于《PMI 商业分析指南》6.2 节，可以作为检查清单使用。

- **确定目标**：为每个启发活动设定目标。启发活动应该能说明某些价值和效益。

- **确定参与者**：经验不足的参与者需要更多的时间来跟上进度。
- **识别资源**：这包括了访问现有系统或文件。
- **识别启发活动的问题**：问题需要被提前准备，而商业分析师可能还需要考虑如何捕捉启发结果。
- **设置议程**：如果需要参与者进行事前准备工作，建议事先与他们沟通，以确保他们做好了准备，并且分发准备材料和主题。
- **安排启发活动**：为每个干系人群体安排适当的时间，并且确保用于启发活动的会议室、投影仪、白板、挂图和书写工具，这些是非常重要的。

实际的启发过程可以视为由四个阶段组成。介绍部分设定了步骤、节奏，并且建立启发会议的整体目的。主题部分是提问和进行回答的阶段。结尾会给特定会议收尾。后续活动是信息整合后向参与者确认。

启发会议的主体部分是测试商业分析师能力的地方。这也是商业分析师应用恰当的技术启发主要信息的阶段。

启发技术

商业分析师有多重方法，和不同的干系人与信息来源协同，来获取信息并定义需求。这些启发技术每一个都可以被按需裁剪，以最佳匹配项目制约和组织的背景。

头脑风暴

头脑风暴涉及向一组人问询新奇或者不同的解决方案。它完全聚焦于生成主意，并且有机会为一个潜在的解决方案带来共识。

- **优点**：头脑风暴能够快速从多个角度生成大量想法。
- **缺点**：组员倾向于只发现高层级的想法，而不会深度挖掘需要或解决方案。

文件分析

文件分析涉及分析现有文件来识别相关需求信息。例子包括用户指南、先前项目的文档、经验教训、技术文档和设计细节。

- **优点**：文件分析是一种快速收集当前状态或者潜在未来解决方案的深度洞察的方法。
- **缺点**：文件可能需要被更新，其中描述的过程可能不准确。查看大量文件会非常耗时。

需求研讨会

需求研讨会是引导式的聚焦型会议，连接重要的跨职能干系人以定义产品需求。这样的研讨会是结构化会议，包括最终用户，以及来自商业领域和技术领域的 SME。被挑选的干系人群体会被邀请参加这样的会议。适应型项目会从使用非正式的方法中受益。焦点在于对话，而目的是捕获解决方案的范围。

- **优点**：属于大型结构化活动，跨职能的不同部门都可以参与。

- 缺点：研讨会的长度对一些干系人而言是一种负担，因此商业分析师必须平衡参与者人数。该活动的成功建立在引导者组织这类研讨会的经验之上。

焦点小组

焦点小组将经过资格预审的干系人和 SME 聚到一起，以了解所提议的解决的产品、服务或结果。

- 优点：焦点小组可以提供从专家、最终用户或者客户处验证想法或解决方案的机会。
- 缺点：所收集到的需求可能局限于焦点小组进行讨论的问题上。

访谈

商业分析师可以采用访谈的方式，通过向干系人提问并记录反馈来启发信息。一个结构化的访谈包括准备好的问题的清单。非结构化的访谈可能从一两个准备好的问题开始，但是讨论很快会有自己的发展方向。

- 优点：访谈提供了从一小部分干系人处收集需求的机会，并且相比使用大型群体或者研讨会的方式而言，收到的结果会有更低的不确定性。
- 缺点：因为输入是从数量有限的人员中获得的，所以观点可能有偏差，并且可能反映真实情况。

观察法

观察法涉及直接查看个人如何在其自己所处环境中执行工作或任务及实施过程。观察法技术可以被分为四类。

- **被动**：商业分析师观察工作中的人员并且不进行干涉。
- **主动**：商业分析师观察，但是会选择进行干涉并提问。
- **参与**：商业分析师参与所观察的活动执行中，并且积极地实际体验任务。
- **模拟**：商业分析师通过工具模拟活动、运营或者工作过程。

其他和观察法相关的术语有见习、客户实体考察和任务分析。

- 优点：观察非语言行为能让你可视化在工作状态中的实际需要。
- 缺点：观察法需要接触干系人，并且可能成为侵入式的过程。

调查

调查是一系列书面化的问题，旨在从众多受访者中快速启发信息。调查给干系人提供了量化他们想法的机会。调查也可以包括对量化数据的审阅。调查可以有开放式的或者封闭式的问题。开放式问题询问最终用户的想法，可以用文字格式记录。如果有许多开放式问题，那么研讨会是更好的启发信息的方式。封闭式问题最适用于调查。

- 优点：调查中的信息可以轻松地被量化，你可以基于结果进行决策，并可以根据重要性进行排序。调查适用于对大量干系人进行基准测试。调查可以很快进行，并且容易部署和交付。你可以用调查的方式接触跨地域的干系人。

- 缺点：创建调查要求设计正确问题的能力，从而避免获得的信息被曲解。太多的调查问题可能导致疲劳，客户可能提交不正确的回复。调查的回复效率可能很低。

原型法

原型法涉及在建造预期的产品前，通过提供预期产品的可用模型，来获取对需求的早期反馈。多种类型的原型会被使用。

- 低保真原型只用于概念，并不期望非常细节地呈现最终产品。低保真原型包括线框图、交互窗口或报告的实体模型以及平面图。
- 高保真原型迭代地创建最终完成产品的演示。一般而言，这类原型的数据有限，并且能进行一部分功能，但是它能够帮助让检查者体验它是怎么运作的。有两种高保真原型：
  - o 抛弃式原型指一旦在接口被确认后，就被放弃的原型。这类原型被用于帮助定义制造中的工具和过程。
  - o 演进式原型是在过程中实际完成的产品——也就是说，最终产品的最早可工作版本。
- 故事板是一种通过一系列图像或插图显示序列或者导航的原型技术，比如网站页面的导航路线图。
  - o 优点：故事板可以清楚地理解用户需求。
  - o 缺点：随着信息被捕获和建模，原型会变得非常技术化。一旦整个原型被抛弃，那么之前的工作就会被浪费。

选择启发技术

组织的标准可能有偏好的方法。已经在组织内被证明有效的技术可能被推荐。如表 11-3 所示，一个关键的选择标准在于参与者的数量。

表 11-3　　　　　　　　　　通过参与者的人数选择启发技术

参与者人数				
技术	1	2~5	6~10	11~20	>20
头脑风暴	X	X	X		
文件分析	X	X	X		
引导式研讨会		X	X	X	
焦点小组				X	X
访谈	X	X	X	X	
观察法	X	X	X	X	
原型法/故事板	X	X	X		
调查				X	X

如果主要的方法不能满足启发目的，则商业分析师可以依靠不止一种技术。随着需求被收集，它们必须一致地匹配商业需求，以确保它们只聚焦于范围内的需要。

思考适应型方法和预测型方法

本章目前为止讨论的启发准备和启发方法对预测型方法非常适合。如果使用了适应型时间盒的方法，会有一些额外的考虑因素。整个启发准备过程和实际的启发活动自身可能很快会以非正式的形式完成。这不应该成为一个顾虑，因为启发已经发生了，只是启发会随着迭代循序渐进。

表 11-4 选自《PMI 商业分析标准》的 6.2.4 节，描述了启发技术根据项目类型进行调整中的不同考虑因素。

表 11-4　　　　　　　启发准备：适应型方法和预测型方法中的裁剪

需要裁剪的方面	典型的适应型考虑因素	典型的预测型考虑因素
名称	非正式命名的过程。作为未完项梳理或明细的一部分被执行	启发准备
方法	无论何时实施启发，都要进行准备。高层级产品信息的启发发生在迭代 0，更详细的产品信息的启发发生在随后的迭代中。在迭代中的启发可以明确当前迭代的信息，或者在一到两次迭代之前明确产品信息	无论何时实施启发，都要进行准备。高层级产品信息的启发发生在项目组合和项目集的级别，更详细的产品信息的启发发生在项目的分析阶段
可交付成果	启发是频繁的，目的是阐述足够的信息。准备材料是轻量级的	启发的范围较大，准备材料可能更详细

案例学习 11-1：健康行星医疗系统

健康行星医疗系统希望通过远程医疗的方式，提升自己的市场份额。他们已经创建了项目来设计和构建一个远程医疗应用。拟议的应用会促进患者和医生之间的沟通，如图 11-8 所示。用户可以使用应用，在任何地方发起视频通话的会诊请求，然后和医生在指定时间进行沟通。

项目章程已经被定义，但是还未进行需求启发和分析。该项目的商业分析师需要构建一个交互且直观的工作流程原型，以满足患者的需要。

讨论干系人和启发技术是审查该方法的一个良好的起点。对医生进行调查已经被排除了——因为医生很忙。因此，从医生处获取洞察的最佳启发选项，就剩下小型的焦点小组或者进行访谈。

从技术组角度，远程医疗智能手机需求需要得到启发。无论是医生还是患者，都必须在一次远程医疗问诊开始前，确保设备能够进行远程医疗。技术组会协助进行应用设计和实施。外部的供应商也会参与其中。他们会提供像身份验证，关闭后台程序，自动测试带宽等需求，并确保音频和视频处于工作状态。外部供应商、健康行星医疗系统的内部 SME 和内部技术组必须达成一致。

需求研讨会是商业分析师用于从这类多样性群体中启发需求的最佳技术。

图 11-8　促进医生/患者讨论的远程医疗应用

表 11-5 显示了被选择的启发技术表格样本，可以用于启发活动的准备。

表 11-5　　　　　　远程医疗应用项目的被选择启发技术表格样本

干系人	角色	考虑的启发技术
项目经理	审阅和批准需求管理计划	个人访谈； 参与研讨会
医生	参与启发和排列特性优先级； 主题专家和潜在的最终用户	个人访谈； 接口分析
技术团队	应用设计师和开发者	需求研讨会
医疗管理人员	协助预约会诊并回答有关即将到来的远程医疗会诊问题	焦点小组

启发活动结果

启发活动的输出一般会以笔记、流程图或者过程手绘以及表的形式被记录。所有这类输出都需要被仔细地组织。当启发结果被分析完毕的时候，结果会被正式地记录。

11.4.2　需求分析

当你完成了需求启发，并且已经创建了一些初步的输出文档的时候，下一步就是分析，并为你之前发现的初步启发结果进行建模。这块活动被称为需求分析。

需求分析有三个目标：

- 确保干系人理解他们刚刚认识到的需求；
- 将所呈现的需求，具体到形成技术团队足以实施计划的解决方案；
- 确保商业干系人能够清楚地看到产品增量的价值，从而他们对发布的优先级进行排序。

分析包括了检查产品信息，以及将产品信息记录到足够的细节程度，从而能让其反映干系人的需要，并使其和干系人的目的和商业目标保持一致，同时能够识别出可行的解决方案设计。《PMI 商业分析指南》第七章识别了以下需求分析的主要过程。

关键主题

　　1．**确定分析方法**：确定要分析什么，哪些模型有利于生产，以及需求如何被核实、确认和排序。

　　2．**创建和分析模型**：创建任何产品信息的结构化表示，比如图、表或结构化文本，以便促进未来更深入的分析。

　　3．**定义和明细需求**：以所需的生命周期的合适的详细程度、格式和正式程度来细化和记录需求以及其他产品信息。

　　4．**定义验收标准**：就如何能证明解决方案的一个或多个方面已经被成功开发达成一致的过程。

　　5．**核实需求**：确保需求质量过关。

　　6．**确认需求**：确保需求满足商业目的和目标。

　　7．**排序需求和其他产品信息**：理解产品信息的单个部分如何实现干系人目标，并且使用该信息促进对工作的排序。

商业分析模型

　　传达需求的最佳方法是将信息建模为一种组织化的格式，从而为干系人提供澄清信息。商业分析师负责开发解决方案，而模型是定义和验证解决方案的良好工具。

　　一个良好的模型同样能够阐明正确性和完整性。商业分析**模型**可以是图、表格或者用结构化的语言对过程或服务的描述。这种相对抽象的呈现可以帮助澄清需求和被提议的解决方案。在这个过程中，会用到不同类型的模型。有种说法是，一张图片胜过千字描述，因此许多模型都是可视化的。商业分析师可以用多种工具进行建模，包括从传统的白板到创造性的软件。一个让大家相对熟悉的商业分析模型是进行网上购物时的一系列步骤。在程序员编写任何代码前，他们需要一个可视化的商业流程模型。商业分析师可以协助分析，并创建这样的流程模型。《PMI 商业分析标准》的 7.2 节就包括了图 11-9，这张图描述了创建模型的过程。被确认的启发结果和产品信息在识别适合的分析模型中有着重要角色。之后则是明确需求以及定义验收标准。

　　用视觉模型分析往往比用文字分析更直接，因为视觉模型能够总结复杂的信息。建模是一个重复的过程，包括创建模型，然后改进模型和细化模型。

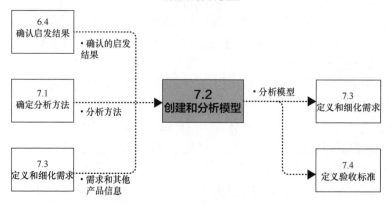

图 11-9　创建和分析模型：输入和输出的数据流图

　　分析模型被划分成特定的类型，大部分是根据呈现的主要内容被定义。每一类模型都在《PMI 商业分析标准》的 7.2 节中被提供，并且每一类模型都有示例（见表 11-6）。通过从多种类型的模型中分析解决方案，商业分析师可以生成需求，并且获取解决方案的设想。

关键主题

表 11-6　　　　　　　　　　　　　　　　模型分类

类别	定义	模型例子
范围模型	构建和组织所分析的商业领域的特性、功能和边界的模型。它们能够帮助定义项目范围	■ 范围说明书； ■ 生态系统图； ■ 系统交互图； ■ 特性模型； ■ 用例图； ■ 分解模型（在"商业分析规划"中提及）； ■ 因果图（在"需求评估"中提及）； ■ 关联图（在"需求评估"中提及）； ■ SWOT 图
过程模型	在商业过程、特性的建模，以及记录干系人和被提议的系统的交互方式中，扮演重要的角色。角色和人物在过程模型中有着关键作用	■ 过程流； ■ 用户故事； ■ 用例
规则模型	描述商业制约、规则或者确认任何被提议的解决方案的明确需求的所需步骤	■ 决策树； ■ 决策表； ■ 商业规则目录
数据模型	记录数据存储和数据流的模型	■ 实体关系图； ■ 数据流向图； ■ 数据字典； ■ 状态表； ■ 状态图

续表

类别	定义	模型例子
接口模型	协助理解特定系统，以及它们在解决方案中关系的模型	■ 报告表； ■ 用户界面流； ■ 线框图； ■ 显示—操作—响应

本章聚焦于那些重要且在实践中被广泛应用的模型。表 11-7 总结多个本节介绍的模型，并且根据商业分析师所寻求的信息进行了整理。如果需要更多信息，请参考附录 E 商业分析模型和它们的用处。

表 11-7　　　　　　　　　　　根据所寻求信息的进行的模型分类

所需求的信息	适合的分析模型
■ 商业系统的范围和边界； ■ 与外部实体、人员或者其他系统的交互	■ 系统交互图； ■ 用例图
■ 业务工作流； ■ 系统流与系统过渡； ■ 基于决策的过程流	■ 过程流； ■ 流程图； ■ 活动图； ■ 带有泳道的序列图
■ 过程建模； ■ 输入如何转化成输出	■ 数据流向图
■ 功能需求——描述特性以及系统要做的事情	■ 用例； ■ 用户故事； ■ 文字说明
■ 数据对象和实体的交互； ■ 数据库设计和建模； ■ 数据存储相关属性	■ 实体关系图； ■ 数据字典
■ 非功能需求； ■ 必须应用于所有系统的策略； ■ 商业制约	■ 商业规则； ■ 决策树
■ 数据准入（谁有哪些数据权限）	■ CRUD 矩阵； ■ 实体关系图； ■ 数据字典
■ 用户界面设计； ■ 过程导航； ■ 应用外观和感受	■ 线框图； ■ 屏幕流图； ■ 故事板； ■ 原型

范围模型

除了大量关注单独的需求和具体的活动外，你依然需要理解被提议的系统的更宏观的范围。用于分析构建和组织商业领域特性、功能和边界的模型，可以被分类为范围模型，帮助定义项目范围。这些共通的要素被用于创建这些范围模型。

- **范围说明书**。在立项后，范围说明书就会被创建。该文档详细说明了需求，并且描述了哪些特性在范围中或在范围外。项目经理在创建项目范围说明书，以及让范围书被发起人批准的过程中扮演着重要角色。
- **生态系统图**。生态系统图显示了适用系统、它们的关系以及它们之间传输的数据。这种图可以是概念化的，或者逻辑化的，但是它并不是一个物理系统的细致的建筑模型。
- **系统交互图**。该图展示了解决方案中系统和人类的交互。它描述了范围内系统、输入或输出，以及和系统交互的参与者。系统交互图可以在项目早期和干系人一起创建，从而图像化地描述高层级范围。图 11-10 说明了在标记为"开发中系统"的业务流程的边界，以及作为接受的输入信息或者作为发送的输出信息。

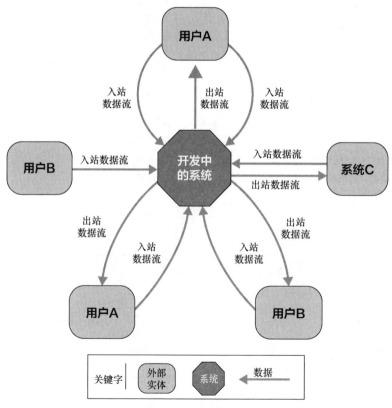

图 11-10 高层级系统交互图

特性模型

特性模型又被称为特性思维导图，是一种用树状或层级结构排列，以可视化的方式表示解决方案的所有特性的范围模型。这种模型用于项目的初始阶段。特性模型用于显示特性如何组合到一起，以及哪些特性是其他特性的子特性。特性模型可以轻松地在一页中展示不同层级的许多特性，甚至可以在一页上呈现整个产品概念。

我们可以用适应型方法实践会议的例子来说明特性模型。在这个例子中，每个特性都代表了有不同特征的网站页面。图 11-11 显示了两个在适应型方法实践会议案例学习中的顶层（Level 1，或者 L1）特性："会议演讲者"和"注册"。

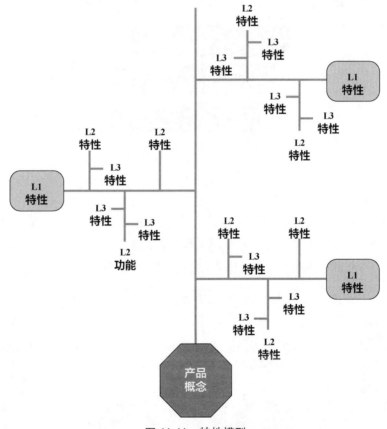

图 11-11　特性模型

进一步分解 L1"会议演讲者"会产生三个 L2 选项："研讨会演讲者""主题演讲者""一般演讲者"。

再进一步分解 L2 "一般演讲者" 就形成 L3 特性，比如演讲者 1 和演讲者 2。

如果使用了预测型方法，所有特性都会被提前识别。当分析完成后，程序员就可以开始建设网站。

在适应型项目中，特性可以被标记进不同的迭代中，以引导发布规划。举个例子，最初可能只有 "会议演讲者" 特性组（L1，L2 和 L3）被发布。在之后的冲刺中，L1 特性组 "注册" 可能会被发布。

商业分析师可以使用像工作分解结构（Work Breakdown Structure，WBS）这样的术语来解释预测型方法中的特性分解。在适应型方法中，商业分析师使用如用户故事、特性和场景等概念来记录特性组，如图 11-12 所示。

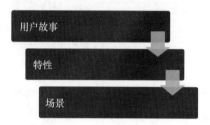

图 11-12　适应型商业分析

在两个方法中，场景分析技术可以被使用，以识别需要实施的特性的细节。

用例图

用例描述了参与者如何和系统交互。用例图图像化地描述了解决方案的范围，并且识别解决方案的主要特性。它强调了添加特定类型的客户，在其环境中所 "使用" 的特性，因此被称为用例。图 11-13 说明了用例图的结构。

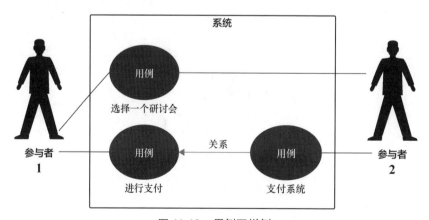

图 11-13　用例图样例

　　该图描述了两个参与者和三个用例场景。用例用椭圆代表，椭圆内有用例名，而参与者用一个火柴人表示。图中的直线关联了参与者交互的用例。关联不代表信息的流向，它只是建立一个参与者用某种方法和用例关联的连接。矩形或者方形代表了一个系统。

　　作为范围模型工具，用例图在适应型方法和预测型方法中都很常见。用例图在项目早期被创建，然后随着范围变更进行更新。举个例子，你可以将同样的图顺势作为过程模型工具，以理解干系人和被提议系统可能的交互方式。它提供了所提议的解决方案的鸟瞰图，或者概念化的范围内总结。

　　图 11-13 中所示的例子用于适应型方法实践会议案例学习。"系统"矩形代表了整个会议注册系统。图标是参与者。参与者 1 是想要"选择一个研讨会"的潜在顾客。这个参与者还想"进行支付"。这两者都被称为用例，并且都用椭圆进行了说明。每个用例都是独特的，且涉及不同的实施逻辑。

　　用例图还说明了系统间的交互。举个例子，用例"进行支付"和用例"支付系统"进行交互。在该交互中，没有外部参与者涉及。连接说明了资金如何从"进行支付"转移到"支付系统"。

　　用例图可以帮助跟踪构建解决方案的进展。它们能帮助总结特性的范围，以及特性和干系人之间的关系。注意，用例图不显示叙述性的需求，但是确实可以协助识别这些需求。

　　用例图非常漂亮地说明了哪些人使用系统，以及他们如何使用系统。仅仅通过三个问题就轻松地确定一个系统的范围。

- 哪些人是客户或者用户？这些是参与者。
- 参与者的目的是什么？这是用例。
- 参与者如何实现他们的目的？这要通过场景进行传达。

　　场景被用于描述一个参与者能够使用以实现他们目的的多个路径。场景可以用流程图的方式被记录。这个主题会在下一节中被介绍。

过程模型

　　过程模型描述了数据、资源或者文档在组织环境中一步接一步的流转。它们一般包含这些步骤以及负责执行行动的角色。模型中的决策基于情况和产生的行为进行呈现。

过程流

　　过程流属于过程模型类别，用于以可视化的方式记录人们在工作中或与解决方案交互时所执行的步骤或任务。过程流又名过程流图表、泳道图、过程图和过程流图。

　　适用于适应型方法实践会议案例的过程流可以用一系列步骤描述。主流程呈现了一名顾客想个人注册时的场景。

　　然而，另一个流程也描述了顾客选择远程出席的情况。这个选项没有明显地在网站注册页面展示，因为目的是驱动人们亲临会议活动。下面是在过程流中的步骤。

1. 一名潜在的参会者访问适应型方法实践会议网站。

2. 参会者查看会议演讲者名单。

3. 参会者访问注册页面（应用"用例 1：选择研讨会"）。

4. 决策点：参会者是否希望亲临参加研讨会？
   - 是：表示亲自到现场（正常流）。
   - 否：表示远程参与（替代流）。

5. 参会者选择"否：表示远程参与"。应用"用例 2：进行支付"，系统会生成远程参与折扣费的发票（替代流）。前往步骤 7。

6. 参会者选择"是：亲自到会场"。应用"用例 2：进行支付"，系统会生成亲临会场的价格发票（正常流）。前往步骤 8。

7. 系统生成个人化的远程登录 ID、密码和账号，并且用电子邮件发送这些信息给参会者。前往步骤 9。

8. 参会者被发送个人化的活动注册票的电子邮件，包括饮食和娱乐的定制化代币。

9. 参会者退出账号。

　　图 11-14 图像化地说明了过程流。不同实体的角色，比如"账单或者支付"和"客服"等用户组，可以被合并到过程流泳道中。这样的泳道可以传达给开发者，应该何时以及如何编写一个特定的特性。举个例子，假设有一个顾客正在尝试注册研讨会。顾客在 B 组泳道，那么一个客服机器人就应该提供帮助。

　　图 11-14 的过程流图显示了一个过程的开始到结束。过程流可以按需进一步深入。举个例子，步骤 1 如果经过批准，可以深入说明另一个过程流图。你可以为场景名为"没有可用座位"的用例定义一个"异常流"。如果一名顾客选择了没有座位的特定售完的研讨会，系统应该推荐另一个相关的研讨会活动。相对的，异常流也描述参会者如何取消注册并终止用例。

用用例图描述过程流

　　"范围模型"一节提供了用例图的概览，并且提到其作为优秀的范围建模工具的价值。本节则提供用例的另一方面——描述过程流。如表 11-8 所示，这是一个简单的叙述性用例文档，将图 11-14 中用例图用叙述性的格式呈现。

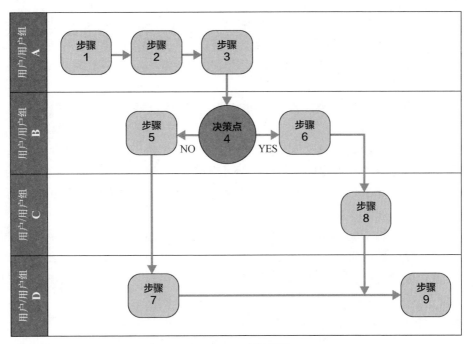

图 11-14 过程流图

表 11-8 叙述性用例文档

用例 ID	1
名称	选择研讨会
参与者	参会者（顾客）
描述	参会者搜索并发现一个适合参加的会议或者研讨会
组织收益	注册成功会为机构带来收入，并提升曝光度
前提条件	参会者已经使用被验证的电子邮箱地址登录网站
后置条件	参会确认信息的电子邮件被发送给顾客

注意：前提条件是指必须为"是"才能使用例开始的状态；后置条件是指当用例结束的时候必须为"是"的状态。

用户故事

用户故事经常被用于适应型方法的项目。重温一下"用户故事"的定义（根据《PMI 敏捷实践指南》）："它是针对特定用户的可交付成果价值的简要描述。它是对澄清细节对话的承诺。"

用户故事从用户的角度记录需求，并且尤其从用户角度注明了收益。用户故事是多样的，并且成功地将迄今为止介绍的三个商业分析领域连接到一起。在初始阶段，用户故事可以被用于识别干系人需要，并且将它们和需求匹配；在分析阶段，它们成功地将商业需求绘制为解决方案需求。用户故事也同样用于匹配需求和验收标准，那样能够捕获更多用户需要的细节。

用户故事可以和一个或者多个需求相关。其标准格式（含关联验收标准）示例如下。

作为一名<参与者或人物>，我想要有能力做<功能>，从而我可以<收益>。

<功能>是一个可以提供价值的小型可交付物。

缩写 INVEST 可以用于确保用户故事有效，并且已经做好让开发团队进行构建的准备。

- 独立的（Independent）：每个故事都应该是独立的，故事之间不应该创建依赖性关系。
- 可协商的（Negotiable）：在适应型方法的精神下，故事应该在任何时候都是可协商的，不管是关于内容、功能还是优先级。
- 有价值的（Valuable）：故事只定义有价值的特性或功能。
- 可估算的（Estimable）：故事应该足够清晰到生成有效的估算。
- 短小的（Small）：一个故事应该足够短小到可以实施。如果故事没那么短小，那它应该被分解以融入一个迭代中。
- 可测试的（Testable）：每个故事都应该可以被独立核实。

当使用用户故事时，你需要记录验收标准，以确认故事是否完成，并且是否按预期情况工作。一个大型的用户故事被称为史诗。你需要将史诗分解为故事。表 11-9 显示了适应型方法实践会议项目的一个史诗示例和三个用户故事，以及它们的验收标准。

表 11-9　　　　　　　适应型方法实践会议活动的验收标准示例

史诗：作为一名参会者，我想要查看和参加互动，从而我可以提升我的项目管理竞争力。

主题：选择的关联故事。在下面的例子中，我们显示所选择的处理参会者主题的关联故事

用户故事	验收标准
作为一名参会者，我想要有能力搜索项目管理会议和研讨会活动，从而我可以识别有价值的会议	1. 核实参会者能否搜索活动。 2. 核实搜索能否基于主题或日期。 3. 核实搜索是否显示了所有匹配的结果。 4. 核实被选择的会议能否被参会者放入购物车
作为一名参会者，我想要选择项目管理供应商工具的研讨会内容，从而我可以获得实践技能	1. 核实参会者能否输入产品或者供应商名称。 2. 核实参会者能否看到研讨会清单。 3. 如果没有匹配内容，核实是否会告知参会者

用户故事	验收标准
作为一名参会者，我想要前往当地的旅游景点，从而更多了解这座城市	1. 核实参会者能否访问"旅游"页面。 2. 核实参会者能否看到城市地图和代表知名旅游景点的图标。 3. 核实参会者能否点击"选择"图表，并且获取有关旅游景点的更多细节

"准备就绪定义"表示已经做好让开发团队进行构建的用户故事。一般而言，如果被称为"准备就绪"，我们认为：

- 产品待办事项列表事项、特性或功能满足 INVEST 标准；
- 已经被开发好的故事没有其他需要回答的问题。

和"准备就绪定义"相关的词有可冲刺、可实施和冲刺就绪故事。简而言之，从业者使用"故事"这个词进行表达，一是由于故事有足够的细节，二是开发团队可以在几小时或者几天内就能实现该故事。

在项目早期，产品负责人会领导讨论要完成的东西的样子。"完成的定义"传达了一个什么被认为是工作完成的共识且明确的理解。当开发团队完成产品待办事项列表增量时，它会和完成的定义对比进行检查。一般而言，这个词代表了：

- 预期的质量需求；
- 一份被通过的属性清单，记录了在迭代规划中必须被考虑的属性。

注意：完成的定义可以应用在项目的不同阶段。举个例子，你可以为用户故事、特性或者整个产品待办事项列表增量定义完成。相对的，验收标准适用于用户故事。

用户故事聚焦于用户想要完成什么，并且从用户的视角编写。相关故事的集合也被称为主题。你可以在不同的抽象层级和细节层级编写用户故事。史诗有一个高层级的总览，并且可以覆盖整个发布，其持续时间可以长达数月。如果一个用户故事已经有足够的细节，并且冲刺就绪，你可以简单将其称为故事，可以在几天或几小时内实现一个故事。

故事地图图像化地呈现了当前需求概况的共同理解。X 轴表示时间，Y 轴表示增加的细节和优先级。故事地图能让团队看到全局。故事地图在顶部显示史诗，在下面显示故事。你也可以在这样的地图上可视化工作流（见图 11-15）。你根据用户故事的业务价值在 Y 轴上进行分区和排序。这些故事按最高商业价值在顶部，最低商业价值在底部的方式排序。

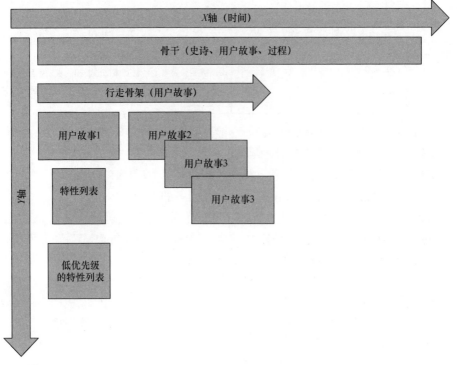

图 11-15　故事地图结构

　　故事地图的 X 轴包括骨干和行走骨架。骨干代表必须在一个发布中交付的特性集。该集合被称为最小可行产品（Minimum Viable Product，MVP）。MVP 是能够为客户提供一些早期价值的最小产品发布。在许多组织中，该结合也被描述为最小可售特性（Minimum Marketable Feature，MMF）。在看到这样的地图后，团队可以理解哪些故事需要首先处理。

　　根据成果制定发布路线图非常重要（见图 11-16）。这样的分组不仅基于功能，也基于开发团队的能力。每个水平的分组是一次发布，而每个垂直的分组可以被认为是功能分组。注意，对于发布 1，你选择跨故事的特性，从而为客户交付早期的正面成果。举个例子，用户故事 1 中的高优先级特性以及用户故事 2 和用户故事 3 中某些完成 MVP 的重要组成，会被选择进行构建。同样的，发布 2 和发布 3 也可以选择在 Y 轴上描述的任何用户故事的特性。

　　发布路线图分片验证是测试产品假设并验证团队是否在构建正确产品的常用技术。

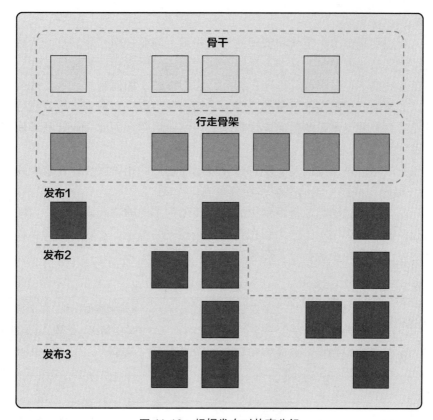

图 11-16　根据发布对故事分组

　　总结而言，故事地图是有价值的工具。它帮助说明故事如何实现，以及你如何创建发布。骨干表示在 X 轴上的持续时间。行走骨架是有史诗和用户故事的骨干。你可以水平分割故事以创建发布。故事地图呈现了干系人在 MVP 中要求的解决方案的完整功能集。故事地图是商业分析师必须掌握的技能，并且故事地图也帮助商业分析师识别需求中的差距。

　　行走骨架从最终用户的角度展示功能。以适应型方法实践会议为例，你可以从头到尾识别一名潜在顾客的行动：登陆；搜索会议；选择有兴趣的选项；为会议付费；注销。

规则模型

　　规则模型描述被提议的解决方案必须执行的商业制约。在本节中，我们会讨论以下规则模型：

- 商业规则目录；
- 决策树；

■ 决策表。

商业规则是被中央定义和管理的特定指示。商业规则并非需求。然而，商业规则作为在识别解决方案时的标准，最终在执行系统的时候和情况进行关联。

商业规则不是过程或者程序；相反，它们描述了如何制约或者支持商业运营中的行为。了解商业规则是很重要的，因为它们需要由解决方案来实施或执行。商业干系人可能经常想要或需要变更商业规则以支持商业运营，因此商业规则必须有高度可配置的设计。

商业规则目录详细说明了所有商业规则和它们的相关属性。目录由商业规则以及其 ID、标题、描述、制约类型和参考组成。

商业规则通过动态地将目录中的数据转化为不同的情况说明书，为信息系统提供了基础。表 11-10 展示了一个和在美国行商相关的例子。州政府或者县政府有时候会将特定日子作为无税购物日。商贩必须遵守这类规定。

表 11-10 　　　　　　　　　　　商业规则目录样本

商业规则 ID	商业规则标题	商业规则描述	规则类型：制约、事实、计算	参考（在哪里实施或者关联）
BR1	免税购物日	当州政府表明某个特定的日子是免税日时，销售商品不额外算税	制约	企业数据库
BR2	⋮	⋮	⋮	⋮

另一种常见的图表化展示解决方案的方法，是使用决策树或者决策表作为模型。图 11-17，以适应型方法实践会议为例展示一个示例。会议团队正在考虑在交付会议的时候采用哪种方法。在创建决策树之前，会议组织者明确了会议模型的几种选项，并且预测了注册人数。随后团队可以使用决策树为选项建模。

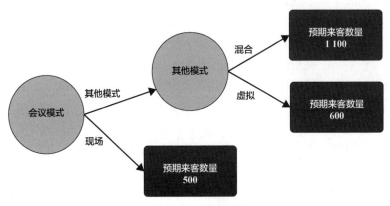

图 11-17 决策树

在图 11-17 的决策树中，你可以看到三种不同的会议交付方法：现场（亲自参与）、虚拟（只有远程的活动）和混合（同时可以亲自出席或者远程参与活动）。在创建模型时，团队会使用历史数据来预测可能注册的访客数。

之前，活动是在现场进行的时候，有 500 名参与者。去年，当会议完全是虚拟化进行的时候，有 600 名访客注册。今年，组织者热切希望以混合的方式举行活动：在现场举办的同时，虚拟化进行涉及实操的研讨会之外的所有活动。组织者的数学模型显示预期参会人数为 1 100。根据决策树，组织者倾向以混合模式组织会议。

决策表经常被用于为商业规则建模。《商业分析实践指南》中对"规则模型"的定义如下。

规则模型有助于识别和记录那些需由解决方案支持的商业规则、商业政策和决策框架。商业规则是习惯于组织意图如何运作的限制，通常是通过数据和/或过程来执行的，随着时间的推移将转化为现实。

决策场景的多种排列组合能够发现新的需求。至少，规则模型能够提供详尽的分析，并且降低风险。为了说明决策表的价值，我们可以思考以下第 5 章中描述的野营案例学习。项目经理必须在旅途一周前，根据天气预报决定活动是否会有变更。如果降水率超过 30%，则组织者必须考虑其他备选方案。另外，在项目开始的时候，并不清楚如果活动在周末进行时会有多少人参加。项目团队假设参加人数至少为 15，并且预订了一个最多能容纳 50 人的大型巴士。然而，如果要选择标准人数的巴士，项目团队需要在旅行开始的前一周做出最终决策。

团队用如表 11-11 所示的决策表描述决策的性质。

团队描述了可能变化的条件。

■ 天气：预报降水率大于 30%。
■ 参与者：确定参与者人数小于 15。

随后，团队根据描述的情况识别了不同的行动。在该案例中，有三个被考虑到的结果：

■ 变更活动；
■ 变更巴士；
■ 通知家长。

表 11-11　　　　　　　　　　　露营之旅的决策表

规则				
情况	1	2	3	4
天气	Y	Y	N	N
参与者	Y	N	Y	N

续表

行动				
变更活动	X	X	—	—
变更巴士容量	X	—	X	—
通知家长	X	—	—	—

你可以无视决策表中的第四列，因为它代表正常情况，没有采取行动的必要。如果两种情况都为真，活动就会发生巨大变更，规则 1 就会被触发：活动有变更，并且必须通知家长。在其他情况下，会触发不同的规则：巴士容量需要调整（规则 3），或者需要添加和天气无关的活动（规则 2）。

总结而言，两种决策模型——决策树和决策表，都是独特的。你可以同时用两种方法分析决策逻辑。决策树是图形化的，并且相比决策树而言，干系人能有更直观的感受。

数据模型

数据模型可以是技术且复杂的，一个有竞争力的数据分析师一般都会参与所获信息的启发和呈现中。数据模型记录了数据存储和数据流。本节我们会探讨以下模型：

- 实体关系图；
- 数据字典；
- 数据流向图；
- 状态表；
- 状态图。

实体关系图（Entity Relationship Diagram，ERD）是数据驱动应用的常见商业图表工具。它往往会涉及数据库，因为数据存储在数据库中。

在技术团队编写代码以插入或者更新数据之前，必须有对数据库中数据的限制和关系的想法。因此，商业分析师应该首先为数据库模式建模。

ERD 是一种描述这类模式的可视化工具，因为它生动地描述了数据要素是如何关联的。ERD 由实体组成，这些实体可以是人物、地点或者东西。ERD 通过在两个实体之间连线描述两者的关系。这种关系表明了有多少实体可以存在，并且它们如何和其他实体交互。基数是指一个实体和其他实体发生连接关系的次数。

我们可以用适应型方法实践会议的案例学习来解释需求启发，并且呈现一个初步的数据涉及。我们会用 ERD 来呈现商业分析师（BA）和对最终解决方案有深入了解的产品负责人（PO）之间假定存在的对话。对话的目的是定义数据制约因素和顾客、他们的会议安排与演讲者之间的关系。

BA：我们当前记录了三个实体或者对象。在 ERD 里，我注意到参会者、日程安排和演讲者都是矩形。我能问一些关于关系和制约的问题吗？

PO：当然。但是我不理解你之前提到的一些行话，比如实体和基数。我知道什么是图表，也知道我们试图在做什么。

BA：当然，让我用一些熟悉的概念，比如表格。我们会在 ERD 里将实体以矩形展示。想象一下表单里记录顾客的行。在我们的情景中，一个单独的顾客就是实体。列是属性。注意，在每个实体的情景中，我们会有一个以文本"PK"标注的属性。一个实体需要一个主键作为属性，从而表现其唯一性。在我们的例子中，顾客 ID 是主键。

PO：我知道了。客户名称和地址是属性，但不需要有唯一性。

BA：现在我需要记录实体间关系的详细信息。这些是你在 ERD 中看到的线。一个顾客能注册的分会的最小数量和最大数量分别为多少？

PO：一个注册的顾客日程安排必须显示至少一个分会，但是我们并没有一个参会者可以选择的分会数量上限。

BA：提一个相关问题，我能不能这么理解，每个特定顾客订单中的日程安排适用，且只适用于一个特定注册的参会者？

PO：是的。我们不想让注册订单或者日程列出多名参会者，因为那样会引发混淆。我们确实会有一些组织派遣多人来参加我们的活动。但是注册本身和客户日程是独特的。它们不应该显示超过一名顾客。

BA：因此，顾客订单和日程只适用于一个唯一实体。我会用顾客侧的双竖线表明"有且仅有一个"的基数。

PO：然后，我们必须讨论一下演讲者和分会之间的关系，是吗？

BA：对。你能先确认一下我之前在 ERD 中做的符号吗？一个特定分会只和一名演讲者关联，对吗？一个演讲者可以进行多场分会，对吗？

PO：是的。

BA：那可真不容易。这是我会交给技术团队的 ERD。它会帮助他们正确地设计数据库模式。

图 11-18 为商业分析师交给技术团队的 ERD。

数据字典罗列数据对象的数据域及其属性（你刚刚看到在实体关系图中的数据对象）。数据域提供了如"顾客名称是文本"或者"年龄是数字"等详细信息。

数据流向图显示了每个过程的数据输入和输出。该图显示了数据在外部实体、数据存储和过程之间的流动。外部实体可以是参与者或系统。数据流向图通常在分析过程中被创建。需要先创建 ERD 和数据流向图，包括生态系统图，以促进识别数据对象、过程和系统的任务。图 11-19 显示了一个数据流向图。

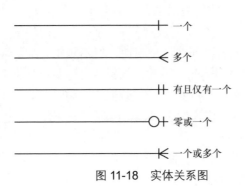

图 11-18　实体关系图

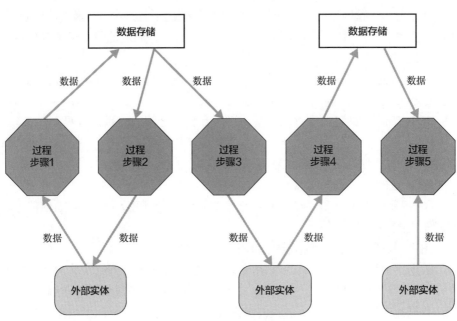

图 11-19　数据流向图样本格式

接口模型

接口模型描述了解决方案中的关系，来获得存在的接口和这些接口详细信息的理解。

关键
主题

接口模型是描述系统和其解决方案的可视化工具。本节我们会探讨以下模型类型：

- 原型图、线框图和显示—操作—响应（Display-action-response，DAR）模型；
- 用户界面流；
- 报告表。

线框图是接口的二维表达，它属于低保真原型工具或技术。如图 11-20 显示的例子，它是一种在网站和移动应用设计中传达屏幕布局的常用工具。按键和可以输入数据的文本框用同一颜色表达。线框图可以在纸上绘制，或者用可以创建线框图的演示软件制作。线框图中不插入图片。

显示—操作—响应模型可以和线框图或者屏幕模拟一起使用，以识别与 UI 相关的页面要素和需求。你可以使用 DAR 模型定义所有可能存在于用户与系统的 UI 要素间的有效的操作和响应行为。表 11-12 显示了一些被设计的用户接口行为。

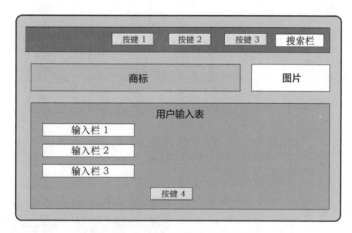

图 11-20　网站屏幕线框图样本

表 11-12　　　　　　　　　　DAR 模型中的用户接口要素操作

前提条件	操作	响应
在登录界面上出现商标	点击图片	如果客户有已保存的档案，就出现菜单页面
在登录界面上出现商标	点击图片	如果客户没有已保存的档案，就出现登录页面

在图 11-21 显示的例子中，图形显示了表 11-12 中同样的行为：点击商标图片，将用户送至主页页面。

如图 11-22 显示的用户界面流是一种接口模型，显示了功能设计里特定的用户界面和常用的屏幕显示，描绘了用户如何在界面间导航。用户界面流可以和过程流或用例组合使用，有助于以可视化的方式显示用户与系统的交互。

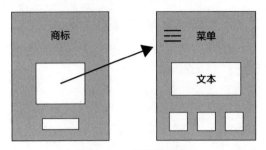

图 11-21　屏幕线框图

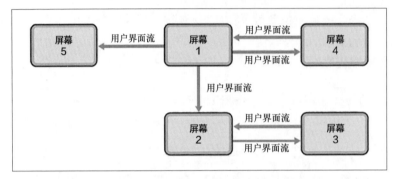

图 11-22　用户界面流样本格式

报告表是描述单个报告的详细需求的模型。报告表包含有关整个报告的信息：

- 报告名称；
- 日期；
- 目标群体；
- 报告的描述和目的；
- 计算域。

报告表可以与模板和原型一起使用，向开发者显示谁在编写报告以及报告应用的样式。图 11-23 显示了一个例子。

图 11-23　报告原型图示例

11.4.3　记录解决方案的需求

记录解决方案的需求并没有标准的格式。如何记录解决方案的需求取决于组织及其标准、项目的需要和所用的生命周期。无论使用何种格式，商业分析师都要准备好需求，从而让解决方案团队理解如何开发解决方案。该文档会成为基准文档，未来的变更都会被记录其中以保持最新状态。

《商业分析实践指南》的 4.11.1 节给出了几个原因，说明创建基准文档是重要的：

- 核实干系人需要；
- 为商业问题或机会定义解决方案；
- 为设计团队、开发者、测试员和质量保证人员提供主要输入；
- 为用户手册和其他文档提供基础；
- 在适用的情况下，为合同协议提供支持细节（比如工作说明书）；
- 为其他团队提供可重用性的基础；
- 为审计提供基准。

11.5　商业分析领域四：跟踪和监督

本领域中的活动用于确保在整个项目生命周期中成功地管理需求和其与产品交付之间的联系。在本节中，我们会提供有关构建与维护需求、评估变更影响和管理更新的商业任务概览。图 11-24 显示了商业分析领域和其他领域的关系。

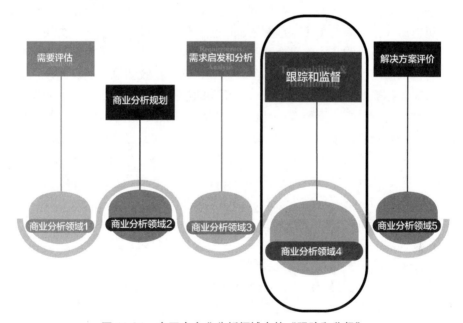

图 11-24　在五个商业分析领域中的"跟踪和监督"

本领域有五个关键部分：

1. 跟踪需求；
2. 监督需求；
3. 更新需求；

4．传达需求状态；

5．管理需求变更。

"跟踪和监督"领域所涉及的需要完成的活动，用于确保需求在整个项目生命周期中被成功地批准和管理。这包括了用于在需求和其他产品信息之间确立关系和依赖性的过程与活动，有助于确保需求得到批准，并且其变更的影响也得到评估。

在**跟踪和监督**中，跟踪矩阵和关联属性会被分配，并且应用于帮助监控产品范围。特定阶段批准的需求会成为基准并且被跟踪。

如果有新需求出现，那么它们会基于对项目与产品的影响被评估，并且被提交给干系人进行批准。所有新的需求需要被记录，并且被添加到跟踪矩阵以接受监督。

11.5.1　跟踪需求

跟踪是指在产品需求的产生到能够满足该需求的交付过程中，对其进行追踪的能力。跟踪被认为是一种双向的活动，因为需求可以往前向开发的解决方案进行，也可以倒退到商业需求。任何无法被回溯到商业目的的需求都被认为是不在范围之中的。

可以用一个简单的类比来理解跟踪的重要性。假设你正在从一个线上商店里购买十几件物品，而所购买的物品会在今天分数批到达。从逻辑上而言，你需要创建一个由所有已购商品组成的检查清单，然后添加一列"已收物品"列。当被订购的物品开始送达时，你需要检查每个物品是否是正确的物品，并且没有损坏。如果有一个订购的物品被损坏了，则你需要采取补救措施以解决问题；如果订单正确并且物品没有损坏，你需要更新"已收物品"列，表明该订单部分确实已经正确地完成并且被核实。你需要持续监督运输。每次你收到一个新的送达物品时，需要更新在检查清单中的"已收物品"列，将其标记为完成并且核实。

这是跟踪需求的实践例子，而检查清单就是一个跟踪工件。所有被批准的需求都需要在被称为"**跟踪矩阵**"的文档里被设置基准，从而能让你知道如何验证它们是否被正确地完成。在新需求出现的时候，你需要将它们加入跟踪矩阵。

需求变更需要被管理。项目经理需要评估项目中任何新的需求或者需求变更所带来的影响，并将它们提交给干系人进行批准。回到前面的例子，如果有一个订单物品始终没有送达，那么你就必须进行调查。该物品是否遗失了？你是否应该要求退款？还是你应该要求一个新的产品？如果经销商愿意为你提供一个可替代的产品，它是否会像你一开始订购的物品一样满足你的需要？

根据《商业分析实践指南》（见 5.1 节），在跟踪需求中进行投资的组织会从那些投资中获益良多，因为跟踪能够让管理需求变得更容易。并非所有的项目都在跟踪上要求同样程度的投资。另外，并非所有的项目都需要一个正式或者完整的跟踪方法，尤其当需求数量很少的时候。然而，随着项目扩大并且有发生变更的需求时，就会需要正式的跟踪。一般而言，越复杂的项目会需要越多的跟踪，举个例子，一个位于强监管行业中的项目很可能需要正式的跟踪指导和流程。

需要跟踪哪些东西？商业分析师可以在所有之前的步骤中，跟踪在商业需要和目的中被明确定义的干系人需求，并且确保其在最终在系统被正确地实现。以下提供了一些可以被跟踪的工件的例子：

- 商业需要、目的和目标；
- WBS 可交付物；
- 产品设计组件；
- 产品开发组件；
- 测试用例；
- 详细的需求；
- 不同类型的功能需求；
- 用例和验收测试；
- 相关需求的模型和图标。

11.5.2　监督需求

需求跟踪矩阵用于跟踪和监督需求。图 11-25 就提供了这样的一个示例。即使是一个表单，也足以创建一个小型系统的跟踪矩阵。虽然有专用的需求管理软件工具，但大部分组织还是会用自己的方法来跟踪需求。在适应型方法中，文档是相对适合的。Scrum 面板或者看板面板可以跟踪史诗与用户故事以及特性，以监督它们的完成情况。

	A	B	C	D	E	F	G	H	I
1	需求跟踪矩阵								
2	项目名称	<选填>							
3	成本中心	<必填>							
4	项目描述	<必填>							
5		关联 ID	需求描述	商业需要、机会、目的、目标	项目目标	WBS 可交付物	产品设计	产品开发	测试用例
6	001	1.0							
7		1.1							
8		1.2							
9		1.2.1							
10	002	2.0							
11		2.1							
12		2.1.1							
13	003	3.0							
14		3.1							
15		3.2							
16	004	4.0							
17	005	5.0							
18									

图 11-25　带有属性的跟踪矩阵

在整个项目周期中，用跟踪矩阵监督需求能够提供许多好处。想象一个组织开发应用的例子。

表 11-13 显示了一个特定的商业需求的跟踪矩阵的例子。在该需求中，需要能够让用户注册，然后用应用进行支付。

表 11-13   需求跟踪矩阵：注册和支付

商业需求文档（R）	功能需求文档（FR）	优先级	测试用例文档
R-1 注册页面：允许用户使用应用； 要求的干系人：S1	FR-1：通过电子邮箱注册	高	TC-1：电子邮件检查 TC-2：ID 检查
	FR-2：使用 Google ID 或 Apple ID 注册	中	TC-3：登录检查
	FR-3：使用手机号码注册	中	TC-4：登录检查
R-2 支付模组； 要求的干系人：S2	FR-4：用信用卡或借记卡支付	高	TC-5：检查转账
	FR-5：用支票支付	低	TC-6：检查收据

随着项目的推进，干系人用支票支付的要求也应该被实现。随着更多这类需求的出现并被批准，它们都和作为基准的商业需求关联。每个需求都会和一个更高层级的需求关联。以"FR5：用支票支付"为例，这个和支付相关。每个被批准的需求都会创建设计和测试文档。

用跟踪矩阵有助于管理范围的蔓延。举个例子，如果干系人要求有社交网络特性，但是在矩阵中未列出参考的商业需求，那么这个要求就有可能不在项目范围内。

另外，当你检查工作产品和在跟踪矩阵上的功能需求时，也很容易发现缺失的需求。举个例子，有人可能会遗漏社交网络特性的需求，而跟踪矩阵则会降低其等到产品被认为几乎完成的项目晚期才被发现的可能性。

11.5.3 更新需求和传达需求状态

在整个跟踪和监督过程中，所有需求的传达会通过恰当的沟通方法传达给干系人。了解批准等级对项目的成功而言非常重要，每个项目团队的成员都必须知道哪些人可以批准一定限度的变更。

批准等级提供了谁有权限批准需求的详细信息。RACI 矩阵可以用于这个目的，因为它能轻松地包含带有批准等级的干系人信息。

有不同类型的批准会被使用。区分不同类型的批准有助于防止混淆不同人的不同批准级别。以下是《商业分析实践指南》中的一些例子。

- **批准和签字确认。** 商业干系人可能在引导式研讨会上批准一组需求，但是发起人可能是签字确认需求的人。

- **审议者和批准者**。数据库分析师可能会参与需求建模，并审议数据库模式。然而，商业分析师会是可能的解决方案的批准者。
- **批准授权和问责**。商业分析师执行需求，但是项目经理为范围和需求管理担责。
- **需求否决**。能否决需求的人员并非总是清晰明确的。在一些组织中，需求否决权一般只会授予那些有权确认的人。
- **变更批准**。变更控制委员会（Change Control Board，CCB）是负责审议、评价、批准、推迟或者否决项目变更的正式治理小组，并且也负责记录和传达这些决定。在有重大范围变更的时候，CCB 通常作为最终批准需求的最终来源。

一些组织有管理层指导委员会负责项目变更。这个概念很类似，因为由组织高级领导组成的正式治理小组承担 CCB 的角色，为项目设置优先级并分配项目资源。也有一些组织没有这样正式的小组批准项目变更，这根据项目的领导方式决定。无论是何种情况，你都需要明确在你的项目组织中，谁担任变更批准的角色。

11.5.4　管理需求变更

商业分析师可以通过先评估被提议变更的影响的方式，来管理需求变更。需求变更计划可以指导该过程。这类计划一般都是项目管理计划的一部分。在适应型方法中，需求变更的记录并不多，并且可能不会涉及变更控制委员会的检查。

当一个需求变更被提议的时候，就有必要完成影响分析，来评估被提议的变更会如何影响其他需求、产品、项目和项目集。影响分析是评估被提议变更的工作，包括识别伴随变更而来的风险、进行变更所需的工作以及变更带来的进度和成本的可能影响。完成影响分析的一个主要收益在于，它以综合的方式来考虑项目中的变更。这就降低了项目和产品的风险——而许多风险恰恰因为在进行变更时，没有考虑对项目集、项目和最终产品的影响。

基准提供了一种对比机制，从而让项目团队能够分辨是否发生了变更。商业分析师会审查变更请求，来决定该请求是对现有需求的变更，还是一个新需求，又或者是在没有变更的情况下对同样的需求提供更多详细信息。商业分析师可以使用一个跟踪矩阵，识别受变更影响的需求。商业分析师之后可以快速根据影响评估受影响的关系，粗略地量化一下影响，或者评估变更的复杂性。

商业分析师会根据需求文档评估被提议的变更，寻找需求可能会相互冲突的情况，或者需求只有在高成本或者导致进度延误时才能实施的可能。有冲突的需求可能破坏已经实施的解决方案组件。商业分析师会根据需求基准和现有的解决方案组件，分析变更请求。商业分析师会注意到潜在的冲突，以及成本或进度的影响。

当出现有冲突的需求，或者发生对成本和进度的影响时，商业分析师需要引导问题（或者冲突）的解决，并且可能需要安排一场需求会议来讨论备选方案，并达成一致意见。在处理问题和冲突时，确保所有受影响的干系人都在场是很重要的。如果被提议的变更请求被认为和现有的产品特性产生了冲突，那它可能推翻或者覆盖已经被批准的功能。

商业分析师也需要考虑解决方案在开发周期中的进度。同时，商业分析师需要和承担产品开发责任的项目团队成员一起合作，在被提议的变更一旦被批准的情况下，获取该变更会如何影响目前完成的工作和潜在的未来工作的输入。

当被提议的变更被认为相比当前过程中的其他需求有更高优先级的时候，商业分析师可能需要重新规划当前的商业分析活动。一些项目中使用的适应型项目生命周期非常适合这种变更。

过渡文档或者工作产品可能需要被更新，但是它们通常作为一次性使用而被创建（就像用于从特定干系人群体中启发需求所构建的模型）。当工作产品不会被重复使用，或者被项目团队所参考时，商业分析师就不需要再花时间检查和修改它们。

过程流、用例、商业需求文档、软件需求规范和用户故事都是在发生变更时需要进行修改的文档的示例。当商业分析师在进行影响分析的时候，需要估算变更请求如果被批准，修改必要的商业分析文档所需花费的时间。

在推荐的行动计划中，变更一般是被批准、顺延或拒绝的。该阶段也可以请求更多的信息，来澄清最佳行动计划。

使用适应型方法的项目经常在工作产品的增量演示中做出变更决策。在迭代和适应型方法中，变更是持续发生的，干系人通过渐进明细机制不断学习，这通常是识别最优产品方案以实现价值最大化的核心路径。与所有项目一样，适应型方法项目中的产品负责人依然需要思考变更的影响，并考虑备选方案。再说一次，变更决策过程的正式程度和记录的数量取决于组织政策和过程，或者外部规范。

11.5.5　领域总结

跟踪和监督领域描述了有助于管理和监督需求过程的五个任务。跟踪矩阵在该场景下有着关键作用。

正式且完整的跟踪和监督要求提前投入人力。这种人力的投入只有在承诺持续保持跟踪，且干系人会参考并使用它的时候，才会提供收益。

这种扎根于跟踪和监督的思想应用于所有的项目和所有的方法。完成的需求必须被跟踪和监督，无论项目使用何种方法，或者用何种格式记录需求。跟踪必须被维护，至少在整个项目的持续时间中都是如此，即使商业分析师角色不再和项目有所关联。

预测型方法需要有完整的项目分析方法和跟踪，因为重做的成本会随着项目的推进变得更高。这类项目需要有完整的跟踪和监督方法。

在适应型项目中，产品待办事项列表扮演跟踪矩阵的角色。产品待办事项列表被用于通过价值和商业目的，对被跟踪的需求进行优先级排序。

11.6　商业分析领域五：解决方案评价

"解决方案评价"领域包括验证部分或者整个即将实施或已经实施完毕的解决方案的过程。评价是确定解决方案在何种限度上满足干系人表达的商业需要的过程，以及验证产品能否交付给客户。它包括用定性和定量的数据来评估项目价值的交付。如图 11-26 所示，这是一个重要的领域，因为解决方案评价任务的成果有助于产品负责人决定是否发布产品。

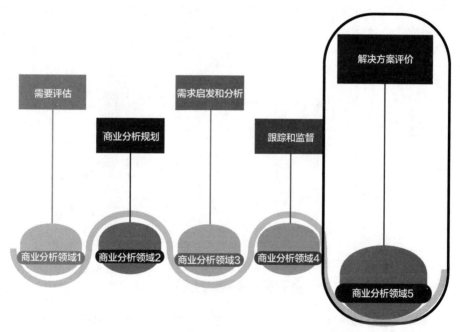

图 11-26　在五个商业分析领域中的"解决方案评价"

本节会描述商业分析师在解决方案评价中的角色，并且会介绍四个解决方案评价领域任务，包括如何验证部分或者所有解决方案，以及测量在商业论证中交付的商业主张。

解决方案评价领域过程如下。

- **评价解决方案的绩效。**评价解决方案以确定实施的解决方案或解决方案组件是否按预期交付商业价值。这可以被认为是解决方案的确认过程。
- **确定解决方案的评价方法。**确定要评价组织或解决方案的哪些方面，如何测量绩效，何时及由谁来测量绩效。

■ **评价验收结果并解决缺陷**。识别和解决产品中的问题。从定义的验收标准与解决方案的比较中决定如何处理结果。

■ **获得解决方案发布的验证**。是否将部分或完整的解决方案发布到生产中，以及如果发布，是否转移关于产品、风险、已知问题和权变措施的知识。这一阶段和解决方案的签字确认有关。

■ **评价部署的解决方案**。在部署后评估产品，以估计在最终用户或者商业运营人员使用解决方案后，项目的成功情况。

11.6.1 评价解决方案绩效

图 11-27 具体描述了解决方案评价过程中的数据流向。前期领域的主要交付物，比如商业目的和目标、商业论证和项目前绩效数据（和度量指标），将被用于评估解决方案和推荐行动计划。

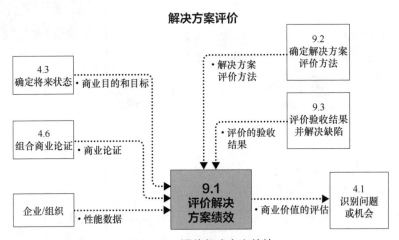

解决方案评价

图 11-27 评价解决方案绩效

无论采用哪种项目方法，进行评价的技术都是一样的。可以进行商业分析活动来验证整个解决方案，或者已经实施的部分解决方案。

评价确定一个解决方案在何种限度上满足干系人所表达的商业需要，包括给客户交付的价值。一些评价活动结果以定性输出，或者是粗略的定量评价解决方案。定性或者粗略定量的评价的示例有进行调研或者使用焦点小组，以及分析功能的探索性测试结果。其他评价活动会涉及更精确的、量化的、直接的测量方法。预期结果和从解决方案中获取的实际结果通常会被量化表达。另外，对比预估与实际的成本与收益，可能也是解决方案评价的一部分。

解决方案评价活动提供评估解决方案是否实现了期望的商业结果的能力。评价会在发布整个或者部分解决方案时，为继续/终止业务和技术决策提供输入。

11.6.2　确定解决方案评价方法

该过程解决以下问题。

- 如何测量绩效？
- 何时测量绩效？
- 谁进行评价？

如何测量绩效？

验收标准作为评估绩效的基础。《商业分析实践指南》（见 9.3.1.1 节）对验收标准描述如下。

验收标准是具体且可展示的一系列条件，要通过商业干系人或客户的验收则必须满足这些条件。在适应型方法中，每个用户故事的验收标准都采用验收标准清单的形式；而在预测型方法中，可能为发布产品或解决方案采用更高级验收清单的形式。

这里值得关注的是测试驱动开发方法。有三种被用到的测试驱动开发方法。

- **测试驱动开发。**专家在程序员编写代码以前，就撰写测试用例。在解决方案被开发后，它会根据测试用例进行验证。
- **验收测试驱动开发。**在实际的解决方案开发前，会以迭代开始工作。商业分析师、商业客户和测试员会为用户故事撰写验收标准。
- **行为驱动的开发。**最终软件或者解决方案的正常行为活动会在开发者编写实际代码之前被记录。

在识别验收标准的时候，有多个需要考虑的重要因素。虽然有许多评价解决方案的度量指标和验收标准围绕目的、目标或者关键绩效指标，但同样有其他值得考虑的度量指标和验收标准。一些度量指标和验收标准的示例如下。

- 项目的实际成本可以作为解决方案财务评价的输入，比如投资回报或者净值。
- 从成本、所需人力和持续时间的测量中获得的度量指标，比如偏差，可以用于跟踪项目绩效。
- 变更请求可以作为项目易变性的跟踪指标。
- 跟踪被识别的缺陷和已修复的缺陷数量，有助于确定在质量上投入的人力。
- 使用适应型生命周期的项目用其他度量指标，来反映项目团队在项目上的进展（比如燃尽图、燃起图和速度图）。

在考虑将项目度量指标作为评价一个解决方案的输入时，有必要区分评估解决方案的度量指标和有关项目管理的度量指标。从客户的角度，评估有时候会聚焦于定性层面，比如满意度。但是，即使是这些层面，也是可以量化的。以下是一些度量指标的例子。

- 可以评价解决方案以确定销售额和市场目的或期望是否被满足。

■ 运营度量指标可以从系统维度、人员维度或者同时从这两个维度，测量功能绩效和非功能绩效。

■ 定义和测量运营 KPI 的组织有可能以类似的度量指标评价解决方案。

你可以对根据用户故事、用例或者场景呈现的解决方案的特定用法，进行功能评估，并检查核实活动的结果。

非功能需求被用于说明解决方案中整个系统层面的特征，比如性能、产量、可用性、可靠性、可延展性、灵活性和使用性。举个例子，现在车辆通过自动收费门的速度是多少？

已经定义和测量信息技术 KPI 的组织，可能已经有自动化的方式去捕捉和测量系统范围的非功能需求，比如可用性。

何时测量绩效？

在预测型方法中，整个项目解决方案会在项目结尾被测试。如用户验收、测试这类评价活动，以及解决方案发布都会在预测型生命周期结尾进行。

在适应型方法中增量地测试解决方案。在迭代项目中评价的重点和解决方案发布的节奏紧紧相关。举个例子，当你交付一个完整的最小可行产品增量的时候，你会在迭代的末尾进行测试。

无论采用哪种项目方法，尽早评价都应该成为目的，并且绩效应该在早期并频繁地被评估。

测试计划描述了测试解决方案的所有策略。它包括了所需的资源、工具、数据和测试用例的描述。测试用例是测试一个模组或者特性的特定场景。测试场景的例子可以是"为全球 25 个营销该产品的不同国家创建用户注册表"。

谁进行评价？

范围和绩效确认包括和发起人或者顾客规划会议，以获取正式的可交付物验收。评价解决方案绩效的任务由商业分析师或者任何担任商业分析师角色的人领导。

需求分析、跟踪、测试和评价都是补充活动。在适应型生命周期中，作为渐明用户故事的一部分，通过具体示例的方式直接定义验收标准。验收标准和用户故事定义会相互支持。商业干系人和那些负责开发解决方案的人会对哪些是必要的和如何知道一个需求是否被满足，基于验收标准和用户故事定义达成一致意见。

早期的测试细节，比如那些构建用户需求产生的测试，提供了澄清客户需求的实际例子。正式的跟踪矩阵会证明哪些需求能够支持商业目的，并且测试有效地涵盖了需求。

11.6.3 评价验收结果和解决缺陷

该过程会处理评价结果，并且通过对比被定义的验收标准和解决方案，决定如何就结果采取行动。"确认"确保需求能够解决问题，"核实"确保产品和你构筑的详细情况一致。换句话说，"确认"回答"我们是否在构建正确的产品？"这个问题，而"核实"在回答"我们是否在正确地构建产品？"这个问题。思考一下需求的确认和核实之间的区别：

- **确认**。确认是确保所有需求准确地反映干系人意向的过程（比如，审查用户故事，并且根据解决方案进行确认）。注意，确认在实施之前进行。项目经理，甚至在适应型方法中的客户，都有机会在解决方案没有准确反映干系人需要的情况下取消实施。

- **核实**。核实审查错误的需求和质量的过程。该活动由解决方案团队的成员进行，以确保需求满足质量标准。

  有两种核实过程会被使用：

  o **同行评审**。同行评审包括一个或者多个同行对商业分析师完成的工作进行评审。进行评审的同行可以是商业分析师、团队领导或者质量控制团队成员。

  o **检查**。检查是一种正式、严格的评审形式。在评审中，任何与工作相关的个体会检查完整性、一致性和是否符合内外部的标准。检查人员经常通过检查表来审查需求并提供反馈。检查可以是走查或者生活时光测试的形式。

- **走查**。走查用于和干系人一起评审需求，并且获取所呈现的需求是有效的确认。

- **生活时光（Day-in-the-life，DITL）测试**。在 DITL 测试中，最终用户或者客户会在真实商业场景下，用真实的用户和真实的数据测试解决方案。

总结而言，确认范围和核实质量之间有相似性。两者都包括检查和审查可交付物。然而，确认解决方案的范围包括如客户和发起人等外部干系人，并且确保产品在解决方案完成后就可以交付。相对的，核实可交付物是内部的质量控制过程。在构建产品的时候，你需要进行质量检查，以确保产品功能按要求运作。

11.6.4　获得解决方案发布的验证

在所有东西都经过测试，并且向产品负责人/干系人展示满足需求后，解决方案就会被允许发布。之后就开始规划产品发布。

在该场景下，有以下两个需要解决的关键任务。

- **实施策略**。团队就发布部分解决方案，或者发布整个解决方案进行决策。实施策略的示例有试点发布、分阶段发布和并行实现（同时使用新、老系统）。

- **转移知识**。该任务涉及传达和存档关于产品、风险、已知问题和权变措施的知识。经验教训也会在未来进行类似项目的时候派上用场。

11.6.5 评价部署的解决方案

这是解决方案发布后的活动。该过程与产品实施后的评估相关。当最终用户或者商业运营人员开始使用解决方案时，你可以推测项目的成功性。在那个时间点，你可以评价解决方案是否解决了商业目标并交付了目标价值。

11.6.6 领域总结

解决方案评价领域是所有商业分析师工作的结束领域。你必须认识到在前期发现缺陷的重要性，并通过增量地确认解决方案以经常解决它们。

外部干系人——比如发起人和客户，会在解决方案发布前进行参与。使用性测试、验收测试、走查和缺陷报告等活动会在这个阶段发生，以根据验收标准确认原有的项目目标。如果你在审查中发现不一致的地方，则必须着手解决。如果干系人认为偏差和原先的目的相比非常巨大，你必须在修复问题前暂停解决方案的进一步实施。

商业分析师的具体活动会根据组织实施项目的文化和结构而有所不同。我们在本节中介绍的一些概念是在项目质量管理的场景下讨论的。商业分析师的任务和项目团队与项目经理所执行的任务会有所重叠。在理想情况下，项目经理有一个专职的商业分析师，并且双方一起合作。商业分析师和测试人员一起协助解决缺陷，而项目经理则提前为解决方案的部署准备沟通计划。

11.7 总结

本章通过商业分析的五个领域更深入地探讨了商业分析。本章定义了涉及商业分析的具体任务，并且介绍了商业分析师在日常工作中的常用工具和技术。本章对五个商业分析领域的每个领域都进行了深入的探索，并且提供了相关示例。

- **需要评估**。该领域聚焦于对当前商业问题或机会进行分析，以理解为了实现将来状态所必须发生的事情的商业活动。
- **商业分析规划**。该领域聚焦于与组织需求启发、分析和解决方案评价相关的活动。
- **需求启发和分析**。该领域聚焦于多种从干系人处启发需求的可用方法，以及如何分析所收集到的信息。
- **跟踪和监督**。该领域聚焦于构建和维护需求、评估变更影响和管理更新。
- **解决方案评价**。该领域聚焦于验证解决方案的一部分或者整体，并且测量在商业论证中交付的价值主张。

本章在项目管理的语境下，总结了两章有关商业分析的讨论。

备考任务

正如在第 1 章中提到的，你会有多种备考方式：本章的练习以及第 12 章。

11.8　回顾所有关键主题

本节会回顾本章所有重要的主题，这些主题在书中都会在页面的外边距以"关键主题"的图标表示。表 11-14 列出了这些关键主题，以及它们所在的页码。

关键主题　　　　表 11-14　　　　　　　　　　第 11 章关键主题

关键主题类型	描述
列表	需要评估过程
列表	产品路线图内容
列表	商业论证组成
列表	生成商业分析计划的活动
列表	商业分析计划内容
列表	和"需求启发和分析"相关的活动
列表	需求分析的关键过程
表 11-6	根据类型区分的模型
表 11-7	根据所寻求信息区分的模型
段落	用户故事格式
列表	数据模型类型
列表	接口模型类型
列表	基准文档的重要性
列表	需跟踪的内容
图 11-25	带有属性的跟踪矩阵
段落	影响分析的概念
列表	解决方案评价过程

11.9　定义关键术语

定义本章中以下术语，并将你的答案和术语表进行校对：

需要评估、标杆对照、情境说明书、当前状态、将来状态、文件分析、访谈、观察法、问卷调查、亲和图、特性模型、差距分析、卡诺分析、过程流、对准模型、解决方案能力矩阵、故事地图、产品路线图、需求、需求启发、模型、跟踪和监督、跟踪、跟踪矩阵、影响分析、需求基准、渐进明细、评价、测试驱动开发、确认。

本章涵盖主题

- **裁剪**：该节介绍了从多个维度调整项目管理方法以满足项目独特的场景。
- **最终准备**：该节回顾了从第 2 章到本章"裁剪"部分的内容，将所有内容整合到一起，为最终考试复习做准备。

第 12 章

裁剪和最终准备

本章由两部分组成：

■ 本章的第一部分介绍了裁剪的主题。它有助于项目确定最佳的项目方法，然后对其调整，以交付适合其场景的解决方案。

■ 本章的第二部分复习了关键概念，并且提供了学习计划以帮助你做好 CAPM® 考试的最终准备。

因此，本章的结构与之前篇章结构有所不同。"裁剪"小节是本章仅有的提供新信息的部分。学习目标、"我是否已经理解这个了"测试、关键概念和关键术语都和该节相关。"最终准备"是本书其他内容的整合。该节没有合适的关键概念或者关键术语，因为它是从第 2 章项目和项目管理到第 11 章商业分析领域的复习总结。

> 注意：本章包含的项目管理信息、模板、工具和技术仅仅用于你的学习。在将这些知识应用于工作中的项目时，请谨慎使用。另外，尽管我们很仔细地将内容和 PMI 的考试内容大纲（Exam Content Outline，ECO）保持一致，但是并不保证成功读完整本书后学生会顺利通过 CAPM® 考试。

项目管理裁剪方法并没有明确地在 CAPM® 考试内容大纲中被提及，但是裁剪非常适合于项目经理在项目的早期阶段进行启动和规划项目的时候。因此，如本章所覆盖的，裁剪会应用于以下领域和考试内容大纲中的任务。

■ **领域二：预测型基于计划的方法**

　o **任务 2-1：解释什么时候适合用预测型基于计划的方法。**

　　决定在每个过程中的活动。

■ **领域三：敏捷框架和方法**

　o **任务 3-1：解释什么时候适合使用适应型方法。**

　　对比适应型方法和预测型基于计划方法的项目的优缺点。

　　根据组织结构，识别适应型方法的适合性。

　o **任务 3-2：决定如何计划项目的迭代。**

　　区分迭代的逻辑单元。

虽然这些领域和任务在之前的篇章中已经进行了探讨，但本章聚焦于项目裁剪作为这些活动一部分中的本质。它同样包括了项目经理和整个团队如何确保方法的选择和项目的性质都符合组织以及项目的所在环境。

12.1 "我是否已经理解这个了？"测试：裁剪部分

"我是否已经理解这个了？"测试可以让你评估自己是否需要完整阅读这一章，还是可以直接跳到"备考任务"小节。如果你对自己就这些问题的回答或者对这些主题的知识评估有疑问时，请完整阅读整章。表 12-1 列出了本章的主题，以及它们对应的测试题目题号。你可以在附录 A 找到答案。

表 12-1　　"我是否已经理解这个了？"主题与题号对应表

基础主题	题号
裁剪过程	2, 4
项目中可被裁剪的方面	1, 6
如何裁剪项目方法	3, 5

注意：自测的目标是评判你对本章主题的掌握程度。如果你不知道某题的答案，或者对答案不确定，你应该将该题标为错题，从而更好地进行自测。将自己猜对的题认为是正确的，这种做法会影响你自测的结果，并且可能会给你带来错误的自我评估。

1. 哪种能够被裁剪的项目方面要求我们考虑组织的风险环境，以及项目自身面临的风险？
   a. 生命周期和开发方法的选择
   b. 过程
   c. 参与
   d. 工具、方法和工件

2. 你的公司有明确的政策，禁止在项目中将数据传输到外部。你的项目和外部的一家软件开发公司签订了合同。你需要调整你的项目方法以处理这个情况。这是在裁剪过程的哪一步的具体方面？
   a. 对组织进行裁剪
   b. 实施持续改进
   c. 选择初始开发方法
   d. 对项目进行裁剪

3. 如果你正在决定如何调整一个特定的生命周期方法，从而它在有多个团队参与的时候，能够最佳地协调要素以确保定义、理解和应用的一致。你最有可能在采用哪种方法处理项目裁剪的方面？
   a. 增加方面
   b. 修改方面

  c. 取消方面

  d. 调整方面

4. 在和产品负责人合作后，项目经理审查了所需的可交付物，并得出结论：尽管产品的硬件开发与更为预测型的产品环境最为契合，产品的软件开发部分确实需要和最终用户之间进行更多交互，从而更确保它包含了所有所需的特性。这一裁剪方面会在裁剪过程的哪一步出现？

  a. 生命周期和开发方法的选择

  b. 过程

  c. 参与

  d. 工具、方法和工件

5. 如果你正在选择哪些职责和本地决策形式应下放给项目团队，你最有可能在裁剪你项目中的哪一方面？

  a. 人

  b. 赋能

  c. 整合

  d. 政策

6. 一种常用的裁剪方法涉及将两种适应型方法合并，以同时获得两者的优势。以下哪两种适应型方法最常被混合成为一种常见的被裁剪的项目方法？

  a. 看板和混合

  b. 瀑布和 XP

  c. 看板和瀑布

  d. Scrum 和看板

基础主题

12.2　裁剪

  《牛津学习词典》的在线版提供了对"裁剪"的良好定义，并且也能作为介绍裁剪主题的不错的起点："套装、夹克等制作的风格或者方式。"

  裁剪项目周期也是类似的活动，其目的是实现特定项目、组织和环境情况之间的良好适配。

  一个被恰当裁剪的生命周期会带来收益，比如资源的有效使用、客户为主导的焦点和会投入项目的干系人。项目方法必须满足特定行业领域的要求，才能为其干系人交付最大的价值。

  那么裁剪的替代方案是什么？《PMBOK®指南（第七版）》在 3.1 节中给出了答案："剪裁的替代方案是使用未经修改的框架或方法论。"如果不使用裁剪，你在采用一种方法论的时候会使用其所有规定的过程、方法和工件，而不就组织的情况或者项目的需要进行任何定制化修改，这就是在项目管理中所谓的"一刀切"的情况——而这种想法很可能不会产出一个成功的成果，因为对项目而言，会有无数种组织和情况。如果你不对方法进行裁剪，你很可能看到更低的项目绩效——甚至项目可能直接失败。

各种管理项目的方法都是为了提供最多的细节而构建的，为所有的可能性提供指导。然而，通常只有非常庞大、复杂或者高风险的项目会从这样完整的细节中受益。许多项目不会要求包含所有的步骤、活动、成果或过程以实现成功的结果。因此，对特定项目环境需要的裁剪应该包括对生命周期、过程、工具、方法和工件的调整，以符合项目和组织的需要。用于交付项目的结构可以是扩展的或者是最小化的、严格的或者轻量的、强大的或者是简约的。没有一种单独的方法可以在任何时候应用于所有项目。相反，裁剪应该反映出每个独立项目各自的规模、持续时间和复杂性，并且应该根据行业、组织文化和组织的项目管理成熟度等级进行调整。

裁剪会为组织同时带来直接和间接的收益。这些收益包括但不局限于以下内容。

■ 协助对方法进行裁剪的项目团队成员会有更多投入。

■ 有更以客户为导向的重点，因为客户的需要是重要的影响因素。

■ 项目资源更为有效地使用。

如图 12-1 所示，裁剪过程会遵循不同的步骤。这并不是单独的一次性过程，而是持续的过程，以使项目管理能够适应同样可能随着时间而变化的特定组织和环境的情况。

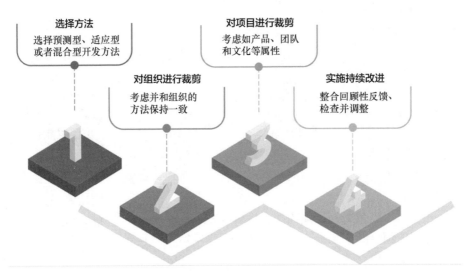

图 12-1　项目裁剪过程步骤

12.2.1 裁剪过程

甚至在裁剪过程开始之前，就有必要理解项目的情况、目的和运营环境。这包括评估是否有尽快交付解决方案的需要，或者是否有最小化项目成本或者优化价值交付的制约。重要的一点在于，要理解任何的需要，从而创造高质量的可交付物，确保符合监管标准以及满足不同干系人的期望。举个例子，当建造一个核电站的时候，项目生命值周期非常严格，需要有检查、平衡和详细报告的支持。其他类型项目可能不要求这类项目管理过程。

裁剪的考虑因素受八个项目绩效域的影响。它们作为审查项目绩效的基础，并且有助于识别可以改进的地方。《PMBOK® 指南（第七版）》的 3.4 节描述了一种四个步骤的裁剪过程，包括了以下领域。

步骤 1：选择初始开发方法。 选择一个合适的项目管理方法是重要的。有三种常用的方法：预测型、适应型和混合型开发方法。

步骤 2：对组织进行裁剪。 该步骤包括调整所选择的方法，并且考虑执行组织特定的结构和政策。这类政策或者监管会影响项目的执行，所以裁剪项目方法与确保合规，以及与组织更大的战略目标保持一致，是非常重要的。

步骤 3：对项目进行裁剪。 需要在项目层级进行调整。许多属性会影响项目的裁剪，包括产品、文化和团队。项目团队需要考虑到这些因素和其他特征，以裁剪交付方法、生命周期、工具、方式和工件。

步骤 4：实施持续改进。 该步骤包括提供持续的调整过程以改进项目实施。检查点、阶段关口和回顾都会提供检查和调整过程、开发方法与交付节奏的机会。

一个进行裁剪的推荐方法是考虑风险。举个例子，如果预测型方法会比适应型方法带来更大的风险，那么这种方法就应该被排除，而去考虑混合型开发方法或者适应型方法。相反，如果预测型方法会带来更少的潜在风险，也应该采取类似的措施。

12.2.2 可被裁剪的项目方面

可被裁剪的项目方面包括以下内容。

- 生命周期和开发方法的选择。
- 过程。
- 参与。
- 工具、方法和工件。

决定生命周期和被选择生命周期的单独阶段，是裁剪的示例之一。举个例子，建造一个新的数据中心可以：（1）对物理建筑的建设和完工用预测型方法；（2）用迭代方法理解和建设所需的计算能力，因为其需要根据物理构造计算硬件的具体情况从而进行调整。在将来，因为需求可能变化，所以整体架构必须有能力适应演化的基础设施。然而，你必须选择演化中当前可用的水平，部署在该数据中心中，并且即刻可用。从项目层级来看，这种合并代表了混合型开发方法。建筑团队可能只会采用预测型方法，而计算团队只会采用迭代方法，从而在不久的将来实现最适合的基础设施。

如今最常见的方法涉及将如 Scrum 和看板等适应型方法进行融合。在这种情况下，两种方式的属性和特点都需要被充分理解。表 12-2 应该有助于经理们在 Srcum 和看板的方面，有效地开发产品和服务。表格对比了两种方法。一些组织已经最大化地利用了两种方法的能力，来裁剪其生命周期和开发方法。

表 12-2 　　　　　　　　通过混合适应型方法的潜在裁剪方式

属性	Scrum	看板
团队和工作模式	Scrum 主管、产品负责人和开发团队	无论何种组织结构均可开始
面板	Scrum 面板在每次迭代开始的时候都被重设	看板会被持续更新
迭代	固定	无
估算	产品待办事项列表事项会被估算，并且在迭代开始前，工作"就绪"	产品待办事项列表中的事项会被估算，并且在项目开始时，按需放在"准备就绪"一列
插入新任务	只会在待办事项列表细化会议和迭代开始的时候发生，在迭代中途不被允许	任何时候都被允许，但是要基于在制品制约
优先级排序和发布	使用优先级排序过的产品待办事项列表，在迭代开始进行发布	使用推式系统。任务从"准备就绪"列获取
团队工作的限制	实施产品待办事项列表中的事项，时间到了就停止	WIP 限制了团队工作上限，团队实施待办事项列表中的事项，直到其完成
测量持续改进的方式	燃尽图和燃起图	提前期、周期时间和累积流量图
仪式	会议都是强制性的	会议是可选的

在进行裁剪的时候，区别混合和融合是有帮助的。混合型开发方法合并了两种不同的方法：适应型的和预测型的。融合涉及将敏捷型方法的多种特性进行整合，比如将 Scrum 和看板，或者 Scrum 和 XP 的最佳方面合并。

12.2.3　如何裁剪项目方法

针对选定的生命周期和开发方法进行**过程裁剪**包括确定如何裁剪的方法——也就是，哪些要素应该被：

- 增加，以实现所需的严格性、覆盖范围，或应对独特的产品或者运营环境；
- 修改，以更好地满足项目或项目团队的需求；
- 取消，以减少成本或人力投入，因为相对于该要素所增加的价值，它没有必要或者不经济实惠；

■　调整，以协调各种要素，从而形成一致的定义、理解和应用。

对参加项目的多种干系人的参与裁剪包括以下内容。

■　**人员**。人员维度需要评估项目领导层和项目团队的技能与能力，然后根据项目类型和运作情况，选择应参与的人员以及应具备的能力。

■　**赋能**。赋能涉及选择应将哪些职责和现场决策形式下放给项目团队。在某些情况下，减少赋能、增加监督和指导也许更为可取，因为缺乏经验的团队可能需要更多的监管。

■　**整合**。整合意味着除了发起组织的内部员工之外，项目团队还应该包括来自具有合同关系的实体、渠道合作伙伴和其他外部实体的贡献者，从而确保最终结果被适当地整合。

选择项目团队用于在项目中合作的工具（比如项目管理软件）也是一种裁剪的形式。在一般情况下，项目团队对最适用于当前情况的工具会有最佳的洞察。对方式和工件的裁剪要求使用最佳的方式、工件和工具，从而创造最适合项目环境的工件。

12.2.4　案例学习 12-1：设计和引入便携式 CT 扫描仪产品

VAT 健康管理公司开发和生产 CT 扫描仪与其他医疗健康相关的产品。在最近对过去 3 年完成的项目审查中，公司管理层意识到，他们僵化的交付方法还有改进的空间。为了更好地解决项目中的挑战，高级管理层决定，应该用一种经过裁剪的管理项目和交付解决方案的方法，来替代任何一种具体的标准系统生命周期方法。

作为裁剪过程的第一步（选择初始开发方法），高级管理层审查了如何设计和引入便携式 CT 扫描仪产品。CT 扫描仪是涉及硬件和软件的复杂系统，并且它们的整体设计会因为不同类型而有灵活的特性。因此，设计和引入 CT 产品可以从更具有创造性的混合型开发方法中受益，需要同时使用一些敏捷方法，以及预测型方法的过程。预测型方法用于 CT 扫描仪的硬件成分。该方法可以和组织的外部硬件供应商成功合作，以交付硬件成分。至于 CT 扫描仪的软件成分，适应型方法被认为比较合适。该方法可以在交付和 CT 扫描仪软件代码成分相关的软件代码时，提升生产效率，尤其是当软件会在最终产品中提供大量选项的时候。VAT 健康管理公司的高级管理层和项目专家都同意来自专家的推荐，认为混合型开发方法会导向成功的项目成果。

在裁剪过程的第二步（对组织进行裁剪），高级管理层要求 PMO 根据 VAT 健康管理公司各个部门的具体情况裁剪混合方法。这是必要的，因为有多个开发过程涉及从卫生部和其他政府部门处获得批准。政府合规需求需要被整合到 CT 扫描仪项目的不同开发阶段。另外，供应商和承包商也必须都遵守其项目生命周期，并使用其工具和方式。这种情况需要通过调整方式来解决，这会给整个生命周期模型、过程与工具以及方式带来变更或调整。

在第三步（对项目进行裁剪），项目团队和 PMO 为单个 CT 扫描仪项目的特定情况调整方法，比如固定式 CT 扫描仪或者便携式 CT 扫描仪。各个项目在规模和复杂性上有极大的区别，从 4 排和 8 排的 CT 扫描仪，到有 128 排及以上的 CT 扫描仪。128 排的 CT 扫描仪的开发需要极大的人力投入，要求一个庞大的团队，并且整合研究员、硬件和软件工程师。它同样要求和供应商的紧密互动（参与），因为需求很有可能发生改变。开发规格小一点的扫描仪就没有那么复杂。根据扫描仪项目的类型，必须对生命周期、工具、方式和工件进行调整，以确保最佳的交付过程。有必要用不同的工具和方式对各种项目要求进行调整。

在裁剪过程的第四步（实施持续改进），会考虑到项目团队的需要。在这一步，重点在于探寻在项目实施过程中的持续改进——使用从回顾中获得的信息以调整之后项目方法的过程。当然，像这类医疗系统，调整或者添加新特性这样的灵活性，需要和严格的测试相平衡，也需要检查涉及开发用于病人的产品的需求。

12.2.5 总结：项目裁剪的概念

裁剪涉及对有关方法、治理和过程进行考虑后做出调整，使之更适合特定环境和当前项目。它涉及对人员要素、所用过程和所用工具进行分析、设计与精心修改。虽然裁剪过程通常由项目干系人进行，但裁剪的界限和方法通常受制于组织的指导。

12.3 最终准备

本节提供了从你完成阅读这本书开始，直到你参加 CAPM®考试的学习计划建议。本书的 12 个篇章覆盖了基础的项目管理概念和项目方法（比如，预测型、适应型和混合型），并介绍了敏捷框架。你已经在过去两章中学习了商业分析和相关领域的知识。本章讲解了裁剪的重要的主题，从而将所有的概念都联系到了一起。

12.3.1 范围和关键概念

你需要理解 CAPM®考试的范围。第 1 章成为 CAPM®提供了概览和 CAPM®学习计划，而第 2~12 章覆盖了核心概念。图 12-2 说明了很可能出现在考试中的概念的范围，所以你必须掌握这些概念。它说明了以下关键组成部分：

- 项目管理原则；
- 价值交付；
- 绩效域；
- 模型、方式和工件。

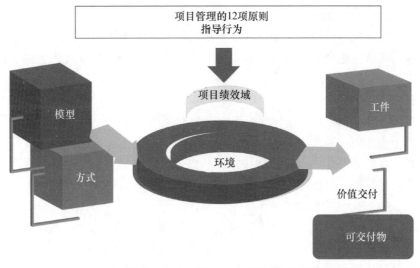

图 12-2　很有可能出现在 CAPM® 考试中的概念范围

项目管理原则

项目使用定义完整的过程——这被广泛认为是约定俗成的方法。研究表明，最好避免这类过程导向的标准，而转向基础广泛且需要反映在实践中的标准。

《项目管理标准（第七版）》提出了 12 项项目管理原则，并且为项目和团队提供了操作框架。这种基于原则的方法是独特的，并且将项目管理原则从纯基于过程的方法进行了升级。原则的应用程度和应用方式取决于组织、项目、可交付物、项目团队、干系人和其他因素的关联情况。原则如下所示。

1．成为勤勉、尊重和关怀他人的管家
- 管家精神包括正直、关心、可信和合规。
- 管家精神包括在组织内部和外部的职责。

2．营造协作的项目团队环境
- 项目团队制定行为准则，以促成合作的工作环境，从而实现自由的知识和专业能力的交流。
- 项目团队通过定义职权、担责和职责，被赋能并协调个人工作。

3．与干系人有效互动
- 需要从项目开始到结束都积极主动地让干系人参与进来。
- 通过定期的交流，让干系人参与进来，从而维护并构建与项目的有力关系。

4．聚焦价值
- 价值可以在项目结束时、项目完成后或者间歇地在整个项目期间实现。
- 项目必须持续地符合商业目标，以实现预期收益和价值。

5. 识别、评估和响应系统交互
- 项目应该被视作由变化和交互的组件形成的系统。
- 项目变更会遭遇许多不同的影响。这些影响需要用系统思考的方式做出预期并分析。

6. 展现领导力行为
- 在影响、激励和指导他人以实现预期的项目成果，并确保项目成功的过程中，领导力行为是必要的。
- 需要多种领导力技能和技术，从而开发民主型、专制型、放任型、指令型、参与型、自信型和支持型行为风格的领导力风格。

7. 根据环境进行裁剪
- 对于确保价值交付而言，通过选择恰当的过程、方式和工件对项目管理方法进行裁剪是必要的。
- 基于项目情况进行适应会持续地在整个项目期间发生。

8. 将质量融入过程和可交付物中
- 项目过程质量通过实施尽可能适当而有效的项目过程得以实现。
- 项目可交付物的质量通过度量指标和验收标准来被测量。

9. 驾驭复杂性
- 项目的复杂性取决于所包含要素的数量以及它们之间的交互，并且复杂性可以通过不同的方法被主动降低。
- 复杂性会在项目执行的过程中动态地变化，并且需要被持续地监督和处理。

10. 优化风险应对
- 风险可能发生在项目生命周期中的任何一个时间点，并且会以威胁或者机会的形式存在。项目团队需要持续监督风险。
- 风险应对应该是适当的、及时的，有成本效益的，并且应该被相关的干系人所同意。

11. 拥抱适应性和韧性
- 适应性是指应对不断变化的条件的能力，而韧性是指从项目面临的不同困难中恢复的能力。
- 一些支持适应性和韧性的关键能力有需求稳定性、较短的反馈循环和关系人与多样性项目团队之间的公开交流。

12. 为实现预期的未来状态而驱动变革
- 干系人的高度满意，是通过对项目变更进行优先级排序并接受，以驱动价值交付，而得以实现。
- 变更需要被优化，并且只有在干系人参与的情况下才能成功地实施。

价值交付

项目以不同的方式为干系人和其组织创造价值。项目管理原则是价值交付的路径。正如在第 2 章中所描述的，所有项目和项目管理的目的都是价值交付。《项目管理标准（第七版）》的第二节同样提供了该主题的完整论述。

项目绩效域

项目绩效域是一组对有效地交付项目成果至关重要的相关活动。我们在第 3 章组织项目绩效~第 9 章测量、跟踪和管理不确定性中介绍了 PMI 的八个绩效域。尽管 CAPM® 考试大纲并没有直接要求从有效的项目交付角度，对这些领域要有完整的理解，但我们相信它们非常重要，并且推荐你对这些领域了如指掌。尤其是，注意它们如何协同，以及它们如何和项目生命周期方法关联。

工件、方式和模型

你需要掌握常见的用于管理项目的工件、方式和模型的概念。模型和方式在你进行工作的时候作为输入，而工件则是除了项目可交付物以外的输出的示例。这些概念的不同实例在各个章节中都有所讨论。

《PMBOK®指南（第七版）》的 4.1 节~4.6.9 节需要额外关注。同时，复习《PMBOK®指南（第七版）》和本书的术语表，以进一步理解这些重要的概念。

项目领导力和沟通是需要通过实践掌握的必备课题。《PMBOK®指南（第七版）》在这方面为你提供了进一步的知识。那里大部分深入讨论的模型都只和高级项目经理有关，但是即使初级项目经理或者团队成员也应该理解一些著名的模型，比如领导力模型、沟通模型、激励模型、变革模型、复杂性模型、团队发展模型、冲突模型和谈判模型。

项目的成功取决于有效的沟通。沟通模型展示了发送者和接收者参照框架会如何影响沟通的有效性以及沟通媒介如何影响沟通的有效性。模型的例子有跨文化沟通模型和沟通渠道模型。

项目的成功和团队被激励的程度高度相关。有相当数量的激励模型被用于说明人们是如何被激励的。这些内容在《PMBOK®指南（第七版）》的 4.2.3 节中。

项目很可能包含着不断变化的制度、行为、活动或者文化的某一方面。管理这种类型的变革需要考虑如何从当前状态过渡到未来所期望的状态。许多模型描述了成功的变革管理所必需的活动。你可以在《PMBOK®指南（第七版）》的 4.2.4 节中发现这些内容。

项目处于模糊的状态，需要多个系统之间进行交互。复杂性是具有挑战性的。《PMBOK®指南（第七版）》的 4.2.5 节包括两种常见的复杂性模型——Cynefin 框架和 Stacey 矩阵。我们建议你去了解这两者。

项目团队会经历不同的发展阶段。了解团队在发展过程中所处的阶段有助于项目经理为项目团队及其成长提供支持。第 3 章介绍了塔克曼阶梯———种和团队发展的形成、震荡、规范、成熟和解散阶段相关的项目团队发展模型。

冲突在项目中很常见。但是现代理论显示，如果处理得当，冲突可以是健康和富有成效的。冲突模型有助于项目经理做到这一点。

《PMBOK®指南（第七版）》的 4.2.7.1 节提供了六种解决冲突方法的重要概括。复习该章节会对整体的备考带来帮助。

有许多被使用的谈判模型。其中一个模型是史蒂芬·柯维（Steven Covey）的"双赢思维"原则。这一原则适用于所有互动场景，而不仅仅适用于谈判（见《PMBOK®指南（第七版）》4.2.7.2 节）。

《PMBOK®指南（第七版）》的 4.2.7.5 节提供了凸显模型，一种对干系人分析和管理模型的完整总结。凸显是指"突出、显著或者被视为重要"。它涉及三个变量：施加影响的权力、干系人与项目之间关系的合法性，以及干系人要求参与项目的紧急程度。

过程组和过程

项目管理过程组和它们关联的过程在第 2 章和第 3 章中进行了介绍。项目管理过程组被认为是一种项目规划模型。它们处理项目的各个阶段，比如启动、规划、执行、监控和收尾。PMI 出版的《过程组：实践指南》提供了构成整个系统 49 个过程的完整探讨。你能在附录 B PMI 项目管理过程组和过程中找到这些过程组成的"项目管理过程组"总结。

你可以在图 12-3 的过程流图的帮助下，更好地了解这 49 个过程。该图说明了项目章程工件如何由输入、工具和技术，还有输出（Inputs, Tools, Techniques, Outputs，因此又缩写为 ITTO）被创建。你从输入（比如商业论证和工具）和技术（比如专家判断和头脑风暴）开始，生成项目章程和假设日志。商业论证是创建项目章程输出工件的输入。你可以将工具和技术视为方式。举个例子，可能需要与商业分析师和项目经理举办会议以创建项目章程。

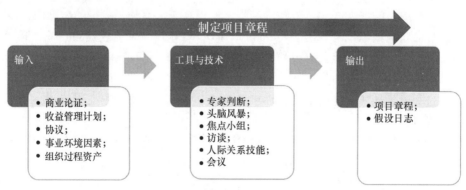

图 12-3　制定项目章程和相关 ITTO

注意：先前的 CAPM®考试主要要求学生掌握所有 49 个过程。深度理解这些过程和它们的 ITTO 会非常艰难。现在，这种完整的知识在当前考试的范围和目的下变得可选。然而，需要意识到，对于大型、复杂的预测型项目，项目经理依然需要对该信息有充分的理解。

12.3.2 最终复习和学习的建议计划

本节给出从你阅读完本章开始，到你参加 CAPM®考试的建议学习计划。你可以无视这个计划，直接使用这个计划或者从中采纳部分建议。它包括了五个步骤。

步骤 1：复习所有关键主题。你可以使用每章最后列出各个篇章关键主题的表格，或者翻阅书页以寻找关键主题。

步骤 2：复习第 1 章概述的考试内容。确保你熟悉列出的每一项。

步骤 3：复习之后部分的关键术语和概念的范围。

步骤 4：复习术语表。

步骤 5：使用 Pearson 的练习测试。

我们推荐你安排好自己的复习时间。你需要建立学习进度并且严格遵守它。创建一个包括复习本书 12 个篇章和进行练习考试时间的学习计划。如果能和其他准备参加 CAPM®考试的人一起组建学习小组，也会很有帮助。这会在你的学习过程中，带来职责感和支持。

假如"一百小时定律"对你来说合适的话，表 12-3 的模板值得考虑。根据你实际学习的小时数，设定日历日期，中间尽量没有休息。在本质上，这就是你的 CAPM® 认证项目进度！

表 12-3　　　　　　　　　　设置学习进度的模板

学习的篇章	学习小时数（总共 **100** 小时）	学习日期
1	8	
2	8	
3	8	
4	8	
5	8	
6	8	
7	8	
8	8	
9	8	
10	8	
11	8	

续表

学习的篇章	学习小时数（总共 **100** 小时）	学习日期
12	8	
练习测试	4	

恭喜！你迄今为止的学习之旅已经为你提供了关于 CAPM ®考试所有相关关键主题的完整总览！祝你成功通过认证！

12.4　总结

本章分为两部分。第一部分介绍了裁剪主题。这是帮助项目经理决定最佳项目方法，然后对其调整以根据场景交付合适的解决方案的过程。第二部分复习了关键概念，并提供了有助于 CAPM®考试最终准备的学习计划。

备考任务

正如在第 1 章中提到的，你可以通过本章的练习来备考。

12.5　回顾所有关键主题

回顾本章"裁剪"章节中最重要的主题，这些主题在书中都会在页面的外边距以"关键主题"的图标表示。表 12-4 列出了这些关键主题，以及它们所在的页码。注意，这些主题只和本章的"裁剪"章节有关。

表 12-4　　　　　　　　　　　第 12 章关键主题

关键主题类型	描述
列表	裁剪过程的四个步骤
列表	可进行裁剪的项目方面
列表	决定如何裁剪方法
列表	裁剪不同干系人的参与

12.6　定义关键术语

定义本章中以下术语，并将你的答案和术语表进行校对：
裁剪、过程裁剪、参与裁剪。

"我是否已经理解这个了?" 测试答案

第2章

1. a; 2. c; 3. c; 4. d; 5. b; 6. b; 7. c; 8. b; 9. a; 10. c; 11. b; 12. a

第3章

1. c; 2. a; 3. a; 4. b; 5. c; 6. a; 7. d; 8. d; 9. d; 10. a; 11. b; 12. d
13. b; 14. c; 15. c; 16. b; 17. b; 18. d; 19. d; 20. c; 21. a

第4章

1. a; 2. d; 3. a; 4. c; 5. b; 6. b; 7. b; 8. c; 9. b; 10. d; 11. c; 12. c
13. a; 14. a; 15. a

第5章

1. d; 2. c; 3. d; 4. c; 5. c; 6. e; 7. b; 8. b; 9. c; 10. b; 11. a; 12. d
13. d; 14. b; 15. c; 16. a; 17. c; 18. a; 19. b; 20. b

第6章

1. c; 2. c; 3. d; 4. d; 5. d; 6. b; 7. a; 8. b; 9. c; 10. b; 11. d; 12. a
13. d; 14. b

第7章

1. c; 2. b; 3. d; 4. b; 5. d; 6. a; 7. b; 8. b; 9. a; 10. d; 11. c; 12. b
13. a; 14. a; 15. a

第8章

1. a; 2. a; 3. d; 4. d; 5. c; 6. a; 7. a; 8. b; 9. c; 10. c; 11. d; 12. c
13. a; 14. b; 15. b; 16. c; 17. b; 18. d

第9章

1. c; 2. b; 3. a; 4. a; 5. b; 6. a; 7. c; 8. a; 9. d; 10. e; 11. a; 12. c

第10章

1. b; 2. c; 3. a; 4. c; 5. a; 6. b; 7. b; 8. a; 9. c; 10. d; 11. d

第11章

1. c; 2. a; 3. c; 4. a; 5. b; 6. a; 7. e; 8. c; 9. d; 10. b

第12章

1. a; 2. a; 3. d; 4. c; 5. b; 6. d

项目绩效域和项目管理原则

项目绩效域

《PMBOK®指南（第七版）》的第二章描述了 8 个项目绩效域：

- 干系人；
- 团队；
- 开发方法和生命周期；
- 规划；
- 项目工作；
- 交付；
- 测量；
- 不确定性。

这些绩效域共同构成了一个统一的整体。它们作为一个整合系统运作，每个绩效域都和其他绩效域相互依赖，从而促使成功交付项目及其预期成果。

无论价值是如何交付的（经常地、定期地或在项目结束时），这些绩效域在整个项目期间都是同时运行的。例如，从项目开始到项目结束，项目领导者花费时间聚焦于干系人、项目团队、项目生命周期、项目工作等方面。这些焦点领域不能当作孤立的工作加以处理，因为它们相互重叠且相互联系。每个项目中各个绩效域之间相互关联的方式各不相同，但这些方式存在于每个项目中。

项目管理原则

《项目管理标准（第七版）》认可了 12 项项目管理原则，并为项目和团队提供了运营框架。这一基于原则的方法是独一无二的，并且将项目管理原则从纯粹的基于过程的方法进行了提升。原则的应用程度和应用方法取决于组织、项目、可交付物、项目团队、干系人和其他因素的背景。原则如下所示。

1. 成为勤勉、尊重和关怀他人的管家
- 管家精神包括正直、关心、可信和合规。
- 管家精神包括在组织内部和外部的职责。

2. 营造协作的项目团队环境
- 项目团队制定行为准则，以促成合作的工作环境，从而实现自由的知识和专业能力的交流。
- 项目团队通过定义职权、担责和职责，被赋能并协调个人工作。

3. 与干系人有效互动
- 需要从项目开始到结束都让干系人积极、主动地参与进来。
- 通过定期的交流，让干系人参与进来，从维护并构建与项目的有力关系。

4. 聚焦于价值
- 价值可以在项目结束时、项目完成后或者间歇地在整个项目期间实现。
- 项目必须持续地符合商业目标，以实现预期收益和价值。

5. 识别、评估和响应系统交互
- 项目应该被视作由变化和交互的组件形成的系统。
- 项目变更会遭遇许多不同的影响，这些影响需要用系统思考的方式做出预判并分析。

6. 展现领导力行为
- 在影响、激励和指导他人以实现预期的项目成果，并确保项目成功的过程中，领导力行为是必要的。
- 需要多种领导力技能和技术，从而开发民主型、专制型、放任型、指令型、参与型、自信型和支持型行为风格的领导力风格。

7. 根据环境进行裁剪
- 对于确保价值交付而言，通过选择恰当的过程、方式和工件对项目管理方法进行裁剪是必要的。
- 基于项目情况进行适应会持续地在整个项目期间发生。

8. 将质量融入过程和可交付物中
- 项目过程质量通过实施尽可能适当而有效的项目过程得以实现。
- 项目可交付物的质量通过度量指标和验收标准来被测量。

9. 驾驭复杂性
- 项目的复杂性取决于所包含要素的数量，以及它们之间的交互。复杂性可以通过不同的方法被主动降低。
- 复杂性会在项目执行的过程中动态地变化，并且需要被持续地监督和处理。

10. 优化风险应对
- 风险可能发生在项目生命周期中的任何一个时间点，并且会以威胁或者机会的形式存在。项目团队需要持续监督风险。
- 风险应对应该是适当的、及时的，有成本效益的，并且应该被相关的干系人所同意。

11. 拥抱适应性和韧性

■ 适应性是指应对不断变化的条件的能力，而韧性是指从项目面临的不同困难中恢复的能力。

■ 一些支持适应性和韧性的关键能力有需求稳定性、较短的反馈循环和关系人与多样性项目团队之间的公开交流。

12. 为实现预期的未来状态而驱动变革

■ 干系人的高度满意，是通过对项目变更进行优先级排序并接受，以驱动价值交付而得以实现。

■ 变更需要被优化，并且只有在干系人参与的情况下，才能成功地实施。

商业分析模型和它们的用法

本附录提供了在第 11 章中介绍的商业分析模型的额外使用细节。阅读《商业分析实践指南》第四章以获取更多信息。

范围模型

用于结构化和组织其特性、功能和正在分析的商业域边界的模型，被分类为范围模型。它们有助于定义项目范围。

目的和商业目标模型

在这些模型中，用于记录公司所执行项目的价值的图表，会组织并反映目的、商业问题、商业目标、成功衡量标准和高层级功能。该模型除了用于向高管展示他们能从获得项目中具体获得什么以外，还被用于捍卫预算。一个给定需求的独特价值只有在商业目标被匹配到需求时，才能更好地被认可，从而会让范围控制变得更为轻松。这类模型可能有助于在使用适应型方法时，识别重要的需求特性或者最小可售特性。

生态系统图

生态系统图是显示所有相关系统以及它们之间的关系，或者，如果符合条件，流经它们的数据对象的图。这些图可以被用于理解所有可能受影响的系统或将会影响范围内其他系统的系统，以及用来确定哪里可能有接口需求或数据需求。在生态系统图中进行连接的系统会在高层级表示。

系统交互图

系统交互图显示解决方案系统中所有直接系统和人机界面系统。它显示了范围内系统，以及其任何的输入或输出，还有任何系统或提供或者接受系统的参与者。正在开发的系统和其他系统或者人之间的连接也同样会被显示。该图在项目早期指定项目范围时特别有用，包括待开发的接口。系统交互图也有助于确定哪里有接口需求或数据需求。它们不会列出需求；相反，它们会描述产品范围和直接相关的数据，来检查并确定需要。商业分析师会频繁地使用这种方法，来创建系统接口、用户界面流、显示—操作—响应模型或者其他有助于说明接口需求的接口模型。

特性模型

表示解决方案中所有以树状或分层结构排列的特性的模型被称为特性模型。特性是用几句话描述的一组相关需求。顶层功能被称为 1 级（L1）功能，其次是 2 级（L2）功能，等等。特性模型有助于确定如何为商业分析工作组织需求，或者如何把特性安排在需求文档里，因为它们可以很容易在一张纸上显示高达 200 个跨越不同层级的特性，代表了整体解决方案的功能集。特性模型通常不显示需求，而是显示需求（功能）集。这些特质可以用于跟踪需求以确保没有遗忘的特性或需求。

用例图

用例图显示系统所有范围内的用例。用例图可以用于突出需要包含的重点功能，并且解释了解决方案的整体范围（也就是各个用例）。这些图还显示了直接与解决方案交互的干系人（参与者），以及在系统用例和参与者之间需要创建的接口。这些图能够帮助项目团队规划和跟踪解决方案的开发。它们还有助于概括功能的范围及功能与参与者的关系。用例图不能显示需求，但是有助于为商业分析工作组织需求或将需求布局在需求文档中。

过程模型

过程模型描述了数据、资源或文档在组织背景下一步接一步的移动，并且它们一般会包含负责采取这些操作的角色的标签。模型中呈现的决策基于一系列的条件和结果操作。

过程流

过程流，也叫泳道图、过程图、进程图、过程流图，是可视化地描述了员工在他们工作中执行的任务的图。过程流一般描述人们采取的步骤，它们也可以展示系统步骤，所以有时候也被称为系统流。因为它们易于构建和解读，所以在需求启发阶段在促进与业务干系人的会话方面特别有用。KPI 度量指标，无论是基准或是目标指标，都可以用过程流来显示。每个 KPI 适用的步骤或者阶段会显示在 KPI 上方的括号内。

用例

用例是一系列用于实现主要参与者从目的开始到成功实现的系统活动。为了发现和描述复杂的相互关联性，它们一般会在启发会议中被使用。用例用于分析阶段，随后由干系人评审用例。用例类似过程流，它提供情景的语境，特别是显示干系人如何设想解决方案。用户验收测试收益于将用例作为创建测试的出发点。用例可以迭代地创建和实现。用例通常不是单独的需求，但帮助确定功能性和非功能性需求。虽然用例有助于识别非功能性需求，但通常最好在特定用例之外记录非功能性需求，因为它们往往适用于整个系统。

用户故事

用户故事是从用户的角度来写的陈述，描述了解决方案中需要的功能。用户故事聚焦在用户想要什么，并从用户的角度编写。用户故事可以在过程流模型被使用的时候，从过程流中获得。在敏捷方法里，用户故事组成了一个待办事项列表，用来作为开发优先级排序的基础。当用户故事接近待办事项的顶部时，这些故事应使用相关的建模技术详细描述，以生成为开发的充足的详细信息（被称为"梳理未完项"）。用户故事包含很多需求，因此它作为需求的功能组合。用户故事可以用来在每个版本和迭代过程中管理、优化、跟踪和分配功能。

规则模型

规则模型描述被提议的解决方案必须遵守的商业制约。

商业规则目录

商业规则目录是商业规则和相关属性的表格。商业规则应该在一个知识库中维护，比如商业规则目录。商业规则目录能够在追踪矩阵里跟踪商业对象和其他需求类型或分析模型，以确保获得所有商业规则。

决策树和决策表

决策树和决策表描述了一系列决策和决策导致的结果。商业规则建模频繁地用于决策树和决策表。决策树最适用于二元选择（即是或否），决策表能用于有更多选择并且分析逐渐复杂的情况。决策树通过寻找冗余结构，有助于确定减少复杂决策逻辑的方法。决策树和决策表用来识别和表示商业规则。这些模型还可以帮助识别任何与支持这些商业规则或特定的结果有关的需求。

数据模型

数据模型记录数据存储和数据流。

实体关系图

实体关系图（Entity Relationship Diagram，ERD），也被称为商业数据图，显示商业数据对象或者一个项目中感兴趣的信息和这些对象的基数关系。实体关系图是项目中有数据管理组件的基础模型，它有助于识别那些被创建、被使用或从系统输出的数据。这个模型用来定义商业数据对象及其相互关系。系统通常通过功能处理商业数据对象，以允许商业数据对象在实体关系图中直接跟踪到这些功能的需求。数据对象可以追溯到数据流图、生态系统图、数据字典和状态转换图。

数据流图

数据流图说明了系统、参与者和数据之间的关系，其中数据在一个或多个进程间交换和处理。这个模型可以在商业数据图、过程流和生态系统图创建之后使用。数据流图用来描述数据在参与者和系统之间经过一个或几个过程中的流动。数据流图识别过程中的数据输入和输出，但不指定操作的时间或顺序。数据流图通过商业数据对象和过程来关联需求。当需求可被追溯到模型时，数据流图最好作为工具来帮助干系人和开发者理解数据流如何通过系统，进而确定具体数据需求。

数据字典

数据字典是表格形式，显示数据域和这些域的属性。数据字典用于明确非常详细的数据方面，并从商业干系人的视角获取数据域和属性。数据字典用来获取非常详细的需求和商业规则。

状态表和状态图

状态表和状态图模拟对象的有效状态与任何在这些状态之间允许的转换。状态表是表格形式，有效状态在第一列，并经过第一行。每个单元格表示从行状态到列状态的转换。状态图显示和状态表同样的信息，但它通过仅显示允许的转换，更容易可视化有效状态和转换。状态表和状态图帮助商业分析师明确解决方案中一个对象的生命周期。状态表用来确保状态转换不丢失，因为每种可能的转换都表示在表里的单元格。当生命周期里的每个单元格都考虑到时，就没有转换会被忘记。

接口模型

接口模型描述解决方案里的关系，以助于获得这些接口以及接口细节的了解。

报告表

报告表是为单个报告获取详细层级需求的一种模型。报告表是简单的，可以为每个报告创建，并有助于提供关于报告的附加细节，这些细节不能通过看实体模型来收集。使用带属性的报告表，允许商业分析师制定报告里包含的信息类型，从而确保细节在解决方案中不会被忘记或忽略。报告表模型中的信息表示实际的需求，因此附加的需求是没有必要的。干系人可以使用报告表和实体模型报告来充分了解报告需求。

系统接口表

系统接口表是为单一系统接口获取所有详细层级需求的属性模型。系统接口表是表格形式，通常包括属性，比如源系统、目标系统、传递的数据量、安全性或其他规则和传递的实际数据对象。系统接口表是用来详细说明解决方案中系统间每个接口的细节。

用户界面流

用户界面流显示了功能设计里特定的页面或屏幕界面，描绘了根据不同的触发器如何导航屏幕。通常，用户界面流用在一个项目的解决方案定义阶段，帮助跟踪所有需要进一步定义的屏幕界面。仅当用户界面作为解决方案的一部分时，该模型才适用。界面流可以用于启发会议，以确定更多关于用户在屏幕界面间的功能细节。该模型没有反映个人需求说明。

线框图和显示—操作—响应

显示—操作—响应模型用来结合线框图或屏幕界面实体模型，一起识别页面元素和功能。每个线框图分成多个用户界面元素，这些用户界面元素从显示视角和行为视角来描述。虽然这种类型的用户界面分析有时通过用户体验分析师或人因工程专家进行，商业分析师还是经常被要求执行此功能。商业分析师和被指派的用户体验分析师一起分析用户界面，以理解这些接口如何满足人机界面的一半原则。当解决方案有用户界面时，该模型是很有用的。显示—操作—响应模型通常用于用户界面中细化显示和交互需要精确度的情况。